REISEN ZU MAROKKOS TÖPFERN

Dr. Wolfgang Haberland,
meinem Lehrmeister und Kollegen,
in Dankbarkeit gewidmet.

Rüdiger Vossen

REISEN ZU MAROKKOS TÖPFERN

Forschungsreisen 1980 und 1987

mit Beiträgen von Ullrich Masemann, Ilse Schütz, Silke Straatman und Karla Vossen

Christians

WEGWEISER ZUR VÖLKERKUNDE BAND 36

Die Bilder auf dem Umschlag zeigen
vorn: Arbeit auf der Drehschüssel in Tagadirt n'Oumzouar, Prov. Ouarzazate, Hoher Atlas; Foto R. Vossen, 1980
hinten: Wulst- und Treibtechnik auf der Formplatte in Ifrane Ali, Prov. Tetouan; Foto R. Vossen, 1987

CIP-Titelaufnahme der Deutschen Bibliothek

Reisen zu Marokkos Töpfern : Forschungsreisen 1980 und 1987 / Rüdiger Vossen. Mit Beitr. von Ullrich Masemann ...-
Hamburg : Christians, 1990
(Wegweiser zur Völkerkunde ; Bd. 36)
ISBN 3–7672–1106–8
NE: Vossen, Rüdiger [Mitverf.]; GT

Fotoarbeiten: Brigitte Saal, Elisabeth Speidel
Karten: Anke Blanck, Birgit Nordmann, Dr. Arne Lucke, Ullrich Masemann
Formskizzen: Irene Duwe, Irene Schönberger

Auflage: 3.000 Ex.
Herstellung Christians Druckerei, Hamburg
ISBN 3-7672-1106-8
Printed in Germany

INHALT

Ein persönliches Vorwort

Und kennst du nicht die Kunde, ewig alt,
die von Geschlechtern zu Geschlechtern hallt,
dass einst aus einem Klumpen nassen Tons
Der Schöpfer schuf die menschliche Gestalt?
(Omar Khayyam, 1048-1131)

Bereits im 3. Jahrtausend v.Chr. berichtet uns die älteste erhaltene Version des sumerischen Schöpfungsmythos, der erste Mensch sei aus Lehm erschaffen worden - mehr als 1000 Jahre vor der hebräischen und babylonischen Schöpfungsgeschichte der Bibel (Jansen 1986:221). In der Bibel heißt es dann: »*...ein Nebel stieg auf von der Erde und befeuchtete alles Land. Da machte GOTT der HERR den Menschen aus Erde vom Acker und blies ihm den Odem des Lebens in seine Nase. Und so ward der Mensch ein lebendiges Wesen...*« In Ägypten war es der uralte Schöpfergott Chnum, der die ersten Menschen und das Weltei auf der Töpferscheibe formte. Und in einem alten spanischen Töpferspruch wird dieses Bild aufgegriffen, die Töpferei selbst als das älteste aller Handwerke angesehen, denn »***...Gott war der erste Töpfer und der Mensch das erste Gefäß.***«

Abb. 1 Der Schöpfungsgott Chnum dreht auf der Töpferscheibe das Sonnenei. Hieroglyphe, Mittleres Reich

Töpferei und Keramik haben auch mich immer fasziniert. Noch in meiner Schulzeit hatte ich die Möglichkeit, eine Griechenlandreise zu den griechischen Inseln zu machen und längere Zeit in Athen zu verbringen. Danach stand mein Entschluß fest, Archäologie zu studieren. Ich lernte Griechisch und schrieb mich 1961 als Student der Klassischen Archäologie in Göttingen ein. Doch meine Begeisterung wich der Ernüchterung, als ich feststellte, wie sich klassische Archäologen darum stritten, ob eine rotfigurige attische Scherbe 10 Jahre jünger oder älter sei. Damit wollte ich mein Leben nicht verbringen, verlegte mein Studium auf Ethnologie bei Professor Erhard Schlesier und wollte künftig nur noch mit lebendigen Kulturen zu tun haben.

Doch die Beschäftigung mit der Vergangenheit ließ mich nicht los. Nachdem ich inzwischen in Berlin neben Ethnologie auch Alt-Amerikanistik und Vor- und Frühgeschichte studiert und dieses Studium in Hamburg fortgesetzt hatte, brachte mich schließlich Dr. Wolfgang Haberland, der damalige Leiter der Amerika-Abteilung am Hamburgischen Museum für Völkerkunde, darauf, Ethnologie und Archäologie in einer Doktorarbeit miteinander zu verbinden. Das war in den 60er Jahren zu einer Zeit, als in den USA die ersten konstruktiven Auseinandersetzungen über eine engere Zusammenarbeit von Ethnologie und Archäologie stattfanden. **Wolfgang Haberland**, dem dieser Band gewissermaßen als dem »**Vater der deutschen Ethnoarchäologie**« gewidmet ist, regte mich dazu an, heutige Keramik aus dem Amazonasgebiet mit den Augen eines nordamerikanischen Archäologen zu betrachten und so zu analysieren und zu klassifizieren, als ob diese Keramik bereits im Boden gelegen hätte. Dabei bot sich unter kontrollierten Bedingungen ein ungeahntes Experimentierfeld, um archäologische Interpretationsversuche mit der ethnographischen Wirklichkeit zu konfrontieren und damit zu testen. In diesem Zusammenhang entwickelte ich ein völkerkundliches Untersuchungsprogramm mit archäologischen Fragestellungen, das ich »**lebendige Archäologie**« nannte (Näheres dazu s. Einführung).

1971, inzwischen Leiter der Eurasienabteilung am Völkerkundemuseum in Hamburg, machte ich meine erste Forschungsreise nach Spanien zur Bestandsaufnahme spanischer Töpfertraditionen, gemeinsam mit dem Töpferehepaar Till und Janine Sudeck. Die Ergebnisse waren vielfältig: Eine Systematik zur Erfassung von Töpfereien (Vossen 1972 a), ein Katalog »Töpferei in Spanien« (1972 b) und eine Sonderausstellung unter dem Titel »**Töpferei in Spanien - Ende einer Tradition?**« im Hamburger Völkerkundemuseum. Das positive Echo auf diese Ausstellung bewog mich, 1973 diese Untersuchungen in Spanien fortzusetzen, diesmal z.T. mit einem Team bestehend aus einer spanischen Kollegin, Natacha Seseña, einem Berliner Völkerkundestudenten, Wulf Köpke, meiner Frau, Karla Vossen, und einem amerikanischen Archäologen, John Greer. Für die vergleichende Auswertung standen danach das Feldforschungsmaterial von 225 spanischen Töpferorten und eine Sammlung von ca. 3000 Keramiken und Töpfereigeräten im Hamburger Völkerkundemuseum zur Verfügung. Unsere ersten Publikationen vermittelten eine knappe Gesamtübersicht für interessierte Touristen in der Art eines speziellen spanischen Töpferei-Reiseführers (Vossen/Seseña/

Köpke 1974/1980), eine Erfassung der komplexen Benennungssysteme spanischer Gebrauchskeramik und der spanischen Töpferordnungen (Vossen 1974, 1976) sowie der Frauentöpferei in Spanien und auf den Kanarischen Inseln (Köpke 1974). Im Töpfereimuseum von Langerwehe (Rheinland) fand 1974 eine erweiterte Version der Hamburger Töpfereiausstellung statt. Wulf Köpke benutzte unser reiches Vergleichsmaterial, um später darauf seine grundlegende Dissertation über »Töpferöfen. Die Brennanlagen der traditionellen Töpfereien Spaniens« (Köpke 1985) aufzubauen.

Doch an eine Fortsetzung dieser Arbeiten meinerseits war zunächst nicht zu denken, denn nun folgten unter meiner Verantwortung kurz nacheinander Eröffnungen von Sonder- und Dauerausstellungen aus ganz anderen Bereichen : »Türkische Mitbürger in Hamburg« (1976), »Völker der Sowjetunion - vor und nach der Revolution« (1977) »Europa und Vorderasien - Völker und Kulturen« (1978), »Hexen« (1979).

Nebenbei entwickelte sich jedoch eine Zusammenarbeit mit dem Wuppertaler Kunstpädagogen **Prof. Wilhelm Ebert**, der 1976 eine vielbeachtete Ausstellung über »Keramik aus dem Mittelmeerraum« im Düsseldorfer Hetjens-Museum mit einem gleichnamigen Katalog (vgl. Ebert 1976) herausgebracht hatte. In Andalusien hatten wir unabhängig voneinander vielfältige Töpfereiaspekte feststellen können, deren Ursprünge auf islamische Traditionen hinzuweisen schienen. So lag es nahe, jenseits der Straße von Gibraltar an der **»Nahtstelle« zwischen europäischen, islamischen, berberischen und schwarz-afrikanischen Kulturen** unsere Untersuchungen gemeinsam fortzusetzen.

Gewissermaßen als Teilprogramm für diese geplanten Untersuchungen veröffentlichte ich 1980 in der Festschrift Wilhelm Ebert zu seinem 60. Geburtstag einen Aufsatz unter dem Titel »Orientalische Einflüsse auf die europäische Töpferei«, der später auch auf Spanisch erschien (Vossen 1980, 1982).

1980 ermöglichte uns die Deutsche Forschungsgemeinschaft tatsächlich eine 7-monatige **gemeinsame Forschungsreise nach Marokko zur Bestandsaufnahme der marokkanischen Töpfereitraditionen.** Zur Erfassung von etwa 350 heute noch tätigen Töpferorten mußten wir mit zwei Geländewagen unter teilweise erheblichen Strapazen insgesamt rund 70 000 km zurücklegen. An dieser Reise beteiligten sich zeitweise auch unsere Frauen, Christiane Ebert und Karla Vossen, der Düsseldorfer Kunsthistoriker Dr. Bernd Hakenjos, der Orientalist Dr. Abdel Hassanein und als Zeichnerin Gisela Grischy. Wir konnten eine ca. 2000 Objekte umfassende Studiensammlung für das Hamburgische Museum für Völkerkunde, die Sammlung Ebert in Wuppertal und für das Hetjens-Museum anlegen. Die Bearbeitung unseres rund 320 Filme umfassenden Fotomaterials erfolgte mit Unterstützung der Gesamthochschule Wuppertal. Doch eine abschließende Aufarbeitung unserer umfangreichen Feldforschungsnotizen verzögerte sich, weil Prof.Ebert mit anderen Verpflichtungen und ich mit der Vorbereitung einer Zigeuner-Ausstellung (Vossen 1983) sowie von Oster- und Weihnachtsausstellungen beschäftigt war. 1983/84 konnte ich lediglich eine vergleichende Darstellung des traditionellen Keramikhandels in Spanien und Marokko herausbringen (Vossen 1983, 1984 b) und einen ersten Artikel über unser marokkanisches Forschungsprojekt (Vossen 1984 a), Wilhelm Ebert einen Beitrag über Frauenarbeit und Frauenhandwerk in Marokko (Ebert 1983) und Karla Vossen über marokkanische Frauentöpferei, Wasser und Wasserkrüge sowie Küche und Kochgefäße (K. Vossen 1983). Karla Vossen ist außerdem die Bearbeitung einer größeren Anzahl von Super-8 Filmen und des Fotomaterials zu verdanken. Bernd Hakenjos setzte im Anschluß an unsere Reise seine Untersuchungen über die städtische Keramik insbesondere von Fès und Safi fort, führte 1988 mit viel Leihgaben aus anderen Museen eine Sonderausstellung über »**Marokkanische Keramik**« im Hetjens-Museum in Düsseldorf und anschließend im Lindenmuseum in Stuttgart durch. Christiane Ebert verfaßte in dem Katalog den Beitrag über die unglasierte Irdenware (vgl. Hakenjos 1988).

Wilhelm Ebert war es gerade noch vergönnt, die Herausgabe unseres gemeinsamen deutsch-französischen Werkes »**Marokkanische Töpferei. Töpferorte und -zentren. Eine Landesaufnahme (1980)**« zu erleben. Darin haben wir in systematischer Weise 259 von uns besuchte marokkanische Töpferorte auf der Basis eines 15 Punkte umfassenden Fragebogens zusammen mit viel Karten- und Fotomaterial vorgestellt (vgl. Vossen/Ebert 1986). Wilhelm Ebert starb nach kurzer, schwerer Krankheit am 22.12.1986. Es war mir ein Bedürfnis, ihm später den 1. Band unserer neuen Reihe »**Töpferei- und Keramikforschung**« (Vossen, Hg. 1988 a) zu widmen, denn der Verlust in menschlicher und wissenschaftlicher Hinsicht war gleichermaßen groß. 1986 hatten wir bei der Deutschen Forschungsgemeinschaft bereits eine zweite gemeinsame Reise nach Marokko beantragt, um in verschiedenen Männer- und Frauentöpferorten durch stationäre Feldforschung die oberflächlichen Ergebnisse unserer ersten Forschungsreise zu vertiefen. Danach war die

Herausgabe eines zweiten vergleichenden Bandes unserer »Marokkanischen Töpferei« geplant.

Sollte ich nun dieses Projekt ganz fallen lassen? War ich allein überhaupt dazu in der Lage, das gewaltige Vergleichsmaterial aufzuarbeiten? Dennoch fühlte ich mich der gemeinsamen Sache verpflichtet und entschloß mich schließlich, 1987 die Untersuchungen in Marokko mit einem teilweise neuen Team fortzusetzen. Diesmal waren zeitweise die folgenden alten und neuen Mitarbeiter dabei:

* **Christiane Ebert**, die ihren Mann Wilhelm Ebert bereits 1980 bei der Erfassung der Rif-Frauentöpfereien unterstützt hatte,

* **Karla Vossen**, die ebenfalls 1980 mitgearbeitet und mehrere Beiträge über marokkanische Töpferei für den Deutschen Volkshochschulverband verfaßt hatte,

* **Dr. Arne Lucke**, Archäologe und Völkerkundler, der mit seinen vielfältigen Erfahrungen in der »experimentellen Archäologie« auch ethnoarchäologisch stark interessiert war,

* **Ilse Schütz**, engagierte Leiterin des von ihr aufgebauten Töpfereimuseums in Agost, Prov. Alicante,

* **Hassan Belarabi**, Direktor des Museums für marokkanische Volkskunst, Dar si Said, in Marrakech.

Leider war die für 3 Monate geplante Zusammenarbeit mit Hassan Belarabi aus Marokko-internen Gründen nur auf 3 Wochen beschränkt. In dieser Zeit führten wir im Hohen Atlas Vergleichsuntersuchungen der heutigen **berberischen Specksteinverarbeitung**, ihrer Geschichte und Verbreitung durch (vgl. Vossen 1988). Neben Hassan trugen auch der deutsche Maler Hans Werner Geerdts und mein Sohn, Ivo Vossen, zum Gelingen dieses Projektes bei.

Insgesamt dauerte die zweite Forschungsreise fast 6 Monate von Mitte Mai bis Anfang November 1987. Wiederum konnten wir eine Foto-Dokumentation von über 100 Schwarz-Weiß- und Farbfilmen, von 10 Super-8 Filmen und eine Studiensammlung von mehr als 1000 Objekten anlegen. Die Untersuchungen konzentrierten sich dabei auf die berberischen Männertöpferzentren rund um Amizmiz, Prov. Marrakech, die Gueddara-Männertöpferzentren bei Karia bou Mohamed, Prov. Taounate, und die Frauentöpferzentren Ifrane Ali, Slit und Ain Bouchrik im westlichen Rif-Gebirge. **Die Ergebnisse beider Forschungsreisen werden in diesem Band unter vergleichenden Aspekten mit einer Fülle von originalem Foto- und Kartenmaterial erstmalig vorgestellt.** Wir orientieren uns dabei an der in Marokko üblichen französischen Schreibweise arabischer und berberischer Begriffe (vgl. Vossen/ Ebert 1986:7).

Im Gegensatz zu einigen Gutachtern bei der Deutschen Forschungsgemeinschaft, die damals dieses Forschungsprojekt beurteilt haben, bin ich nach wie vor der Überzeugung, daß die Töpfereiforschung in Marokko heute noch keineswegs abgeschlossen ist. Selbst nach dem Besuch von über 250 Töpferorten (vgl. Vossen/Ebert 1986) stießen wir immer noch auf Überraschungen und neue Aspekte, die unser bisheriges Bild grundlegend veränderten. Zur Klärung vieler in diesem Band aufgeworfener Fragen sind Nachuntersuchungen in Marokko erforderlich.

Es kann nicht stark genug unterstrichen werden, daß der **Reichtum an handwerklichen Traditionen in Marokko noch sehr groß ist, doch gerade in unseren Tagen einem rasanten Wandel und Verfall unterliegt. So sind noch weitere Forschungsreisen notwendig, ja noch vordringlicher als archäologische Grabungen, die auch nach 100 Jahren noch gemacht werden können, völkerkundliche Untersuchungen dieser Art dagegen nicht mehr. Der Verfall ließe sich heute nur durch ein vermehrtes Interesse der Öffentlichkeit und durch gezielte Förderungsmaßnahmen der marokkanischen Regierung aufhalten, ganz verhindern kann man ihn nicht.** Wir hoffen, daß die Anregungen, die wir mit diesem Band und der Ausstellung im Hamburger Völkerkundemuseum vermitteln wollen, in Deutschland und in Marokko auf fruchtbaren Boden fallen!

Hamburg, am 30. November 1989 Rüdiger Vossen

Danksagung

Jede größere Arbeit beruht auf der Leistung, dem Einsatz, dem Rat und der Unterstützung vieler Mitarbeiter und Institutionen. Dank gebührt zunächst den vielen marokkanischen Töpferfamilien, die fast ausnahmslos nicht nur unsere Fragen geduldig ertragen und beantwortet, sondern uns auch mit sprichwörtlicher marokkanischer Gastfreundschaft aufgenommen haben. Danken möchte ich in Rabat dem Direktor des Artisanat-Ministeriums, Herrn Omar ben Abdallah, und dem Minister Mohamed Abied für ihre Fürsprache und weiteren Repräsentanten dieses Ministeriums für ihre Unterstützung. In diesen Dank einschließen möchte ich meine marokkanischen Dolmetscher Mohamed Azaim (Amizmiz), Mustapha Oubouhou (Taroudant) und Mustapha El Amrani (Tetouan).

Es freut mich, meinen marrokkanisch-deutschen Freunden an dieser Stelle noch einmal herzlich danken zu können für Ermutigung, Hilfe und Gastfreundschaft, insbesondere Cornelia Benlehmlih-Ihlenfeld sowie Dagmar und Klaus Mertz in Casablanca, Hans-Werner Geerdts (Marrakech) sowie dem Ehepaar Dr. Gläser und Herrn Lang von der Deutschen Botschaft in Rabat.

Mein Dank geht posthum an meinen engen Mitarbeiter und Freund Prof. Dr.h.c. Wilhelm Ebert, dessen allzu früher Tod 1986 eine schmerzliche Lücke gerissen hat. Seine Frau Christiane Ebert hat uns ihr reiches Material bereitwillig zur Verfügung gestellt. Sehr gern danke ich auch meinen im Vorwort und im Impressum genannten Mitarbeiter/innen dieses Bandes für ihre Einsatzbereitschaft und ihren Rat. Stellvertretend für alle möchte ich Silke Schierenbek und Silke Straatman hervorheben, die mich in der täglichen Arbeit, bei Sonderaufträgen und in Computerfragen tatkräftig unterstützt haben.

Für ihren Rat oder ihre Unterstützung danke ich Prof. Dr. Jürgen Zwernemann, der Kulturbehörde, dem Förderkreis Völkerkundemuseum Hamburg e.V., insbesondere Frau Dr. Lotte Lüdemann, Paul Falkowski, Mustapha Naimi und Wiebke Künnemann und Herrn Dieter Ficke (Bremen). Bei Zeichen- und Fotoarbeiten engagierten sich neben den ständigen Mitarbeitern des Museums Irene Duwe, Irene Schönberger, Irmengard Elbing und Dr. Arne Lucke. Es ist mir ein Bedürfnis, auch den Mitarbeitern des Christians Verlages für die gute Zusammenarbeit zu danken.

Herzlich danken möchte ich auch im Namen des Museums Herrn Konsul Peter Hansen und Herrn Voigts (Hamburg) sowie Herrn Ebbe Fischer (Casablanca) von der Oldenburgisch-Portugiesischen Dampfschiffahrts-Rhederei (OPDR) für ihre tatkräftige Hilfe und den kostenlosen Transport der Marokko-Sammlungen nach Hamburg.

Die gesamte Durchführung der Forschungsreisen wäre nicht möglich gewesen ohne die großzügige finanzielle Unterstützung durch die Deutsche Forschungsgemeinschaft, vertreten durch Frau Ursula Far-Hollender, die 1980 und 1987 außerdem geländegängige Fahrzeuge leihweise bereit gestellt hatte. Last not least möchte ich meiner Frau danken für ihren kritischen Rat und ihre Geduld und Dr. Wolfgang Haberland, der mich vor mehr als 20 Jahren auf die »Fährte der Ethnoarchäologie« gesetzt und alle Töpferei-Forschungsreisen mit Interesse verfolgt hat.

Rüdiger Vossen

Einführung in die Ethnoarchäologie oder – den »technologischen Dialekten und Sprachen« auf der Spur

Von unserem »Insel-Wissen»

Stellen wir uns einmal vor, wir fahren auf einem Schiff und nähern uns einer kleinen Insel, die am Horizont auftaucht. Anfangs sehen wir nur die Umrisse, meinen, mit einem Blick die ganze Insel erfassen zu können. Dann zeichnen sich immer deutlicher Einzelheiten ab, Felsen, Bäume, Häuser, Menschen. Wir werden neugierig, mehr von dieser Insel zu sehen, den sichtbaren Dingen auf den Grund zu gehen und die unsichtbaren vielleicht zu erahnen.

Genauso kann es einem ergehen, der sich auf das »**Meer der Wissenschaften**« wagt und die einzelnen Wissensgebiete wie Inseln in diesem Meer auftauchen sieht. Niemand mehr ist in der Lage, dieses gewaltige Meer an Wissen zu überschauen, geschweige denn, tiefer in **alle** Wissensbereiche einzudringen. Doch gerade in den letzten Jahren ist es immer deutlicher geworden: All diese Wissensgebiete hängen in der Tiefe miteinander zusammen, **keine dieser »Inseln« ist eine Welt für sich.** Und in ihrem Stellenwert werden sie und die dahinter liegende Realität nur begreifbar, wenn man versucht, das unsichtbare Band, das alle zusammenhält, zu erkennen, d.h. Zusammenhänge zu sehen und zu begreifen.

Ethnoarchäologie - eine junge Wissenschaft

In unserem Beispiel ist eine der »Inseln« die **Ethnologie**, die vergleichende Wissenschaft von den Völkern und Kulturen dieser Welt vorwiegend im 19. und 20. Jahrhundert, eine andere die **Archäologie**, die Wissenschaft von der Vergangenheit, vom Ursprung und der Entwicklung aller Völker und Kulturen, die jemals existiert haben. Zwischen diesen beiden Wissenschafts-Inseln ist seit den 60er und 70er Jahren jenseits und auch diesseits des Atlantik als ganz kleine »Insel« eine neue Wissenschaft aufgetaucht, die **Ethnoarchäologie**. Sie ist gewissermaßen das sichtbare **Bindeglied** zwischen diesen Kulturwissenschaften, in der Öffentlichkeit bei uns noch wenig bekannt, doch ihre Umrisse beginnen, sich immer schärfer abzuzeichnen.

Forschungsgeschichtlich gesehen haben die nordamerikanischen und mexikanischen Kollegen dabei eines vor unseren europäischen Kollegen voraus. In den USA sind Archäologie, Kultur-Anthropologie, (Ethnologie), physische Anthropologie und Linguistik unter dem gleichen Dach des »Department of Anthropology« angesiedelt. Schon rein organisatorisch gesehen ist dort die Zusammenarbeit zwischen den jeweiligen Fachwissenschaftlern einfacher und in der Tat auch besser. In Europa dagegen haben sich die prähistorische, die klassische und die mittelalterliche Archäologie, Ethnologie, Sozial-Anthropologie, Volkskunde, Folklore, physische Anthropologie und Linguistik in Einzeldisziplinen voneinander abgespalten. Jede Disziplin ist, von wenigen Ausnahmen abgesehen, eifer- und eigensüchtig eher auf Eigenständigkeit als auf Zusammenarbeit bedacht (vgl. Vossen 1988 b).

Doch, um mit Brecht zu sprechen, *»die Verhältnisse, die sind nicht so«*, denn die **menschliche KULTUR**, Forschungsgegenstand der Kulturwissenschaften, ist **unteilbar**. Zwar können wir **Kulturen** und **Kulturbereiche** voneinander abgrenzen, doch **verstehen können wir sie nur im Vergleich miteinander.** Gerade im letzten Jahrzehnt hat man mit dem neuen ökologischen Denkansatz erkannt, daß alle Teile und Bereiche miteinander zusammenhängen. So hat auch die neu entstandene Insel »**Ethnoarchäologie**« im Grenzbereich zweier Wissenschaften eine **Brückenfunktion**. Sie hat die Aufgabe, Ethnologie und Archäologie wieder einander näher zu bringen, um mit vereinten Kräften den Zusammenhang zwischen Kulturentwicklung, Kulturveränderung und dem Absterben von Kulturbereichen und dem Aussterben ganzer Kulturen besser begreifen zu lernen. Aus diesen Erkenntnissen lassen sich auch praktische Konsequenzen ableiten, z.B. auf dem entwicklungspolitischen Gebiet (s. das »integrierte Entwicklungsprojekt« von Ifrane Ali, unten).

Wenn wir in ein Land der »Dritten Welt« reisen, in dem kulturell gewachsene Strukturen noch existieren, wird man schnell erkennen können, daß sich die gegenwärtigen Verhältnisse nur vor dem Hintergrund der jeweiligen Vergangenheit begreifen lassen. Sollten wir es nach schlechter journalistischer Art wagen, nur aus der Beobachtung der Gegenwart heraus nach Befragung nur weniger Informanten, uns ein Urteil über dieses Land und seine Menschen anzumaßen, so sind Fehl-

Urteile vorprogrammiert. Ein Vergleich kann uns diesen Zusammenhang noch klarer machen: Schalten wir das Fernsehen erst zum Ende eines guten Spielfilms ein, so können wir uns zwar von den letzten Szenen fesseln lassen, doch verstehen können wir sie nur, wenn wir auch den Anfang gesehen haben.

Ethnoarchäologisch gesehen ist das heutige Leben nur die »oberste Schicht« einer langen Entwicklung. Wollen wir in die »unteren Schichten« eindringen, so gibt es dazu drei Möglichkeiten:

1. Beobachtung der gegenwärtigen Situation und Befragung kompetenter Informanten (nach Entwicklung eines ausreichenden Vertrauensverhältnisses), d.h. eine versuchsweise Aufdeckung des gegenwärtigen technologischen Wissens und der Kenntnisse der vergangenen Entwicklung durch mündliche Überlieferung. (Diesen Versuch haben wir mit unserer **Landesaufnahme der Töpfereien Marokkos** gemacht und bei längerem Aufenthalt vor Ort auch Fragen nach der Lokalgeschichte gestellt; s. die jeweiligen Fallbeispiele).

2. Studium und vergleichende Analyse schriftlicher und graphischer Quellen, soweit diese vorhanden sind. (Dieses Studium steckt für Marokko erst in den Anfängen.)

3. Lokale ethnoarchäologische und archäologische Untersuchungen sowie Vergleich der lokalen Ergebnisse mit denen der Landesaufnahme. (Mein Mitarbeiter Arne Lucke hat insbesondere heutige Brennstellen und Hausgrundrisse mit archäologischen Augen vermessen und gezeichnet, Keramikbrände dokumentiert und einen Plan für lokale Grabungen entwickelt.)

»Lebendige Archäologie« und »experimentelle Archäologie«

Möchte man gewissermaßen einen »roten Faden« zwischen den verschütteten und den heute offen liegenden Kulturschichten auffinden und zurück verfolgen, erscheint es sinnvoll, sich bei einer zeitlich in die Tiefe gehenden Kulturanalyse auf diejenigen Bereiche einer lebendigen Kultur zu konzentrieren, die voraussichtlich - zumindest bruchstückweise - im Boden erhalten bleiben bzw. erhalten sind. Gerade hier setzt die Ethnoarchäologie ein. In anderem Zusammenhang habe ich einmal das gezielte Studium der archäologisch gesehen wichtigsten, noch »lebenden« Teilbereiche einer lebendigen Kultur »**lebendige Archäologie**« genannt (Einzelheiten s. bei Vossen 1968, 1969, 1988, 1989/90).

Methodisch gesehen umfaßt die Ethnoarchäologie die beiden unterschiedlichen Forschungsansätze »**lebendige Archäologie**« und »**experimentelle Archäologie**«. Unter letzterer versteht man eine ebenfalls neue Forschungrichtung,

> »*in der versucht wird, Arbeits-, Produktions- und Verhaltensweisen des prähistorischen Menschen methodisch nachzuvollziehen sowie archäologische Befunde und Hypothesen systematisch und unter kontrollierten Bedingungen zu überprüfen.*« (Arne Lucke 1988:128)

Ein spektakuläres Beispiel für experimentelle Archäologie ist der Nachbau von Wikingerschiffen oder von griechisch-römischen Galeeren, um z.B. das Fahrverhalten, Schnelligkeit, die Lademöglichkeiten, Tragfähigkeit und den Aktionsradius zu untersuchen. Doch auch der Nachbau und die Erprobung von kleinen Eisen-Verhüttungsöfen oder Keramikbrennöfen nach archäologischen und ethnographischen Befunden zählen zu diesem Forschungszweig.

Beide Methoden der Ethnoarchäologie sollen gemeinsam zu dem Ziel führen, mit Hilfe von **vorsichtigen Analogieschlüssen** aus heutigen Beobachtungen heraus, Interpretationshilfen zur Rekonstruktion und zum Verständnis der archäologischen Vergangenheit zu liefern (zur Rolle von Analogieschlüssen s. Vossen 1989/90, im Druck).

Die Töpferei-und Keramikforschung ist nun innerhalb der Ethnoarchäologie bildlich gesprochen das Herzstück. Der Keramik kommt zweifellos eine Schlüsselfunktion zu. Denn Keramik zählt, wie wir wissen, zu den ältesten handwerklichen Erzeugnissen der Menschheit. Voraussetzung war eine gewisse Beherrschung des Feuers, um aus plastischer Tonmasse harte Materie von kristalliner Struktur zu machen - die **erste technologische Erfindung** noch vor der Metallurgie (vgl. Bauer 1983/84). Eine weitere Besonderheit besteht darin, daß sich das keramische Scherbenmaterial unter normalen Bedingungen über Jahrtausende im Boden erhalten kann. Und Keramik ist bereits mit dem Übergang vom Jäger- und Sammlerdasein zur seßhaften Pflege von Ackerbau und Viehzucht (»neolithische Revolution«) seit etwa 10 000 Jahren im Gebiet des »fruchtbaren Halbmondes« von Indien bis Ägypten nachweisbar - neuerdings auch bei einer teilseßhaften Jäger-Sammler-Fischerbevölkerung ebenso früh in der Sahara (vgl. Kuper 1978, 1989).

Die heute hergestellte traditionelle Keramik stellt in archäologi-

scher Sichtweise die oberste, noch »lebendige Schicht« einer Jahrtausende alten Kulturentwicklung dar. Wegen der außerordentlich anpassungsfähigen Formbarkeit des Grundmaterials Ton bieten Keramikfunde zudem wichtige Anhaltspunkte zur Erfassung von Kultur- und Handelsgrenzen, für kulturelle Kontinuität oder Kulturwandel in Raum und Zeit, für Anpassungsvorgänge an die Marktsituation und Veränderungsprozesse durch konkurrierende Materialien. **Man könnte sagen, in Keramikfunden ist der Stempel der Kulturentwicklung der Jahrtausende eingedrückt, wenn man sie richtig zu interpretieren weiß.**

Unsere Landesaufnahmen der Töpferei in Spanien und Marokko hatten nun u.a. das kulturhistorisch wichtige Ziel, Keramik mit allen funktionalen Verflechtungen im lebendigen, kontrollierbaren Zusammenhang besser begreifen zu lernen, um dadurch Interpretationshilfen für Keramik aus anderen Regionen und aus archäologischen Befunden abzuleiten. **Das aus diesen Landesaufnahmen verfügbare reiche Vergleichsmaterial ist m.W. auf der Welt einmalig.**

Dabei war es anfangs gar nicht einfach, die Standorte der einzelnen Töpferorte und -zentren ausfindig zu machen. Es war tatsächlich eine **Entdeckungsreise mit vielen Unbekannten.** Bei der Suche nach den Töpferorten halfen uns häufig die Befragungen der Töpferinnen und Töpfer vor Ort oder ein Besuch der vielen lokalen und zentralen Wochenmärkte, wenn tatsächlich Keramik lokaler Produktion noch angeboten wurde.

Das marokkanische Wochenmarktsystem

Ein Besuch der ständigen großen Bazare in den Städten und der ländlichen Wochenmärkte (*souk*) ist in Marokko für jeden Reisenden immer noch ein Erlebnis, auch wenn der Lokalcharakter der Märkte mehr und mehr verloren geht, da »fliegende Händler« die heutigen Konsumwaren und Industrieprodukte auch bis in die fernsten Winkel des Landes schaffen. Doch man kann noch Glück haben und lokale Handwerker antreffen, die z.B. wie die Schmiede noch auf dem Souk arbeiten oder ihre eigenen Erzeugnisse anbieten. Wir haben innerhalb des Souk-Geländes noch Töpfermärkte angetroffen, wo über 50 Töpferinnen oder Töpfer ihre Wochenproduktion zur Schau stellten.

Es empfiehlt sich daher, sich vor einer Marokkoreise die **Wochen-**

markttage genau einzuprägen, zumal sie wegen ihrer Bedeutung oft ein fester Bestandteil des Ortsnamens geworden sind.

In Marokko sollen heute noch etwa 800 Marktorte mit festem Wochenmarkttag existieren (vgl. Troin 1975). Jeder der Marktorte war bestimmten Stammesgruppen bevorzugt zugeordnet, von denen man in den 50er Jahren noch ca. 780 unterscheiden konnte (vgl. Hoffman 1958). Der Wochenzyklus beginnt in einem islamisch geprägten Land mit dem Sonntag (el Had), d.h. dem »ersten Tag«. Die Benennung der Wochentage folgt der arabischen Zählweise von 1 bis 7 mit Ausnahme des 6. Tages (jemaa), des Tages der Versammlung zum Gebet, der im Islam auf den Freitag fällt. Zusammengefaßt heißen die Souk-Tage in der Reihenfolge der Wochentage:

Souk el Had	= Sonntagmarkt (1. Tag)
Souk et Tnine	= Montagmarkt (2. Tag)
Souk et Tleta	= Dienstagmarkt (3. Tag)
Souk el Arba	= Mittwochmarkt (4. Tag)
Souk el Khemis	= Donnerstagmarkt (5. Tag)
Souk ej Jemaa	= Freitagmarkt (Versammlungstag)
Souk es Sebt	= Samstagmarkt (6. Tag)

In Marokko trifft man je nach den geographischen Bedingungen durchschnittlich alle 35 km auf den nächsten Wochenmarktort, so daß auch unter traditionellen Verhältnissen die Entfernung vom Wohnort zum Kontakt- und Versorgungszentrum eines Stammes nicht mehr als 15 - 20 km betrug. Diese Entfernung konnte per Maultier in 2 bis 3 Stunden zurückgelegt werden, zu Fuß in 3 bis 4 Stunden. Gegen 7 Uhr morgens beginnt sich der Markt zu füllen, der Höhepunkt ist zwischen 9 und 10 Uhr erreicht und mittags, nach Erledigung aller Geschäfte und Einkäufe zerstreut man sich wieder.

Da ich wesentliche Aspekte des Wochenmarktsystems, des Wochenmarkt-Rhythmus und des Verteilungsnetzes der Töpferorte in Spanien und Marokko bereits veröffentlicht habe (vgl. Vossen 1983 a, 1984 b), kann ich an dieser Stelle auf weitere Einzelheiten verzichten. Dank des Besuches von ca. 300 Märkten und etwa 260 Töpferorten und -zentren sind wir nun in der Lage, vergleichende Aussagen machen zu können, die einen erheblich größeren Stellenwert beanspruchen können, als die bisherigen Ergebnisse der wenigen lokalen Untersuchungen.

Abb. 1 Souk Khemis Sidi Hajaj, Prov. Settat: Wasserbehälter aus l'Agagcha, Wasserkrüge aus Boughrart/Demnat, Brotteigschüssel aus Tameslouht; Foto R. Vossen

Lokale »technologische Dialekte« – regionale »technologische Sprachen«

Als ein wichtiges Ergebnis dieser Landesaufnahme möchte ich die Erkenntnis von **lokalen »technologischen Dialekten«** und **regionalen »technologischen Sprachen«** vorweg nehmen. So haben wir z.B. innerhalb des zunächst geschlossen erscheinenden Gebietes der Frauentöpfereien im Rif-Gebirge gerade bei den Aufbau- und Verzierungtechniken so unterschiedliche Techniken festgestellt, daß wir hier von **»lokalen technologischen Dialekten«** sprechen können, die Einfluß haben auf die endgültige Formgebung und die Verzierungsarten. Die jeweilige Keramik z.B. der Frauentöpferzentren von Ifrane Ali, Slit und Ain Bouchrik (Fallbeispiele s. unten) würde man archäologisch gesehen unterschiedlichen Typen oder Varianten zuordnen, wobei die Gemeinsamkeiten zwischen Slit und Ain Bouchrik allerdings größer sind als etwa zwischen Slit- und Ifrane Ali-Ware. **Unter technologischen Dialekten verstehe ich ethnisch und/oder lokal begrenzte technologische Traditionen, die sich von benachbarten Traditionen in bestimmten Varianten der Aufbau- und Verzierungstechniken und der Brennverfahren unterscheiden.**

Die **»lokalen technologischen Dialekte«** mit vergleichsweise relativ geringen Abweichungen sind dagegen von **»regionalen technologischen Sprachen«** zu unterscheiden, die grundsätzlich andere Aufbau-, Verzierungs- und Brenntechniken aufweisen. So lassen sich z.B. innerhalb des Frauentöpferei-Komplexes von Marokko zwischen der Frauentöpferei des Rif-Gebietes und den »Frauentöpfereiinseln« bei El Kelaa des Sraghna (s. unten) so gravierende Unterschiede erkennen, daß man hier von unterschiedlichen **»regionalen technologischen Sprachen«** sprechen muß. Innerhalb des Männertöpferei-Komplexes sind die Unterschiede zwischen der Drehscheibentechnik der Städte und der Model-Wulst-Drehtechnik des marokkanischen Südens so groß, daß sich ebenfalls unterschiedliche **»regionale technologische Sprachen«** abzeichnen. **Diese unterschiedlichen »technologischen Sprachen« führen dabei auch zu unterschiedlicher Formbildung und damit zu unterschiedlichen Formenkreisen** (vgl. die Verbreitungskarten von Männer- und Frauentöpferei und der Wasserkrugtypen).

Die Begriffe **»technologische Dialekte und Sprachen«** orientieren sich an den linguistisch definierten Mundart- und Sprachbegriffen. Mundart oder Dialekt sind örtlich bestimmte Sprachformen innerhalb einer Sprachgemeinschaft. Dialekte und Sprachen werden mündlich und ggfs. auch schriftlich tradiert. **Technologische Dialekte werden in engem Kontakt zwischen Mutter und Tochter oder Vater und Sohn bzw. der jeweiligen Töpfergemeinschaft durch mündliche Anleitung , Beobachtung und Nachahmung weitergegeben, technologische Sprachen durch den Kontakt und wechselseitige Beeinflussung verschiedener Töpfergemeinschaften untereinander bzw. durch eine hypothetische ehemals gemeinsame Abstammung**.

Lokale technologische Dialekte und regionale technologische Sprachen bilden gemeinsam die »**technologische Grammatik**« eines Landes bzw. einer größeren Region.

Gerade im technologischen Bereich ist die Kontinuität einer Töpfertradition unglaublich groß. Gerade deshalb kann die Erkenntnis von »technologischen Dialekten und Sprachen« kulturhistorisch gesehen so bedeutsam sein. In unserem abschließenden Vergleich der Töpfertraditionen Spaniens, Marokkos, Algeriens und Schwarzafrikas habe ich versucht, diese neuen Erkenntnismöglichkeiten auszuschöpfen (s.unten). Bestärkt durch diese Erfahrungen halte ich die **vergleichende Erfassung der »technologischen Dialekte und Sprachen« und ihrer »technologischen Grammatik« für eine kulturgeschichtlich gesehen ebenso wichtige Aufgabe wie die vergleichende Analyse von Form- und Funktionskreisen, von Verzierungsstilen oder Sprachdialekten.**

Über die Bedeutung von Landesaufnahmen

Dieser Aspekt des technologischen Kulturvergleichs hat bisher so wenig Beachtung gefunden, weil die meisten Handwerksstudien ein Nebenprodukt von Feldforschung mit anderer Zielrichtung oder nur auf einen lokal eng begrenzten Bereich beschränkt waren. Doch Gemeinsamkeiten und Unterschiede werden bekanntlich erst durch den überregionalen Vergleich erkennbar. Aus diesem Grunde halte ich **Landesaufnahmen des traditionellen Handwerks auf der Basis von »ambulanter Feldforschung« für eine unverzichtbare Voraussetzung vor dem Beginn lokaler Studien auf der Basis stationärer Feldforschung.**

Die wesentlichen Vorteile von Landesaufnahmen möchte ich abschließend gleichsam als **Programm für künftige ethnoarchäologi-**

sche Untersuchungen noch einmal zusammenfassen (vgl. Vossen 1988c:142):

1. »**Ambulante Feldforschung**« in einem thematisch begrenzten Bereich versetzt den Feldforscher rasch in die Rolle eines Experten, der trotz der begrenzten Aufnahmezeit schnell die Anerkennung seiner Informanten gewinnen kann. Gerade die Beschäftigung mit der Arbeit und den täglichen Problemen der Handwerker schafft die notwendige Vertrauensbasis auch für weitergehende Fragestellungen in »sensiblen« Kulturbereichen, die dem Feldforscher bei gezielter direkter Befragung häufig lange verschlossen bleiben.

2. Aufgrund der vergleichenden Bestandsaufnahme ergeben sich Einsichtsmöglichkeiten in Abhängigkeitsverhältnisse der Töpfereien von Rohstoffvorkommen, geographischer Lage, Absatzmärkten und Handelsstrukturen und Vergleichsmöglichkeiten zu Nachbarländern.

3. Basierend auf den Erkenntnissen der Landesaufnahme läßt sich eine fundierte Auswahl der Töpferorte treffen, die sich für eine spätere vertiefende **stationäre Feldforschung** am besten eignen würden. (Die unten näher vorgestellten Fallbeispiele gehen überwiegend auf stationäre Feldforschungsergebnisse unserer zweiten Reise von 1987 zurück, nachdem wir Gelegenheit hatten, diese Orte bereits 1980 kurz zu besuchen).

4. Die Ergebnisse einer Landesaufnahme sind zweifellos unter **entwicklungs- und kulturpolitischen** Gesichtspunkten auch für die Handwerks- und Kulturministerien von großem Interesse ebenso wie für den **Individual-Tourismus**, der durch gezielte Informationen für die noch reichen Handwerks-Traditionen interessiert werden kann.

Dabei ließ uns natürlich die Frage nicht unberührt, ob wir unsere Kenntnisse von relativ unberührten, abgelegenen Töpferorten überhaupt preisgeben dürften. Diese Frage möchte ich mit Einschränkungen aus folgenden Gründen bejahen:

* die traditionelle Töpferei geht in vielen Regionen Marokkos ihrem Ende entgegen (s. unser Kapitel »Verdrängungsprozesse...«). Nur ein vermehrtes Interesse einer engagierten Öffentlichkeit kann zumindest für eine Übergangszeit Arbeitsplätze bewahren helfen.

* Bei verstärkter Nachfrage und höherer Bewertung ihrer Erzeugnisse würden auch Töpferinnen und Töpfer, die ihr Handwerk bereits aufgegeben haben, wieder zu arbeiten beginnen.

* Auch relativ abgelegene Töpferorte sollten eine Chance haben, sich den veränderten Bedürfnissen unserer Zeit anzupassen, um dabei von

den verbesserten Marktchancen zu profitieren - auch auf die Gefahr hin, daß die Töpfer ihre Produktion dem nivellierenden Touristengeschmack anpassen. Denn Maßstab sind nicht unsere Bedürnisse und »unser Geschmack« im fernen Europa, sondern seit jeher das Wechselspiel von Angebot und Nachfrage im Lande selbst.

Einschränkungen ergeben sich bei der Frage der Auswahl der Töpferorte und -zentren. Ein wesentliches Kriterium ist, ob die Bevölkerung bereits näheren Kontakt mit Ausländern und Touristen hatte, und ob nicht eine begründete Scheu vor allem bei Frauen davor besteht, z.B. fotografiert zu werden. **Selbstverständlich sind solche Vorbehalte zu respektieren.** Ich möchte davon ausgehen, daß die Reisenden, die unseren Spuren folgen wollen, soviel Takt und Einfühlungsvermögen besitzen, die Grenzen des Zulässigen selbst zu erkennen.

Unsere Sonderausstellung »**Reisen zu Marokkos Töpfern**« bietet zusammen mit diesem Taschenbuch einen ersten Einstieg zur näheren Beschäftigung mit einer Auswahl besonders interessanter Töpferorte und ihren Erzeugnissen, der Rolle von Männern und Frauen, der Mühseligkeit ihrer Arbeit und ihren Nöten und Problemen.

Detaillierte Informationen mit näheren Angaben zu 259 Töpferorten finden Sie, verbunden mit viel Karten- und Fotomaterial, in unserem zweisprachigen Handbuch »**Marokkanische Töpferei - Töpferorte und -zentren. Eine Landesaufnahme (1980)**« (Vossen/Ebert 1986). Die Numerierung auf der von Ullrich Masemann zusammengestellten Verbreitungskarte der Töpferorte in Marokko (s. Abb. 2) orientiert sich an der entsprechenden Ortsnumerierung in diesem Handbuch.

Bevor unsere Reise zu Marokkos Töpfern beginnt, möchten wir Ihnen Gelegenheit geben, sich anhand der folgenden Kapitel von Silke Straatman über Land und Leute und die bewegte Geschichte Marokkos zu informieren.

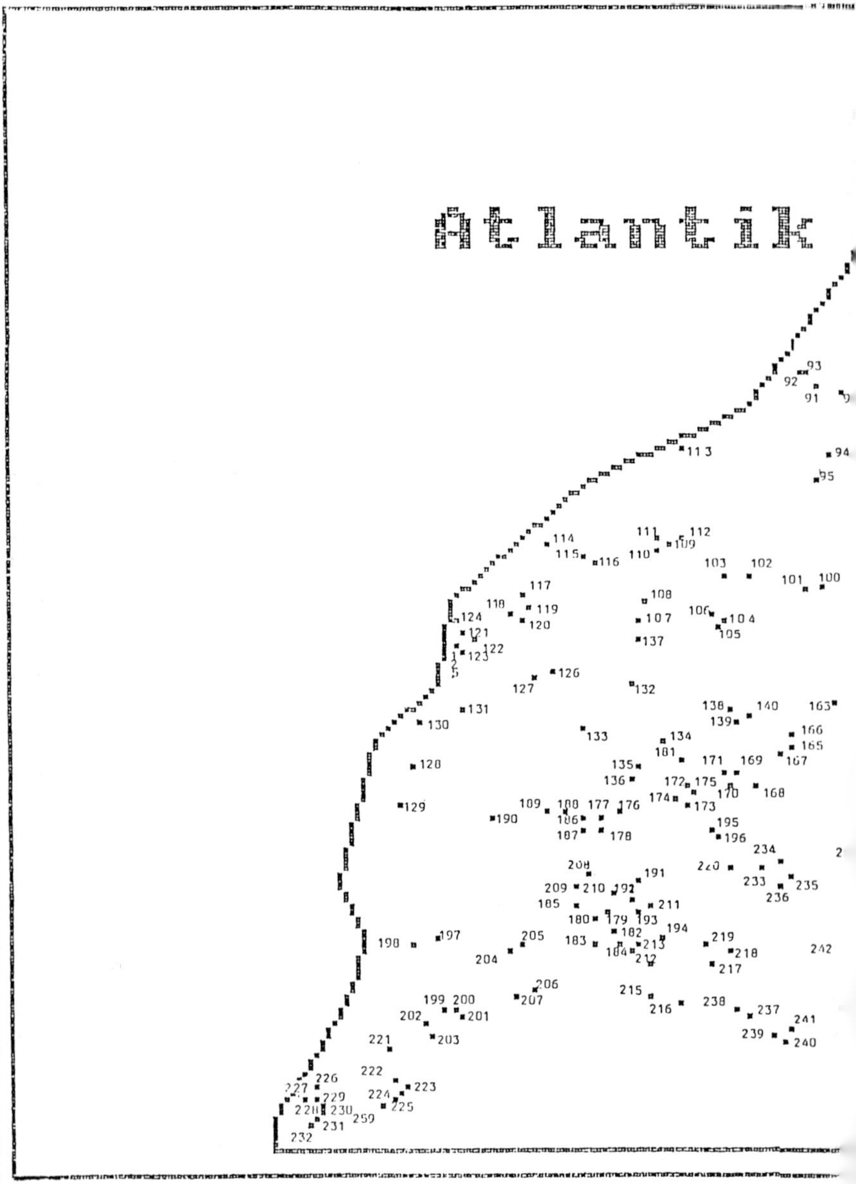

Abb. 2 Verbreitungskarte der Marokkanischen Töpferorte, Landesaufnahme Vossen/Ebert 1980 (vgl. Vossen/Ebert 1986)

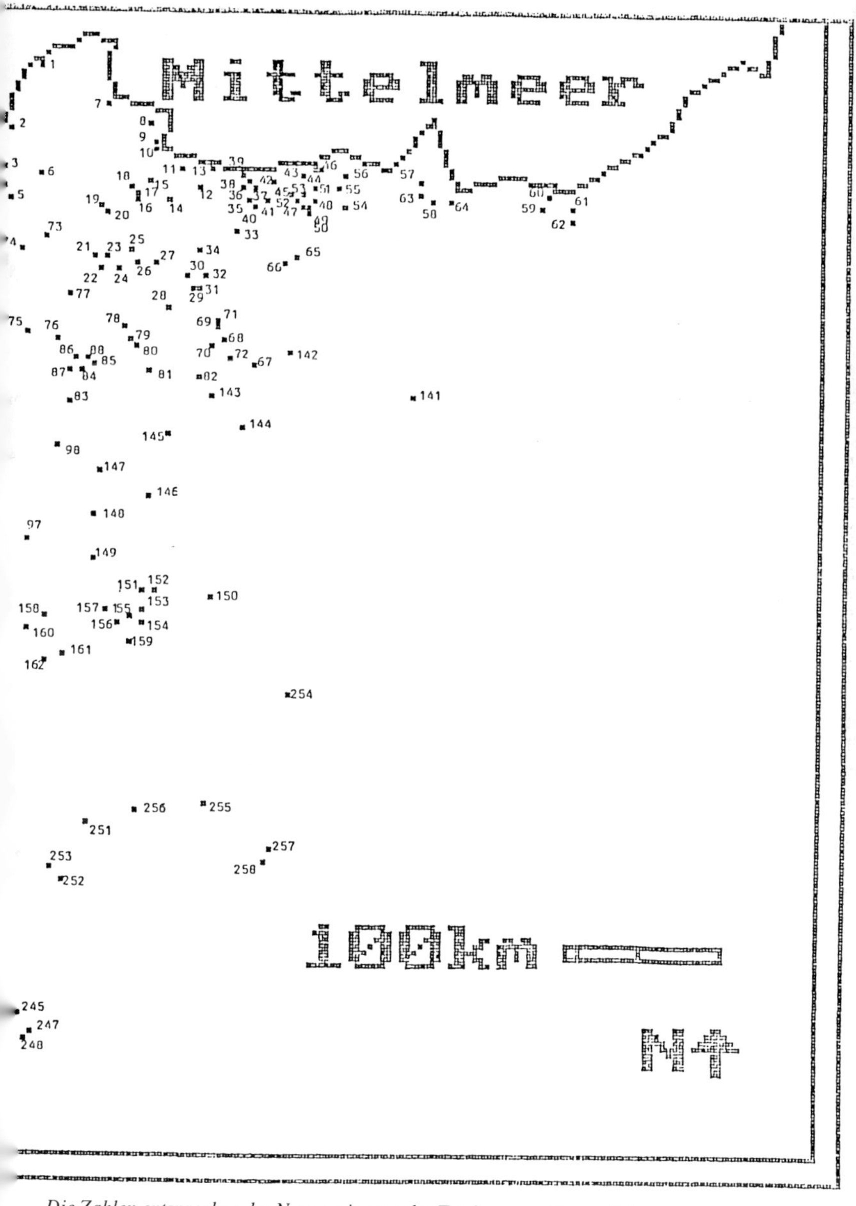

Die Zahlen entsprechen der Nummerierung der Töpferorte in Vossen/Ebert: Marrokanische Töpferei 1980, Bonn 1986, Computergraphik U. Masemann

Übersichtskarte Marokkanischer Töpferorte und -zentren (Numerierung nach Vossen/Ebert 1986)

1. Tanger
2. Beni Kissane
3. Saadana
4. Skhara (Sahra)
5. El Haouta
6. Ksar El Kbir
7. Tetouan
8. Ifrane Ali
9. Agoulal
10. Jenane En Nich
11. Tarhassa
12. Talmast El Foki
13. Takamout
14. Ioulassine
15. Amedernane
16. Dermanate
17. Gharan/Beni Derkoul
18. Majjo
19. Dehar
20. Ain Koub
21. Guezira
22. Qtout
23. Fraoua
24. Slit (Sled)
25. Al Halhal
26. Bab Tamra
27. Ain Kchir
28. Ain Bouchrik
29. Ad Demna I
30. Ad Demna II
31. Oulad Bou Soltane
32. Bourdoud
33. Afraz
34. Taria
35. Tizi Mouloud
36. Boumilih
37. Ticla
38. Taddart
39. Anzarh
40. Agni
41. Beni Boukmat
42. Tirhza
43. Ajdir (Azrhar)
44. Souani
45. Ait Kamral
46. Ait Tighart
47. Tamassint
48. Eranassane
49. Idardouchene
50. Sidi Youssouf
51. Ifasyane
52. Alouadi
53. Zawiya Amlah
54. La'ri
55. Azghar Trifa
56. Akhchah Oumrhar
57. Beni Sidal
58. Tamajnime
59. Dshira
60. Saidia
61. Dhamna
62. Ahfir
63. Oulad Bahir
64. Timayen
65. Ajdir
66. Saka
67. Boudriss
68. Mleta
69. Mkalssat
70. Maaynine
71. Beni Amar
72. Cheka
73. Beni Acem
74. Bou Hazitat
75. Oulad Ghanem
76. Sidi Kacem/El Koucha
77. Gueddara/Beni Malek
78. Gueddara El Koudia
79. Gueddara El Oued
80. Gueddara El Cántara
81. Fès
82. Ait Ala
83. Meknès
84. Moulay-Idriss
85. Khenadek
86. Bouiba
87. Ain Bziz
88. Beni Meraz
89. Zahana
90. Sebt Ait Bel Kassem
91. Oulad Brahim
92. Salé
93. Rabat
94. Haddada
95. Oulad Amrane
96. Aouinat
97. Aguelmous
98. Ain Gdah
99. Boujad
100. Oued Zem
101. Oulad Gueddar
102. Lesouf
103. Chorfa
104. Oulad Hamida
105. Melitta
106. Makansa
107. Bir Nahal
108. Sqaqla
109. Sidi Rahal
110. Jemaa des Oulad Abbou
111. Rkakha
112. Gouretat
113. Casablanca/Ain Sebaa
114. Souk Sebt Des Oulad Hassine
115. Zekkara (Skera)
116. Beni Slim
117. Sidi Bark
118. L'Agagcha
119. Oulad Tahara Mohamed
120. Harouch/Skouri
121. Machat/Sidi Lahsen
122. El Grinat
123. Souirat
124. Machat
125. Safi
126. Oulad Ben Azouz
127. El Sous Lebrej

128. Ait Ammar/Le Mers
129. Imi-N-Tlit
130. Zaouia Cherif
131. Tleta Kourati
132. Kissaria
133. Doueate
134. Marrakech
135. Tameslouht
136. Deraisiri
137. Latamna
138. El Marmouta
139. Al Melassa
140. Oulad Tereia
141. Alouana
142. Taza
143. Sedra
144. Ain Beida
145. Bhalil-Aghazdiss
146. Taalilt
147. Ait Ya Ouallah
148. Ain Leuh
149. Khenifra
150. Zebzat (Zoubzat)
151. Itzer
152. Boulajoul
153. Barraqua Boumia
154. Boumia (Bou Mia)
155. Ait Yahia Ou Ali
156. Iser Diz
157. Kerouchen
158. Ait Isaq
159. Tounfite
160. Zawiyat-Ech-Cheikh
161. Aghbala
162. Tizi N'Isly
163. Ait Ighs/Ait Ouebit
164. Le Heri/Taounza
165. Boughrart/Demnat
166. Tifoughmate/Sidi Yahia
167. Tighamine/Al Jadid
168. Takouchdamt
169. Wiskdou
170. Imtat
171. Timezzilit
172. Tihouana/Ait Bouseid
173. Agounsane (Ourika)
174. Tafza (Ourika)
175. Anrar (Ourika)
176. Moulay Brahim
177. Tougramane
178. Tassougt/Ouirgane
179. Inefgane/Ijoukak
180. Talat N'Yakoub
181. Allah N'Oumzri
182. Tazouda
183. Anis-N-Ounein
184. Taourirt-N'Ouz-grouz
185. Ait Ou Abdi
186. Regraga
187. Ait Hamed
188. Zilaout
189. Tamazirt
190. Tachmirrou
191. Tizoughine
192. Iguidi
193. Taissa
194. Asgoun-N-Imirguen
195. Tagadirt-N'Oum-zouar
196. Ait Marouan
197. Chninat/Oulad Teima
198. Ameskroud
199. Anou Amrane
200. Tibergnit
201. Tabenaissate
202. Natourirt
203. Anergui
204. Tiout
205. Arazane
206. Tatelt/Tafraout
207. Azaghar
208. Tagargoust
209. Assaka
210. Imzilen
211. Mendou
212. Ighil-N'Imchguiln
213. Taltenzought
214. Ighri
215. Agourd N'Oulili
216. Timdghart
217. Zaouiat Sidi Lahsain
218. Talloust
219. Ansra
220. Taoura
221. Ait Sliman/ Boukoura
222. Agourd Ou Abdi
223. Agni Mouhal
224. Afaouzour
225. Tagadirt
226. Kasba Tirhanimin
227. Id Rais/Tirhanimin
228. Iferda
229. Zaouia Bou Sidi Sedaka
230. Harouach
231. Isseg/Id Kaiya
232. Id Bou Henda/Isseg
233. Tikirt
234. Taourirt
235. Talet
236. Taharbilt Fint
237. Aghgoumi
238. Taouirt-N'Ouznag
239. Lamhamid
240. Amzzrou
241. Es Smeyra
242. Agdz
243. Tansikht
244. Amazraou
245. Oulad Hadj
246. Astour
247. Tamgrout
248. Tazraout
249. Sidi Bou Amrane
250. Gaddara/Skoura
251. El Hart N'Jamine
252. Tifrit
253. Imi N'Tersha
254. Tit-N'Ali
255. Touroug
256. Asrir
257. Ksar Moulay Abdoullah Dkhak
258. Safte Bahaj
259. Tamanaht/Ait Herbil

Geographie und Bevölkerung von Marokko

Silke Straatman

Lage, Größe und Bevölkerung

Marokko liegt im nordwestlichsten Teil des afrikanischen Kontinents. Daher stammt auch sein arabischer Name »**Maghreb Al Aqsa**«, was soviel bedeutet wie »der äußerste Westen« (der islamischen Welt). Marokko ist lediglich durch eine 13 km breite Wasserstraße, die Straße von Gibraltar, vom europäischen Kontinent getrennt. Als westlichstes Maghreb-Land stellt es eine Brücke zu Europa dar. An der Nordküste gibt es noch spanische Exklaven, die Hafen-Städte Ceuta und Melilla. Ceuta, arabisch *Sebta*, war bereits im Altertum eine Festung mit Hafen, wurde 715 n.Chr. von den Arabern erobert, und 1415 portugiesisch; seit 1580 gehört es zu Spanien. Melilla ist bereits seit 1497 spanisch.

Mit einer **Fläche** von **458.730 km²** ist Marokko fast zweimal so groß wie die Bundesrepublik Deutschland (248.709 km²).

Einschließlich der von Marokko beanspruchten Zone der Westsahara hat das Land eine Fläche von 725.000 km². Die Besetzung der ehemals spanischen Sahara wird international bisher nicht anerkannt, zur Zeit besteht ein Stillhalteabkommen. Politisch liegt der Verlauf der marokkanischen Südgrenze noch nicht fest. Es kommt immer wieder zu Konflikten mit der von Algerien unterstützen Unabhängigkeitsbewegung POLISARIO.

Nach letztem Stand (Fischer-Weltalmanach'89, 1988:372) hatte Marokko rund **22.480.000 Einwohner**, davon sollen ca. 50% Berber bzw. arabisierte Berber und ca. 20% Araber sein. Anzunehmen ist, daß der Anteil »reinblütiger« Araber an der marokkanischen Bevölkerung relativ klein ist. Die Mehrzahl setzt sich aus sprachlich oder ethnisch arabisierten Berbern zusammen. Nach der islamisch-arabischen Eroberung Marokkos fällt es heute schwer, Berber, arabisierte Berber und Araber voneinander zu unterscheiden. So wird in der »Encyclopaedia of Islam« (1979, Bd.1:1177; zitiert in: Popp 1989:121) von **40-45% arabisierten Berbern**, **40-45% reinen Berbern** und nur **10-15% Arabern** gesprochen.

Die jährliche Zuwachsrate der Bevölkerung liegt mit 2,9% sehr hoch.

Die Besiedlungsdichte beträgt 50 Einwohner pro km^2, allerdings sind große Flächen menschenleere Wüsten und Gebirgsregionen (zum Vergleich die BRD mit 247 E pro km^2).

Der Anteil der **negroiden Mischbevölkerung** (*Harratin*), die vor allem im Süden des Landes lebt, liegt bei ungefähr **10%**. Insgesamt gab es in Marokko nach einer Volkszählung im September 1982 (Statistik des Auslandes, Länderbericht Marokko, Wiesbaden 1986:22) **ca. 62.000 Ausländer** (zur Hälfte Franzosen, im übrigen Spanier, Italiener, Tunesier und Algerier). Noch vor der Unabhängigkeitserklärung Marokkos 1956 lebten mehr als 1/2 Mio Ausländer (Statistisches Bundesamt 1986:22), davon ca. 400.000 Franzosen und ca. 100.000 Spanier, in Marokko. Danach wanderten sie in großer Zahl ab.

Ein großer Teil der Bevölkerung hat sich an den Küsten und in den fruchtbaren Teilen der Zentralebene niedergelassen. 1/5 lebt in den Ballungsgebieten Casablanca und Rabat/Salé, 3/5 in ländlichen Siedlungen. Der Anteil der Stadtbewohner wächst rasch. Gründe hierfür liegen in der Bevölkerungsexplosion und der stärker werdenden Landflucht. Die Einwohnerzahl der Städte nimmt jährlich um 5% zu.

Bis zu 1 Mio Marokkaner leben heute im Ausland, davon allein 350.000 in Frankreich, weitere in Belgien, den Niederlande, der BRD und Großbritannien (Statistisches Bundesamt Wiesbaden 1986:22).

Eine besondere Bevölkerungsgruppe stellen die Juden dar. Neben den vorchristlichen und den im 1.Jahrhundert n.Chr. eingewanderten Juden ist eine große Zahl zusammen mit den »nördlichen Arabern (*Mauren*)« aus Spanien im 15.-17. Jahrhundert zugewandert. Man nennt sie deshalb auch »**iberische oder sefardische Juden**«, die dann nach 1946 in mehreren Wellen nach Israel ausgewandert sind. Marokko ist das arabische Land mit der größten jüdischen Bevölkerung (vor 1945 250.000, heute ca. 30.000 vgl. Statistisches Bundesamt Wiesbaden 1986:23).

Der **Islam** ist **Staatsreligion.** 98% der Moslems sind sunnitische Muslime malekitischer Richtung. (Es gibt vier orthodoxe Rechts-Schulen innerhalb des Sunnitentums). Der Einfluß der Fundamentalisten, die die Gebote des Koran wörtlich nehmen, wächst.

Unter den religiösen Minderheiten gibt es neben der jüdischen Gemeinde etwa 110.000 römische Katholiken (0,5%-2% der Bevölkerung, die Angaben schwanken: Statistisches Bundesamt Wiesbaden 1986:23).

Die Berber - ein Volk, dessen Ursprünge im Dunkeln liegen

Mit »barbaroi« bezeichneten die alten Griechen alle Fremdsprachigen. Bei den Römern war »barbari«, was soviel bedeutete wie »ungesittete Rohlinge« (Neumann, 1983:10), die Bezeichnung für die Bevölkerung der nordafrikanischen Provinzen. Diese Bezeichnung wurde dann seit dem 7. Jahrhundert auch von den Arabern übernommen. Die Berber nennen sich selbst jedoch »***Amazigh***« (pl. *Amazighen*), was soviel bedeutet wie »freie Menschen« (Popp 1989:118). Heute bilden die Berber jene Bevölkerungsgruppierung in Nordafrika, die sich von der damaligen Urbevölkerung herleiten läßt. Die Berber siedelten von den Kanarischen Inseln (dort werden sie *Guanchen* genannt) bis in die Kyrenaika (Libyen). Es ist jedoch bis heute ungewiß, wo ihr eigentlicher Ursprung zu suchen ist. Man vermutet ihn in Südosteuropa, da die Berber zu der mediterran-europiden Rasse gehören. Es gibt aber auch Hypothesen, wonach die Berber aus Syrien/Palästina oder Nordafrika stammen sollen.

Berberophone Bevölkerungsgruppen konzentrieren sich in Marokko in der Regel nur auf Teilgebiete. Dabei handelt es sich um überwiegend weniger dicht besiedelte Gebiete, sogenannte Rückzugsgebiete in Gebirgsregionen und Wüstenarealen. Ihr Verbreitungsgebiet liegt in den marokkanischen Gebirgsregionen des **Rif**, des **Mittleren** und **Hohen Atlas** sowie des **Anti-Atlas**, in einigen **saharischen Oasen** und in einem großen Gebiet der **Zentralsahara**, das von den berberischen **Tuareg** bewohnt wird.

Mit der Eroberung durch die Araber Ende des 7. Jahrhunderts begann die Islamisierung, die schon 100 Jahre später in vielen Regionen erfolgreich abgeschlossen wurde. Die Arabisierung hingegen dauert bis heute an. Nach Popp (1989:138) ist die relativ problemlose Übernahme des islamischen Glaubens dadurch zu erklären, daß der Islam als eine Art »christliche Häresie« (eine vom kirchlichen Dogma abweichende Lehre) des bereits vorhandenen Christentums angesehen wurde. Mit der Islamisierung hat sich schließlich auch die arabische Sprache stark ausgebreitet und das Berberische zunehmend verdrängt.

Trotz der Islamisierung konnten sich die Berber neben ihrer gemeinsamen Sprache, die sich in zahlreiche örtliche Dialekte aufsplittert, auch noch verbindende Elemente im sozialen Gefüge und in den Gebräuchen bewahren. Da die Berberdialekte stark voneinander abweichen, entstehen jedoch Verständigungsprobleme beispielsweise zwischen Berberstämmen im Norden und denen im Süden. Berberdialekte werden hauptsächlich in den wirtschaftlichen und kulturellen Randgebieten des Maghreb gesprochen, insbesondere in Gebirgen und Wüstengebieten. Zum großen Teil ist die Bevölkerung dieser Gebiete jedoch **zweisprachig**, neben dem örtlichen **Berberdialekt** wird auch das **Arabische** gesprochen. Besonders bei Männern ist die Zweisprachigkeit immer wichtiger geworden, denn Arabisch stellt die Sprache des Kontaktes mit der Außenwelt dar. Frauen, die mehr an den häuslichen Bereich gebunden sind, sprechen meist nur berberisch. Sie sind es auch, die den Kindern Berberisch als Muttersprache weiter vermitteln. Berberisch ist keine Schriftsprache, nur die **Tuareg** in der südlichen Sahara und im Sahel haben eine Art Schrift entwickelt.

Die heutige Wissenschaft tendiert dahin, die Berber nur noch als linguistische, nicht aber als rassische oder kulturelle Einheit zu sehen. Dafür spricht auch, daß sich die Urbevölkerung im Laufe der Geschichte mit semitischen und schwarzafrikanischen Gruppierungen vermischt hat. Im öffentlichen Leben sind Berberdialekte allerdings nicht repräsentiert, denn **Amtssprache** und **Unterrichtssprache** in Schulen und an Universitäten sind nur **Arabisch** und **Französisch**. Berberdialekte werden in Schulen nicht gepflegt. Daher hat man auch oft Schwierigkeiten bei der definitiven Unterscheidung von Berbern und Arabern. Diejenigen, die seit ihrer Kindheit zweisprachig aufgewachsen sind oder ihren Berberdialekt verloren haben, nennt man »**arabisierte Berber**«.

Die Berbersprache wird in drei Hauptdialektgruppen gegliedert. Sie sind so unterschiedlich, daß Berber verschiedener Dialektgruppen sich nicht untereinander verständigen können:

- im nördlichen Bereich, im mittleren und östlichen Rifgebirge, im Gebiet der *Beni Snassen*, im östlichen Mittleren Atlas und in der Gegend um Talsinnt wird ***Tarifit*** (oder *Zenatiya*) gesprochen.
- im Mittleren Atlas mit seinem nördlichen und südlichen Vorland wird ***Tamazirht*** gesprochen.
- im Hohen Atlas, Anti-Atlas und dem Jebel Siroua bis zum Drâatal leben die als *Chleuh* bezeichneten Berber: sie sprechen ***Tachilhait***.

Weitere Berbersprachen im Maghreb sind:

- das ***Kabylische*** Nordalgeriens
- das ***Tamahag***, die Sprache der saharischen *Tuareg*.

Es gibt eine große Anzahl von Berberstämmen. Noch 1974 konnten mehr als 750 Stämme erfaßt werden (Brockhaus Völkerkunde Bd. 5, Wiesbaden 1974:256). Der traditionellen Stammesgliederung hat sich

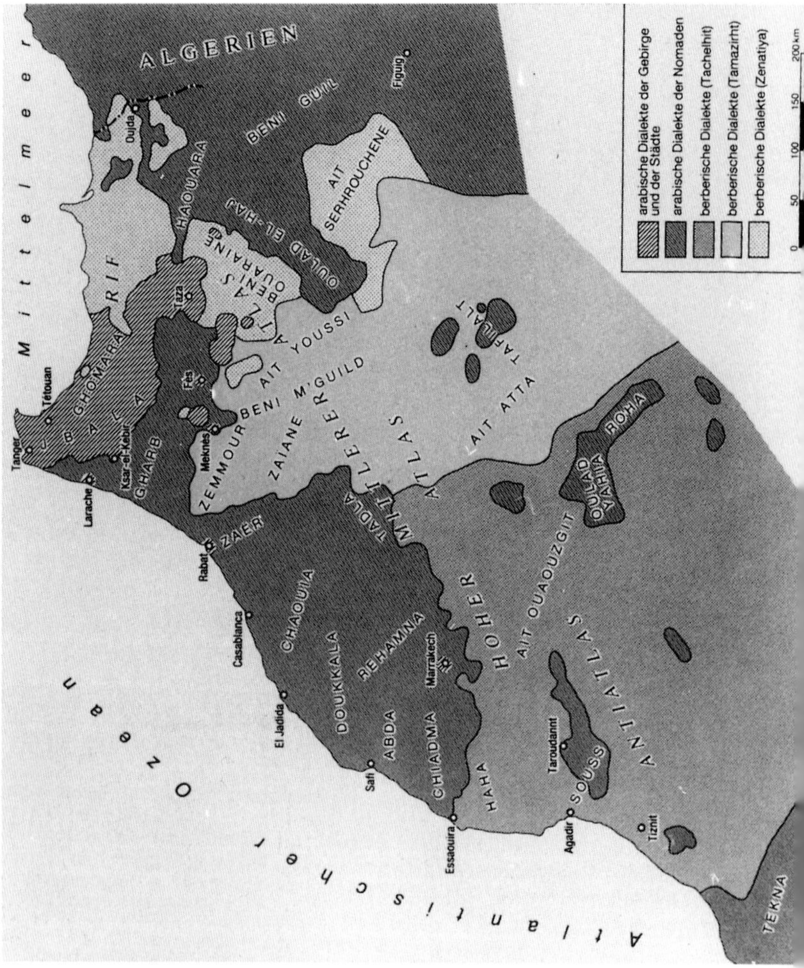

Abb. 1 Berbergruppen und arabische Gruppen in Marokko (nach Lévy-Provençal 1935, aus Popp 1989, Abb. 2)

heute auch das Verwaltungssystem weitgehend angepaßt. Die Landflucht seit Ende des 19. Jahrhunderts hat jedoch die traditionelle Gebietseinteilung zum Teil verwischt. Marokko ist seit 1984 in **47 Provinzen**, in **133 Kreise** und **858 Gemeinden** untergliedert. Von diesen 858 sind 98 städtische und 760 ländliche Gemeinden (Statistisches Bundesamt Wiesbaden 1986:18).

Nach Neumann (1983:15) gibt es kein alle Berber umfassendes Identitätsempfinden. Berber sind von einer starken Bindung an ihre Sippe und ihren Stamm geprägt, das heißt, ihr berberisches Selbstbewußtsein bleibt in der Regel auf die regionale Stammeseinheit beschränkt. Sie verstehen sich selbst nicht als große ethnische oder linguistische Einheit, doch gibt es heute zunehmend Tendenzen, die angestrebte Förderung der Berbersprache auch als Schriftsprache mit einem wachsenden Selbstbewußtsein zu verbinden.

Abb. 2 Frauen aus dem Stamm der M'Goun im südlichen hohen Atlasgebirge. Sie tragen Bernsteinketten und Silberschmuck. Der Kopfschmuck einer der Frauen ist bei der Berbergruppe der Chleuh sehr verbreitet; Foto Gerda Bohm, Augsburg 1959

Abb. 3 Rif-Gebirge bei Demna I, Prov. Taounate; Foto R. Vossen, 1980

Abb. 4 Gebirgslandschaft des Djebel Saghro (Anti Atlas), Töpferort Tifrit, Iknioun; Foto W. Ebert, 1980

Geographie

Marokko ist ein vielgestaltiges Land. Neben 1600 km Atlantikküste und 470 km Mittelmeerküste hat es unter den nordafrikanischen Atlasländern den größten Anteil an den alpenähnlichen Atlas-Gebirgen. Der Atlas trennt die atlantische bzw. mediterrane Zone von der Sahara.

Als Kernlandschaft Marokkos ist die **Zentralebene** (Phosphat-Plateau und Haouz-Ebene) anzusehen, die wegen ihrer Ähnlichkeit zu Zentral-Spanien auch »marokkanische Meseta« genannt wird. Ihre Randgebiete sind fruchtbar, insbesondere die atlantische Küstenebene im Westen und das Sebou-Becken im Norden. Diese Gegenden sind am dichtesten besiedelt. Hier entstanden auch die wichtigsten marokkanischen Städte. Die Zentralebene wird vom Gebirgskranz des Hohen und Mittleren Atlas umgeben.

Den nördlichen Teil des Atlas bildet das bis 2456 m hohe **Rif-Gebirge**. Es hat überwiegend Mittelgebirgscharakter und erstreckt sich ca 400 km von der Küste der Straße von Gibraltar nach Osten bis zum Cap des Trois Fourches nördlich von Melilla.

Der östliche Teil des Gebirgskranzes, der **Mittlere Atlas** mit einer Höhe bis zu 3340 m und einer Länge von 300 km, begrenzt die marokkanische Meseta. Er gilt als Wasserreservoir; hier entspringen die großen Flüsse sowie zahlreiche Gebirgsseen. Mit 1,5 Mio cbm Fassungsvermögen enstand hier der größte Stausee des Landes.

Über 800 km von Südwesten nach Nordosten erstreckt sich der **Hohe Atlas**, mit bis zu 4165 m (*Djebel Toubkal*) das höchste Gebirge Nordafrikas. Die **Sous-Ebene**, eine mit fruchtbaren Oasen durchsetzte steppenähnliche Landschaft südlich des Hohen Atlas, wird im Süden begrenzt von dem bis 2530 m hohen **Anti-Atlas**. Im Süden des Landes bildet er mit einer Länge von 500 km die Begrenzung gegen die Sahara. Jenseits des Gebirges im Osten liegen steppenartige Hochplateaus, die auch als **ostmarokkanische Meseta** bezeichnet werden. Im weiteren Süden erstreckt sich eine mit Oasen durchsetzte **Halbwüstenlandschaft**, die schließlich südlich der *Djebel Bani* in eine mit vereinzelten Sanddünengebieten durchzogene **Steinwüste** übergeht.

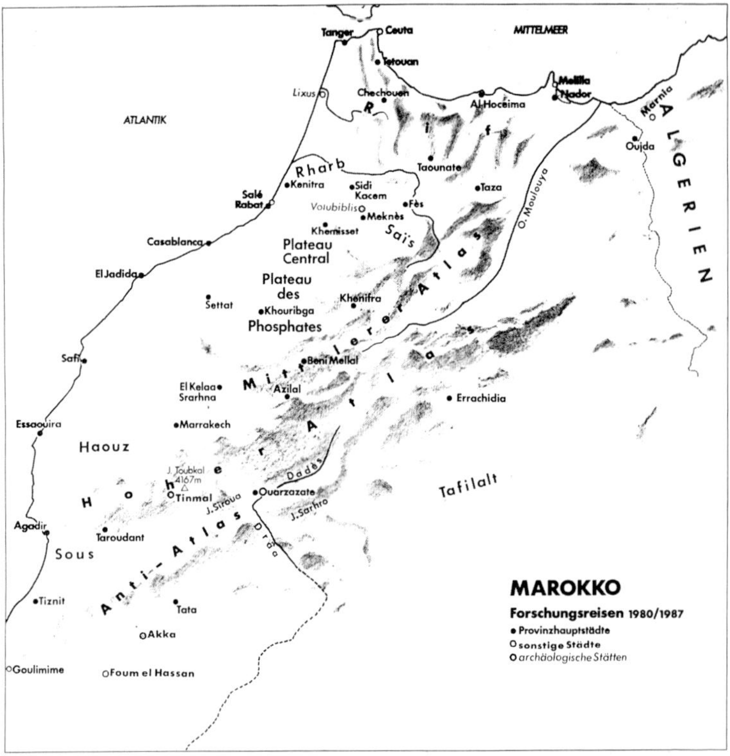

Abb. 5

Klima

Marokko liegt in der **subtropischen Klimazone**.

Es gibt regional unterschiedliche Klimagebiete. In Küstennähe herrscht ein maritimes ausgeglichenes Klima mit milden Wintern (12-14 Grad Celsius) und nicht sehr heißen Sommern (Juni-Sept. 27/28 Grad Celsius), im Rif Mittelmeerklima und im Inneren der Zentralebene eher kontinentales Klima mit heißen Sommern und kälteren Wintern. Temperaturen über 40 Grad im Sommer und um den Gefrierpunkt im Winter sind hier nicht ungewöhnlich. In Gebirgslagen über 2000 m können die Temperaturen unter 20 Grad Celsius erreichen. Im transmontanen Marokko werden Extremwerte im Sommer bis zu 50 Grad Celsius im Schatten erreicht.

Ende Oktober setzen die winterlichen Niederschläge ein, die im

November/Dezember ihren Höhepunkt erreichen und bis April/Mai andauern können. Wegen der meist aus Nord-West kommenden Regenwinde erhalten die Küstenebenen, das Rif-Vorland und die nördlichen und westlichen Hänge des Rif sowie die des Mittleren Atlas höhere Niederschlagsmengen. Im Gebiet um Ifrane (Mittlerer Atlas) gibt es die meisten Niederschläge, 1200 mm (zum Vergl. Hamburg, ca. 850 mm).

Vegetation und Tierwelt

Marokko hat mit über 4000 Arten eine **reichhaltige Pflanzenwelt**.

Die reichste Vegetation findet sich am Nordhang des Hohen Atlas mit Thuja und Buchsbaum sowie in einigen Küstenabschnitten zwischen Essaouira und Agadir (Arganien). An der Mittelmeerküste findet man mediterrane Vegetation mit Pinien, Macchiasträuchern, Zwergpalmen, Oliven-, Mandel-, Feigen- und Obstbäumen sowie Zitrusfrüchten, Pfirsichen und Granatäpfeln.

Im Rif und im westlichen Mittleren Atlas gibt es gebietsweise Eichen- und Nadelbaumwälder mit Kiefern, Tannen und Zedern. Die nördliche Zentralebene mit ihren Buschwäldern, die mit Ulmen, Pappeln und Eschen durchsetzt sind, steht im Gegensatz zum Süden mit seiner von Kakteen und Agaven geprägten Grassteppenlandschaft.

Abb. 6 Landschaft und Vegetation im südlichen Rif bei Ain Bouchrik, Prov Taounate; Foto R. Vossen, 1987

Jenseits des Gebirgskranzes ist die Vegetation sehr karg. Das östliche Hochplateau mit Halfagras, Dornengestrüpp und Kakteen hat Halbwüstencharakter und geht über in fast vegetationslose Wüste, die nur in den Oasen reichen Pflanzenwuchs, vor allem Dattelpalmen, aufweist.

Mit fast 10% vom Gesamtterritorium ist der Waldanteil noch der höchste in Nordafrika. Es wurden jedoch mindestens 60% der ursprünglichen Waldbestände durch Abholzung und Waldbrände vernichtet. Die Abholzung von Gebirgshängen führt zu schwerwiegenden Erosionserscheinungen.

Marokko hatte ursprünglich einen reichen Bestand an Wildtieren. Wegen der intensiven Bejagung bereits seit der Römerzeit wurde die Tierwelt stark dezimiert. Seit 1920 ist beispielsweise der Berberlöwe ausgestorben. Mitunter sind noch Schakale in den Wüsten und Steppen sowie Leoparden und Paviane im Mittleren Atlas zu finden. Es gibt viele Wildkaninchen und Hasen, Wildschweine, Stachelschweine, Eidechsen, Chamäleons, Frösche und Schildkröten.

Im Mittleren Atlas leben Mufflons (kleinste Unterart des Wildschafs), am Wüstenrand Gazellen, Wüstenfüchse, Leguane und Felseichhörnchen. In südlichen Gebieten gibt es viele Schlangenarten, die giftige Puffotter und Skorpione. Nutztiere sind vor allem Rinder, Schafe, Ziegen, Esel, Maultiere, Kamele, Pferde und Hühner. Raubvögel, Kolkraben, Störche, Ibisse und Marabus gehören zu den einheimischen Vogelarten; hinzu kommen im Winter die Zugvögel.

Regierung und Wirtschaft

Al Mamlakah al Maghrebia, so lautet der amtliche Name Marokkos, und das bedeutet soviel wie »Königreich des Maghreb«.

Nach der Verfassung von 1972 (1980 geändert) hat Marokko eine **konstitutionelle**, **demokratische** und **soziale Monarchie**, wobei der König den Regierungschef, den Regentschaftsrat und alle hohen Staatsbeamten ernennt.

Seit 1956 ist Marokko unabhängig und seit 1957 Königreich. Jetziges Staatsoberhaupt ist seit 1961 **König *Hassan II.***. Er ist zugleich Oberbefehlshaber der Streitkräfte und geistliches Oberhaupt. Die Parlamentsauflösungen von 1965 und 1971 und die unnachsichtige Vorgehensweise gegenüber zahlreichen Oppositionellen lassen deutlich werden, daß der König über fast uneingeschränkte Macht verfügt.

Verläßliche innerpolitische Stützen des fast seit 30 Jahren regierenden Monarchen sind die durch eine sogenannte *Ba'yu*-Zeremonie zur Ergebenheit verpflichteten *Caids* (Landräte oder Stammesführer) und *Schechs* (Führer einer Fraktion). Als Gegenleistung wird ihnen militärischer Schutz gewährt.

Außenpolitisch verlässliche Bündnispartner sind die USA mit Marine- und Luftwaffenstützpunkten, sowie Frankreich und Saudi-Arabien mit großzügiger Militärhilfe. 1984 gab es vorübergehend eine Staatenunion mit Libyen. Marokko unterhält auch Handelsbeziehungen zur UdSSR, Hauptabnehmer des Phosphates.

Weitere Handelsbeziehungen bestehen zu Frankreich, Spanien, der BRD, USA und Italien. Exportiert werden vor allem Bergbauprodukte, insbesondere Phosphate, Blei und Mangan, Zitrusfrüchte, Wein, Gemüse, Olivenöl, Häute, »Berberteppiche« und Baumwolle.

Die **Landwirtschaft** ist der **wichtigste Sektor** der marokkanischen Volkswirtschaft und hier vor allem der Zitrusfrüchte-, Obst-, und Gemüseanbau. Hinzu kommt die **Fischerei** (aus meeresklimatischen Gründen ist der Fischfang jedoch nur an der Westküste, im Atlantischen Ozean, von Bedeutung). Zur besseren Entwicklung der Fischereiwirtschaft wurde 1981 ein eigenes Ministerium eingerichtet.

Von der Landwirtschaft und der weniger bedeutenden Fischerei leben direkt oder indirekt **2/3 der Bevölkerung**. Die landwirtschaftlich nutzbare Fläche des Landes beträgt mit ca. 17 Mio Hektar knapp 37% der Gesamtfläche (Kalter 1977:16). Rund die Hälfte dieser Fläche ist Ackerland, das zu über 60% durch Getreideanbau genutzt wird. Weitere 10% des Ackerlandes werden von Dauerkulturen wie Zitrusfrüchten, Oliven und Wein eingenommen. 5% sind Gemüseanbaufläche. Die Marokkaner streben die landwirtschaftliche Unabhängigkeit (Subsistenzwirtschaft) an. Für den Eigenverbrauch werden überwiegend Getreide (70%), Oliven (65%) und Gemüse (40%) angebaut.

Die Waldfläche macht etwa 10% der Landfläche aus. Trotz Aufforstungsprogrammen ist mit einer Verringerung des Waldbestandes durch den illegalen, aber lebensnotwendigen Einschlag zur Brennholzgewinnung zu rechnen. Nach einem langfristigen Aufforstungsplan soll bis zur Jahrtausendwende eine Fläche von 400.000 ha mit Nadelbäumen und von 70.000 ha mit Laubbäumen bepflanzt werden. An erster Stelle steht jedoch die Anpflanzung von Eukalyptusbäumen, daneben auch Kiefern und Pappeln, die aber vor allem Rohstoff für die holzverarbeitende Industrie liefern sollen.

Weitere Industriezweige sind die **Phosphatwirtschaft**, Kupfer- und Bleiverhüttung sowie Metallerzeugung und die Zuckerindustrie. Die Phosphatgewinnung spielt nach wie vor eine wichtige Rolle. **2/3 der Phosphatreserven der Welt** liegen in Marokko. Marokko ist weltweit der größte Exporteur von Phosphat (32%) vor den USA mit 23%.

Energierohstoffe gibt es in Marokko nur sehr wenige. Für die Energieversorgung wichtig sind die wenigen eigenen Vorkommen an Kohle, Erdöl und Erdgas. Bereits während der französischen Protektoratszeit (1912-1956) begann die Erschließung des Landes durch Förderung und Ausbau zahlreicher Bergbaubetriebe.

Mehr als 85% des Bedarfs an Energierohstoffen müssen eingeführt werden. Die marokkanische Energiepolitik ist darauf ausgerichtet, von ausländischen Lieferungen unabhängiger zu werden. Dies soll vor allem mit Hilfe der Energiegewinnung aus Wasserkraftwerken erreicht werden. Leider haben diese Bemühungen wegen langjähriger Trockenperioden nicht die erwarteten Erfolge gebracht.

Marokko ist ein armes Land mit großen wirtschaftlichen und sozialen Problemen. Militärausgaben für den kostspieligen Sahara-Krieg erschweren noch die Probleme. Die Auslandsverschuldung ist mit ca. 15 Millarden US-$ (1985:13 Mrd. US-$, Statistisches Bundesamt Wiesbaden 1986:75) sehr hoch. Arme gibt es vor allem auch auf dem Land, was wiederum zu einer Abwanderung der Landbevölkerung in die Städte führt, wo die Slumgebiete anwachsen.

Nach einer offiziellen Volkszählung im Jahre 1982 waren 10,7% der Erwerbstätigen arbeitslos (Stat. Bundesamt Wiesbaden 1986:33). In den Städten gibt es angeblich eine höhere Arbeitslosenquote (12,5%) als im ländlichen Raum (9,5%). Die tatsächliche Arbeitslosigkeit ist wohl noch höher. Marokkanische Arbeitgeber dürfen zum Schutz der einheimischen Arbeitskräfte keine Ausländer beschäftigen, sofern geeignete Fachkräfte im eigenen Land vorhanden sind. Der noch bestehende Mangel an Fachkräften wie Lehrer, Ärzte, Techniker, Ingenieure u.a. wird durch ausländische Arbeitskräfte abgedeckt, die befristete Arbeitsverträge erhalten, bis eigene Fachkräfte herangebildet sind.

Auch heute noch ist das traditionelle **Handwerk** sehr vielfältig und hat eine wichtige Bedeutung. Hier seien vor allem die **Teppichweberei und Knüpferei der Berber**, und die traditionelle Fertigung von Erzeugnissen für den täglichen Gebrauch, wie **Kupfer-, Messing-, und Silberwaren**, insbesondere auch die Herstellung von **Töpferwaren** genannt. Doch die handwerkliche Produktion ist rückläufig.

Auch die Bedeutung für den Export ist in den letzten Jahren sehr zurückgegangen.

Die Handwerker - besonders in den Städten - waren früher in Genossenschaften organisiert. Heute arbeiten sie zunehmend für große Manufakturen. Kinderarbeit, vor allem in großen Teppichknüpferein, wo 7-8jährige gegen geringe Entlohnung arbeiten, ist immer noch notwendig, um den Lebensunterhalt großer Familien zu sichern..

Über 400.000 Marokkaner arbeiten im Ausland, überwiegend in Frankreich, 35.000 in Libyen und 16.000 in der BRD.

Tourismus

Der Tourismus spielt eine zunehmend wichtige Rolle, zur Zeit beträgt sein Anteil am Bruttosozialprodukt ca 5%.

Die vielfältigen und abwechslungsreichen Landschaften, das orientalische Leben, die Menschen, die nach wie vor mit ihren Gebräuchen und Traditionen eng verbunden sind, sowie die architektonischen Sehenswürdigkeiten machen Marokko zu einem reizvollen Reiseland.

Marokko gilt inzwischen als beliebtes Reiseziel überwiegend europäischer und amerikanischer Urlaubsreisender. 1988 kamen knapp **2.000.000 ausländische Touristen** nach Marokko, wobei deutsche Touristen den dritten Platz hinter Franzosen und Spaniern einnahmen (aus: Jeune Afrique, J.A. No. 1975 v. 12.4.86). Die Deviseneinnahmen durch den Ausländerverkehr betragen etwa 10% der Gesamteinnahmen (Statistisches Bundesamt Wiesbaden 1986:67). 5% der Bevölkerung sind im touristischen Gewerbe tätig. Der Ausländerreiseverkehr wird im Rahmen der Entwicklungspläne gefördert. Seit Juni 1983 gibt es ein spezielles Förderungsgesetz für Tourismus-Investitionen und seit 1985 ein eigenes **Ministerium für Tourismusangelegenheiten**. Der Hotelbau ist ein florierender Wirtschaftszweig. Die Bruttoeinnahmen aus dem Tourismus steigen von Jahr zu Jahr und sind nach der Phosphatwirtschaft und den Überweisungen marokkanischer Gastarbeiter aus dem Ausland die **drittwichtigste Devisenquelle** des Landes.

Bildungswesen

Staatssprache in Marokko ist Arabisch, gesprochen wird aber häufig ein besonderer Dialekt, nämlich das **maghrebische Arabisch**. Ca. 24 % der Bevölkerung spricht Berberdialekte, mit abnehmender Tendenz. Französisch ist trotz der Unabhängigkeit nach wie vor wichtig als Geschäfts-, Bildungs- und Amtssprache; im nördlichen Rif, dem früheren spanischen Protektoratsteil, hat Spanisch eine ähnliche Bedeutung.

Nach Aussagen des Statistischen Bundesamtes in Wiesbaden (1986:27) sind in Marokko noch **70% der Bevölkerung über 25 Jahre Analphabeten**.

Nach der Unabhängigkeitserklärung 1956 wurden die Schulsysteme, die vorher nach französischem, spanischem, jüdischem oder moslemischen Vorbild, je nach Lage, ausgerichtet waren, vereinheitlicht. Es wurde die allgemeine Schulpflicht für 7-13jährige eingeführt. Arabisch ist die offizielle Unterrichtssprache, wobei Naturwissenschaften oft noch in Französisch gelehrt werden. Unter den Erwachsenen und insbesondere bei den Frauen ist das Analphabetentum noch weit verbreitet.

In großen Städten wie Casablanca, Agadir, Meknes u.a. gibt es berufsbildende Schulen. In Rabat, Casablanca, Fès (2), Oujda und Marrakech wurden insgesamt 6 Universitäten eingerichtet.

Abb. 7 Dorfschule bei Asguen Imirguen, Caidat Askaoun, Hoher Atlas, mit marokkanischer Fahne und Pentagramm; Foto K. Vossen, 1980

Abb. 1 Tiouzragh/Taltamazirt - Felsbilder in der Region Agadir Melloul, Anti-Atlas, entdeckt 1987 durch R. Vossen; Foto R. Vossen, 1987

Historischer Überblick
Silke Straatman

Vorgeschichte

Der ***homo erectus***, der Vorläufer des heutigen Menschen, ist in Marokko seit 300.000 Jahren belegt. Man machte Skelettfunde des **Atlanthropus von Sidi Abderrahmane** bei Casablanca (vgl. Köhler 1981:34).

Zwischen 1000 und 5000 v.Chr. wurde das Land vom **Menschentypus Capsa** (benannt nach dem Fundort Gafsa, lat. Capsa in Tunesien) und **Mouillah** (nach Mouillah bei Marnia an der algerisch-marokkanischen Grenze) besiedelt, der in der jüngsten Vorgeschichte von neusteinzeitlichen Kulturen abgelöst wurde. In diese Zeit fallen auch der *Cromlech* (Steinkreis ähnlich wie Stonehenge) bei Larache und die Felszeichnungen im Hohen Atlas (bei Oukaimeden) und in der Vorsahara (Foum el Hassan, Tata, Akka u.a.).

In altägyptischen Quellen des 3. Jahrtausend gibt es bereits Schilderungen über die Existenz von Berbern. Im 5. Jh. berichten griechische Historiker über Berberstämme (Kalter 1977:20). Wann genau die Berber eingewandert sind und woher sie kamen, ist bis heute noch umstritten. Es gibt Hypothesen , wonach sie aus Syrien/Palästina, aus Nordostafrika oder aus der Sahara eingewandert sein sollen. Andere behaupten, sie seien europiden Ursprungs. Wahrscheinlich kamen die Berber bereits in vor-punischer Zeit im 2. Jahrtausend v.Chr. nach Marokko (vgl. Hakenjos 1988:25).

Phönizier und Karthager (1100 - 146 v.Chr.)

1.100 v.Chr. erreichten die Phönizier, ein großes Seefahrer- und Händlervolk, dessen Ursprung im heutigen Libanon zu finden ist, die nordafrikanische Küste. Dort gründeten sie die Siedlungen **Rusadir** (Melilla) und **Liks** (später Lixus) bei *Larache* als befestigte Handelsplätze und trieben seit dem 8. Jh. v.Chr. regen Handel mit der einheimischen Bevölkerung. Im 5. Jh. wurden die Stützpunkte von den Karthagern übernommen. Diese gründeten weitere Siedlungen an der Küste, konnten aber auch keinen weitreichenderen Einfluß auf das Landesinnere ausüben. Es wurde nur ein schmaler Küstenstreifen von den Karthagern beherrscht; das Landesinnere bildete hingegen das Berberreich **Mauretanien**. Der Einfluß Karthagos endete mit dem dritten punischen Krieg (149-146 v.Chr.) durch den Sieg Roms.

Römerzeit (146 v.Chr.-285 n.Chr.)

Die Römer übernahmen die Territorien und Stützpunkte Karthagos. Marokkos Lage, die gebirgigen und somit schwer zu beherrschenden Berbergebiete führten nur zum Ausbau relativ weniger Römersiedlungen. In dieser Zeit war das Land in verschiedene unabhängige Berberreiche zerfallen. Die Römer nannten die zu dieser Zeit lebenden ***Masmouda*-Sippen** Berber (= Barbaren) oder auch ***Mauri*** (vom griechischen Amauros = dunkel), daher stammt auch der Name **Mauretania** = »Land der Dunkelhäutigen«.

Erst ab 31 v.Chr. begann unter Kaiser Augustus die Romanisierung. 25 v.Chr. setzte dieser den romanisierten Numidier *Juba II*. als Herrscher und Verwalter des inzwischen tribut- und wehrpflichtigen Mauretanien ein. Die römische Kontrolle war aber nur indirekt. Der Nachfolger

Abb. 2 Medina von Tanger um 1929; Foto Albert Aust, Hamburg Archiv Hamburgisches Museum für Völkerkunde

von *Juba II.*, sein Sohn *Ptolemais* (23-40 n.Chr.) wurde 40 n.Chr. durch den berüchtigten Kaiser *Caligula* hingerichtet. Daraufhin entstanden Berberrevolten, die erst nach langen Kämpfen von den Römern niedergeschlagen wurden. Nordmarokko, inzwischen auch wichtiger Getreidelieferant für Rom, wurde 42 n.Chr. bis südlich von Rabat und Meknès als römische Provinz »**Mauretania Tingitana**« mit den Hauptorten **Tingis** (Tanger) und **Volubilis**, Provinzhauptstadt 40 km nördlich von Meknès, deklariert. Von dort bezog Rom Olivenöl, eingesalzenen Fisch, Thujaholz und Sklaven.

Im 3.Jh. n.Chr. ging der Machtverfall Roms einher mit dem Rückzug auf Küstengebiete im Norden. Berberaufstände zwangen die Römer zum Rückzug nach Tingis (285 n.Chr.). Schließlich zersplitterte die römische Republik, und vom 5.-7.Jh. n.Chr. an bestand Marokko aus zahlreichen kleinen Herrschaftsbereichen von Berberstämmen. 429 n.Chr. setzten ca. 80.000 Vandalen von Spanien nach Marokko über und konnten unter der Führung *König Geiserichs* (428-477 n.Chr.) Tanger und Ceuta bis 477 n.Chr. besetzt halten. Sie beendeten damit endgültig die Herrschaft Roms. Lediglich Volubilis konnte bis zur Mitte des 7. Jh. die lateinische Sprache und seine christliche Religion bewahren. Ab 533 wurde Marokko dem **Byzantinischem Reich** unterstellt und über Ceuta und Tanger kontrolliert. Man gründete die byzantinische Provinz ***Mauretania Secunda***.

Eroberung durch die Araber (685-788)

Nur wenige Jahre nach dem Tode Mohammeds (632 n.Chr.) drang 681/682 erstmals ein arabisch-islamischer Feldzug unter der Führung von *Ukba Ibn Nafi* über Taza bis in das Sous-Gebiet vor, zog sich aber bald wieder nach Algerien zurück. 705/709 gab es unter *Moussa Ibn Nussair* einen zweiten erfolgreichen arabischen Eroberungsfeldzug gegen die Berber. Ihm gelang es, das Land bis 711 zu unterwerfen und es dem Reich der arabischen **Omajaden** - mit Residenz in Damaskus - unterzuordnen. Damit begann die Geschichte der Jahrhunderte lang andauernden Arabisierung und Islamisierung des Landes. Nach einem Aufstand der *Charidjitischen* (Schiitischen)-Berber 740-742 konnte Marokko seine Unabhängigkeit wieder zurückerlangen, bis die in Bagdad residierenden **Abbasiden** 772 das Land neu eroberten.

Stetiger Wechsel der Herrscherdynastien

Kennzeichnend für Marokkos Geschichte sind die immer wiederkehrenden Auseinandersetzungen und ständigen Konflikte zwischen der Zentralregierung des Landes, seien es fremde Eroberer oder einheimische Herrscherdynastien, und den unabhängigen Stammesgruppen der Wüste und der Gebirge. Diese konnten immer nur begrenzt unterworfen und zu Tributzahlungen verpflichtet werden. Man kennt daher auch heute noch die Unterscheidung in das Land der Regierung »**Bled el Makhzen**« in der Zentralebene und in das Land der Gesetzlosen »**Bled el Siba**« in Gebirgs- und Wüstengebieten.

Bis Anfang des 20. Jahrhunderts fand der Wechsel der herrschenden Dynastien überwiegend durch Kämpfe statt, in denen ein kriegerischer Gebirgs- oder Wüstenstamm das in inneren Wirren zerrissene Land eroberte und ein neues Herrschergeschlecht begründete. Wirren entstanden häufig durch Thronfolgestreitigkeiten, wobei eine Dynastie an Kraft verlor, so daß Stammesrebellionen das Land auseinanderbrechen ließen.

Von 788-828/29 n.Chr. herrschte die Dynastie der **Idrissiden**. Ihr Führer *Moulay Idris I.*(788-791), ein Nachfahre Mohammeds, konnte die bis dahin regierenden *Abbasiden* aus dem Lande vertreiben. Sein Reich beschränkte sich auf den Norden und Nordwesten Marokkos, im Süden blieb die unabhängige Existenz der Berber-Stämme erhalten. **Idris** wurde 792 wahrscheinlich im Auftrag des Abbasidenkalifen **Harun al Raschid** um sein Leben gebracht. Sein Grab befindet sich in der nach ihm benannten heiligen Stadt **Moulay-Idriss** - heute Nationalheiligtum und Wallfahrtsort. Als Nachfolger konnte sich dann sein Sohn **Idriss II**. behaupten. Er gründete **Fès**, die erste der berühmten Königsstädte in Marokko. *Idris II*. (791-828/29) konnte sein Herrschaftsgebiet über den Norden Marokkos hinaus ausdehnen, er führte Kriegszüge bis in den Hohen Atlas und nach Westalgerien, aber auch sein Reich zerbrach nach seinem Tode und wurde unter seinen 10 Söhnen in kleine Fürstentümer aufgeteilt. Inzwischen hatten die tunesischen **Fatimiden**, benannt nach *Fatima*, der Tochter des Propheten Mohammeds, die *Abbasiden* als Oberherrscher Nordafrikas abgelöst. 920 bis 973 n.Chr. begannen nun langwierige Kämpfe zwischen den spanischen **Omajaden** und den **Fatimiden**. Um 986 besetzten die **Omajaden** Fès und fast ganz Marokko.

Zu Beginn des 11. Jh. konnten arabische **Beni Hilal-Nomaden** in Marokko eindringen und weite Teile des Landes plündern und zerstören.

Herrschaft der berberischen Almoraviden (1061-1147)

Almoraviden nannten sich die Mitglieder eines militärisch-religiösen Ordens, dem **Rabat** (»Al Morabitun« - Leute des *Ribat*). Wie einst die Kreuzritter, so eroberten auch die *Almoraviden* unter dem Banner des Heiligen Krieges (*Djihad*) aus dem Süden kommend die nördlichen Regionen Marokkos. Bis dahin hatten die **Almoraviden**, im 9. Jh. islamisierte kriegerische **Sandhadja-Berber** und Kamelnomaden aus dem Sahara-Randgebiet südlich des Hohen Atlas, Teile des Südens und die westlichen Gold-Handelswege aus Westafrika unter ihrer Kontrolle. Unter ihrem Führer **Youssef ben Tachfin** (1060-1106) drangen sie über den Hohen Atlas bis ins Innere Marokkos vor und gründeten dort die Stadt Marrakech als festes Militärlager (1062-1070). Sie konnten 1079 Marokko erstmalig in seiner Geschichte unter einheitliche Herrschaft bringen. Ihnen gelangen in ihrem kriegerischen Expansionsdrang auch weitere Vorstöße nach Algerien, Andalusien und in den Süden nach Senegal. 1085 riefen die andalusischen Kleinfürsten, die dem Druck des Königs von Kastilien **Alfons IV.** nicht mehr gewachsen waren, **Youssef ben Taschfin** um Unterstützung. Er konnte die christlichen Eroberer wieder zurückdrängen und **Andalusien** wurde Provinz des *Almoraviden*-Reiches. Unter den *Almoraviden* wurde die Sunna im ganzen Land verbindlich. Anfang des 12. Jh. begann der Zerfall des Großreiches.

Almohaden (1147-1248)

1125 bildete sich im Hohen Atlas in **Tinmal** unter *Mohammed ibn Tumárt*, einem *Masmouda-Berber* aus dem nördlichen Anti-Atlas, eine religiöse Bewegung unter Einfluß der Lehren des bedeutenden Theologen und Mystikers *al Ghazàli*. Mittelpunkt dieser Lehre war eine »sehr rigorose Interpretation des islamischen Dogmas von der Einheit Gottes« (Kalter 1977:25). In Tinmal, im Hohen Atlas unterhalb des Tizi-n-Test, entstand ein befestigtes Kloster, *Ribat*, dessen Bewohner und Anhänger sich **Almohaden** (*Al Muwahiden* = Verfechter der Einheit oder *Al mowahiddun* = Bekenner des Einen)) nannten. Sie warfen den **Almoraviden** die Abkehr vom Islam vor und riefen den heiligen Krieg aus. Mit der Eroberung Marrakechs 1147 war der Niedergang der Dynastie der *Almoraviden* besiegelt. Das gesamte *Almoravidische* Reich war erobert, zudem Teile Algeriens und Tunesiens, sowie Andalusiens und Libyens.

Abb 3 Tetouan, Tor zu Medina, Bab Sebta (17./18.Jahrhundert), Transport einer Brautsänfte (buja); Foto R. Vossen, 1987

Marokko hatte die größte Ausdehnung seiner Geschichte erreicht. Kalter (1977:27) bezeichnet diese Periode der Marokkanischen Geschichte als »das Goldene Zeitalter westislamischer Kultur«. Zu Recht - denn Wissenschaft und Künste erlebten in dieser Zeit ihre Hochblüte. Dann begann der Zerfall des Reiches und wie so oft in der Geschichte Marokkos zerbrach auch die *Almohaden*-Dynastie an Thronfolgestreitigkeiten.

Mériniden (1258-1465) und Beni Ouattas (1465-1548)

Die **Mériniden** waren ein kriegerischer Nomadenstamm aus der Gruppe der *Zenhata-Berber*. Ab 1213 kämpften sie lange Zeit (bis 1258) um die Herrschaft in Marokko. Unter den *Mériniden* erlebte Marokko im 14. Jh. einen vor allem architektonischen Aufschwung. Aus dieser Zeit stammen die meisten Prachtbauten.

Fès wurde zur **wichtigsten Stadt** des westlichen Islam. Bei der Ablösung der *Merinidischen*-Dynastie (1465) war Marokko in viele Siedlungen zerfallen, die kulturelle Hochblüte war vorbei, das Land verarmt und von Unruhen zerrüttet. In dieser Zeit wurde auch die Bedrohung von außen stärker. Die Portugiesen besetzten 1488 alle Häfen an der Atlantikküste und versuchten, ihren Einflußbereich ins Landesinnere auszudehnen.

Mitte des 15. Jh. kamen auch die Spanier an die Mittelmeerküste und besetzten 1497 Melilla. In der Zwischenzeit waren die *Meriniden* von den mit ihnen verwandten **Beni Ouattas** (1465) abgelöst worden. **Granada**, der letzte islamische Stützpunkt in Spanien, fiel **1492**. Während Spanier und Portugiesen zahlreiche Stützpunkte an der marokkanischen Küste einnahmen, wurden Gebiete im Landesinneren von rebellischen Stämmen oder religiösen Sekten beherrscht.

Die Saadiden (1548-1667)

Die **Saadiden** sind arabischen Geschlechts und bezeichneten sich selbst als »**Scherifen**«, was soviel bedeutet wie Nachfahren Mohammeds. Sie stammten aus dem Drâa-Tal.

1554 ist durch die zweite Einnahme von Fès ihre Vorherrschaft in ganz Marokko besiegelt. Unter den *Saadiden* florierte der Gold- und Sklavenhandel mit Westafrika - die Blütezeit der Karawanen begann. Marrakech wuchs zu einer mächtigen Metropole heran. Ein kultureller Aufschwung war durch den Flüchtlingsstrom der letzten aus Spanien vertriebenen Moslems und Juden gegeben (zwischen 1568-1578 und 1609-1614). Nach dem Tod des Sultans *Ahmed al Mânsours* 1603 spaltete sich das Land infolge der Thronstreitigkeiten. Bergstämme gerieten in Streit, und an der Küste Rabat/Salé entwickelte sich ein Piratenwesen.

Alaouiten (seit 1667)

Auch die **Alaouiten** bezeichneten sich als Scherifen, als Nachkommen des Propheten Mohammeds. Ihre Vorfahren waren im 13. Jh. in die Oasen des Tafilalet eingewandert. Von dort aus eroberten sie das vor dem Zusammenbruch stehende Reich der *Saadiden*. Der bedeutendste Sultan dieser Dynastie war der selbstherrliche **Moulay Ismail**, der das Land 55 Jahre von der prunkvoll ausgestatteten und zum **Machtzentrum** erhobenen **Stadt Meknès** aus regierte (1672-1727). Mit seinem Heer aus über 150.000 Söldnern und schwarzen Sklaven konnte er die rebellierenden Berber-Stämme unterwerfen und die von den Europäern an den Küsten eingenommenen Stützpunkte wiedererobern. Trotzdem war er an einem Handel mit den europäischen Mächten interessiert, und es entwickelte sich eine fast 30 Jahre andauernde diplomatische Beziehung mit Frankreich unter Ludwig XIV.. Nach *Moulay Ismails* Tod kam es wieder zu Stammesrevolten, vor allem wegen der hohen Steuerabgaben. Die Piratenorte an der Küste machten sich unabhängig, und die Armee bildete einen eigenständigen Machtfaktor. Erst 1757 konnte **Mohammed I**. die alte Sultansherrschaft wieder einführen. Nach einer schweren Pestepidemie, die ca. 100.000 Menschenleben forderte, kam es wieder zu neuen Unruhen. Während dieser Zeit wuchs der europäische Einfluß, besonders nachdem Frankreich 1830 Algerien eingenommen hatte. Nun folgte eine Bedrohung Ost-Marokkos durch die Franzosen. Marokko unterstützte Algerien im Kampf gegen die französische Vorherrschaft. 1844 kam es aber zu einer Niederlage in der Schlacht von Isly.

Ausgelöst durch **Rif-Kabylen**-Angriffe auf spanische Besitzungen im Norden, Ceuta und Melilla, erklärte Spanien 1859/60 Marokko den Krieg. England intervenierte und konnte somit einer Vereinnahmung durch die Spanier entgegenwirken. Von 1873-1894 regierte der letzte absolute marokkanische Herrscher Sultan **Moulay Hassan** das Land. Er versuchte das Vordringen der Europäer zu stoppen, aber der Druck von außen konnte nicht mehr aufgehalten werden. Die internationale Konferenz von Madrid 1880 zwang Marokko zu neuen Konzessionen. Der 1894 zum Nachfolger berufene Sohn *Moulay Hassans'*, *Abd el Aziz* war noch zu jung, um den wachsenden inneren Unruhen entgegenzuwirken. Das Land verschuldete sich zunehmend, und zu Beginn des 20. Jahrhunderts war Marokko ärmer als je zuvor.

Französisch-spanisches Protektorat (1912-1956)

1903/04 besetzten die **Franzosen** das östliche Grenzgebiet, ein Vorgehen, welches die internationale Marokkokrise heraufbeschwor, woraufhin Nichteinmischungsverträge mit Italien, Großbritannien und Spanien abgeschlossen wurden. Italien bekam freie Hand in Libyen, Spanien erhielt die Gewährleistung zum Erhalt seiner Enklaven im Norden. Auch Deutschland unter Wilhelm II. meldete Interesse an, konnte aber durch Abgabe eines Teils von Französisch-Kongo, das der deutschen Kolonie Kamerun zugeteilt wurde, besänftigt werden. 1906 wurden bei der **internationalen Konferenz von Algeciras** zwar die Handelsfreiheit aller Nationen und die Souveränität des Sultans und somit die scheinbare Unabhängigkeit Marokkos garantiert, aber die Polizei- und Hafenprivilegien besaßen von nun an Frankreich und zum kleinen Teil auch Spanien. Als 1907 bei antifranzösischen Unruhen ein Franzose ermordet wurde, besetzten diese daraufhin Oujda, Casablanca, Rabat, Safi, Essaouira und Agadir. Es kam zu weiteren Aufständen im Land. 1908 ernannte sich **Moulay Hafid**, der Bruder des Sultans, zum Gegensultan, aber auch er konnte die Unruhen nicht zum Stillstand bringen. 1912 wurde im Vertrag von Fès der größere Teil Marokkos zum **französischen Protektorat** erklärt. *Moulay Hafid* unterzeichnete den Protektoratsvertrag, blieb aber als Sultan formelles Staatsoberhaupt. Die politische Macht allerdings lag jetzt bei den Franzosen. Am 27.11.1912 erhielt Spanien einen Protektoratsvertrag über Gebiete im Norden. Inzwischen war Marokko zum Spielball europäischer Mächte geworden, aber wegen des Widerstandes der Berber und der Aufstände gegen die Franzosen und Spanier, wurde das Land erst Mitte der 20iger Jahre wieder kontrollierbar. Aufstände gegen die Kolonialisierung gab es besonders im Sous, im Rif und im Mittleren Atlas. Die lange und blutige Unterwerfung des Landes wurde von den Kolonialmächten als »**Befriedung**« (pacification) bezeichnet (Köhler 1981:41). Die sogenannte französische »Befriedung«

dauerte bis 1939 und forderte mindestens 27.000 Menschenleben auf französischer Seite und bis zu 40.000 bei den Marokkanern (vgl. Köhler 1981:41).

Auch in der spanischen Zone kam es zu Kämpfen zwischen den Berberstämmen und der Kolonialmacht. An dieser Stelle sei besonders der **Rifkabylen-Aufstand** unter **Abd el Krim** zu nennen. Nachdem *Abd el Krim* 1921 eine 15.000 Mann starke spanische Armee im Ost-Rif bei Annoual schlug, galt er als Anführer aller Rif-Stämme. Die gesamte spanisch besetzte Zone mit Ausnahme von Tetuan wurde besetzt und 1925 die Republik des Rif ausgerufen. Als die Rebellen in die französische Zone vordrangen und kurz vor Fès standen, einigten sich Spanien und Frankreich auf ein gemeinsames Vorgehen gegen die inzwischen 20.000 Mann starke Armee der Rebellen. Mit einer Armee von 250.000 Mann und dem Einsatz von Giftgas, das Felder und Herden vernichtete, zwangen sie *Abd el Krim* im Frühjar 1926 zur Aufgabe. **Abd el Krim**, inzwischen als Nationalheld gefeiert, wurde nach Réunion und später nach Ägypten verbannt, wo er 1963 starb.

In der französischen Zone begann nun der Aufbau von Wirtschaft und Infrastruktur. Ab 1927 kamen die ersten französischen Siedler bevorzugt in die Gegenden im Rharb, im Moulouya-Tal und in die Sais-Ebene. Marokkanische Bauern mußten ihr Land an die neuen Siedler abgeben. Immer mehr Einheimische begaben sich in die Städte, wo sogenannte »Bidonvilles« (=Kanisterstädte, vgl. Köhler 1981:42) entstanden.

Der Widerstand der Bevölkerung in den französisch besetzten Gebieten wurde immer größer. In den spanisch besetzten Gebieten stellte sich die Situation unterschiedlich dar. Hier kämpften sogar 130.000 Marokkaner an der Seite General Francos im spanischen Bürgerkrieg.

1943 wurde eine Partei (*Istiqlal*) gegründet, die als erste die Unabhängigkeit Marokkos von allen Kolonialmächten forderte. Weitere blutige Unruhen folgten, die sich auf die spanisch besetzte Zone ausdehnten.

Im August 1953 wurde Sultan **Mohammed V.** von den Franzosen abgesetzt, nachdem er eine Nationalbewegung ausgerufen hatte und sich weigerte, Anweisungen des französischen Generalresidenten entgegenzunehmen. Die gesamte französische Zone geriet in Aufruhr, dessen Höhepunkt im August 1955 erreicht wurde, wo über tausend französische Siedler in der Gegend von Oued Zem ermordet wurden. Die Franzosen reagierten mit einem Gegenschlag. Mehrere Tausend Menschen kamen ums Leben. Internationale Proteste zwangen Frankreich schließlich zum Einlenken.

Im November 1955 konnte der im Exil lebende Sultan **Mohammed V.** wieder zurückkehren, und am **2.3.1956** wurde die **französisch besetzte Zone für unabhängig erklärt**. Am 7.4. geschah dies ebenfalls für die spanische Zone.

Marokko als unabhängiges Land (seit 1956)

Nach der Unabhängigkeitserklärung wurde Marokko konstitutionelle Monarchie, Staatsoberhaupt blieb Sultan **Mohammed V.**, der sich von nun an den Titel »König« gab. Es folgte eine Periode der Massenauswanderung von Franzosen. Die Wirtschaft brach völlig zusammen, da Fachkräfte und ausländisches Kapital abgezogen wurden. Trotz dieser erheblichen Schwierigkeiten konnte *Mohammed V.* dank seines hohen Ansehens, das Land vor erneuten Zersplitterungen bewahren. Die wirtschaftliche Misere wurde noch verschärft durch Flüchtlinge aus Algerien und aus Gebieten der Spanisch-Sahara, wo es 1957 zu einer Revolte kam. Die Franzosen gelangten wieder zu mehr Einfluß, als *Mohammed V.* sich aufgrund der anhaltenden Krise gezwungen sah, Lehrer, Beamte und Wirtschaftsexperten ins Land zu holen.

Abb. 4 Hassan II. in einem Berberzelt zu Ehren der Heirat seiner Tochter, am 2.6.1987 in Marakech; Foto R. Vossen

1961 starb *MohammedV.* und sein ältester Sohn bestieg als **König Hassan II.** den Thron. Im Dezember 1962 konnte unter ihm die erste Verfassung des unabhängigen Marokko in Kraft treten. **Hassan** gilt als 35. direkter Nachkomme des Propheten Mohammed. Die ersten Wahlen 1963 unter *Hassan II.* waren gekennzeichnet durch eine brutale Vorgehensweise gegen Oppositionelle. Mit seiner autokratischen Regierung stützte sich Hassan vor allem auf die Feudalschicht. Nach blutig niedergeschlagenen Studentenunruhen wurde der Ausnahmezustand verhängt und das seit 1963 bestehende Parlament aufgelöst. 1971 und

1972 entging *Hassan* Attentaten einer Gruppe von Armeeoffizieren. 1972 wurde eine neue Verfassung verabschiedet. Im Zuge der durch einen Fünfjahresplan gestützten »**Marokkanisierung**« wurden 1973 alle ausländischen Unternehmen enteignet, woraufhin die meisten Franzosen und Spanier das Land verließen. Diesmal konnte eine wirtschaftliche Stabilisierung durch eine erhöhte Phosphatförderung erreicht wurden.

1973 gab Spanien den allmählichen Rückzug aus Spanisch-Sahara bekannt, was zur Folge hatte, daß König Hassan sofort Anspruch auf dieses Gebiet erhob und 1975 mit 350.000 unbewaffneten Marokkanern auf einem sogenannten Friedensmarsch, dem »**Grünen Marsch**«, in Spanisch-Sahara einzog.

Nun beginnen langwierige verlustreiche Auseinandersetzungen, denn die Befreiungsorganisation **POLISARIO** (= Abkürzung für: Frente Popular para la Liberación de Saguia el Hamra y Rio de Oro, was soviel bedeutet wie »Volksfront für die Befreiung von Saguia el Hamra und Rio de Oro«) leistet bis heute erbitterten Widerstand gegen die marokkanischen Truppen und fordert mit Unterstützung von Algerien die Unabhängigkeit der Westsahara. Die POLISARIO rief die »**Demokratische Arabische Republik Sahara**« (DARS) aus. Als 1979 Mauretanien seine Zone an die DARS abtrat, annektierte Marokko dieses Gebiet. Marokko wurde daraufhin aus der Organisation Afrikanischer Einheit (OAV) ausgeschlossen. Seitdem besteht ein nicht enden wollender Kleinkrieg zwischen Marokko und der POLISARIO. Der Krieg belastet nach wie vor die marokkanische Wirtschaft sehr stark.

1981 gab es innenpolitische Auseinandersetzungen wegen extremer Preiserhöhungen (bis zu 76%, Köhler 1981:44). Ein Generalstreik der Gewerkschaft wurde blutig niedergeschlagen. 1984 wurde zwischen Libyens Staatschef Ghaddafi und Hassan II. ein Vertrag über eine künftige »Staatenunion« verabschiedet, der aber wieder gelöst wurde, als König Hassan II. sich 1986 mit dem israelischen Ministerpräsidenten Schimon Peres traf. Im Juli 1987 beantragte Marokko die Aufnahme in die europäische Gemeinschaft (EG) u.a. mit der Begründung, daß es sich als Mittler zwischen Europa, Afrika und der arabischen Welt verstehe. Eine Straßenverbindung über die Meerenge von Gibraltar soll das Symbol für Marokkos Verbundenheit mit Europa darstellen. Die BRD versucht, Marokko bei der Modernisierung des Landes zu unterstützen.

Frauen- und Männertöpferei in Marokko

Betrachtet man die geographischen Umrisse Marokkos, so könnte man sich an einen großen umgedrehten Trichter erinnert fühlen: die breite Trichteröffnung weist nach Süden, nach Schwarzafrika hin, der enge

Abb. 1

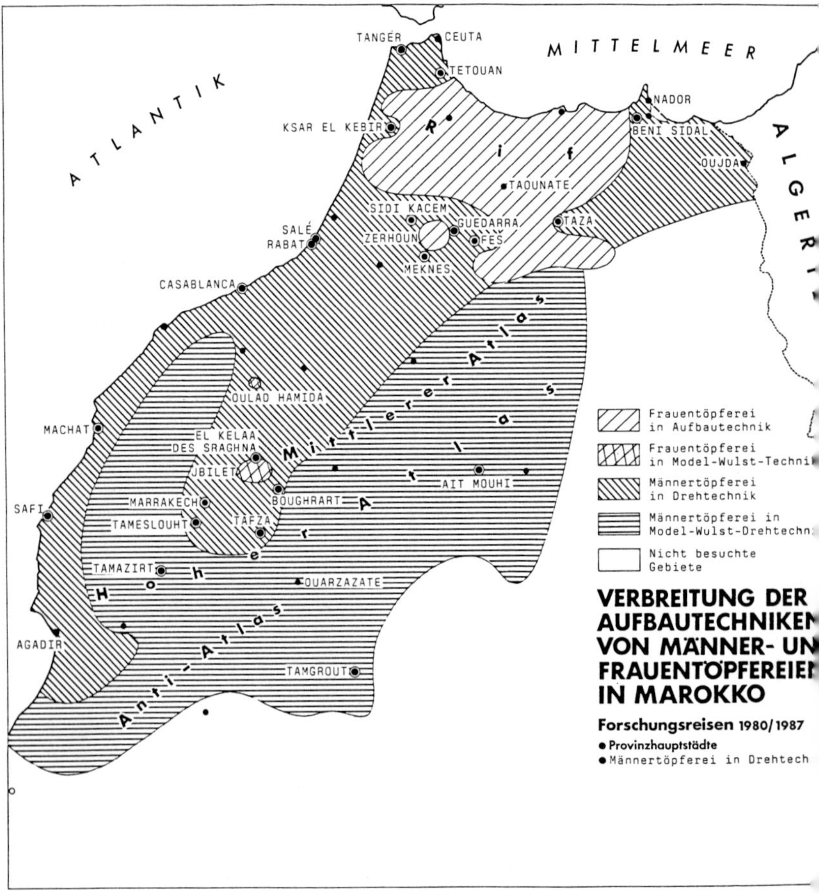

Trichterhals über Tanger und Ceuta (Sebta) nach Spanien und damit nach Europa. Tatsächlich sind in diesen »Trichter« im Laufe der Jahrtausende die vielfältigsten Kulturströmungen hinein- und zum Teil auch wieder herausgeflossen, doch viele sind auch haften geblieben. Vor allem in den Gebirgsregionen des Rif, des Hohen Atlas und des Anti-Atlas, aber auch in abgelegenen anderen Regionen gibt es z.B. Reliktformen archaischer Frauen- und Männertöpferei, die in dieser Dichte und diesem engen Nebeneinander in kaum einer anderen Region der Erde existieren. Vor allem diese Tatsache hat unsere Töpferreise nach Marokko so interessant und ergiebig gemacht.

Frauentöpferei in Aufbautechnik

Ein Blick auf die heutige Verbreitungskarte der Frauen- und Männertöpfereien (s. Abb. 1) zeigt eine **Konzentration der Frauentöpfereien im Norden Marokkos**, vor allem im Rif-Gebirge und seinen südlichen Ausläufern und inselartig im Zerhoun nördlich von Meknès. Wie wir aus historischen Quellen wissen, sind die Zerhoun-Stämme im 19. Jahrhundert aus dem Gebiet der Beni Ouriaghel im Rif nach Süden abgewandert und haben ihre traditionelle Töpfertechnik mitgebracht (Herber 1922). 1980 konnten wir insgesamt 71 Frauentöpferorte im Norden Marokkos erstmals erfassen und in der Regel auch kurz besuchen (vgl. Vossen/Ebert 1986). Von etwa 30 weiteren Orten erfuhren wir durch Hörensagen. Eine vertiefende Untersuchung war 1987 in drei Frauentöpferorten des westlichen Rif-Gebietes möglich (Ifrane Ali, Slit, Ain Bouchrik), die ich als charakteristische Fallbeispiele weiter unten vorstellen möchte.

Frauentöpferei in Model-Wulst-Technik

Überraschenderweise stießen Wilhelm Ebert und ich bei unserer Bestandsaufnahme von 1980 auf einen weiteren Frauentöpferei-Komplex nordöstlich von Marrakech - die **Jbilet-Frauentöpferorte bei El Kelaa des Sraghna** und als Einzelort **Oulad Hamida** südlich von Settat (s. Karte). Wie im Rif-Gebiet arbeiteten die Frauen hier ohne Töpferscheibe, jedoch mit einer kombinierten Model-Wulsttechnik, so daß völlig andere rundbodige Formtypen entstehen. Insgesamt konnten wir dort 5 Frauentöpferorte besuchen und 3 weitere Orte erfassen. Obwohl 1987 eine geplante Nachuntersuchung nicht möglich war, möchte ich die bisherigen Teil-Ergebnisse als abweichendes Fallbeispiel weiter unten vorstellen.

Männertöpferei in Model-Wulst-Drehtechnik

Die Frauentöpferei im berberischen Norden Marokkos hat ihr Gegengewicht im berberischen Süden als **Männertöpferei in Model-Wulst-Drehtechnik** - vor allem in den Gebirgsregionen des Anti-Atlas und des Hohen Atlas und in einem Ausläufer, der sich bis das Hinterland von El Jadida erstreckt (vgl. Verbreitungskarte). Diese für den Süden Marokkos typische Technik wird weiter unten anhand der Fallbeispiele **Ait Hamed** und **Regraga** bei Amizmiz (südlich Marrakech) näher erläutert.

Bei unserer Bestandsaufnahme von 1980 und 1987 konnten wir insgesamt 92 Männertöpferorte dieses Typs erfassen (vgl. Vossen/Ebert 1986). Dabei fielen vor allem die z.T. archaischen Töpferscheibentypen und Drehhilfen ins Auge, die im übrigen Mittelmeergebiet heute kaum Parallelen finden. In diesem relativ geschlossenen Verbreitungsgebiet, das weitgehend den Stammesgebieten der seßhaften Chleuh-Berber und der Beraber entspricht, sind nur wenige große Töpferzentren eingestreut, die durch eine Massenproduktion an Drehscheibenware charakterisiert sind (z.B. Tamazirt/Mzouda am Nordrand des Hohen Atlas, Tamgrout südlich Zagora im Oasengebiet, s. Karte).

Männertöpferei in Drehtechnik

Das hauptsächliche Verbreitungsgebiet der entwickelten Drehtechnik befindet sich im marokkanischen Kernland im Umkreis der großen Städte, in der atlantischen Küstenregion und ihrem Hinterland. Allerdings konzentriert sich dieser Typ von Männertöpferei auf wenige größere Zentren, während weite Landstriche als Folge der fortschreitenden Industrialisierung bereits »töpfereifrei« geworden sind. So finden sich in dieser Region auch kaum noch Wasserkrüge (vgl. die Verbreitungskarte der Wasserkrugtypen, s. Abb. S. 211), sondern allenfalls Vorratsgefäße aus Ton. Eine Ausnahme bildet die Drehscheibenware der W**andertöpfer von Mo/Ait Mouhi** (s. unten), die sich im ursprünglichen Wandergebiet der Beraber-Nomaden verbreitet haben.

Abb. 2 Meister mit Model und rundem Wasserkrugboden, Ait Hamed; Foto R. Vossen, 1987

Die Dehscheibenware weist in der Regel flache Böden aus. In ihrer entwickeltesten Form finden wir sie in den städtischen Zentren von **Fès, Safi, Rabat, Salé** und **Marrakech** sowie in **Tameslought** südlich von Marrakech, wo große Wasservorratsgefäße gewulstet, gedreht und zusammengesetzt werden.

Die Verbreitungskarte zeigt im Nordosten an der algerischen Grenze eine weitere Insel von Männertöpferei in Drehtechnik, die sich durch eine Besonderheit auszeichnet: Die Töpfer arbeiten wie in den **Guedda-ra-Zentren** nordwestlich von Fès an einem niedrigen Drehtisch, der von einem Gehilfen angetrieben werden muß, wenn der Töpfer die erforderliche Drehgeschwindigkeit erreichen will. Außerdem wird der ursprüngliche flache Boden der Wasserkrüge zu einem Rundboden abgehobelt und von innen ausgebeult. Diese Technik wird anhand der Fallbeispiele **Gueddara** und **Beni Sidal** unten näher vorgestellt.

Ganz aus dem bisherigen Rahmen fällt die **Männertöpferei ohne Töpferscheibe in Machat** nördlich von Safi. Diesem Komplex ist ein eigenes Kapitel gewidmet (s. unten).

Zusammenfassung

Mit den 99 Drehtechnik-Männertöpferdörfern und -zentren, die wir 1980 und 1987 registrieren konnten, wird eine Gesamtzahl von 267 näher erfaßten Männer- und Frauentöpferorten in Marokko erreicht.

Rechnen wir noch etwa 80 weitere Töpferorte hinzu, von denen wir lediglich erfahren haben, ohne sie besuchen zu können (z.B. die dünn besiedelten Ostgebiete und die südlichen Sahara-Provinzen, die 1980 zu den Sperrgebieten zählten), läßt sich die **Gesamtzahl der heute noch in Marokko tätigen Töpferorte und -zentren auf rund 350** ansetzen. Als **Töpferorte** werden dabei Orte mit ein bis 10 Werkstätten angesehen, als **Töpferzentren** Ortschaften mit 10 bis zu 500 Werkstätten.

Mit einer gezielten Auswahl von Fallbeispielen versuche ich in den folgenden Kapiteln, ein repräsentatives Bild der traditionellen Töpferei in Marokko im Vergleich zu den Nachbarländern zu vermitteln. Dabei werden auch die jeweiligen sozialen und wirtschaftlichen Probleme angesprochen. Unser erstes Fallbeispiel, **Ifrane Ali**, soll auch dazu dienen, ein umfassendes Entwicklungsprojekt vorzustellen.

Ifrane Ali – Das größte marokkanische Frauentöpferzentrum

Touristen, die zwischen Tanger und Tetouan mit dem Auto unterwegs sind, fahren immer wieder an Straßenständen mit Keramik vorüber (vgl. Farbtafel Abb. II). Ebenso ergeht es ihnen, wenn sie von Tanger Richtung Süden nach Asilah und Larache fahren oder von Tetouan Richtung Ouezzane. Halten sie, um vielleicht ein typisches Souvenir zu erwerben, so werden sie dort neben der bunt dekorierten Ware von **Safi**, den »spitzhütigen« glasierten tajine-Formen von **Rabat** und Doppeltrommeln aus **Fès** sicherlich auch eine schlichte, hellbraune bis rötliche Gebrauchskeramik finden, die sich durch große Formschönheit auszeichnet. Diese auch in der Medina von Tetouan und Chechaouen sowie auf den Wochenmärkten zwischen Bab Taza und Ketama reichlich vertretene Ware kommt nach Angaben der meisten Händler von den **Beni Said** bei **Oued Laou**. Tatsächlich stammt sie jedoch aus dem Frauentöpferzentrum **Ifrane Ali**.

Die einzige genauere Nachricht, die wir vor unserer ersten Landesaufnahme (1980) von diesem Zentrum hatten, geht auf das Jahr 1953 zurück. Damals konnte der Mainzer Völkerkundler Dr. Alex Hellwig gemeinsam mit dem Orientalisten Dr. Ernst Rackow eine Forschungsreise nach Nordwest-Marokko zur Erfassung der Architektur, des Hausrats und der Trachten unternehmen. A. Hellwig hatte damals in Ifrane Ali einen kurzen Film gedreht, der noch erhalten ist (Hellwig 1963). Von Ernst Rackow stammt die Monographie *»Beiträge zur Kenntnis der materiellen Kultur Nordwest-Marokkos«* (Rackow 1958), die in jeder Hinsicht vorbildlich ist. Die eigenen Zeichnungen Rackows vermitteln uns ein ausgezeichnetes Bild von der damaligen Töpfereiproduktion in Ifrane Ali und seiner Umgebung (s. Abb. 1, aus Rackow Tf. LIV).

Seit den 70er Jahren sind einige Frauen dem Bedürfnis der meisten Touristen nach raumsparenden Souvenirs entgegen gekommen, indem sie auch Miniaturkeramik, Kerzenleuchter, Aschenbecher und z.B. ein nicht funktionsfähiges Teeservice auf einem Keramiktablett für Dekorationszwecke anbieten (s. »Produktionspalette«, unten).

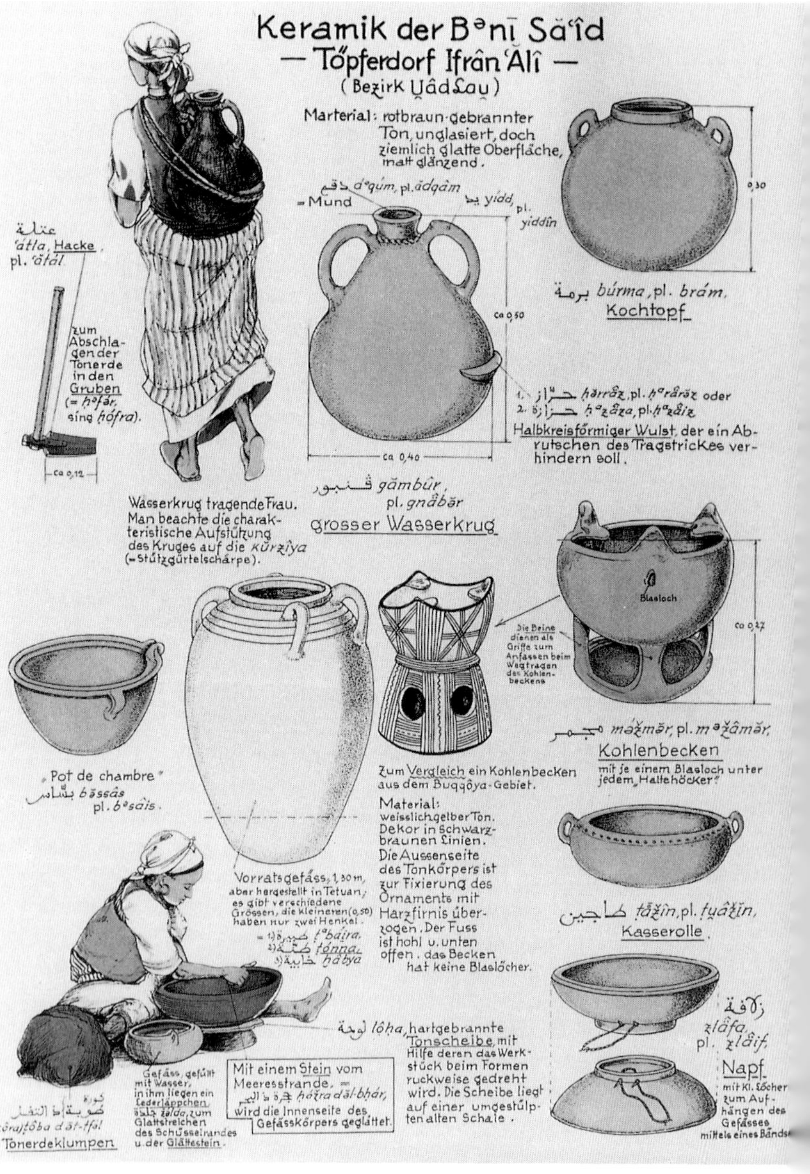

Keramik der Bənī Sä'îd
— Töpferdorf Ifrân 'Alî —
(Bezirk Uâd Lau)
Marterial: rotbraun-gebrannter Ton, unglasiert, doch ziemlich glatte Oberfläche, matt glänzend.
دقم dəqúm, pl. ädqàm
= Mund
يد yidd, pl. yiddîn
0,30
برمة búrma, pl. brám.
Kochtopf
عتلة 'átla, Hacke, pl. 'ätál
zum Abschlagen der Tonerde in den Gruben (= həfär, sing hófra).
ca 0,12
ca 0,50
ca 0,40
1. حراز hərrâz, pl. həràrəz oder
2. حرازة həzâza, pl. həzâiz
Halbkreisförmiger Wulst, der ein Abrutschen des Tragstrickes verhindern soll.
Wasserkrug tragende Frau. Man beachte die charakteristische Aufstützung des Kruges auf die kŭrzîya (= Stützgürtelschärpe).
قنبور gämbûr, pl. gnâbər
grosser Wasserkrug
Blasloch
Die Beine dienen als Griffe zum Anfassen beim Wegtragen des Kohlenbeckens
ca 0,27
مجمر məžmär, pl. məžâmär
Kohlenbecken
mit je einem Blasloch unter jedem „Haltehöcker"
„Pot de chambre"
بسّاس bəssâs pl. bəsàis.
Zum Vergleich ein Kohlenbecken aus dem Buqqôya-Gebiet.
Material: weisslich gelber Ton. Dekor in Schwarzbraunen Linien. Die Aussenseite des Tonkörpers ist zur Fixierung des Ornaments mit Harzfirnis überzogen. Der Fuss ist hohl u. unten offen, das Becken hat keine Blaslöcher.
Vorratsgefäss, 1,30 m, aber hergestellt in Tetuan; es gibt verschiedene Grössen, die kleineren (0,50) haben nur zwei Henkel.
= 1) ضبيرة təbaira.
2) طنة tónna.
3) خابية hābya
طاجين tâžin, pl. tuâžin
Kasserolle
لوحة lôha, hartgebrannte Tonscheibe, mit Hilfe deren das Werkstück beim Formen ruckweise gedreht wird. Die Scheibe liegt auf einer umgestülpten alten Schale.
Mit einem Stein vom Meeresstrande, = حجرة البحر hážra dăl-bhár, wird die Innenseite des Gefässkörpers geglättet.
Gefäss, gefüllt mit Wasser, in ihm liegen ein Lederläppchen, جلدة žəlda, zum Glattstreichen des Schüsselrandes u. der Glättestein.
كورة كوبة ط التفل (kôra) tôba dăt-tfəl
Tonerdeklumpen
زلافة zlâfa, pl. zlâif.
Napf
mit Kl. Löcher zum Aufhängen des Gefässes mittels eines Bändse

Abb. 1

Lage und Bevölkerung

Ifrane Ali liegt ca. 55 km südöstlich von Tetouan und 7 km landeinwärts von dem Strandort Oued Laou entfernt.[1] Der Besucher fährt zunächst von Tetouan Richtung Mittelmeer und dann auf einer landschaftlich sehr reizvollen, aber kurvenreichen Strecke der Mittelmeerküste entlang nach **Oued Laou** (s.Karte Abb. 2) Von diesem kleinen Bade-und Verwaltungsort führt die Landstraße ca. 4 km ins Landesinnere zum farbenprächtigen Samstag-Markt (Souk Sebt) der **Beni Said**. Westlich des Souk-Geländes mündet eine relativ einfach befahrbare Lehmpiste, die nach gut 3 km in die Berge von Ifrane Ali führt. Der Ort selbst hat kein eigentliches Zentrum, abgesehen von einer zentral gelegenen kleinen Moschee, einem »Café«, einem Kaufladen mit loggiaartigem Vorbau und dem modernen Flachdachbau einer Schule im Tal des Oued Ifrane Ali (s. Abb. 3)

In Händlerkreisen wird die Ware von Ifrane Ali den **Beni Said** zugeordnet. Der Ort liegt zwar im Gebiet der Beni Said, doch haben die Bewohner von Ifrane Ali keinerlei Beziehungen zu diesem Stamm, der ursprünglich aus dem östlichen Rif stammt. Wie aus der Schilderung der Lokalgeschichte hervorgeht (s. unten), ist die Bevölkerung dagegen recht bunt zusammengesetzt.

Das Töpferzentrum selbst ist eine Streusiedlung von Einzelgehöften, die sich im Bergland um sechs Ortskerne gruppieren (s. Karte Abb. 4).Es handelt sich um die folgenden Ortsteile mit ihrer jeweiligen Einwohnerzahl und der Anzahl ihrer Familien:[2]

Ortsteil/quartier	Einwohnerzahl (1982)	Familienzahl (Häuser)
Abdellatin	454	92
Boukhneis	206	40
Jdimen	169	34
Isalhen	152	30
Haddounen	191	39
Mahotin	134	23
Summe	1306	258

Nach einem offiziell bestätigten jährlichen Bevölkerungszuwachs von mindestens 2,5% war die Bevölkerungszahl bis 1986 auf rund 1500

NORDWEST MAROKKO

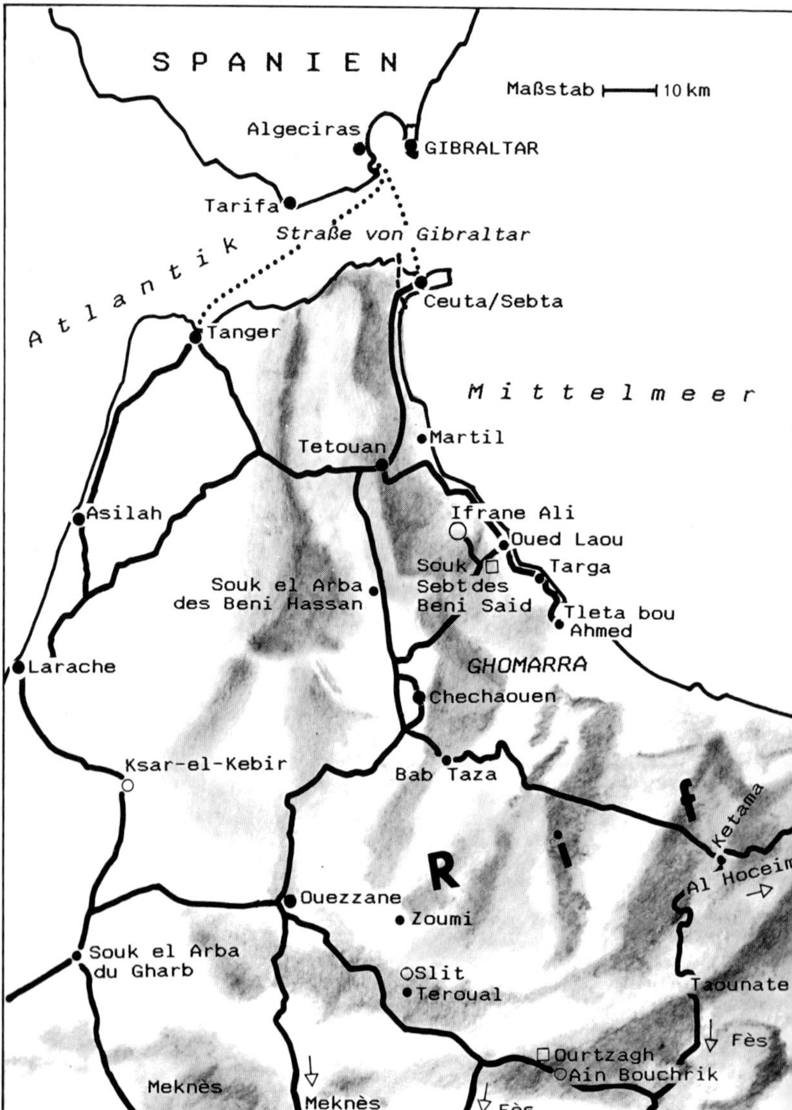

○ Töpferorte
□ Märkte

Abb. 2

Abb. 3 Ifrane Ali: Ortsteile Jdimen und Isalhen mit Kaufladen und Schule, ganz rechts: »Café«; Foto R. Vossen, 1987

Abb. 4 Ifrane Ali: Ansicht der Ortsteile Dar Haddoun und Abdellatin (rechts) vor der Mittelgebirgskulisse; Foto R. Vossen, 1987

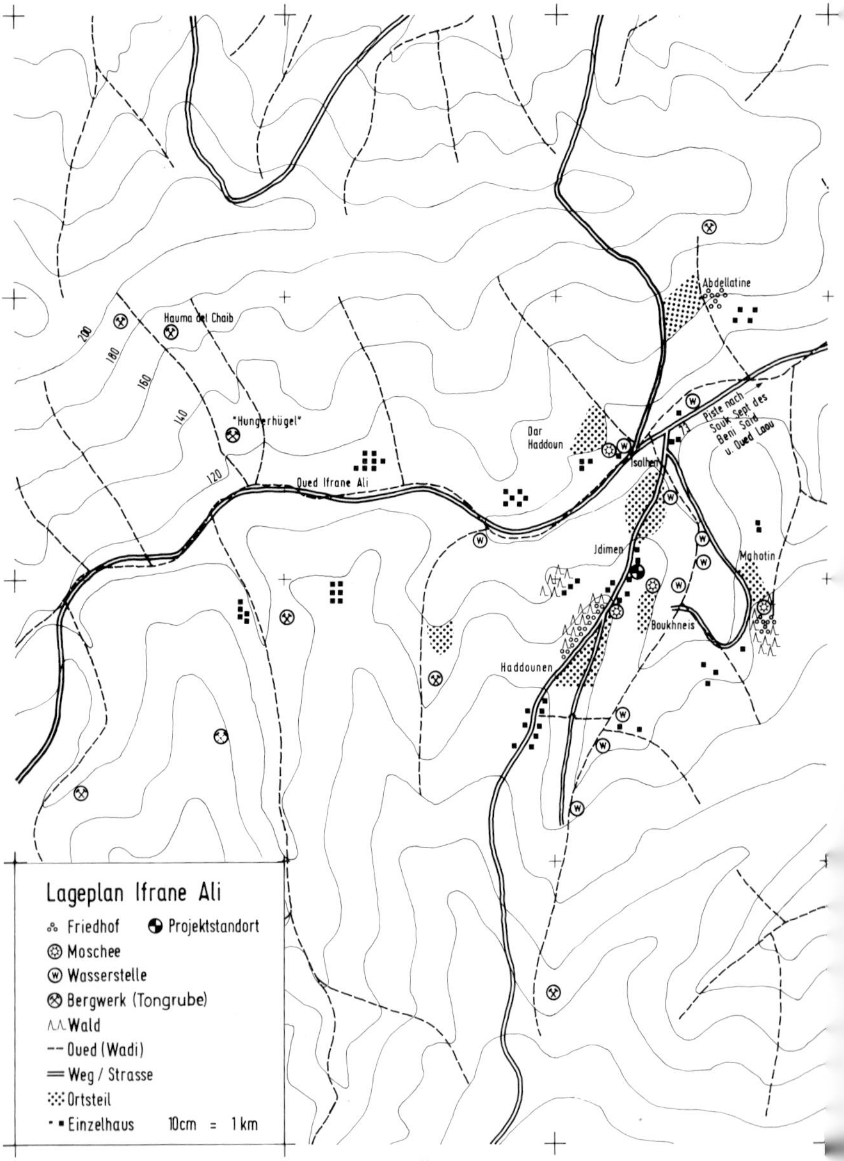

Hauma del Chaib
"Hungerhügel"
200
180
160
140
120
Oued Ifrane Ali
Dar Haddoun
Isalhen
Abdellatine
Piste nach Souk Sept des Beni Said u. Oued Laou
Jdimen
Mghotin
Boukhneis
Haddounen
Lageplan Ifrane Ali
Friedhof
Projektstandort
Moschee
Wasserstelle
Bergwerk (Tongrube)
Wald
Oued (Wadi)
Weg / Strasse
Ortsteil
Einzelhaus
10cm = 1 km

Abb. 5

Einwohner angewachsen. 1987 zählte die Bevölkerung von Ifrane Ali nach Angaben des Bürgermeisters (moqqadem) Abdessalam Ahmed Aked unter Einbeziehung der abseits liegenden Einzelgehöfte und des Ortsteils **Dar Haddoun** ca. **1800 Einwohner mit insgesamt etwa 280 Familien.**

Nach eigenen Befragungen haben die meisten Familien zwischen vier und sechs Kinder, in Ausnahmefällen sogar acht bis zehn. Über die Hälfte der Bevölkerung (offiziell ca. 60%) ist weiblich. Wenn wir davon ausgehen, daß in mehr als zwei Drittel aller Haushalte getöpfert wird und zwei oder drei Frauen bzw. Mädchen pro Familie zumindest gelegentlich töpfern, können wir mit **mindestens 500** Töpfer-Meisterinnen (*maallemi*) oder Lehrlingen (*mtallemi*) rechnen. Mit dieser Zahl ist Ifrane Ali das **größte Frauentöpferzentrum Marokkos**.

Wie ist es zur Entwicklung dieses Zentrums gekommen? Zur Beantwortung dieser Frage hilft uns ein Blick in die Lokalgeschichte weiter. Da schriftliche Aufzeichnungen m.W. bisher nicht existieren, stützen wir uns hier auf eigene Befragungen vor allem von älterere Bewohnern Ifrane Alis. Allen Befragten sind wir aufgrund ihrer Freundlichkeit und Aufgeschlossenheit sehr zu Dank verpflichtet. Wir, das sind neben dem Autor Christiane Ebert, Dr. Arne Lucke, Ilse Schütz, Katharina Schulz, Thomas Ebert und unser bewährter Dolmetscher Mustafa Alami Amrani aus Tetouan.

Lokalgeschichte

Die ältesten Informanten berichten übereinstimmend, die ersten Bewohner der Region seien Leute aus dem Sous-Gebiet (**Soussi**) im Süden gewesen. Wann das gewesen sei? Nach einer Aussage war es zur Römerzeit, als 5 bis 6 Häuser hier gestanden hätten. Solange jedoch keine Ausgrabungsbefunde vorliegen und alte, möglicherweise vorhandene schriftliche Quellen nicht ausgewertet werden können, lassen sich derartige Aussagen nicht nachprüfen. Jedenfalls heißt es weiter, im 7. Jh. der Hedschra., d.h. im 13./14. Jh. christlicher Zeitrechnung, sei für sieben Jahre vom Osten her ein dichter Nebel gekommen, die Sonne hätte sich verdunkelt, die Pflanzen wären verdorrt, eine Mückenplage ausgebrochen und das Brot sei nicht mehr aufgegangen, sondern versteinert. Den Soussi sei nichts anderes übrig geblieben, als das Land zu verlassen. Doch einige von ihnen seien lange danach noch zurückgekehrt, um »nach Schätzen zu suchen«. Sie hätten z.B. eine Truhe mit alten Schriften gefunden. Sehr gelehrt und weise seien sie gewesen. Ihre Gräber könne man noch heute auf einem Friedhof hinter der Moschee von Majotin oder Asla (?) in der Nähe der Landstraße sehen.

Nach Abwanderung der Soussi kam ein Mann namens **Ali** aus dem Rif in die damals waldreiche Gegend, vermutlich als Köhler, der einen Meilerofen (*faran, fran, afaran*) anlegte. Danach wurde diese Region **Faran Ali** (Ofen des Ali), **Frenali** oder **Ifrane Ali** (Höhle des Ali) genannt. Ali zog weitere Leute aus dem Rif nach sich, z.B. **Abdoullah** aus dem Stamm der **Beni Ouriaghel**, der dem späteren Ortsteil **Abdellatin** seinen Namen gab. Weitere Familien aus dem Rif stammten von den **Beni Guemil** (Gmili), andere von den **Oulad Khalifa** aus dem Zerhoun-Gebiet ab. Diese Stammesnamen leben in heutigen Familiennamen noch weiter. **Die Frauen dieser drei Stämme hätten auch die Töpferei nach Ifrane Ali gebracht.**

Eine andere Einwanderungswelle kam aus Spanien bzw. **Andalusien** mit den andalusisch-maurischen Rückwanderung nach ihrer Vertreibung durch die christlichen Könige im 15./16. Jahrhundert. Mein Hauptinformant Layeschi ben Ali Majot (87) sprach von 13.000 (!) Familien, die zunächst nach **Ceuta** kamen, das seit 1415 unter portugiesischer Herrschaft stand. Als die Spanier (1580) mit ihren Schiffen vor Ceuta lagen, um diese wichtige Hafen- und Handelsstadt zu erobern, hätte sein Vorfahre, **Abderrahman Majot**, als Fqih (Schriftgelehrter) in der Moschee einen Streit mit seinem Sohn **Ahmed** inszeniert. Dieser Frevel hätte ihnen ermöglicht, ihr Hab und Gut zu verkaufen und zu fliehen. Mit ihnen seien die andalusischen Familien **Hayoun, Maimouni**, **Bakali, Berrahad (?), Mesoues (?) und Souiar** am Strand von **Oued Laou** gelandet. Seine Vorfahren Abderrahman und Ahmed hätten sich auf der Höhe von **Majotin** angesiedelt, die nach seiner Familie **Majot** oder **Beljot** benannt wurde. Von dort aus konnte man bis zum Strand von Oued Laou sehen und das Auftauchen von Piraten rechtzeitig bemerken.

Das Grab seines Vorfahren **Ahmed Majot** ist neben der kleinen Moschee von Majotin noch zu sehen. Im Vergleich zu den sonst schmucklosen anderen alten Gräbern, die nur durch einfache Steinplatten am Kopf und Fuß des Verstorbenen in einem heiligen Hain zu erkennen sind, zeichnet sich dieses Grab durch sorgfältig bearbeitete weiß getünchte Steinstelen aus. Auf der Kopfplatte ist über einer Wellenlinie und einem Pflanzensymbol ein **Salomonssiegel** bzw. ein sechseckiger **Davidstern** (signo de Daoud) eingemeißelt.

Von der Tongewinnung bis zum Brand

Tongewinnung

Die früher reichen Tonvorkommen in der nächsten Umgebung von Ifrane Ali sind wegen des intensiven Abbaus heute weitgehend erschöpft, wenn man, wie heute noch üblich, von den traditionellen Abbaumethoden mit Hacke und Schaufel ausgeht. Normalerweise werden **drei Tonarten** (arab. *trab*) gesucht, aufbereitet, miteinander gemischt und verarbeitet:

1. ein rosiger, magerer Ton (*ahamor*)
2. ein gelblicher Ton (*asafor*)
3. ein grauer fetter Ton (*aferich*).

Hinzu kommt noch eine 4. rote Tonart (*trab del hak*), die zum Engobieren benutzt wird. Allein schon die Tatsache der Verwendung so vieler unterschiedlicher Tonarten deutet auf eine alte, ausgereifte Töpfertradition hin. Doch wie steht es mit der **Tongewinnung** selbst?. Gibt es da Spezialisten und spezielle Abbaumethoden, wie in anderen großen Zentren? Weit gefehlt! Die Abbaumethoden zählen vielmehr zu den primitivsten und gefährlichsten, die wir in Marokko angetroffen haben.

Verfolgen wir einmal den **Ablauf einer Töpferwoche** von der Tongewinnung bis zum Brand und zum Verkauf der Gefäße auf dem Markt. Tatsächlich folgt der Arbeitsablauf einem festen **Wochenrhythmus**, ausgehend von dem fest liegenden Markttag, dem Samstagmarkt **Souk Sebt des Beni Said**. Der Sonntag nach dem Markt ist der **Tonholetag**.

Früher waren es allein die Frauen, denen die schwere Arbeit des Tonabbaus zufiel, gehörte doch das ganze Handwerk zur Frauenarbeit und war anfangs eine Nebenbeschäftigung zur sonst üblichen Hausarbeit. Mit der wachsenden Spezialisierung, dem Rückgang der Landwirtschaft und der wirtschaftlichen Abhängigkeit vom Töpferhandwerk sind in den letzten 10 Jahren auch die Männer mehr und mehr in den Arbeitsprozeß eingespannt worden. Doch gibt es immer noch Frauen, insbesondere Witwen und Alleinstehende, die den Ton allein suchen und die schwere Tonlast einer Woche auf dem Rücken in einem Korb heranschleppen müssen.

Früher waren die Entfernungen noch gering, doch muß man heute bereits zum größten, hoch im Gebirge liegenden Tongrubengelände **Hauma del Chaib** eine Entfernung von ca. 6 km per Maultier oder mit einem gut einstündigen Fußmarsch zurückgelegen (vgl. Karte Abb. 5).

Abb. 6 Im Vordergrund: Tongrubengelände von Hauma del Chaib oberhalb des Oued Ifrane Ali; Foto R. Vossen

Abb. 7 Ansicht eines Brunnens (Vordergrund), der Haupt-Moschee und des Ortsteils Dar Haddoun; Foto R. Vossen

Abb. 8 Tongewinnung mit der kleinen Hacke in höhlenartigen Galerien, Hauma del Chaib; Foto R. Vossen, 1987

Abb. 9 Die Frauen arbeiten z.T. in halbliegender oder kniender Haltung, ständig in der Gefahr des Einbruchs der Tongrube; Foto R. Vossen, 1987

Kleinere Tongruben in geringerer Entfernung sind traditionell nur wenigen Anliegern vorbehalten: die Grube **Hauma Abarran** ca. 2 km oberhalb von Haddounen, die Grube **Adaar** oberhalb von Abdellatin, die Tongruben von **Azla, Dar Asmal** und **Bnimali** bei Majotin und **Amalak** bei Isalhen. Die armen Frauen ohne Maultier und männliche Hilfe holen den Ton vom **»Hungerhügel«** (*Akebith a chöa*) am Fuße des Geländes von Hauma del Chaib.

Da der Ton nicht an der Oberfläche liegt, wird nach traditioneller Art zunächst mit Hacke und Schaufel ein ca. 1 bis 2 m tiefes Loch durch die unbrauchbare steinige Schicht gegraben, um zur etwa 1 bis 2 m starken tonführenden Schicht vorzustoßen. Von dort aus graben sich die Frauen mit einer kleinen Hacke (*aatla*) in die tonführenden Schichten hinein. Sie arbeiten dabei teils in knieender, teils in halb liegender Haltung (s. Abb. 8/9). Mit den kleinen Hacken schaufeln sie den Ton in einen kleinen Bastkorb (*ascheschn*) und schieben ihn unter großer Anstrengung einer Gehilfin zu, die den Korb aus dem Loch heraushebt. Ohne geringste Sicherheitsmaßnahmen graben sich die Frauen und Mädchen im Laufe der Zeit bis zu 10 m tief in den Berg hinein. Natürlich stürzen derartige Gruben immer wieder ein. Nach der Erinnerung unserer Informanten sind in den letzten 50 Jahren 11 Frauen dabei ums Leben gekommen. Eine Namensliste liegt uns vor. Tongruben, in denen sich derartige Unfälle ereignet haben, werden aufgegeben, so z.B. die Tongrube von **Alathar**.

Die heute wichtigste Tongrube **Hauma del Chaib** ist nach einem Köhler aus dem Rif benannt. Wie alle sonstigen Tongruben ist sie Privatgelände, sieht aber mit ca. 24 Einstieglöchern so aus, als hätten dort riesige Wühlmäuse gehaust. Seitdem auch Männer mithelfen oder ihre Frauen sogar vollkommen entlasten, graben sie im Team die oberste nicht tonführende Schicht vollkommen weg und holen den guten Ton mit Schaufeln und Henkelkörben (*kofa)* heraus, um das gefährliche seitliche Eingraben in die tonführende Schicht zu vermeiden. Die unabhängig arbeitenden Frauen graben sich jedoch weiterhin in den Berg hinein, da das systematische Abgraben der obersten Schicht ihre Kräfte übersteigt. Der Transport des Tones zu den Wohnhäusern und Werkstätten erfolgt überwiegend mit Maultieren in gleichmäßig belasteten Packtaschen (*shouari*).

Abb. 10 Tonschlagen mit einem Holzprügel in Ifrane Ali;
Fotos R. Vossen, 1987

Abb. 11 Sieben des zerkleinerten Tones mit einem Rahmensieb

Tonaufbereitung

Am Werkplatz angekommen wird der Ton ausgebreitet und dort mit einem Holzprügel (*laoud, azrouad*) bearbeitet, bis er den gewünschten Feinheitsgrad erreicht hat (s. Abb. 10) **Tonschlagen**, *adoka de trab* nennen die Töpferinnen diesen anstrengenden Prozeß. In vielen Töpferhäusern helfen heute die Männer dabei, doch in anderen gehört dies nach wie vor zur Frauenarbeit. Die Frauen arbeiten heute meistens in einem speziellen fensterlosen Werkraum (*el bid de sroll*) ihres Flachdachhauses. Das Licht fällt durch den Eingang herein, der zum Trockenplatz vor der Tür und zum Brennofen führt.

Nach dem Schlagen und Zerkleinern muß der Ton **gesiebt** werden. Die Töpferinnen benutzen ein handelsübliches Rahmensieb (gharbel), der Prozeß heißt *can gharbel*. Nun kann das **Tonkneten** (*can eschnou trab*) beginnen. Dazu wird der gesiebte feine Ton der drei Tonarten vermischt und zunächst zu einem Krater aufgeschüttet. Die Meisterin gießt nun Wasser in den Krater, läßt den Ton sich vollsaugen und knetet und walkt ihn dann mit den Händen, seltener - wie anderswo üblich - mit den Füßen.

Wasser und Wassertransport

Es ist interessant zu hören, daß ein Töpferhaushalt etwa 16 Plastikflaschen zu 5 Litern Wasser tagsüber verbraucht und abends weitere 16 Flaschen zur Verpflegung einer siebenköpfigen Familie, einer Kuh mit drei Kälbern und eines Maultiers. Wasserholen von einem der drei z.T. weit entfernten Brunnen ist eine zeitraubende und anstrengende Aufgabe der jungen Mädchen und Burschen. Sie benutzen dazu heute gern die leichten und unzerbrechlichen Olivenölflaschen in neuer Funktion. Diese werden in zwei Plastikkästen, die rechts und links am Maultier oder Esel befestigt sind, transportiert. Die in Ifrane Ali hergestellten schweren Wasserkrüge (*aguembour*) werden kaum mehr zum Wassertransport, dagegen häufiger noch zur Aufbewahrung und Kühlhaltung des Wassers genutzt (s. Abb. 13) Formal gesehen sind sie der Trageweise auf dem Rücken bestens angepaßt: Mit dem scharfen Bauchumbruch im unteren Drittel ist der Schwerpunkt tief gelagert. Das ganze Gewicht lastet auf dem von den Frauen im Rif noch stets getragenen Stützgürtel und damit auf dem Gesäß. Ein Strick, der durch eine Kerbe unterhalb des Baumumbruchs und durch den Henkel verläuft, wird von den Frauen

Abb. 12 Ifrane Ali: Wasserholen am Brunnen mit Plastikflaschen und Kanistern; Fotos R. Vossen, 1987

Abb. 13 Die Wasserkrüge von Ifrane Ali werden fast nur noch zur Aufbewahrung und Kühlung des Wassers genutzt, das Wasser in Plastikflaschen für den schnellen Verbrauch

über die Schulter gezogen und über der Brust mit einer Hand festgehalten, während die andere in den zweiten Henkel greift. Doch das Eigengewicht der Wasserkrüge ist bereits so groß, daß die Frauen verständlicherweise die Plastikflaschen zum Wassertransport heute vorziehen.

Aufbau auf Formplatte in Aushöhl-Wulst-Treibtechnik

Kehren wir zum Töpfereiprozeß zurück, so interessiert uns jetzt die Aufbauarbeit. Entgegen der landläufigen Meinung, Aufbautechnik sei gleichbedeutend mit Wulsttechnik, überrascht in der Frauentöpferei Marokkos die **Vielfalt unterschiedlicher und unterschiedlich kombinierter Aufbautechniken**. Es ist tatsächlich so: Ebenso wie die Sitten und Gebräuche, die Kleidung, die Dialekte, die Keramikformen und -bezeichnungen von Region zu Region verschieden sind, so unterschiedlich sind auch die Techniken.

In Ifrane Ali dient meistens eine gebrannte Tonplatte oder der Boden eines zerbrochenen Gefäßes als **Formplatte** (*louha del ksöa*) **und Arbeitsunterlage.** Diese Formplatte ruht auf einer umgestülpten kleinen Schüssel (*zlefa*) oder auf dem abgebrochenen Fuß (*adoar*) eines Kohlebeckens. Eine leichte Wölbung dieses Fußes bewirkt, daß die Formplatte ohne starken Reibungsverlust auf der Unterlage drehen kann. Würde man in die Unterlage oder auf der Unterseite der Formplatte einen Zapfen einbauen, so hätten wir hier das Anfangsstadium einer primitiven Handtöpferscheibe. Gelegentlich wird die umgedrehte Schüssel zur Erhöhung der Arbeitsunterlage noch in eine mit Ton oder Sand gefüllte größere Schüssel oder tajine-Form gesetzt.

Die Töpferin plaziert nun auf dieser Formplatte einen Tonklumpen, den sie mit den Händen zur Rundung in Form eines Käselaibes zurechtformt (s. Abb.). Diesen Tonlaib bricht sie mit der Faust der rechten Hand auf, während die Linke die Formplatte dreht. Mit dieser **Aushöhltechnik »aus dem Vollen«** formt sie mit großer Geschwindigkeit ein napfförmiges Gebilde, dessen Wände sie anschließend in **Treibtechnik** weiter hochzieht und verdünnt. Zur Erreichung der gewünschten Höhe fährt sie schließlich in **Wulsttechnik** fort, indem sie nach Bedarf dickere oder dünnere Wülste auflegt und verstreicht.

Dieses beschriebene Anfangsstadium zum Aufbau eines Gefäßes ist bei jedem Gefäßtyp gleich. Theoretisch könnte die Töpferin dann erst entscheiden, ob sie eine Schüssel, ein Kohlebecken, einen Kochtopf

Abb. 14 Die Formplatte abgehoben neben der schüsselförmigen Basis vor der Arbeit

Abb. 15 Der Tonklumpen hat auf der Formplatte die Rundung eines Käselaibes angenommen.

Abb. 16 Aufbrechen des Tonlaibes mit der Faust unter Drehbewegung von Ton und Formplatte; Fotos R. Vossen, 1987

Abb. 17-20 Aufbau des Gefäßes in Wulst- und Treibtechnik, Rädchenverzierung auf dem Rand; Fotos R. Vossen, 1987

oder einen Wasserkrug herstellen möchte. Diese erste Aufbauphase dauert ca. 15 bis 20 Minuten. Nach einer Trockenphase von ca. 1 bis 2 Stunden (je nach Witterung, möglichst in der Sonne), erfolgt bei höheren Gefäßen der weitere Aufbau. Dabei arbeitet die Töpferin in Wulst- und Treibtechnik weiter. Zuletzt erfolgt das Henkeln und Dekorieren.

Zum Aufbau eines großen Wasserkruges, der in zwei Phasen aufgebaut wird, benötigt eine geübte Meisterin etwa eine Stunde. Doch nur wenige Töpferinnen beherrschen diese Technik heute noch. Meistens sind es Witwen, die aus wirtschaftlicher Not mehr prodzieren müssen als andere und dabei eine besondere Geschicklichkeit entwickeln. Sie fertigen dann bestimmte Gefäßtypen auch für andere Abnehmer im Dorf und für den regionalen Markt. Es ist anzunehmen, daß dieser **sozial bedingte wirtschaftliche Druck neben der individuellen Geschicklichkeit und Anpassungsfähigkeit die wesentliche Ursache für die Ausprägung eines Spezialistentums im traditionellen Handwerk** darstellt. Diese Annahme wird auch durch Beobachtungen in anderen Frauentöpferorten gestützt, wo vor allem Witwen und alleinstehende Frauen den Ruf der besten Töpferinnen genießen.

Abb. 21 oben: Untersatz für Formplatte; Wasserschüssel mit Tonschlicker, Werkzeuge: Formschienen aus Holz (misala), spitze Dekorstäbe (aoud), Kammstumpen (mesta), Poliersteine (hazra); Foto R. Vossen, 1980

Als **Werkzeuge** dienen bei diesem Aufbauprozeß bzw. beim späteren Dekorieren und Polieren die folgenden Instrumente (s. Abb. 21):

* eine **Formschiene** (*msäla, misala*), ein länglich geschnittenes, leicht gekehltes Holzstück, das auch als Instrument für den mechanischen Randdekor dient ,
* ein **Lederstück** (*jilda*) zum Glätten der Oberfläche und zum Verstreichen des Randes,
* angespitzte **Rundhölzer** (*aoud*) verschiedener Größe, die zum mechanischen Dekorieren und zum Durchbohren von Löchern bei Ösenhenkeln und Kohlebecken dienen,
* ein **Kammstumpen** (*mechta*) für den Oberflächendekor,
* ein **Rollstempel** (*derdecha, merzem*) in Form eines Teigrädchens für den Rädchendekor auf Randzonen und auf Touristenkeramik,
* verschieden große ovale **Strandkiesel** (aoud) zum Polieren der engobierten Oberfläche,
* ein **Küchenmesser** *(safra)* zum Abkratzen und Verdünnen der Bodenkanten, damit ein flacher Boden mit abgerundeten Kanten erzielt wird.

Nach einem weiteren kurzen Trockenprozeß erfolgt das **Engobieren** mit einem speziellen, fein aufbereiteten rötlichen Ton (*trab del hak*), der heute nur auf einem privaten Gelände bei Isalhen, **Dar Asmal**, gefunden und gegen geringe Abgaben erworben wird. Die Töpferinnen reiben den Tonbrei mit einem Lappen in die Poren des Gefäßes ein (s. Abb. 16) und unterstützen diesen Prozeß durch anschließendes **Polieren** (*delk*) mit einem Strandkiesel.

Die »Produktionspalette« - »Musterbuch« der Frenali-Ware

Ein besonderes **Kennzeichen von Aufbaukeramik** besteht darin, daß **kein Stück exakt dem anderen gleicht**. Im Unterschied zu den serienmäßig auf der Töpferscheibe oder in Modeltechnik hergestellten Gefäßen gibt es, abgesehen von formalen Abweichungen, auch wesentliche, nicht immer beabsichtigte Größenunterschiede, da nicht mit Maßstäben gearbeitet wird. Bei der von Frauen hergestellten Aufbaukeramik können wir also buchstäblich von **ungenormter Handarbeit** sprechen, die in unserem normierten Leben einen ganz besonderen Reiz hat. So gibt es trotz der großen, in ganz Nordmarokko verbreiteten Produktion von Ifrane Ali bisher kein »Musterbuch«, das Händlern die Möglichkeit bieten würde, gezielt Bestellungen aufzugeben.

Dennoch lassen sich tendenziell bestimmte Gefäßtypen in verschiedenen Größenklassen feststellen, die für Ifrane Ali besonders charakteristisch sind. Mit der freundlichen Hilfe des erfahrenen Ladenbesitzers und Händlers Mohamed ben Mohamed Bousekri und meines Mitarbeiters Dr. Arne Lucke habe ich eine Art »**Musterbuch« der Keramikformen von Ifrane Ali** mit den Lokalbezeichnungen in französischer Schreibweise, der französischen, spanischen und deutschen Übersetzung, den unterschiedlichen Größenklassen und den Preisen von 1987 für den Einzel- und Großhandel zusammengestellt.[3)] Diese Preise müßten natürlich Jahr für Jahr den meist gestiegenen Lebenshaltungskosten angepaßt werden.

Zu den wichtigsten Artikeln im traditionellen Haushalt zählen zweifellos die **Kohlebecken** (*mejmar*), die es in drei Größen mit und ohne Fuß gibt. Beim Brand oder im Gebrauch abgesprungene Bodenelemente der Kohlebecken werden von den Töpferinnen gern als Basis für ihre Formplatten verwendet, s. oben). Zu den weit verbreiteten Keramiktypen von Ifrane Ali zählen auch die zu den Kohlebecken passenden **Schmortopfformen** (*tajines*) mit Deckel oder die höher gebauten, aber noch relativ flachen **Schmortöpfe** (*gamila*) und die hohen bauchigen **Kochtöpfe** (*kedra*), jeweils in drei Größen. Zu den hohen Kochtöpfen gibt es passende **Siebeinsätze** (*keskes*) zum Dünsten des Hartweizens für die Couscous-Bereitung oder zum Dünsten einer Spinatart. Beliebte Produkte aus »Frenali« sind auch die **Brotbackplatten** (*mokla,makla*) mit leicht hochgezogenem Rand oder die **Pfannkuchenplatten** mit konkav gewölbten Mittelteil. Zum Brotbacken gehören auch die **Brotteigschüsseln,** die es in verschiedenen gehenkelten Formen und Größen gibt (*agharaf del makla, jarro del makla*). Dazu kommen die henkellosen großen **Couscous-Schüsseln** (*zlefa*) zum Auftragen des Couscous.

Nur noch selten werden, wie bereits gesagt, die zweihenkligen **Wasserkrüge** (*aguembour*) getöpfert, die zwischen 5 und 18 Liter fassen können. Lediglich zur Aufbewahrung und Kühlhaltung des Wassers spielen sie noch eine Rolle. Häufiger sieht man dagegen einhenklige kleinere **Wasserflaschen** (*berreda*), die an frühgeschichtliche Kragenflaschen erinnern.

Für den in seiner wirtschaftlichen Bedeutung wachsenden **Touristenmarkt** wird von einigen Töpferinnen ein **Bügelhenkelgefäß** mit zwei Tüllen hergestellt. Dabei haben zweifellos die spanischen **botijos** Pate gestanden, zumal in der oft reich dekorierten Variante des hahnförmigen

Formenkatalog der Keramik von Ifrane Ali (Stand 1987)

Typenbezeichnung tipo , type arabe/español/ français	Form forma forme	Größen tamaños tailles	Maße in cm medidas mesures	Preis in Dirham Einzelhandel precio de talle vente en detail	Preis in Dirha Großhandel precio al mayc prix de négoci
Kohlebecken mit Fuß mejmar/brasero/ réchaud		srer	ø 15 - 23 h 12,5	2 - 3	2 - 3
		mousti	ø 27,5 - 33 h 12,5	3 - 5	2,5
		kbir	ø 33 - 40 h 13		6,5 - 7,5
einfach (ohne Fuß) mejmar/brasero/ rechaud		srer	ø 19 - 23 h 13	1 - 2	1
		mousti	ø 27 - 33 h 13	6	5
		kbir	ø 33 - 40 h 14	5	6,5
Schmortopf tajine/cazuela/ casserole		srer	ø 22,5 - 29 h 12	3	2,5
		kbir	ø 29 - 37	6 (7)	5 (6)
Fischschmorpfanne (oval) tajine del hout cazuela de pescado		srer	Länge 18 - 24 h 5	1,5	1,2
		mouaset	"" 28 - 25 h 7	2,2 - 2,5	2
		kbir	"" 34 h 9,5	3,5 - 4	2,5
Kochtopf gamila/olla/ marmite		srer	ø 9,5 - 11 h 4,5	2,5 - 3	2
		mousti	ø 12 - 16 h 6	3,5	3
		kbir	ø 15 - 18 h 8	4 - 4,5	3,5
		kbir kul	ø 21 - 24 h 12	5	4,5
Kochtopf mit Couscousaufsatz kedra + keskes marnite + passoire		srer	ø 12 - 19 h 14	1,7	1,5
		mousti	ø 15,5 - 25 h 18	3	2,5
		kbir	ø 18 - 31 h 28	7,5 - 8	5 - 7,5
		keskes	ø 22 - 26 h 20	6	3 - 5
Brotbackplatte makla/plato de pan/plat de pain		srer	ø 23 - 26,5 h 3,5	1,7 - 1,8	1,5
		mouasta	Ø 31,5 - 33,5 h 4,5	2,2 - 2,5	2
makla		kbir	ø 42 - 44 h 6	4	3 - 3,5
Brotteigschüssel agharaf del makla/ lebrillo de pan/ écuelle pour pétrir le pain	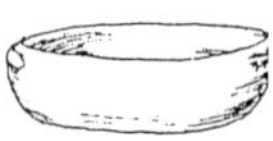	srerkuli	ø 11,5 - 14 h 4	0,7	0,6
		srer	Ø 17 - 19 h 6,5	1,2	1,1 - 1,2
		mousti	ø 26 - 28 h 10	1,7 - 1,8	1,5
		kbir	ø 29 - 33 h 9	3	2,7

Abb. 22

Typenbezeichnung tipo , type arabe/español/ français	Form forma forme	Größen tamaños tailles	Maße in cm medidas mesures	Preis in Dirham Einzelhandel precio de talle vente en detail	Preis in Dirham Großhandel precio al mayor prix de négociant
Eßschüssel (für couscous) zlefa		srer	ø 32,5 - 35 h 10	2,4 - 2	2
		mousti	ø 38 - 41 h 10,5	3,5	3
		kbir	ø 39 - 44 h 10,5	7,5	6,5
Wasserkrug berreda/cantaro/ gargoulette - zweihenklige aguembour - Kragenflasche berreda (kleinere)		srer	ø 4 - 10 h 19	1,7 - 1,8	1,5
		mousti	ø 7 - 21 h 30	3,5	3
		kbir	ø 33 h 44	20 - 25	20
Becher, Tasse		kbir		1	0,8 - 1
Hahn - Botijo botijo de gallo (del farrousch)		srer		5	3
		mousti	Ø 23 h 37	8	7
		kbir		12 - 13	10 - 11
Teegeschirrset juego tetera sinia				8,5	8
Spielzeug juego: mejmar + tajine jouets: "				2,5	3
Kerzenleuchter haskat/velero/ chandelier		2 vela	h 20	3	2,5
		1 vela	h 20	1,2	1
Blumentöpfe mahok/macetas/pot à fleurs				3 - 4	2 - 3
Teekanne (Dekor) tetera/théière		1		1,5	1,3
		2		1,7	1,5
		3		1,8 - 2	1,5
		4		4	3
Gesamtaufsatz mejmar butagas				1 - 2	1 - 2

egende: ø = Durchmesser, h = Höhe
rer = klein, pequeno, petit; mousti = mittel, mediano, moyen;
bir = groß, grande, grand
reise in Dirham (1987): 1 Dirham 0,22 DM

botijo (*botijo del farrousch*) (s. Abb. 22) Nach Aussagen verschiedener Informantinnen wird diese Form seit den 50er Jahren getöpfert. Erst in den 70er und 80er Jahren kamen die reine **Dekorationskeramik** und die **Miniaturkeramik** auf, die als Souvenir besser in den Koffer paßt, als die formschöne, aber voluminöse Gebrauchskeramik. Einerseits werden die Gebrauchsformen in Miniaturausgabe als **Kinderspielzeug** gemacht, andererseits Formen entwickelt, die z.B. Metallformen nachempfunden sind wie ein **Teegeschirr-Set** mit Tablett, Teekanne und Tässchen, die allerdings nur zu Dekorzwecken dienen können.

Für die neuen Bedürfnisse des städtischen Marktes wurden schließlich in den letzten Jahren **Kerzenleuchter** (*haskat*) für eine, zwei oder drei Kerzen entwickelt, ferner **Blumentöpfe** (*mahbok*, *macetas*), **Aschenbecher** (*cenizeros*) und **Spardosen** (*huchas*), teilweise kombiniert mit einem Kerzenhalter.

Insgesamt gesehen liegt das Schwergewicht der Produktion noch auf Gebrauchskeramik, die mit dem Feuer in Berührung kommen kann. Es lassen sich jedoch Bemühungen erkennen, sich den wechselnden Marktbedingungen anzupassen, alte Formen fallen zu lassen und die Produktionspalette zu erweitern.

Brennmaterial und Energieprobleme

Ursprünglich waren neben den sehr reichen Tonlagern in nächster Umgebung von Ifrane Ali auch ausreichende Brennstoffvorräte im Küstenbergland vorhanden. Mit dem explosionsartigen Bevölkerungswachstum seit den 50er Jahren und der gleichzeitigen Zunahme der Töpferei als Hauptgewerbe wurde das Busch- und Waldland der unmittelbaren Umgebung schnell abgeholzt. Auch die Brennstoffreserven der Nachbarregionen waren in kurzer Zeit erschöpft, denn das von den Töpferinnen bevorzugte trockene Wurzelholz einer **Wacholderart** (acullar de aghar = juniperus oxycedrus) wächst nur sehr langsam nach. Die Folge: Heute müssen die Männer, zu deren Aufgaben die Holzbeschaffung gehört, am Donnerstag, dem **Holzholetag**, Entfernungen zwischen 20 km und 40 km zurücklegen, um das begehrte Wurzelholz mit Spitzhacken zu herauszuschlagen bzw. zu roden. Frühmorgens brechen sie mit ihren Maultieren auf, heute meistens in Richtung Targa im Ghomara-Gebiet in der Nachbarprovinz Chechaouen oder ins Hinterland Richtung Beni Hassan.

Abb. 23 Hochstämmige Wacholderart (juniperus oxycedus)

Abb. 24 Der Hang ist nur noch spärlich bewaldet. Transport des Holzes mit dem DFG-Geländewagen

Abb. 25 Der Mann einer Töpferin schlägt mit der Spitzhacke das trockene Wurzelholz eines alten Wacholderbaumes heraus; Fotos R. Vossen, 1987

Von der Mühsal der Holzbeschaffung einmal abgesehen - die Männer sind dazu zwischen 6 und 10 Stunden unterwegs - kommen sie dabei häufig mit den staatlichen Waldhütern in Konflikt. Mehrfach wurden für die Töpferfamilien existenzbedrohende **Strafen** verhängt, wenn es nicht gelang, die Waldhüter mit Hilfe kleiner Bestechungssummen milde zu stimmen.

Für einen Keramikbrand ist etwa eine Maultierlast (*hamal*) trockenes, hochwertiges Brennmaterial erforderlich. Wird minderwertiges, frisches, schnell brennendes Holz oder Buschholz verwendet, können die für eine qualitativ gute Ware erforderlichen Brenntemperaturen nicht erreicht werden. Das Ergebnis wäre eine poröse, leicht zerbrechliche, dunkelgeschwärzte Ware, die kaum Käufer finden würde. So müssen selbst die alleinstehenden Frauen, denen keine Männer zur Hilfe kommen, das Holz für den Keramikbrand teuer von gelegentlichen Lieferanten aus Beni Hassan erwerben. Sie zahlten 1987 ca. 30 Dirham (ca. DM 15.-) für eine Holzlast, d.h. einen Betrag, der etwa 1/4 des durchschnittlichen Erlöses für eine Ofenladung entspricht.

Es liegt auf der Hand, daß sich das Töpferhandwerk von Ifrane Ali vor allem im Bereich der Brennholzbeschaffung in einer **existentiellen Krise** befindet. Abhilfe kann nur durch Hilfe von außen, durch **entwicklungspolitisch sinnvolle Maßnahmen**, erreicht werden. Dazu zählt vor allem der Versuch, die traditionellen Energiequellen durch andere zu ersetzen, die ökologisch und finanziell zu vertreten sind (s. unten dazu das von uns ausgearbeitete integrierte Entwicklungsprojekt).

Brand in Einkammeröfen vom Brotofentyp

Ifrane Ali zählt zu den wenigen Töpferorten in Marokko, in denen die geschlossenen **einkammerigen Brotöfen** in etwas weiter entwickelter Form als Brennofen für den Keramikbrand benutzt werden. Das Verbreitungsgebiet dieses Brennofentyps beschränkt sich auf das westliche Rif. Neben Ifrane Ali finden wir diesen Typ in den östlich benachbarten Frauentöpferorten **Agoulal** und **Boured**, in **Jenane en Nich**, in **Tarhasa** und Nachbarorten sowie im Gebiet der **Beni Derkoul** etwas weiter südlich (vgl. Vossen/Ebert 1986:32 ff.). In den übrigen Frauentöpferorten wird in **Brennmulden** oder **Brenngruben** gebrannt. Die Verwendung eines Brotofentyps zum Brand von Keramik deutet auf einen engen Zusammenhang zwischen den ursprünglichen, verschiedenen Hausar-

Abb. 26 Einhammeriger Kuppelofen vom Brotofentyp mit Keramikstapeln von Kochtöpfen aus Ifrane Ali; Foto R. Vossen, 1987

Abb. 27 Brand und Brandmessung in Kuppelöfen von Haddounen; Foto R. Vossen

beiten der Frau hin, zu denen das Brotbacken ebenso gehörte wie das Töpfern für den Hausgebrauch.

Bei den Brot- und Brennöfen (*farran*) von Ifrane Ali handelt es sich um **Einkammeröfen** mit einer geschlossenen »spitzhütigen« Kuppel (*goubba*, s. Abb. 26). Im Unterschied zu den kleineren normalen Brotöfen besitzen die Brennöfen neben dem Rauchloch (dahana) in der Kuppel drei weitere Abzugsöffnungen (*dohan, dahana*) an den Seiten. Mit diesen Öffnungen kann die Brandführung reguliert werden. Die große Einsetzöffnung heißt *atokom* = Mund oder *bab* = Tor, die Brennkammer *ka del farran*.

Die Öfen werden von den Meisterinnen selbst in Bruchstein-Bauweise bis zum Kuppelansatz erbaut. Die Fugen sind mit Lehm verschmiert und meistens auch vollkommen mit Lehm verkleidet. Die Kuppel ist aus einem Steingrus- und Tongemisch in Wulsttechnik errichtet und wird mit dem ersten Brand gefestigt. Die Größe der Öfen schwankt zwischen 1,50 m und 1,80 m in der Höhe und 1,50 m und 2,00 m im Durchmesser. Die kleineren fassen etwa 50 bis 60 größere Gefäße, die größeren 80 bis 100. Diese Menge entspricht etwa der Wochenproduktion von einer Meisterin mit zwei Lehrlingen.

Jedes Gehöft verfügt über mindestens einen, die meisten über zwei, einige sogar über drei Brot- und Brennöfen. Als Brotofen werden sie nur bei Festen genutzt, wenn große Mengen Brot zu backen sind. Der tägliche Brotbedarf wird dagegen auf den Brotbackplatten über den Herdstellen (kanoun) oder Kohlebecken (mejmar) gedeckt (vgl. das Kapitel »Das tägliche Brot« von Karla Vossen, unten).

Stehen zwei Brennöfen zur Verfügung, kann der zum Vortrocknen der Gefäße erforderliche **Vorbrand** in einem Ofen erfolgen, während der andere bereits für den **Hauptbrand** mit Holz beschickt wird. Ist dies nicht möglich, muß der Ofen nach dem Vorbrand wieder vollkommen ausgeräumt werden, um ihn dann für den Hauptbrand vorzubereiten.

Der **Vorbrand** (*tsöala delibas* oder *tschahmia del dibes*) entspricht insofern dem Brotbacken, indem zunächst trockenes Gebüsch (*ghaba*) mit einem hell lodernden Feuer abgebrannt wird. Nach 15 Minuten werden dabei im unteren Bereich ca. 80° bis 90° erreicht, im oberen Bereich des Ofens ca. 130°. Dann baut die Töpferin die Ware mit Hilfe eines Stockes (*aharrak*) in den heißen Ofen ein. Nach 30 Minuten schließt sie die Einsetzöffnung, nach ca. 35 Minuten die vier Abzugsöffnungen. Nach weiteren 30 Minuten ist der Vorbrand beendet, wenn die Meisterin die Rauchöffnungen wieder öffnet.

Am Beispiel des Töpferofens von Fatima bent Mohamed im Ortsteil Isalhen wollen wir einmal verfolgen, wie der Ofen für den **Hauptbrand** eingebaut wird.

Mit Hilfe Ihres Mannes Houssein, der vier Körbe mit dem knorrigen Wacholder-Wurzelholz heranschleppt, breitet sie das Brennmaterial nestförmig auf dem Boden des Ofens aus. Darauf baut die Meisterin die vorgebrannten Gefäße nach einem bewährten Muster ein: An die hintere Wand plaziert sie 8 umgedrehte Kohlebecken. Davor setzt sie Stapel von insgesamt ca. 25 umgedrehten Kochtöpfen (*kdour*). Dann kommen etwa 20 ebenso angeordnete Schmorgefäße (*tajines*).

Davor verteilt sie Stapel von ca. 10 großen Brotbackplatten (*makla kbira*) und von Platten zur Bereitung einer Art Pfannekuchen mit Öl (*makla ghaief*). Darüber schichtet sie sorgfältig einige kleine flache Schmortöpfe (*gamila*), einen großen Schmortopf zur Bewirtung vieler Gäste für die Museumssammlung, eine große Couscous-Schüssel (*zlefa*), ein großes Kohlebecken für das Museum und zuletzt eine ganze Serie von Deckeln. Insgesamt sind es gut 60 große und kleinere Gefäße, Kohlebecken und Platten, die in diesem mittelgroßen Ofen Platz finden. In die Lücken zwischen die Gefäße hat die Meisterin immer wieder einige Holzstücke eingeschoben und etwas Stroh verteilt, ebenso im Eingangsbereich.

Der Einbau hat am Freitag, dem 28.8.1987, am Vorabend des Markttages, um 18 Uhr 50 begonnen; zwanzig Minuten später ist er beendet. Die Meisterin kriecht schweißtriefend aus dem Ofen, der noch vom Vorbrand aufgewärmt ist, wieder heraus. Direkt am Eingang verteilt sie vor einer Schicht Wacholderholz trockene Ginsterzweige, die sie um 19 Uhr 25 anzündet. Bereits 19 Uhr 30 schlagen Flammen aus dem oberen Rauchloch heraus. Die **1. Messung** zeigt um 19 Uhr 42 im unteren Bereich eine Temperatur von ca. 440°, am oberen Rauchloch 240-260°. Um 19 Uhr 46 springt ein Gefäß mit lautem Knall. Kurz danach plaziert die Meisterin zwei große Fehlbrand-Kochtöpfe vor den Eingang, offensichtlich, um die Luftzufuhr zu drosseln. Der Wind ist schwankend. Ein Gewitter zieht auf.

Die **2. Messung** um 19 Uhr 52 zeigt, daß das Wurzelholz noch nicht richtig angebrannt ist: unten mißt mein Begleiter Mustafa ca. 450°, oben ca. 320°. 10 Minuten später ist es schließlich soweit: das Wurzelholz ist angebrannt: Die Flammen kommen aus dem oberen Rauchloch heraus. Die Temperatur steigt unten auf ca. 730° an, oben auf ca. 500° (**3. Messung**). Um 21 Uhr ist unten eine Temperatur von 980° erreicht, während sie an der oberen Rauchöffnung zwischen 540° und 550° schwankt (**4. Messung**). 21 Uhr 20 zeigt das Thermometer unten 1008°, oben 550° (**5. Messung**). Um 21 Uhr 45, d.h. 2 Stunden und 20 Minuten nach Brandbeginn, ist unten mit **1050°(!) die absolute Höchsttemperatur** erreicht, während das Thermometer am oberen Rauchloch nur ca. 580°- 590°, an den seitlichen und hinteren Abzugslöchern 440° bzw. 400° zeigt (**6.Messung**). Um 22 Uhr, kurz bevor die Meisterin die obere Abzugsöffnung schließt, konnten wir unten 1000° messen, oben 640° (**letzte Messung**).

Zu diesen Messungen stand uns nur ein bewegliches Digital-Pyrometer-Gerät zur Verfügung, so daß die erstaunlich hohen absoluten Temperaturen unter Vorbehalt aufzunehmen sind. Arne Lucke und Ilse Schütz, die später außerdem mit einem stationär eingebauten Pyrometer Parallelmessungen durchführen konnten, kamen zu etwas niedrigeren Ergebnissen. Arne Lucke schreibt dazu:

> *»Bei einer durchschnittlichen Gesamtbrenndauer von 14 Stunden wurden dabei Höchsttemperaturen (Endbrandtemperaturen) von bis zu 880° Celsius gemessen. Die durchschnittliche Höchsttemperatur betrug bei den sechs beobachteten Bränden 840° Celsius. Sie wurde meist nach 4 1/2 bis 5 Stunden Brenndauer erzielt. Danach flachte die Temperaturkurve in* allen Öfen kontinuierlich ab.« (Lucke 1989/90, Manuskript S.5)

Abschließend betrachtet können wir feststellen: Während im unteren Ofenbereich in der Nähe des Brennmaterials Temperaturen zwischen 800° und 900° erreicht werden, schwankt das Thermometer im mittleren und oberen Ofenbereich zwischen 600° und 800°. Für die Qualität der Ware bedeutet dies: Die in Bodennähe einbauten Gefäße sind ausgezeichnet gebrannt, während die weiter oben plazierten im Ergebnis poröser und und im Gebrauch voraussichtlich weniger haltbar sind. Die Töpferinnen und ihre erfahrenen Kunden erkennen die Qualität der Ware an dem höheren oder tieferen Klang.

Abb. I Der Mosesberg (Djebel Moussa) von der Straße von Gibraltar aus - eine der »Säulen des Herkules« - die andere: Gibraltar (=Djebel al Tarik); Foto R. Vossen

Abb. II Straßenstand zwischen Tanger und Tetouan mit Ware aus Ifrane Ali, Rabat, Safi u.s.w.; Foto Arne Lucke

Abb. III Töpfermeisterin an der Formplatte in Ifrane Ali/ Oued Laou, Prov. Tetouan; Foto R. Vossen

Abb. IV Töpfermeister an der Fußschubscheibe (Model-Wulst-Drehtechnik) in Ighri, Prov. Ouarzazate; Foto R. Vossen, 1980

Abb. V Töpfermarkt von Ifrane Ali auf dem Souk Sebt (Samstagmarkt) von Oued Laou, Prov. Tetouan; Foto R. Vossen, 1980

Abb. VI Frauentöpferzentrum Ifrane Ali: Ansicht von Dar Haddoun, im Vordergrund Brot- und Töpferofen, Keramiktransport mit Esel; Foto Ilse Schütz, 1987

Abb. VII Frauen der Beni Mesguilda mit bestickten Kopftüchern und Perlenhalsbändern auf dem Souk el Had Teroual; Foto R. Vossen, 1987

Abb. VIII Ain Bouchrik: Aufbau eines Brotofens, Wassertransport, Palmstroh- und Wellblechdächer; Djebel Sidi Messaoud; Foto K. Vossen, 1987

Abb. IX Ein neuer Brotofen wird vor der Benutzung gebrannt; Foto K. Vossen, 1987

Abb. X Lehmbauten von Imilchil, Prov. Errachidia: Frauen holen Wasser von einer 2 km entfernten Flußoase; Foto W. Ebert, 1980

Abb. XI Keramiktypen von Toug-el-Kheir/ Anougaltal, Prov. Marrakech; Vorratsgefäß, Wasserkrug und Butterkrug; Foto R. Vossen

Abb. XII Konkurrenzprodukte: Frau mit Butterfaß aus Dosenblech, Souk Sebt des Oulad Hassine, Prov. El Jadida; Foto W. Ebert, 1980

Abb. XIII Konkurrenzprodukte: Gummiwasserkrüge und Schöpfbehälter aus alten Autoreifen; Schustergasse von Marrakech; Foto R. Vossen, 1987

Vom Tausch- zum Großhandel

Damit sind wir beim Tausch bzw. Verkauf der Ware von Ifrane Ali angekommen. Wie wir aus den historischen Informationen schließen konnten, war die Töpferei von Ifrane Ali vor der großen Expansion in erster Linie **Hauswerk** für den **Eigenbedarf** und für den **Tausch**. Selbst heute noch sind bestimmte Formen des Tausches erhalten geblieben. Dabei wird vor allem **Keramik gegen Getreide für den Wintervorrat** getauscht.

Der **traditionelle Tauschhandel** lief folgendermaßen ab. Die Männer machten sich nach der Erntezeit im Juli mit mehreren Maultieren in Richtung Süden auf den Weg in die klassischen Getreideanbau-Gebiete des Sebou-Beckens und des Jebala-Gebietes und der Ölanbaugebiete der südlichen Randzonen des Rif. Jedes Maultier konnte eine Last (*hamal*) von ca. 30 Stück Gebrauchskeramik tragen. Sie brachten die Ware auf die Wochenmärkte oder im Hausierhandel zu den Bauern selbst in die Dörfer. Folgende Märkte wurden uns genannt: Souk el Arba des Beni Hassan, Tleta des Beni Ider, Khemis des Beni Arouss, El Had de Larache (alle Provinz Tetouan oder Tanger), ferner Souk Khemis Issaguen/ Ketama, El Arba Targuist (Prov. Chechaouen und Al Hoceima). Die Entfernungen per Luftlinie betragen dabei bis zu 100 km.

Auf den Märkten bzw. bei den Getreidebauern selbst wurde in der Regel das Gefäß mit Getreide gefüllt und gegen diese Getreidemenge getauscht. War alle Keramik auf diesem Weg abgesetzt worden, traten die Männer den Rückmarsch mit dem Getreide an. Nach heutigen Angaben muß eine 10 köpfige Familie einen Getreidevorrat von ca. 600 kg Getreide anlegen, um bei einem monatlichen Prokopf-Verbrauch von 10 kg gut durch den Winter zu kommen.

Die jährliche Eigenproduktion von Getreide beträgt heute bei den Landbesitzern von Ifrane Ali nur zwischen 50 kg und 500 kg. Daran läßt sich ermessen, welche Bedeutung dem Getreidetausch bzw. dem Einkauf heute noch zukommt, um die Existenz einer Familie zu sichern. Familien ohne ausreichenden Landbesitz - und das ist die Mehrzahl - sind auf Tausch oder Kauf von Getreide und von Oliven bzw. Olivenöl angewiesen. Unter heutigen Bedingungen hat sich dabei für den **Tausch** folgende Variante entwickelt: Vier Familienväter oder erwachsene Söhne schließen sich zusammen, mieten einen Lastwagen für einen Tag für 700 bis 800 Dirham (1987 ca 150.- 180.-DM), verladen darauf vier Maultiere und ausreichend Keramik und lassen sich zu den gewünschten

Abb. 28 Verladen von Keramik im Trockental des Oued Ifrane Ali; Foto R. Vossen

Abb. 29 Heute erfolgt der Keramiktransport vorwiegend per Lastwagen durch Händler, die die Ware mit Stroh verpacken; Foto R. Vossen, 1987

Souks bringen. Dort vertauschen sie ihre Ware in alter Weise im Umkreis ihres Depots und kehren dann nach einigen Wochen in ihren Heimatort zurück.

Anmerkungen

1) vgl. Vossen/Ebert 1986:29-32; aufgrund von Lokalisationsschwierigkeiten auf der Landkarte ist die Lage von Ifrane Ali auf der Detailkarte B13/14 dort leider falsch eingezeichnet und irrtümlicherweise einem nicht existenten Souk el Had zugeordnet. Die tatsächliche Lage ist der neuen Kartenskizze Abb. 2 zu entnehmen.
2) Statistische Angaben nach den Daten einer Volkszählung von 1982, die ich freundlicherweise im Caidat von Oued Laou einsehen konnte.
3) Dankenswerterweise hat meine studentische Praktikantin Irene Schönberger aus Freiburg die Skizzen aus meinen Feldnotizen für diese Publikation umgezeichnet.

Ein integriertes Entwicklungsprojekt für Ifrane Ali

»Jegliche Form der Entwicklungszusammenarbeit... verspricht nur dann einen nachhaltigen Erfolg, wenn sie von der Kenntnis, von der soliden Kenntnis der gewachsenen Strukturen der betroffenen Kulturkreise ausgeht.«
(Bundesminister Hans Klein 1988)

Als Ergebnis vieler Diskussionen und wochenlanger teilnehmender Beobachtung vor Ort ist ein integriertes Entwicklungsprojekt für Ifrane Ali entstanden. Folgende **Problemkreise**, die oben bereits mehrfach angesprochen sind, wurden dabei sichtbar:

1. Art der Tongewinnung, 2. Brennstoffgewinnung, Entwaldung, Erosion, Wassermangel, 3. Handel, Preisniveau, Absatzmangel,

4. Zukunftsperspektiven. Die Vorstellung dieser Problemkreise soll gleichzeitig mit einer Diskussion der **Lösungsmöglichkeiten** verbunden werden.

Art der Tongewinnung

Die extensive Ausbeutung der von Natur aus reichen Tonlager in der unmittelbaren Umgebung von Ifrane Ali hat zu deren vollständigen Erschöpfung geführt - zumindest unter nichtmaschinellen Förderungsbedingungen. Ursprünglich landwirtschaftliche Fläche ist durch den ungeregelten Tonabbau verwüstet worden. Heute werden für den Hin- und Rückweg Entfernungen zwischen ein und drei Stunden zu Fuß oder per Maultier zurückgelegt. Mittellose Frauen müssen den Ton selbst graben und auf dem Rücken mühsam heranschleppen.

Die Art der Tongewinnung selbst ist eine ständige **Gefahrenquelle**. Die vier für die Töpferei wertvollen Tonqualitäten liegen in der Regel unter einer ca. 1 m dicken, töpferisch gesehen wertlosen Mergel- und Humusschicht. Traditionell werden von den Frauen ca. 1 bis 2 m tiefe Schächte gegraben und von dort aus mit kleinen Hacken seitwärts führende niedrige Stollen bis zu einer Tiefe von ca. 10 m. Die Frauen arbeiten darin in halb liegender oder kniender Haltung. Wegen des ungeregelten Abbaus ohne Einhaltung von Vorsichtsmaßregeln ist die Einsturzgefahr der Stollen extrem hoch. In einem überschaubaren Zeitraum wurden 11 Todesfälle durch Verschüttung registriert.

Folgende **Lösungsmöglichkeiten** zeichnen sich ab:

a) Entfernung der obersten unbrauchbaren Schicht unter Einsatz von männlicher Arbeitskraft (wie z.T. schon üblich) bzw., falls möglich, von maschinellen Mitteln,

b) Abbau des Tones in der tonführenden Schicht durch kontrolliertes seitliches Eingraben, indem »Stützpfeiler« in regelmäßigen Abständen stehen gelassen werden,

c) Beschaffung von geeignetem Ton von auswärts.

Brennstoffgewinnung, Entwaldung, Erosion, Wassermangel

Die stetig wachsende Bevölkerungszahl erfordert einen wachsenden Bedarf an Futter für die Kleinviehhaltung in Form von frischem Buschholz sowie an Brennstoffen zum Kochen, Brotbacken und - in einem traditionellen Töpferzentrum - für den Keramikbrand. Jeder der ca. 280 Haushalte verfügt über ein bis zwei Brennöfen, die zum Brotbacken bzw. zum Brennen von Töpferware genutzt werden.

Der ständig wachsende Holzbedarf hat zu einer weitgehenden Entwaldung der früher busch- und waldreichen Bergregion geführt. Die entwaldeten Flächen wurden selbst in steileren Hanglagen z.T. unter den Pflug genommen, um sie im Trockenfeldbau landwirtschaftlich zu nutzen. Die im Oktober/November einsetzenden starken Winterregenfälle schwemmen jedoch in Hanglagen den fruchtbaren Boden weg, so daß teilweise Erosion und Verkarstung die Folge sind. Gleichzeitig fließt das verfügbare Wasser schneller ab, so daß die früher zahlreichen Brunnen mehr und mehr versiegen. **Die früher stärkere landwirtschaftliche Komponente geht deshalb in gleichem Maße zurück wie die Töpferei zunimmt.**

Das zum Brennen von Keramik bevorzugte hochwertige Wurzelholz einer Wacholderart (*acullar de aghar*, Juniperus oxycedrus) muß heute in einem Radius von 30 - 50 km gesucht, in gesetzwidriger Weise herausgehackt und per Maultier herangeschafft werden. Auseinandersetzungen mit den Waldhütern häufen sich. Alleinstehende und sozial schwache Frauen müssen das Brennmaterial heute teuer erwerben und sind dadurch zusätzlich benachteiligt.

Folgende **Lösungsmöglichkeiten** des Brennstoffproblems sollten geprüft werden, wobei zwischen kurzfristigen, mittelfristigen und langfristigen Lösungen zu unterscheiden ist:

1. kurzfristige Lösung: gemeinschaftliche Beschaffung des Brennmaterials von außerhalb durch vorübergehende Anmietung eines Lastwagens,
2. mittelfristige Lösung: experimentelle Prüfung der Möglichkeiten, die traditionellen Töpferöfen von der Holzverbrennung auf den Brand mit Butangas umzustellen und als Pilotprojekt in Ifrane Ali einzuführen,
3. langfristige Lösung: Wiederaufforstung der Berglandregion unter besonderer Berücksichtigung von klimatisch angepaßten Nutzhölzern, die für den Haushalt und den Keramikbrand verwendet werden können.

Die kurzfristige Lösung kann auf Dauer nicht befriedigen, da wertvolle Hölzer anderen Regionen entzogen werden und der ökologische Schaden regional nur verlagert würde. Außerdem käme das Transportproblem hinzu, und eine finanzielle Mehrbelastung wäre die Folge.

Die mittelfristige Lösung, die **Umstellung von Holzbrand auf Gasbrand in einem Pilotprojekt**, sollte unverzüglich in Angriff genommen werden. Folgende Voraussetzungen dazu sind gegeben:

Mein Mitarbeiter, Dr. Arne Lucke, hat die Brot- und Brennöfen von Ifrane Ali unter experimentellen und ethnoarchäologischen Gesichtspunkten näher untersucht und den Brandverlauf mehrfach dokumentiert (vgl. Lucke 1988/89). Er hat geplant, einen Brennofen vom Typ Ifrane Ali auf seinem Testgelände im Hannoverschen Wendland, Kreis Lüchow-Dannenberg, nachzubauen und mit einem einfach zu bedienenden Propangas-Brenner auszurüsten. Dabei kann er sich auf Erfahrungen stützen, die er bereits mit nachgebauten Brennöfen in Versuchsreihen experimenteller Archäologie gesammelt hat (vgl. Lucke 1986:128 ff.) Nach erfolgreicher Testserie soll der Brenner in Anpassung an die marokkanischen Verhältnisse als Butangas-Brenner in mehreren Öfen von Ifrane Ali eingebaut und gemeinsam mit den dortigen Töpferinnen getestet werden. Bei erfolgversprechendem Verlauf dieser Testserie sollte man die Einführung dieses Brennertyps im Rahmen des hier vorgestellten integrierten Entwicklungsprojektes verwirklichen. Ein Antrag zur Finanzierung dieses Pilotprojektes wurde 1989 mit freundlicher Unterstützung durch das BUNDESMINISTERIUM FÜR WIRTSCHAFTLICHE ZUSAMMENARBEIT (BMZ) bei der GESELLSCHAFT FÜR TECHNISCHE ZUSAMMENARBEIT (GTZ) und bei **Terre des Hommes** in Osnabrück gestellt.

Unter ökologischen Gesichtspunkten erscheint der gezielte Einsatz von Butangas besonders sinnvoll. In Marokko selbst gibt es ausreichende Erdgasvorkommen (z.B. bei Sidi Kacem). Ein Verteilungsnetz von Butangasflaschen besteht bereits selbst in den entlegensten Winkeln des Landes. Der marokkanische Staat könnte sich in effizienter Weise an diesem Pilotprojekt und dem gesamten integrierten Entwicklungsprojekt beteiligen. Vertreten etwa durch das Artisanant-Ministerium sollte er den Bewohnern von Ifrane Ali während der Projektphase **Butangas zu Verzugsbedingungen** zur Verfügung stellen. Damit würde gleichzeitig eine wesentliche Voraussetzung für die angestrebte **langfristige Lösung** geschaffen.

Diese besteht einerseits in dem angesprochenen **Wiederaufforstungsprogramm**. Programme dieser Art sind im gesamten Mittelmeergebiet Basismaßnahmen zur Zukunftssicherung. Es gilt, Wasservorräte vor Ort zu halten und die Erosion des Humusbodens zu verhindern. Dieses langfristige Projekt müßte in Zusammenarbeit mit Fachleuten der Wasser- und Forstwirtschaft (Ministère des Eaux et Forêts) entwickelt und durchgeführt werden. Sinnvoll wäre zweifellos eine Wiederaufforstung mit Mischwald - humusanreichernden Pflanzen und Fruchtbäumen, die längere Hitze- und Trockenperioden überstehen können. In Hanglagen sind voraussichtlich Pflanzmulden anzulegen, um das Wasser der im Herbst einsetzenden Regenfälle aufzuhalten und zu nutzen. In der Anfangsphase müßte wahrscheinlich während der Trockenzeit künstlich bewässert werden.

Gemeinsam mit Experten der Wasserwirtschaft und Bodenkunde sind zusätzlich **Wasserauffangbecken** in den Trockenflußtälern bzw. den Seitenarmen über- und möglicherweise auch unterirdisch anzulegen, um den Grundwasserspiegel zu heben. Die so gewonnenen Wasservorräte sollten zur Stützung des Wiederaufforstungsprogramms und zur **Förderung der Landwirtschaft** genutzt werden. Dazu gehören auch Maßnahmen zur künstlichen Bewässerung und zur Anlage von Terrassen in gefährdeten Hanglagen.

Der Erfolg all dieser Maßnahmen ist davon abhängig, inwieweit es in **ständiger Diskussion und Beratung mit der einheimischen Bevölkerung** gelingt, diese von dem jeweiligen Nutzen zu überzeugen und sie zur **aktiven Mitarbeit** zu gewinnen. Gelingt dies nicht, so müßten die geplanten Maßnahmen in Diskussion mit den Betroffenen neu durchdacht und ggfs. ihren Vorstellungen entsprechend abgeändert werden. Einheimische lokale Arbeitskräfte sollten jedenfalls in hohem Maße auf allen Ebenen in das Entwicklungsprojekt einbezogen werden. In dieser Hinsicht würde das Aufforstungs- und Wasser-Konservierungsprogramm gleichzeitig mit einem lokalen **Arbeitsbeschaffungsprogramm** verbunden sein.

Ferner ist es unabdingbar,gleichzeitig mit dem Wiederaufforstungsprogramm **Maßnahmen zum Schutz des jungen Waldes** einzuleiten. Dazu gehört neben einer umfassenden Aufklärung der Bevölkerung ein **verbilligtes Angebot an Butangas** (vgl. oben) zur Befriedigung des täglichen Energiebedarfs für das Brotbacken und zum Kochen. Diese Fördermaßnahmen müssen voraussichtlich über einen **Zeitraum von 10 bis 20 Jahren** aufrecht erhalten werden, bis der junge Wald gezielt genutzt werden kann.

Handel, Preisniveau, Absatzmangel

Abgesehen von einem vergleichsweise geringen Absatz der Keramik von Ifrane Ali auf dem nahen Samstagmarkt der Beni Said von Oued Laou ,dem Getreide-Keramik-Tausch und dem Vertrieb durch Familienangehörige über Straßenstände in den Provinzen Tetouan, Tanger und Chechaouen erfolgt die Hauptmasse des Absatzes über **Zwischen- und Großhändler**, die die sogenannte Beni Said-Ware im ganzen Norden Marokkos verbreiten. Die Händler haben verständlicherweise ein wirtschaftliches Interesse daran, die Ware bei den Erzeugerinnen möglichst billig einzukaufen und erheblich teurer zu verkaufen.

Im allgemeinen arbeitet jede Töpferfamilie auf eigene Rechnung. Wechselseitige Hilfe und Zusammenarbeit gibt es bisher allenfalls zwischen Mitgliedern der Großfamilien, die sich rund um die eingangs aufgeführten sechs Ortskerne angesiedelt haben. **Diese soziale Struktur ermöglicht es den Zwischen- und Großhändlern, zur Erzielung eines möglichst niedrigen Einkaufpreises die Töpferinnen gegeneinander auszuspielen.** Die Situation wird noch dadurch verschärft, daß der **Absatz** der Ware aus Ifrane Ali wegen des großen Angebotes und der wachsenden Konkurrenz anderer Produkte **stagniert** bzw. seit einigen Jahren sogar **rückläufig** ist. Das daraus resultierende **äußerst niedrige Preisniveau** steht im Vergleich zu dem sehr hohen Arbeits- und Energieaufwandes in keinem annehmbaren Verhältnis.

Dennoch gibt es bisher für die Töpferfamilien keinen Ausweg aus diesem Dilemma, da sich der landwirtschaftliche Ertrag nicht vermehren läßt und die Hofhaltung von wenigen Ziegen, ein bis zwei Kühen und einigen Hühnern gerade zur Deckung des notwendigsten Milch- und Fleischbedarfs ausreicht. Eine wesentliche Vermehrung der Viehhaltung ist wegen Futtermangel und vermehrter Belastung der Umwelt auszuschließen.

Eine Lösungsmöglichkeit dieser für die Töpferfamilien existentiellen Probleme besteht einerseits in der **Gründung von mehreren kleinen Genossenschaften auf Großfamilienbasis.** Eine Gesamtgenossenschaft wäre angesichts der bestehenden latenten Spannungen und der Konkurrenz unter den Familien zur Zeit wahrscheinlich von vorneherein zum Scheitern verurteilt. Die Kleingenossenschaften sollten in erster Linie die Aufgabe haben, gemeinschaftlich die **Beschaffung der Primärmaterialien Ton und Brennholz und den Verkauf** zu organisieren. Die Einrichtung von Produktionsgenossenschaften ist nach bisherigen Erfahrungen auszuschließen, weil die Produktion in Heimarbeit im Familienbetrieb unter Einbeziehung aller arbeitsfähigen Kinder stattfindet.

Neben der Gründung von Einzelgenossenschaften ist dennoch die **Bildung eines übergeordneten Gremiums** anzuraten, um die Konkurrenz unter den Einzelgenossenschaften zu mindern und den überregionalen Absatz zu fördern. Dazu wäre die Wahl einer anerkannten, gebildeten und fachkundigen Persönlichkeit als Vorsteher (*amin*), einer angesehenen älteren Töpferin als Stellvertreterin (*khalifa*) zur Vertretung der Interessen der Frauen und eines in kaufmännischen Dingen erfahrenen Sekretärs erforderlich. Dieses Gremium müßte einen Fonds zur Verfügung haben, der aus Stiftungsmitteln, aus Mitteln des Artisanat-Ministeriums und aus Beiträgen der Einzelgenossenschaften zu finanzieren wäre.

Welche Aufgaben müßte dieses Gremium übernehmen? **Amin** und **Khalifa** sollten offiziell die Vollmacht erhalten, auftretende Streitfälle zwischen den Einzelgenossenschaften zu schlichten, die Beschaffungspolitik von Ton und Brennmaterialien zu koordinieren (etwa durch die gemeinschaftliche Miete von Lastwagen, den vorübergehenden Einsatz von Maschinen zur Tongewinnung usw.) und den reibungslosen Verkauf der Ware der Einzelgenossenschaften zu organisieren. Dabei könnte eine jährlich aktualisierte Musterliste der Produktionspalette mit ihren Einzelhandels- und Großhandelspreisen (vgl. das oben aufgeführte Muster aus dem Jahre 1987) eine wichtige Hilfe sein.

Dem Gremium käme auch die Aufgabe zu, die wirtschaftlichen und sozialen Interessen der Einzelgenossenschaften gegenüber den lokalen Behörden, dem Artisanat-Ministerium, der Forstverwaltung und ggfs. gegenüber den Projektleitern des Entwicklungsprojektes zu vertreten. Auf längere Sicht sollte das Gremium für die Einzel- Genossenschaften Lastwagen erwerben, um den Verkauf der Ware landesweit selbst zu organisieren und auf diesem Wege die Töpferinnen vom Preisdruck der Zwischen- und Großhändler zu befreien. Schließlich bestünde die Möglichkeit, die Vertriebsmöglichkeiten und den Absatz bestimmter Keramiktypen im Ausland zu testen. Nach einer längeren Erprobungsphase könnte schließlich ein festerer Zusammenschluß der Einzelgenossenschaften zu einer Gesamtgenossenschaft erwogen werden.

Zukunftsperspektiven und Lösungsmöglichkeiten

Auf längere Sicht ist die einseitige handwerkliche Orientierung von Ifrane Ali auf die Töpferei aufgrund der geschilderten Umwelt,- Energie- und Absatzprobleme eher belastend als förderlich. So muß es ein wesentliches Ziel bleiben, einerseits die **landwirtschaftliche** Komponente aufgrund der oben angedeuteten Erosionsschutz- und Bewässerungsmaßnahmen zu verstärken, anderseits die **Bildungs- und Ausbildungmöglichkeiten** der Jugend zu verbessern.

Es besteht zwar eine kleine staatliche G**rundschule** in Ifrane Ali selbst und eine weitere unweit des Marktgeländes der Beni Said in Doukka. Allerdings waren die Informationen über die Effektivität dieser Schulen 1987 nicht ermutigend. Abgesehen von häufigen Ausfällen des Unterrichts wegen mangelnder Schulaufsicht ließ die Qualität und Attraktivität des Bildungsangebotes nach Aussagen betroffener Schüler und Eltern sehr zu wünschen übrig. Die Folge war: Die meisten Schüler blieben dem Unterricht fern. Von den Mädchen besuchte kein einziges mehr die lokalen Schulen, zumal ihre Arbeitskraft bei der Hausarbeit und in der Töpferei noch stärker gebraucht wurde als die der Jungen.

Als Fazit läßt sich festhalten, daß i**n Ifrane Ali nur ein Bruchteil der ländlichen Jugend eine ausreichende Schulbildung** erhält. Außerdem werden die Jungen, die teilweise unter erheblichen Opfern der Eltern eine auswärtige bessere Schule besuchen können, der ländlichen und erst recht der handwerklichen Arbeit entfremdet. Nach unseren Beobachtungen empfinden sie es unter ihrer Würde, im Dorf mitzuarbeiten oder ihre Mütter zu entlasten. Andererseits haben sie wegen der extrem hohen Arbeitslosigkeit auf dem Lande kaum eine Chance, später einen ihrer Ausbildung angemessenen Arbeitsplatz zu bekommen. Sie sind es, die möglichst bald ihre Heimatregion verlassen möchten, um in den bereits überfüllten Slum-Gebieten der großen Städte nach Gelegenheitsarbeiten zu suchen. Doch zunächst entwickeln sich **Frustation, Langeweile und Arroganz** - der geeignete **Nährboden für die Landflucht** und für die **Verachtung des Landlebens und seiner Bewohner.** Die Kluft zwischen dem vermeindlich leichteren Leben in den Städten und der Rückständigkeit des Landes wächst.

Hier gilt es, gerade auf dem Lande, **Alternativen zu entwickeln** und anzubieten. Zunächst müßten seitens der zuständigen Schulbehörde und der Provinzregierung alle Anstrengungen gemacht werden, Lehrer und Lehrerinnen zu gewinnen, die bereit wären, voller Überzeugung und Engagement an einem integrierten Entwicklungsprojekt in Ifrane Ali mitzuwirken. Ihre Aufgabe bestünde zunächst darin, Schüler und Schülerinnen sowie deren Eltern von der Notwendigkeit eines Schulbesuchs zu überzeugen. Außerdem müßte der Unterricht bereits stärker auf die besonderen Bedürfnisse eines Handwerkszentrums zugeschnitten sein.

Auf mittlere Sicht ist anzustreben, der Schule von Ifrane Ali einen eigenen **Gewerbeschulzweig** anzugliedern. Dabei wäre es sinnvoll, einen anpassungsfähigen Töpfermeister anzustellen, der in der Lage wäre, einerseits an die bestehenden Traditionen anzuknüpfen und andererseits diese durch technologische Verbesserungen behutsam weiter zu entwickeln. Aber auch andere traditionelle und moderne Handwerkstechniken sollten vermittelt werden, um Alternativen zu den bisher gewachsenen Strukturen anzubieten. Nicht zuletzt müßten die Lehrkräfte auch landwirtschaftliche und forstwirtschaftliche Aspekte ebenso berücksichtigen wie die Probleme des Genossenschaftswesens, der Vermarktung und der Wartung von Maschinen und Lastwagen.

Zusammenfassung

Am Beispiel des Frauentöpferzentrums Ifrane Ali habe ich versucht aufzuzeigen, welche existentiellen Probleme in welchen Bereichen bestehen und welche Lösungsmöglichkeiten sich anbieten. Gleichzeitig war es mein Bestreben, auf die enge Verzahnung der einzelnen Bereiche im Kulturzusammenhang hinzuweisen. Die daraus abzuleitende **Konsequenz für entwicklungspolitische Maßnahmen** bedeutet: Isolierte

Entwicklungsmaßnahmen in Teilbereichen einer Kultur können bestenfalls nur zu Teilerfolgen führen. Häufig sind sie zum Scheitern verurteilt, wenn sie nicht in das bestehende Kulturgefüge integriert werden können, oder wenn ihre Annahme von den Betroffenen verweigert wird. **Nur ein integriertes Gesamtkonzept kann zu einem dauerhaften Erfolg führen - in ständiger Diskussion mit den Betroffenen und durch ihre aktive Beteiligung.**

Slit/Beni Mesguilda – Frauentöpferei im Nebenerwerb

Neben dem großen Frauentöpferzentrum **Ifrane Ali** unweit der Mittelmeerküste und **Ain Bouchrik/Sless** nördlich von Fès war **Slit** der zweite der drei Frauentöpferorte, die wir 1987 als Fallbeispiele näher untersuchen wollten. Zu unserem Team gehörten im September/Oktober 87 Christiane Ebert, Ilse Schütz, Dr. Arne Lucke und abschließend für einige Tage, Karla Vossen. Wesentlichen Anteil an den Untersuchungen hatte unser bewährter Dolmetscher Mustafa Amrani aus Tetouan. Nicht zuletzt haben die Gastfeundschaft und das Entgegenkommen unserer Freunde in Slit die Einblicke in ihr Leben und ihre Töpferei ermöglicht, die wir hiermit in Ausschnitten weitergeben können.

Aus organisatorischen Gründen konnte ich mich nicht so lange wie die übrigen Teilnehmer in Slit aufhalten, doch hatte ich diesen Ort und die Nachbarorte **Fraoua** und **Qtout** erstmalig bereits 1980 aufgesucht (vgl. Vossen/Ebert 1986:53-59). Bei meinen Ausführungen stütze ich mich neben meinen eigenen Notizen auf die Aufzeichnungen von Ilse Schütz und Christiane Ebert.

Lage, Bevölkerung, Wirtschaft

Slit gehört ebenso wie die Nachbar-Töpferorte **Fraoua**, **Al Adoua/Tarfanya, Qtout** und **Bouhlal** zum Stammesgebiet der **Beni Mesguilda**. (s. Karte Abb. 1). Mit ca. 40 bis 50 Töpferinnen ist Slit neben **Guezira/Beni Mestara** (vgl. Vossen/Ebert 1986:53 ff.) das wichtigste Töpferzentrum dieser Region. In Fraoua und Bouhlal arbeiten nur noch gelegentlich jeweils 3 Frauen als Töpferinnen, in Al Adoua/Tarfanya sind es 4 und in Qtout 5, Tendenz fallend. Der Einwohnerzahl nach ist Fraoua das größte Dorf mit (1987) 859 Einwohnern und 154 Häusern, während Slit nur 356 Einwohner mit 64 Familien zählte. So wird Slit auch zu Stammes-Unterabteilung (*ferka*) von **Fraoua** gerechnet. Der für Fraoua zuständige Schech, Nagi Omar ben Mohammed ben Hamed, wohnt jedoch in Slit.

Verwaltungsmäßig gehört Slit in der Provinz Sidi Kacem zum ca. 5 km Piste entfernten Caidat und Marktort **Teroual** und zum Gemeinde- und

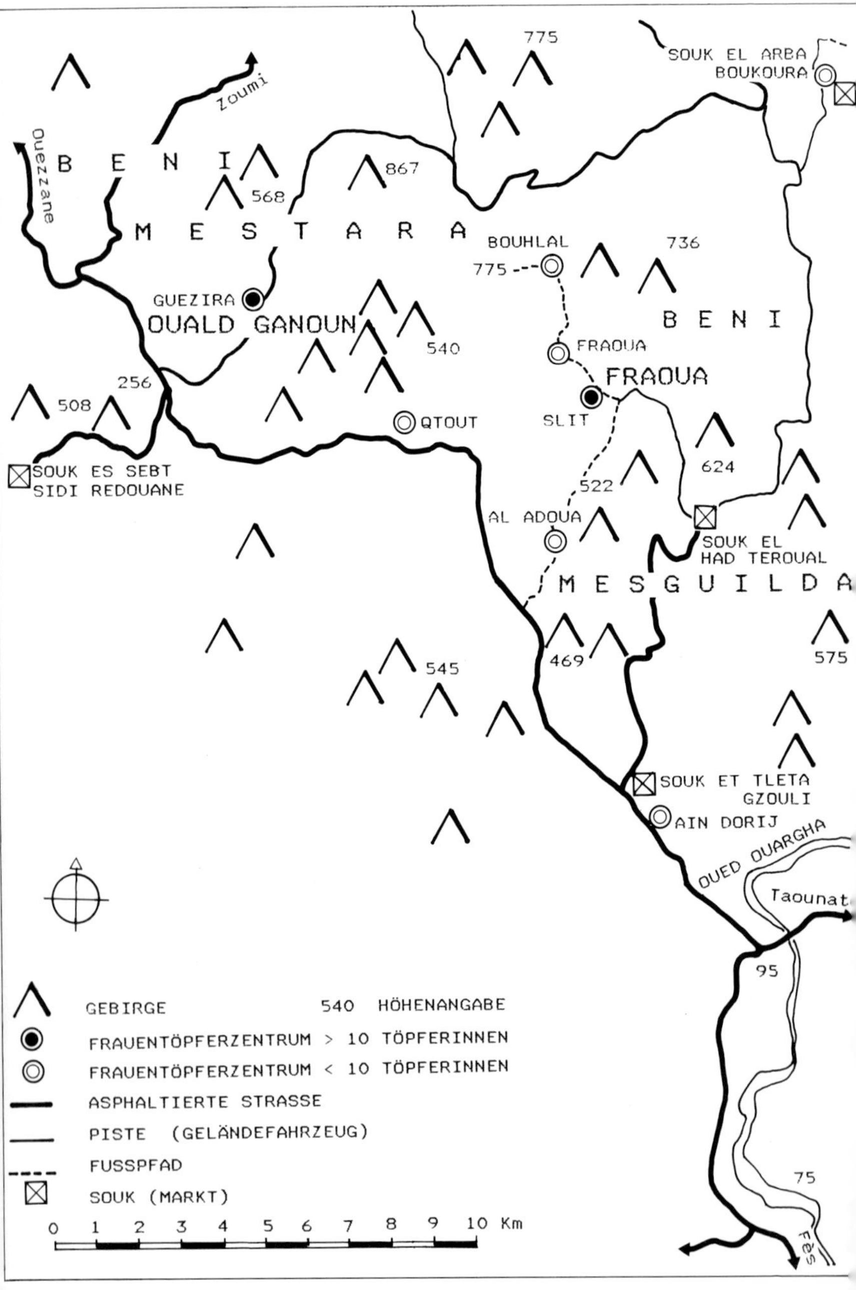

Abb. 1 Lageplan der Töpferorte der Beni Mesguilda

Marktort (Jemaat) **Ain Dorij**. Letzterer ist mit seinem bedeutenden Dienstagmarkt (Souk Tleta) von Slit aus in zwei Stunden über einen Maultierpfad erreichbar. Zu den Nachbarorten führen ebenfalls Maultierpfade durch das landschaftlich reizvolle, hügelige Gelände der südwestlichen Ausläufer des Rif-Gebirges.

Die steinigen Hänge sind mit Olivenbäumen und Pappeln bewachsen, während die flacheren Gebiete nach den Winterregenfällen für den Getreideanbau genutzt und mit dem traditionellen Hakenpflug bearbeitet werden. In bewässerten Lagen unterhalb einiger Quellen ist Gemüseanbau (Kartoffeln, Tomaten, Paprika, Kürbis) möglich. Getreide wird für den Eigenbedarf, Tausch und bei größerem Landbesitz (z.B. 30 Hektar Land) auch für den Verkauf angebaut. 1kg Weizen kostete 1987 2 Dirham (ca. 0,50 DM). Die Olivenernte im Oktober/November erbrachte bei wohlhabenden Familien in guten Jahren bis zu 30 Krügen Öl (ca. 500 l), von denen die Hälfte verkauft oder getauscht werden konnte.

Die meisten Familien haben ein oder zwei Kühe (im Ausnahmefall bis zu sechs), ein Maultier und einige Schafe. Kühe und Maultier werden im Innenhof der geschlossenen Vierkantgehöfte gehalten. Auf diese Weise können **Kuh- und Pferdedung**, die für den Keramikbrand eine wesentliche Rolle spielen, gezielt gesammelt werden. Die Lehmziegel- und Lehmhäuser tragen Satteldächer, die ursprünglich mit Stroh, heute vorwiegend mit Wellblech zum Schutz gegen die teilweise starken Regenfälle gedeckt sind. Die Hauswände sind z.T. mit Blumen- und anderen Mustern bemalt (vgl. den Beitrag von Ilse Schütz über die Dekoration von Slit).

Im Vergleich zu Ifrane Ali sind die meisten Familien in dieser Getreide- und Olivenanbauregion relativ wohlhabend. So wundert es nicht, daß z.B. ein großes Schmorgefäß (*tajine*) aus Ifrane Ali gegen 10 kg Getreide eingetauscht wurde. Das gleiche Gefäß war in Ifrane Ali für nur 2-3 Dirham zu haben. Maßeinheit bei diesen Tauschaktionen ist, noch aus spanischer Protektoratszeit, 1 *cuarto*, d.h. 1 *tajine* gegen 16 kg Getreide. Im Gegensatz von Ifrane Ali, wo die Töpferei mangels anderer Alternativen als Haupterwerb betrieben wird, ist die Töpferei in Slit und Nachbarorten vorwiegend ein **Nebenwerb**. Für die Frauen bedeutet die Töpferei eine willkommene Einnahmequelle von etwas Bargeld, doch wirtschaftlich abhängig sind davon in der Regel nur die Witwen und alleinstehenden Frauen. Auch die für Ifrane Ali Existenz bedrohenden Probleme der Ton- und Brennholzbeschaffung gibt es in Slit noch nicht oder nur in vergleichsweise abgeschwächter Form.

Abb. 2 Hügellandschaft von Slit, Einzelgehöfte z.T. noch strohgedeckt, Strohmiete; im Vordergrund: Brennstelle, mit Dungfladen abgedeckt

Abb. 3 Mit Wellblech gedecktes Haus (unser Standquartier); im Vordergrund: Habiba neben ihrer Brennstelle; Foto R. Vossen, 1987

So verläuft das Leben in Slit in sehr viel ruhigeren Bahnen. Anders als in Ifrane Ali beginnen die Frauen in Slit mit der Töpferei erst am frühen Nachmittag nach ihrer übrigen Hausarbeit. Sie töpfern auch nicht im Wochenryhthmus, sondern brennen meistens nur alle 14 Tage. Mengenmäßig produzieren sie sehr viel weniger, doch ist ihr Gewinn relativ gut, weil sie ihre Erzeugnisse noch selbst zum Markt bringen und sie in ihren Preisen nicht von Zwischenhändlern abhängig sind. Der schlechte Zustand der Pisten, die selbst für Last- und Geländewagen schwierig zu befahren sind, verschafft den Frauen hier einen wirtschaftlichen Vorteil.

Lokalgeschichte

Ebenso wie in Ifrane Ali, so sind auch in Slit und Umgebung den Einheimischen keinerlei schriftliche Aufzeichnungen über ihre lokale Geschichte bekannt. So waren wir auf die Auskünfte älterer Informanten angewiesen. Eine interessante Spur vermittelt die Aussage des Schechs Nagi, die ersten Bewohner des benachbarten Kreisortes **Teroual** seien aus Spanien gekommen. Auch der Name **Slit** (Sled, Saled) sei spanischen Ursprungs. Seine Familie selbst stamme aus dem Norden Marokkos.

Auffällig ist tatsächlich die Namensgleichheit von **Teroual** mit **Teruel**, der Provinzhauptstadt im Nordosten Spaniens. Diese Stadt hat in der Geschichte der maurisch-spanischen Töpferei eine bedeutende Rolle gespielt (vgl. Almagro Basch/Llubia Munné, 1962; s. auch Vossen 1972 b:8ff.; Vossen 1980:166 ff.) Kürzlich hat Ilse Schütz auf eine entfernte formale und stilistische Ähnlichkeit maurischer, Manganoxid-bemalter Keramikfunde des 13. Jhs.aus **Paterna**, der Schwesterstadt von Teruel bei Valencia, hingewiesen (vgl. ihren Beitrag in diesem Band). Es bedarf jedoch weiterer Untersuchungen, um eine mögliche Verbindung unserer Region mit der maurisch-andalusischen Rückwanderung zu beweisen. Tatsache ist, daß die Grenze zwischen dem spanischen und französischen Protektorat nur etwa 10 km von Slit entfernt verlief.

Ein angeblich 93-jähriger Informant, Hamar ben Mohammed ben Abdoullah, erzählte uns, anfänglich seien nur zwei Familien in Slit gewesen - die oben erwähnte Familie des Scheichs und seine eigene, die aus der Gegend von Zoumi, Prov. Chechaouen stamme. In seiner Jugendzeit, also etwa um 1910-1920, hätte es nur ca. 30 Häuser in Slit gegeben, heute seien es etwa 60. Nach Angaben eines anderen über 90-

jährigen Greises hätten damals nur sehr wenige Frauen getöpfert. Er erinnert sich namentlich an drei Frauen.

Vor Ankunft der Franzosen hätte es in Slit selbst einen Wochenmarkt (Souk Khemis) gegeben, den man aber später nach der Ermordung eines französischen Offiziers und zweier Soldaten geschlossen hätte. Die Keramik sei damals die gleiche gewesen, doch weniger verziert.

Einig waren sich alle Informanten darin, daß **in Slit früher sehr viel weniger Frauen getöpfert** hätten als heute, auch bei Berücksichtigung der damals geringeren Bevölkerungszahl. Von etwa 30 Familien hätten vor 30 bis 40 Jahren nur vier, besonders gut arbeitende Frauen für den Markt produziert. Die übrigen Frauen arbeiteten nur für den Eigenbedarf. Die Zahl der verkaufenden Töpferinnen sei jedoch gestiegen, als sich die landwirtschaftliche Ertragslage verschlechterte.

Anders im Nachbarort **Fraoua**: Dort hätte man früher in über 20 Häusern getöpfert, heute (1987) seien es höchstens drei Töpferinnen. 1980 hatte man mir noch versichert, von Zeit zu Zeit würden noch etwa 65 (!) Frauen arbeiten. Auf die Ursachen des drastischen Rückgangs angesprochen, erklärte man mir, die wachsende **Konkurrenz der Gummi- und Plastikgefäße** habe der Töpferei bereits sehr geschadet. Hinzu kommt m.E. noch die Tatsache, daß Fraoua zu den umliegenden Märkten weiter entfernt liegt als Slit. Betriebswirtschaftlich würde man sagen, Slit hat gegenüber Fraoua einen Standortvorteil.

Wie in Ifrane Ali und in den übrigen Gegenden Marokkos setzte das sprunghafte **Bevölkerungswachstum** in Slit erst in den 50er Jahren nach der Unabhängigkeit ein. In dem überschaubaren Zeitraum von 1971 bis 1987, über den statistische Angaben vorliegen, ist die Einwohnerzahl in Slit von 286 auf 356, in Fraoua von 759 auf 859, in Qtout von 600 auf 746 und in Tarfanya von 271 auf 330 angewachsen. Das entspricht einem durchschnittlichen Bevölkerungswachstum von ca. 21% in 16 Jahren bzw. einem jährlichen absoluten Zuwachs von ca. 1,5 %. Die Landwirtschaft allein konnte viele große Familien nicht mehr ausreichend ernähren, so daß der **Nebenerwerbszweig Töpferei an wirtschaftlicher Bedeutung** gewann. Eine vergleichbare Entwicklung, allerdings mit noch höheren Zuwachsraten, konnten wir auch im Gebiet der berberischen Specksteinmeister des Hohen Atlas feststellen (vgl. Vossen 1988:27).

Von der Tongewinnung bis zum Brand

Tongewinnung und Aufbereitung

Im Vergleich zu Ifrane Ali kann man die Rohstoffsituation in Slit als außergewöhnlich günstig bezeichnen. Die Tongruben (*mäden*) liegen in unmittelbarer Nähe (zwischen 750 m und 2 km vom Ort entfernt) und sind außerdem oberirdisch, d.h. Ton und Magerungsmaterial werden im Tagebau gewonnen. Außerdem braucht der Ton nach der Gewinnung nicht weiter zerkleinert oder speziell gereinigt zu werden.

Zwei Substanzen werden zu gleichen Teilen miteinander vermischt: der vermutlich stark kaolinhaltige klebrig-plastische Ton *docar* (*douka*) und das körnige Magerungsmaterial *asguin* (*asguen, sguin*). Frauen, Mädchen oder Jungen hacken morgens den trockenen Ton in der Region Souiak aus flachen Mulden mit der Hacke (*aadla*) heraus, schaufeln ihn mit den Händen in einen Korb (*kofa*) und füllen ihn dann in die Tragetaschen (shouari) eines Maultiers. Zwei solcher Tragetaschen voll *docar* sollen, vermischt mit *asguin*, für die Produktion von 16 Wasserkrügen und einigen kleineren Stücken reichen - das ist etwa die Menge eines Brandes. Zu Hause angekommen wird der Ton in einem großen Topf eingesumpft, so daß er sich mit Wasser vollsaugen kann. Werkplatz und Trockenplatz befinden sich im Durchgang zum Innenhof, im Innenhof selbst oder in einem umfriedeten Vorhof.

Das Magerungsmaterial *asguin* hacken die Frauen aus bröseligem Gestein heraus, fegen es mit einem Reisigbesen zusammen und sieben es dann durch ein grobes Sieb (*gharbel*). Um die Mittagszeit vor dem Brotbacken bereiten sie dann die Tonmenge für die Tagesproduktion von zwei Wasserkrügen oder einigen kleineren Stücken auf. Der eingesumpfte Ton wird mit dem trockenen *asguin* auf einem Tuch ausgebreitet und dann wie ein Brotteig gut durchgeknetet. Die Aufbauarbeit kann beginnen.

Aufbau auf Formplatten in Wulst-Treibtechnik

Als Arbeitsunterlage dient eine größere unregelmäßige Steinplatte, auf die eine kleinere Steinplatte oder der Boden eines zerbrochenen Gefäßes als **Formplatte** (*zeglisa*, *teglisa*) gelegt wird. Werden größere Schüsseln

Abb. 4/5 Kneten des eingesumpften Tones mit den Händen, anschließend mit den Füßen; Fotos Ilse Schütz, 1987

hergestellt, muß die Formplatte entsprechend größer sein. Die Töpferinnen verwenden dann dazu ca. 3 cm dicke Dungplatten (*foulfoul*), die sie auf der Arbeitsseite mit einer dünnen Ton-Stroh-Schicht überziehen. Im Nachbarort **Qtout** wird die Bodenscherbe einer großen Schüssel als Formplatte benutzt.

Als **Werkzeuge** dienen neben den Händen eine Form- und Glätteschiene aus Holz (*mista*), ein Lederläppchen (*jilda*) zum Glätten des Randes, ein Flußkiesel (*mhak*) zum Polieren und Verstreichen von Rissen und wie auch sonst üblich ein Wasserbehälter (*dschädra*) zum Anfeuchten der Hände. Die Anzahl dieser Hilfsmittel ist gering und im Vergleich zu Ifrane Ali wenig differenziert - ein Anzeichen für geringere Produktionsmengen und einen geringeren Spezialisierungsgrad.

Der **Arbeitsablauf zur Herstellung von Wasserkrügen** (*guemboura*), dem Haupterzeugnis von Slit, läßt sich in knappen Zügen wie folgt zusammenfassen. Grundsätzlich sind zwei Wasserkrüge nebeneinander im Aufbau, damit die Töpferin in den Zwischentrockenphasen eines Kruges an dem nächsten weiterarbeiten kann. Jedesmal, wenn sie neuen Ton nimmt, knetet sie ihn gründlich zwischen den Händen durch und ertastet dabei kleine Steinchen, die sie entfernt.

Aufbau des Unterteils (*tglisa*): (Dauer ca. 15 Min., s. die Fotoserie Abb. 4-12)

1. Die Töpferin drückt einen Tonklumpen fladenförmig auf der Formplatte aus.
2. Sie formt zwischen den Handflächen zwei Tonwülste und legt sie **halbkreisförmig** aneinander, so daß sie zusammen einen Ring bilden.
3. Sie verstreicht den Wulstring mit der Bodenplatte.
4. Sie zieht den Wulst auf der Außenseite hoch. Die linke Hand stützt innen, während die rechte die Masse hochtreibt.
5. Sie glättet die Oberfläche mit der Formschiene und treibt die Masse weiter hoch.
6. Bei einer Höhe von ca. 12 cm glättet sie den Rand mit der Formschiene, später noch einmal nach innen abgeschrägt mit den Fingern.
7. Sie verstärkt den Boden mit einem Tonklumpen, indem sie diesen mit der Faust aufdrückt und am Rand innen verstreicht. Die Wandstärke beträgt ca. 5-8 mm.
8. Sie stellt das Unterteil mit der Formplatte zum Antrocknen in die Sonne und beginnt mit dem zweiten Unterteil.

Abb. 6-8 Aufbau eines Wasserkruges auf der Formplatte mit halben Ringwülsten, Hochtreiben und Verdünnen; Fotos Ilse Schütz, 1987

Abb. 9-12 Nach dem Vortrocknen des Unterteils baut Malika den Wasserkrug in Wulst-Treibtechnik weiter auf; Foto Ilse Schütz, 1987

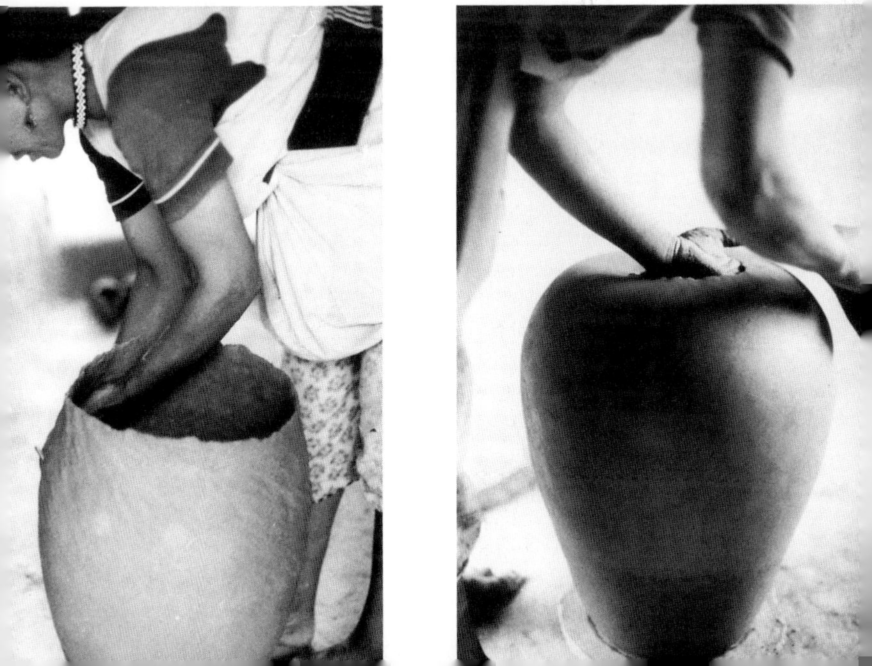

Aufbau des Bauchteils (*el btan*) (Dauer ca. 15 Min.)

1. Die Töpferin knetet viermal zwei Tonbatzen für den weiteren Aufbau.
2. Sie setzt zwei Wülste halbkreisförmig zu einem Ringwulst zusammen auf den leicht angetrockneten Rand des Unterteils und verstreicht ihn sorgfältig an der Ansatzstelle.
3. Sie treibt den Wulst wie oben geschildert weiter hoch und verdünnt dabei die Wandung.
4. Sie setzt den zweiten Ringwulst auf, treibt hoch und verstreicht. Ilse Schütz notierte: »*Teilweise ist die Bewegung der rechten Hand wie das Anschlagen der Saiten einer Gitarre: abwechselnd vier Finger nach oben, den Daumen nach unten bewegend.*« Beim Verstreichen und Glätten wird die Wandung zuletzt etwas nach außen gewölbt. Höhe bis zum Bauchumbruch ca. 30 cm, Wandstärke ca. 6 mm.
5. Die Meisterin setzt dieses Element auf der Formplatte zum Antrocknen in den Schatten.

Aufbau des Schulterteils (Dauer ca. 20 Min.)

Fortsetzung des Aufbauprozesses mit zwei Wülsten. Der Vorgang ist der vorhergehenden Phase vergleichbar, doch ungleich schwieriger, da die Wandung noch dünner wird und sich zum Hals hin verjüngt. Die Töpferin zieht und treibt den Ton stetig nach oben. Bei ca. 48 cm Höhe und einer Wanddicke von 4 bis 5 mm läßt sie eine »Halskrause« für den späteren Halsansatz stehen. Das Gefäß muß jetzt in der Sonne soweit trocknen, bis die notwendige Tragfestigkeit für das Gewicht des Halses erreicht ist.

Aufbau des Halsteils (*el hok*) (Dauer ca. 10 Min.)

Beide Gefäße haben jetzt eine kritische Höhe erreicht. Der Arm der Töpferin reicht im Innern nicht mehr auf den Boden des Gefäßes. Sie feuchtet den Rand der Halskrause etwas an, um den aufgesetzten Tonwulst fest zu verbinden. Hochziehen, Verstreichen, Glätten kleiner Tonwülste mit der Hand und der Formschiene: Diesen Vorgang wiederholt sie mehrfach, wobei sich der Hals immer weiter öffnet. Den Rand verstreicht die Meisterin zunächst mit den Fingern, dann mit einem feuchten Lederläppchen. Im Gegensatz zur Drehscheibenware wird der Rand in der Regel zuletzt nicht umgeschlagen, sondern läuft zwar etwas verdickt, aber gerade oder ausladend aus. **Abgesehen von der Flachbodigkeit im Vergleich zu den rundbodigen Gefäßen des Südens liegt in der Randgestaltung ein weiteres wichtiges Unterscheidungsmerkmal zwischen Frauen- und Männertöpferei.**

Henkeln (Henkel - *ljdid* = Arme)

Das Henkeln schließt sich unmittelbar an die Ausformung des Halses an. Die Meisterin formt einen dicken Tonwulst und kerbt ihn am oberen Ende ein. Zunächst setzt sie das untere Ende auf der Schulter auf und befestigt es sorgfältig mit Hilfe kleiner Tonklümpchen. Den gleichen Vorgang wiederholt sie mit dem eingekerbten Ende am Hals des Kruges. Zuletzt streicht sie den Rundhenkel mit feuchten Händen glatt. Den zweiten Henkel setzt die Töpferin in gleicher Weise an, nachdem sie mit drei Punkten die obere Ansatzstelle markiert hat.

Polieren

Die Meisterin überstreicht jetzt eine Gefäßseite mit feuchten Händen und poliert sie anschließend mit einem Flußkiesel, um die Poren und Risse an der Oberfläche zu verschließen. Den gleichen Prozeß macht sie auf der anderen Seite, bevor sie den Krug von der Formplatte abhebt.

Der Aufbau ist nach ca. 70 Min. reiner Arbeitszeit beendet. Der spätere Wasserkrug hat eine Höhe zwischen 60 und 65 cm erreicht. Auf der Drehscheibe hätte man ein derartiges Gefäß nur durch schwieriges mehrfaches Montieren von getrennt gedrehten Einzelteilen oder durch eine kombinierte Dreh- und Wulsttechnik herstellen können. Abgesehen von der seltenen Plastizität und Tragfähigkeit des Tones von Slit , die eine Spezialisierung auf große Wasserkrüge erst ermöglichte, ist **der Aufbau eines derartigen Kruges eine töpferische Meisterleistung.**

Der Aufbau der übrigen Gefäßtypen, z.B. der Schüsseln, Kohlebecken, Kochgefäße und Vorratsgefäße (s. unten) erfolgt nach dem gleichen Schema. Abgesehen von der unterschiedlichen Größe der Bodenplatte ist das **Anfangsstadium bei allen Gefäßtypen gleich**. Die Töpferin könnte sich wie in Ifrane Ali theoretisch also nach Aufbau des Unterteils erst entscheiden, ob sie eine Schüssel, einen Wasserkrug oder einen Kochtopf herstellen möchte.

Die »Produktionsspalette« - Form- und Funktionstypen

Insgesamt haben wir 16 Form- und Funktionstypen in Slit registriert, die wir kurz vorstellen wollen:

Abb. 13 Produktionspalette von Slit mit den wichtigsten Typen im Jahre 1980; Foto R. Vossen

Abb. 14 Engobieren der Böden von frisch bemalten Wasserkrügen im Innenhof; Foto R. Vossen 1987

1. **Wasserkrug** (*guemboura*) in drei Größen (*kbir* - groß, zwischen 60 und 65 cm; *mouaset* - mittel, zwischen 50 und 52 cm; sarer - klein, zwischen 30 und 33 cm). Am häufigsten sieht man den großen Wasserkrug, der heute vorwiegend zur Wasseraufbewahrung und zur Kühlung dient. Er faßt ca. 30 Liter und wiegt ohne Inhalt ca. 7 kg. Kleinere Krüge dienen, mit einem Tonpropfen versiegelt, auch als Vorratskrüge für das selbst gewonnene Olivenöl.

Mit ihren kraftvollen Doppelhenkeln und ihrem charakteristischen Dekor bilden die Wasserkrüge von Slit gewissermaßen das ursprüngliche Marken- oder Stammeszeichen der Beni Mesguilda (zum Dekor s. den Beitrag von Ilse Schütz).

2. Zwillingskrug (in Slit ohne Namen, im Nachbarort Tarfanya heißen sie *shouarizezz*, in Qtout *boqal mouchrouk*) - sie werden gelegentlich von den jungen, noch angehenden Töpferinnen (*mtallemi*) hergestellt und dienen heute keinem praktischen Verwendungszweck. Ähnliche Zwillingsgefäße sind uns aus **Qtout**, **Al Adoua, Dehar** und **Ain Koub** (Beni Rhzaoua) und von den **Beni Derkoul** im südwestlichen Rif bekannt (vgl. Vossen/Ebert 1986:44 ff.). Ob sie früher neben einer rein dekorativen Funktion einem anderen Zweck gedient haben, ist nicht bekannt. Da ihr Höhe 10 oder 15 cm nicht überschreitet, sind sie heute als reine Souvenirobjekte anzusehen.

Interessant ist ihre **Herstellungsweise**: Zunächst werden beide Krüge einzeln aufgebaut. Dann durchbohrt die Töpferin den Bauch beider Krüge an einer Seite und setzt dort ein Bambusröhrchen ein. Dieses wird mit Ton umkleidet. Ähnlich verfährt sie mit dem oberen Steg, wenn ein Verbindungskanal zwischen beiden Krügen bestehen soll. Es gibt beide Varianten - mit und ohne Verbindungskanal. Das Bambusröhrchen verbrennt während des Brandes, so daß eine Tonröhre stehen bleibt.

3. Sauermilch- oder Butterkrug (*guemboura läben*) - eine gedrungene, breitere und unverzierte Variante des Wasserkruges. Anders als bei den Wasserkrügen sind beide Henkelansätze auf dem Bauch angebracht. Diese relativ seltenen Krüge dienen zur Herstellung von Sauermilch (*läben*) bzw. Sauerrahm-Butter. Zum Buttern werden sie wie die der gleichen Funktion dienenden Kürbisse an einem Strick aufgehängt und hin und her geschwenkt.

4. Bügelhenkelflasche (*boqal, barreda, botijo*) - ein dem spanischen *botijo* vergleichbares, oben geschlossenes Trinkgefäß, jedoch nur mit einer einzigen, breiteren Tülle, die auch als Trinköffnung dient. Ilse Schütz notierte drei Größen, die kleinste sei für Kinder. Für den Souk würden auch *botijos* mit zwei Tüllen hergestellt. In der Regel sind sie ebenso wie die Zwillingsgefäße reich bemalt. Zu prüfen wäre die Frage, ob die Lokalbezeichnung *boqal* etymologisch mit der spät-lateinischen Bezeichnung *baucalis* (tönernes Trinkgeschirr) bzw. griech. *baúkalis* (enghalsiges Gefäß), mit span. *boca* (Mund) oder unserem **Pokal** zusammenhängt (s. Der große Duden.Etymologisches Wörterbuch. Stichwort Pokal).

Naheliegend ist zunächst eine Verbindung zu der berberischen Bezeichnung *abouqal, tabouqalt* für Wasserkrug bzw. mit der in Algerien gebräuchlichen arabischen Bezeichnung *buqal* für das dort verbreitete Trinkgefäß mit Außgußhenkel (vgl. Gruner 1973:55, Fußnote 41).

5. Vorratsgefäß (*afarach. afarrar, ferrar*) - ein der spanischen *orza* vergleichbares Doppelhenkelgefäß zur Aufbewahrung von Mehl Korn und Oliven, mit Tuch oder Dungplatte abgedeckt. Wird vor allem zur Erntezeit von Getreide und Oliven hergestellt. Ilse Schütz notierte Größen zwischen 43 und 56 cm Höhe. Die kleinste Größe würde auch als Kochtopf benutzt, um *baizar* oder Fleisch zu kochen.

6. Couscous-Siebeinsatz (*keskes*) - wird zum Dünsten des Weizengries- oder Brotmehls bei der Couscous-Bereitung und von bestimmten Gemüsearten in den Kochtopf eingesetzt. Couscous gilt als Festtagsgericht und marokkanisches Nationalgericht aus grobkörnigem Weizengries, der über dem Dampf einer Fleisch- und Gemüsebrühe gegart wird.

7. Kochtopf (*guedra, gdra*) - in verschiedenen Größen, mit und ohne Henkel. Die Henkel stehen waagerecht; Rand schwarz gefärbt.

8. Milchtopf (*haleb, hadleb*) - zum Melken von Kühen und Schafen, auch für Sauermilch und zum Transport von Essen; kleinste Größe zur Aufbewahrung von Sauerrahmbutter; ist immer dekoriert, Henkel stehen senkrecht; wird vor allem im Frühjahr während der Haupt- Laktationszeit der Milchtiere getöpfert.

9. Kohlebecken (*mejmar*) - neben der festen Dreisteine-Herdstelle (*kanoun*) im Innenhof als transportable Feuerstelle zum Erhitzen von Teewasser und zum Schmoren verschiedener Gerichte in einem Kochtopf oder Schmorgefäß verwendet; im Winter während der Regenzeit gleichzeitig auch als Wärmequelle genutzt; ist meistens bemalt.

10. Butangasflaschen-Aufsatz (*mejmar butagas*) - dient als Stütze für Kochgefäße oder Teekanne auf der Butangasflasche anstelle einer Metallstütze; wird meistens dekoriert.

11. Tiefe Schüssel (*saafa, zafa*) - gibt es in verschiedenen Größen; ist abgesehen von schwarzer Randzone unbemalt; größte Form dient als

»Produktionspalette«
von Slit/Beni Mesguilda
1
2
3
4
5
6
7
8
9
10
11
12
13
14
15
16

Abb. 15

Waschschüssel bzw. als Spülschüssel (*chamach*), die mittlere Größe als Brotteigschüssel zum Kneten und Aufgehen des Brotteiges.

12. Eßschüssel (*tegra*) - dient als gemeinschaftliche Eßschüssel für die ganze Familie, zum Auftragen von Couscous usw.; ist innen stets variationsreich bemalt.

13. Teller/Schale (*zlefa, slefa*) - stets reich bemalt; dient als Eßteller für individuelle Mahlzeiten und - in kleinster Form - als Zierteller zum Raumdekor.

14. Ausgußschüssel (*asamas*) - Schüssel mit Schnautzenausguß in zwei Größen; dient als Waschschüssel zur Körperpflege (»ducha arabe«) für den Hausgebrauch; steht immer am gleichen Platz im Haus.

15. Griffschüssel (*sedet de forna*) - Schüssel mit Innengriff zum Verschließen der Backofen-Öffnung (vgl. Beitrag von Karla Vossen über »Das tägliche Brot« in diesem Band); kann auch durch eine normale tiefe Schüssel (Nr. 11) ersetzt werden.

16. Blumentopf (*mahbok*) - mit zwei senkrecht stehenden Griffen; wird, bisher noch in geringem Umfang, für städtische Bedürfnisse und für Touristen hergestellt.

Wir haben uns hier darauf beschränkt, in erster Linie die **Hauptverwendungszwecke** (Primärfunktionen) der einzelnen Formen zu nennen. Daneben wurde eine Fülle von Sekundärfunktionen vor allem bei angeschlagenen oder undichten Gefäßen registriert. So wurden z.B. unbrauchbare Wasserkrüge als Bienenhaus weiter genutzt.

Wie bereits erwähnt ist die **Töpfersaison** bei Nebenerwerbs-Töpferei auf die warme Jahreszeit von April bis Oktober/November beschränkt. Im **Frühjahr** konzentriert sich die Produktion in Slit auf die Ergänzung des Haushaltsbedarfs an Kochtöpfen, Milchgefäßen, Kohlebecken und Schüsseln, im **Sommer** auf Wasserkrüge, Wasservorratsgefäße und Vorratsbehälter für Getreide mit einem kleineren Anteil an Kochgefäßen, Schüsseln und Schalen, im **Herbst** auf Vorratsgefäße für Öl und Oliven sowie auf Kohlebecken und Kochgefäße für den Winter.

Produktion der Nachbarorte Al Adoua und Qtout

Kohlebecken werden in Slit nur in geringerem Umfang hergestellt, da sich die Töpferinnen des Nachbarortes **Al Adoua/Tarfanya** gerade darauf spezialisiert haben. Wasserkrüge dagegen werden dort nicht aufgebaut, da der lokal anstehende Ton dazu nicht geeignet sei und die dortigen Töpferinnen ihre Herstellung auch nicht beherrschten. Abgesehen von den reich bemalten Kohlebecken töpfern in **Al Adoua** 6 bis 10 meistens landlose Frauen regelmäßig Kochtöpfe, Couscous-Siebeinsätze, Schüsseln, Schalen und das Zwillingsgefäß (Nr.2). Viele von ihnen sind **Witwen oder allein stehende Frauen**, die auf den wirtschaftlichen Erlös aus der Töpferei angewiesen sind. Allerdings würden noch mehr Frauen töpfern, wenn der Absatz gesichert erschiene. So soll sich z.B. vor dem islamischen Opferfest Aid el Kbir die Zahl der töpfernden Frauen verdoppeln, da der Bedarf an großen Kochgefäßen besonders groß sei.

Im westlichen Nachbar-Töpferort **Qtout**, Fraktion Oulad Bder, arbeiteten 1980 zwei Frauen ständig als Töpferinnen, eine nicht bestimmte Anzahl angeblich gelegentlich (vgl. Vossen/Ebert 1986:53 ff.). Neben großen und kleinen Wasserkrügen, die einen von Slit leicht abweichenden Dekor trugen, wurde dort von einer Meisterin, die aus dem Nachbarzentrum **Guezira** eingeheiratet hatte, eine größere Anzahl rot und schwarz bemalter kleiner Gefäße offensichtlich für den Touristenmarkt hergestellt: **Bügelhenkelgefäße** (*barrada*) mit nur einer Tülle, der gleiche Gefäßtyp als **Zwillingsgefäß** (*barrada mouchrouk*), einhenklige **Kannen** (*boqal*) bzw. als **Doppelgefäß** (boqal mouchrouk). In einem Zeitraum von 15 Tagen hatte sie 20 große Wasserkrüge, ein großes doppelhenkliges Vorratsgefäß für Wasser und Oliven (*ferrah*) und eine größere Anzahl der genannten Miniaturgefäße hergestellt.

Interessant ist die Beobachtung, daß sich die Meisterin, trotz ihrer Herkunft aus dem Nachbartöpferzentrum Guezira, in ihrer Arbeit vollkommen dem lokalen Stil von Qtout angepaßt hatte. Diese für den ethnoarchäologischen Vergleich wichtige Feststellung ließ sich auch in anderen, ähnlich gelagerten Fällen, stets bestätigen. Offensichtlich sind der lokale Anpassungsdruck bzw. die Bereitschaft der Frauen, ihr Zugehörigkeit zu der neuen Gemeinschaft zum Ausdruck zu bringen, so groß, daß in ihren Erzeugnissen ihre ursprüngliche Herkunft nicht mehr zu erkennen ist (vgl. auch Herbich 1987). Ob dabei die Erwartungshaltung und die Kaufgewohnheiten der potentiellen Abnehmer auf den traditionellen Märkten eine ebenso große Rolle spielen, müßte in einer speziellen Untersuchung geklärt werden.

Offener Feldbrand

Wenn das letzte Gefäß bemalt wird, kann gebrannt werden. In allen genannten Frauentöpferorten der Beni Mesguilda sieht die **Brennstelle** (*koucha*) gleich aus: eine runde bis rundovale flache Mulde von 10 bis 20 cm Tiefe und ca. 2,5 m im Durchmesser. Sie liegt außerhalb des Gehöftes in einer brandsicheren Entfernung von etwa 5 bis 50 m. Um die Mittagszeit haben die Töpferinnen bereits trockenes Reisig von Olivenbäumen (*el laoud de zeitoun*), Pferdemist (*alferfour*), Dungplatten (*foulfoul*, *lougid*) und etwas Oliventrester herangeschleppt, um damit in der Mulde ein gut gepolstertes »Nest« für das Brenngut zu bereiten.

Die für den Keramikbrand unentbehrlichen **Dungplatten** sind bereits gleich nach dem letzten Brand vor zwei Wochen präpariert und gesammelt worden. Es gehört zu den ersten morgentlichen Aufgaben einer Töpferin, den nächtlichen Kuh- und Pferdedung aus dem Stall bzw. dem Innenhof in einer Schubkarre zu sammeln, mit etwas Wasser und Strohhäcksel zu vermengen und zu runden Fladen von 30 bis 40 cm Duchmesser zu formen und auf dem Boden auszubreiten. Mancherorts werden sie zum Trocknen auch an eine Hauswand geklebt. Wenn sie trocken sind, fallen sie herunter. Zu einem guten Brand sind zwischen 50 und 100 derartiger Dungfladen erforderlich. Auch beim Brotbacken in den bienenkorbförmigen Brotöfen und als Deckel von Vorratsgefäßen finden sie Verwendung. Für den Keramikbrand ergeben sie ein vorzügliches Brennmaterial zur Erzielung einer gleichmäßigen, intensiven Hitzeentwicklung ohne starke Rauchentwicklung (vgl. Gruner 1973:41). Dadurch werden die vor allem bei bemalter Keramik unschönen Brandflecken auf den Gefäßen weitgehend vermieden.

Nach einem längeren **Trockenprozeß** bei heißen Außentemperaturen bzw. nach einem **Vorbrand** der zuletzt getöpferten Gefäße über der offenen Herdstelle setzt die Meisterin das Brenngut sorgfältig Stück für Stück mit der Öffnung nach oben auf dieses Nest von Brennmaterial. Eine **Brennstelle** faßt 12 bis 20 große Wasserkrüge, einige Schüsseln, Teller und Kohlebecken und kleinere Gefäße. Der gesamte Brennstapel

Abb. 16 Die Brenngrube ist vor dem Brand wie ein Nest vorbereitet; daneben Dungfladenstapel und ungebrannte Wasserkrüge

Abb. 17 Brennstelle beim Brand. Halima legt Dungfladen nach.

Abb. 18 (unten) Ausräumen und Prüfen der Ware nach dem Brand: Fotos R. Vossen

wird abschließend mit einer Schicht Stroh und reichlich mit Dungfladen kunstvoll abgedeckt, so daß sich eine Art **Kuppel** von 60 bis 80 cm Höhe bildet.

Gegen 17 Uhr zündet die Meisterin den Brennstapel an mehreren Stellen unten an. Da Arne Lucke zuvor ein stationäres Temperatur-Meßgerät in die Mitte der Brennmulde eingebaut hatte und außerdem ein bewegliches Digital-Meßgerät zur Verfügung stand, können wir den **Brandverlauf** gut verfolgen. Bereits nach 10 Minuten haben einige Dungfladen Feuer gefangen - die ersten Flammen schießen heraus. Doch die Meisterin deckt diese Stellen sogleich mit neuen Dungfladen ab, um ein zu schnelles Abbrennen und damit auch einen zu schnellen Temperaturanstieg zu vermeiden. Denn ein in der Anfangsphase zu heftiger Brand würde das Brenngut gefährden, viele Gefäße würden springen. Doch bereits nach relativ kurzer Zeit konnten wir erstaunlich hohe Benntemperaturen festellen - **nach nur 55 Minuten die Höchsttemperatur von knapp über 1000° Celsius.** Kurz danach fällt das Thermometer auf 860° und nach 70 Minuten Branddauer auf 800° ab.

Die Töpferinnen überlassen danach die Brennstelle sich selbst bis zum frühen Morgen. Nur wenige Gefäße sind beschädigt oder verzogen. Doch um sicher zu gehen, werden sie in Slit anschließend noch einer **Nachbehandlung** unterzogen (s. unten).

Entgegen früheren Vermutungen (z.B. Gruner 1973:43; Stößel 1984:59; Hakenjos 1988:197) können **bei sorgfältiger Auswahl des Brennmaterials und gezielter Brandführung** im angeblich primitiven offenen Feldbrand Temperaturen erzielt werden, die den Brand einer qualitativ hochwertigen Keramik ermöglichen. Dieses Ergebnis ist auch für den **ethnoarchäologischen Vergleich** von Bedeutung, da wir davon ausgehen können, daß bereits in prähistorischer Zeit die Keramik im Mittelmeergebiet und in Mitteleuropa unter ähnlichen Bedingungen gebrannt wurde (vgl. dazu Arne Lucke 1989/90).

Nachbehandlung

Trotz der erstaunlichen Höhe der Brenntemperaturen wollen die Töpferinnen von Slit sicher gehen, ob tatsächlich alle Gefäße gut gebrannt und keine Brandrisse entstanden sind. Wenn sie die Keramik am nächsten Morgen noch warm aus dem Brennstapel holen (s. Abb. 18), prüfen sie zunächst mit der **Klangprobe**, Stück für Stück, ob Gefäße gesprungen sind. Ein hoher Klang bürgt für gute Qualität, ein dumpfer Klang läßt einen Schaden vermuten. Der Brandverlust ist jedoch in der Regel gering, wenn nicht während des Brandes starker Wind oder gar Regen aufgekommen ist. Die Wasserkrüge werden nun mit einer weißen Tonbrühe (*gharagh*) ausgegossen, um etwaige Risse im Innern zu schließen. Das gleiche Tonmaterial wird auch für das Weißen der Häuser verwendet. Diese Form der **Schlämmung (Engobe) nach dem Brand** war uns bisher während unserer gesamten Landesaufnahme in Marokko noch nicht begegnet. Zuletzt werden die Krüge einer **Wasserprobe** (*saleb*) während eines oder mehrerer Tage unterzogen, um jede Undichtigkeit auszuschließen. Jetzt erst sind die Wasserkrüge für den Verkauf frei gegeben.

Handel und Verkauf

Töpferei im Nebenerwerb ist nicht wie Töpferei im Haupterwerb auf den strengen Wochenmarktrhymthmus festgelegt. In Slit hat sich jedoch ein Brandrhythmus von etwa 14 Tagen entwickelt. Die Töpferinnen, die den Hauptmarkt der Region, **Souk Tleta Ain Dorij**, beschicken wollen, bemühen sich, am Montag, am Vorabend des Marktes, zu brennen. Von geringerer Bedeutung für sie ebenso wie für die Töpferinnen von Al Adoua/Tarfanya ist der etwas näher gelegene Sonntagsmarkt, **Souk el Had Teroual**.

In Fraoua, Bouhlal und Qtout sind die Töpferinnen, vom Verkauf in der Nachbarschaft und auf dem Souk Tleta Ain Dorij abgesehen, auch auf den weiter entfernten Samstagmarkt, **Souk Sebt Sidi Redouane**, ausgerichtet. Dort ist allerdings die Konkurrenz des großen Töpferzentrums **Guezira** der Beni Mestara stark spürbar. Bei einem Besuch dieses Marktes Mitte September 1987 hat Ilse Schütz 14 Töpferstände mit Ware von Guezira registriert, aber keinen einzigen der Beni Mesguilda. Da in Guezira allerdings kaum Wasserkrüge hergestellt werden, hatten die Beni Mesguilda-Töpferinnen, z.B. aus Qtout oder Fraoua, im Frühjahr und Sommer theoretisch eine gewisse Verkaufschance mit ihren Wasserkrügen. Heute ist diese Chance jedoch wegen der starken **Konkurrenz von Plastikflaschen und Gummi-Wasserkrügen** gering geworden. Schließlich bedarf es weiterer Untersuchungen der Frage, ob Wasserkrüge mit dem charakteristischen Dekor der Beni Mesguilda heute auch von Nachbargruppen benutzt werden. Meinem bisherigen Eindruck nach **begrenzt der Dekor den Abnehmerkreis** auf die Bewohner der Region, die sich den Beni Mesguilda zugehörig fühlen.

Der Hauptmarkt der Region, der **Souk Tleta Gzouli Ain Dorij**, ist dort gelegen, wo die Ausläufer des Rif-Vorgebirges in die Schwemmlandebene des Oued Ouergha und des Oued Joumoua münden. Von Slit sind es etwa 2 Stunden Fußmarsch zum Souk, von Al Adoua/Tarfanya 1 Stunde. Bei unserer Marktaufnahme vom 15.9.87 konnten wir insgesamt 4 Töpferstände aus Slit und 5 Stände aus Al Adoua registrieren. Die Frauen aus Slit hatten jeweils 6 große Wasserkrüge auf ihren Maultieren mitgebracht, die Töpferinnen von Al Adoua bemalte Kohlebecken, Butangasflaschen-Aufsätze, Schalen und Kochtöpfe. Die bemalten Wasserkrüge wurden zu Preisen zwischen 15 und 22 Dirham (ca. 3,75 bis 5,50 DM) verkauft, die Butangas-Aufsätze, Schalen und Kohlebecken zwischen 2,5 und 5 Dirham. Mit dem Erlös kauften die Frauen und Männer auf dem Markt ihren Wochenbedarf an Gemüse, Tee, Zucker und sonstigen Dingen ein, die sie vor Ort nicht erhalten konnten.

Auf dem von Slit aus näher gelegenen Sonntagsmarkt von **Teroual** trafen wir am 13.9.87 nur eine Töpferin an, eine Witwe ohne Landbesitz, Kühe oder Maultier. Mangels Brennmaterial in Form vonDungfladen konnte sie keine Wasserkrüge brennen, sondern verkaufte kleinere Stücke, Kochtöpfe und Kohlebecken, die sie auf dem Rücken herangetragen hatte. Eine Woche später waren zwei Töpferinnen aus Slit auf diesem Markt vertreten.

Abb. 19 Wasserkrüge von Fatima und Malika frisch engobiert und bemalt vor dem Brand, Slit/Fraoua (Beni Mesguilda); Foto R. Vossen, 1987

Die Dekoration der Töpferware von Slit im Vergleich

Ilse Schütz

I. Die Dekoration der Töpferware von Slit

Allgemeines

Von den 16 verschiedenen Gefäßtypen, die wir 1987 in Slit vorgefunden haben (s. S. 125), weisen die meisten nur eine Hervorhebung des Randes in schwarzbrauner Farbe auf.

Die typischen schwarz- und rotbraunen Berberdekore, (wobei schwarzbraun überwiegt), fanden wir bei Wasserkrügen, Zwillingsgefäßen, Wassertrinkgefäßen, Melkgefäßen, Kohlebecken, Schalen und Tellern (siehe oben »Produktionspalette von Slit« die Nummern 1, 2, 4, 8, 9, 10, 12 und 13). Die Wasserkrüge waren, bis auf wenige Ausnahmen, alle dekoriert. Man sagte uns jedoch, daß sich dies erst in der Zeit des französischen Protektorats eingebürgert habe. Früher habe man nur wenig dekoriert, obwohl der Dekorstil seit jeher derselbe sei. Außerdem meinten die Töpferinnen, daß die **Dekoration des Gefäßes auf den Verkaufspreis keinen Einfluß** habe. Bei den Kunden spiele sie keine Rolle, ob mit oder ohne Dekor, sei der Preis der gleiche. Die Gefäße dekorierten sie, weil sie sonst nichts zu tun hätten, und weil es ihnen Spaß mache.

Dazu muß freilich bemerkt werden, daß die dekorierte Ware von Slit nur im Stammesgebiet der ***Beni Mesguilda*** Absatz findet. Die Nachbargruppen bevorzugen ihre eigene Ware. Der Verkauf der Töpferware in Slit ist eine Nebenerwerbsquelle. Ihre Herstellung gehört bis auf einige Monate in der Regen- und Winterzeit, zu den täglichen Verrichtungen der Frau. Am Morgen ist es Wasserholen, Tiere versorgen, Brotbacken, Waschen, am Nachmittag Töpfern.

Die Gefäße werden vor dem Brand mit weißer Engobe bemalt. Wenn die Töpferin die entsprechende Menge an Gefäßen für einen Brand beisammen hat, dekoriert sie.

Der Dekor - »Souak«-

Da die auftretenden Orts- und Materialbezeichnungen häufig rein lokal sind, besteht z.T. Unklarheit in ihrer Schreibweise.

Während unseres Aufenthaltes in Slit haben wir vor allem Wassergefäße - »*guembouras*« - gesehen, ab und zu auch Teller und kleinere Dinge, die bereits auf eine Neuorientierung zur Andenkenware hinweisen. So habe ich den Eindruck, daß bei den klassischen Gefäßen, »*guemboura*« und »*haleb*« (Milchtopf), Struktur und Motive des Dekors den alten Regeln folgen, während der Dekor der »*botijos*« und der »*zlefas*« (Schalen) zwar die gleichen Elemente aufweist, jedoch **zu beliebiger, nicht festgelegter Kombination.** Der Abnehmerkreis ist ebenso wie ihr Geschmack nicht näher bekannt, doch läßt sich sagen, daß der Verkauf über die Beni Mesguilda-Märkte Teroual und Ain Dorij erfolgt. Im Folgenden werde ich auf den Dekor und die Dekoration der Wasserkrüge näher eingehen, zunächst auf die Struktur des Dekors, danach auf die technische Ausführung.

Analyse des Dekors bei den »guembouras«

Ich folge hier der Terminologie von D. Gruner[1], die unterscheidet: **Motiv** als typische Einheit des Ornaments, bestehend aus einer komplexen Kombination kleinerer Teile, den **Elementen**. Wesentliches Merkmal des Elements ist seine Unselbständigkeit; »*denn für einen Stil ist die Mehrzahl aller Elemente für sich allein nicht typisch. Erst gleichbleibende Elementkombinationen führen zu charakteristischen Motiven*« (Gruner 1973:53).

Der Dekor strukturiert das Gefäß. so entstehen vier Zonen:

A Halszone

B Halsansatz

C Körper

D Henkel

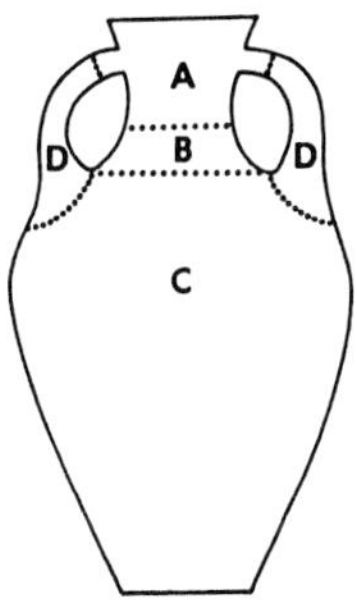

Verschiedene Elemente werden zu Motiven kombiniert und ergeben so den Dekor jeder einzelnen Zone. Die Elemente sind geometrisch-abstrakt. Teilweise sind sie jedoch mit ganz konkreten Namen belegt. Wir haben diese Namen bei verschiedenen Töpferinnen überprüft und bestätigt gefunden. Im Folgenden geben wir die am häufigsten aufgetretenen Motive mit ihren Bezeichneungen, nach Zonen getrennt, wieder.

A. Halszone

ganzflächig schwarzbraun,

»*soukka*« - »Lippenstift« -

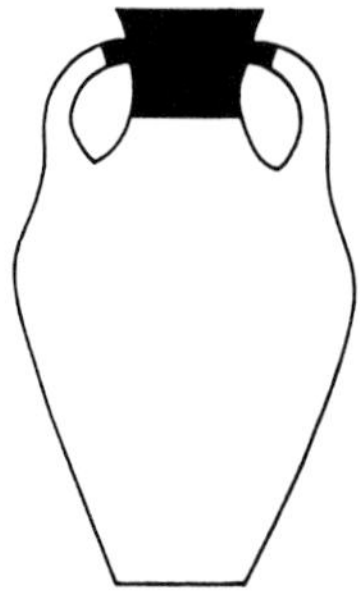

B. Halsansatz

Diese Zone **zerfällt ihrerseits wieder in drei Zonen**:

B.a Abgrenzung nach oben zum Hals

B.b Mittelteil

B.c Abgrenzung nach unten zum Körper

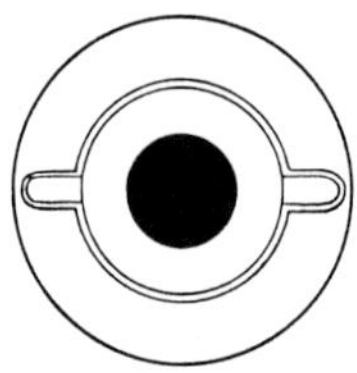

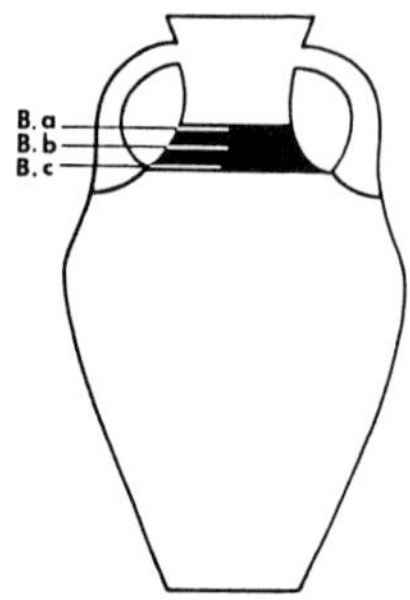

B.a Abgrenzung zum Hals nach oben

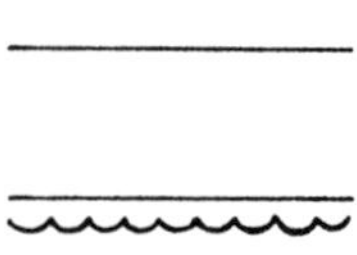

oder

oder

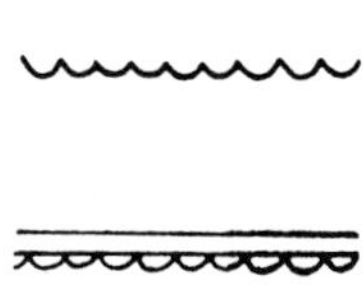

»jatjat«-Linie

schwarzbraun

B.b Mittelteil

»*doud*« - »Wurm« -

schwarzbraun

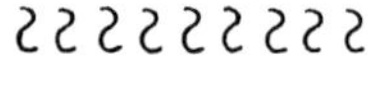

B.c Abgrenzung nach unten hin zum Körper

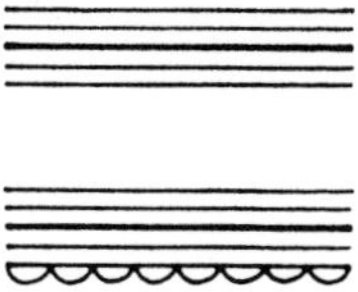

oder

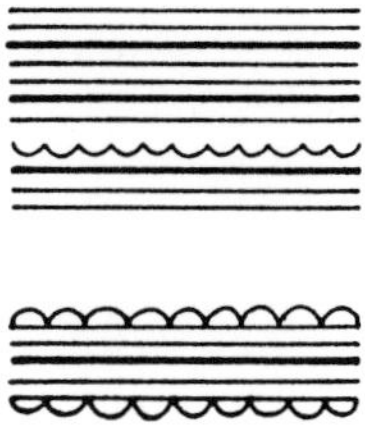

keine speziellen Namen festgestellt.

Die Bandmotive dieser Zone umschließen die unteren Henkelansätze von außen her, so daß die Henkel selbst aus der mittleren Zone B.b hervorgehen.

C. Körper

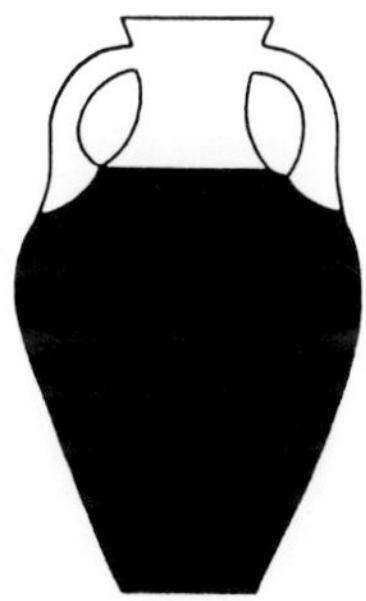

Diese Zone erhält durch den Dekor eine **Strukturierung in Längsrichtung**.

Durch die beiden einander gegenüberliegenden Henkel enstehen Vorder- und Rückseite spiegelbildlich mit gleichem Dekor.

Die Strukturierung in Längsrichtung wird durch ***»ahabat«*** = **»Wege«** genannte Elemente bestimmt.

oder

oder seltener

Dadurch entstehen innere und äußere Zonen.

»el bab« **- »die Tür«** - ist der Bereich innerhalb eines »Weges«.

Die Motive innerhalb und außerhalb des »Wege« heißen ***»esatva«*** = »**Blatt**« - oder im plural ***»stebach«*** = »**Blätter**«.
innerhalb:

außerhalb:

oder seltener

D. Henkel
Dekor auf der Oberseite
Henkelzone endet oberhalb des Halsansatzes
»*sarta*« - »Linie« - oder **»*nkketach*« - »Punkte«**

Dekor bei größeren Gefäßen

Wir geben hier einige Motive aus den Innenflächen (Spiegeln) von Tellern wieder:

Das Dekorieren

Wenn die Töpferin die gewünschte Menge an Gefäßen für einen Brand beisammen hat, dekoriert und brennt sie. Das erfolgt alle ein bis zwei Wochen. Während das Töpfern selbst eine Beschäftigung am Nachmittag ist, beginnt sie mit dem Dekorieren bereits am Morgen, so daß gleich anschließend am frühen Abend gebrannt werden kann.

Abb. 1 Keramik in einer Brennstelle in Slit; Foto Ilse Schütz

Abb. 2 Werkzeuge für die Bemalung der Wasserkrüge; Foto Ilse Schütz

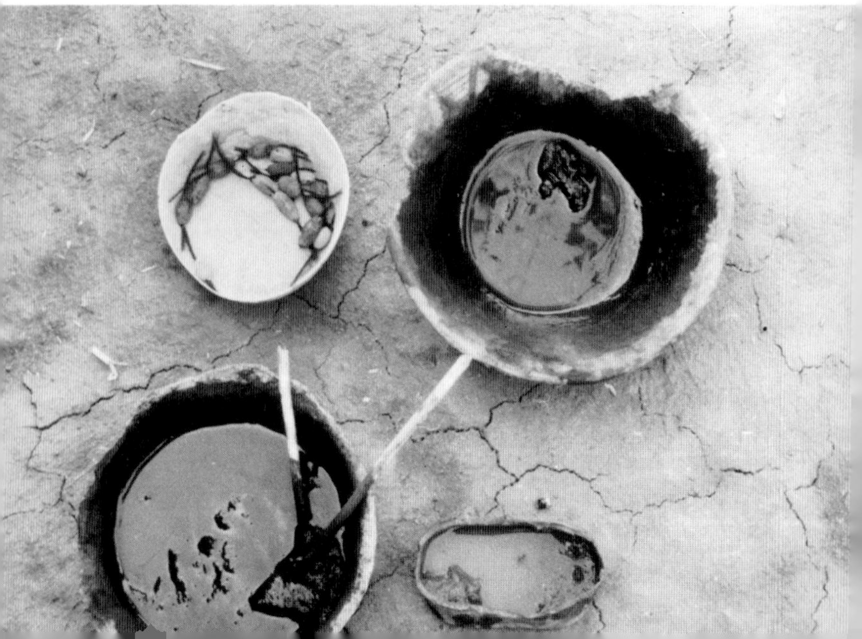

Am 16.9.1987 haben wir Malika, 20 Jahre alt, beim Dekorieren zugeschaut. 16 »*guembouras*« in verschiedenen Größen, 4 Kohlebecken (2 große und 2 kleine) und 13 Teller in verschiedenen Größen wurden an diesem Tag gebrannt (s. Foto 1). Gegen 16.30 Uhr war das Dekorieren beendet. Die Vorbereitungen für den Brand begannen. Was wir hier vom Anfang bis Ende beobachten konnten, hat sich später bei den anderen Töpferinnen wiederholt.

Die Atmosphäre ist sehr angenehm, keine Hektik. Man sitzt im Innenhof im Schatten. Bei Malika hilft ihre Mutter, Fatima. Zeitweise kommt eine Nachbarin auf ein »Schwätzchen« vorbei, setzt sich dazu und malt auch. Kinder schauen vorbei und gehen wieder.

Materialien

***»biada«/»biyata«/»beiada«* = weiße Erde**

Diese weiße Erde stammt aus der Gegend von »*el hafa de aarkob*« (Al Arkoud?) oder aus der Gegend von »*bab el gomar*« (Bab Ghmari?). Man bringt sie mit, wenn man zum Souk Et Tleta Gzouli geht.

Einige Brocken dieser Erde legt man auf einen Teller und klopft sie mit einem Stein klein. Dann gibt man diesen Grus in einen Topf mit Wasser, damit er durchweicht und sich zu feinem Schlamm auflöst. Von Zeit zu Zeit rührt man um.

So erhält man den weißgrauen Schlicker (Engobe) für den Überzug des ganzen Gefäßes auf der Außenseite, bei Tellern auf der Innenfläche.

***»hamra«* - rot**

Es ist eine krümelige Erde, die man von einem Platz, genannt »*soiuyak*« (Zoiak?) in der Umgebung von Slit holt.

Mit etwas Wasser verrührt, erhält man den rotbraunen Tonschlicker für die rotbraune Bemalung. Wenn man noch etwas von einem bestimmten Stein dazureibt, erhält man ein besseres Rot.

***»kahala«* - schwarz**

Dieser schwarze Farbstein stammt aus der Gegend von Kaytoun. Man kauft ihn auf dem Markt von Zoumi. Heute benutzt man auch zum Teil verbrauchte Radiobatterien; aber die Farbe blättert schnell ab.

»*Kahala*« ist härter. Man reibt ein Stück auf einen Stein mit Mulde und schwämmt es mit etwas Wasser in ein kleines Gefäß (z.B. eine flache Konservendose) ab. So erhält man die schwarze Farbe.

In jedem Hof, in dem getöpfert wird, gibt es einen solchen Muldenstein, immer mit Resten von »*kahala*«.

Werkzeuge

1. Stein mit Mulde, um »*kahala*« zu reiben;
2. Topf, Dosen, kleinere Teller für die Engobe und die Farben;
3. mehrere Stöckchen, »*aanuad*«, um die Farben an- und umzurühren;
4. mehrere Pinsel, »*barud*«, aus Ziegenhaar (vom Körper des Tieres).

Die Ziegenhaare werden von einem Tonklümpchen zusammengehalten. Der Pinsel ist etwa 6 cm lang und hat eine lange und eine kurze Seite. Mit der langen Seite zieht man die langen Linien, mit der kurzen malt man die kleinen Striche und Punkte.

5. Stofflappen zum Engobieren und zum Malen von großen Punkten und Flächen;
6. Polierstein »*mhak*« aus dem Fluß, zum Glätten der Oberfläche. (siehe Foto 2)

Ausführung der Dekoration

Man beginnt damit am Morgen. Die Gefäße werden aus dem Lagerraum herausgebracht und zum Anwärmen in die Sonne gestellt. Sie sind inzwischen trocken. Man bereitet die Engobe und Farben zu, legt die Werkzeuge zurecht und beginnt mit der Arbeit.

Abb. 3 Fatima legt frisch engobierte Krüge zum Trocknen aus; Foto Ilse Schütz

Zunächst wird das ganze Gefäß mit Hilfe eines Lappens mit weißer »*biada*« - Engobe eingerieben (s. Foto 3).

Die Engobe trocknet schnell. Der Körper wird mit einem Stein poliert, um eventuelle Risse zu beseitigen und zu glätten. Danach wird der Dekor aufgemalt, Linien und kleine Punkte mit Pinsel, große Punkte und Flächen mit einem Lappen. Unmittelbar nach dem Dekorieren werden die Gefäße gebrannt.

Zusammenfassung

Die Dekoration der Töpferware von Slit erfolgt durch Bemalung mit mineralischen Engoben und Farben. Inzisions-, Eindruck- oder Applikationsornamente haben wir nicht gesehen.

Wie die gesamte Herstellung wird auch die Dekoration von den Frauen ausgeführt. Die Frauen messen dem Dekorieren keine besondere Bedeutung bei. Die Motive sind geometrisch-abstrakt. Die Benennungen weisen auf konkrete Assoziationen aus der Umwelt hin, zu denen aber keine näheren Erklärungen gegeben wurden. Die Dekoration von neueren Gegenständen wie Tellern verwendet die gleichen Elemente. Oft entstehen neue Motive. Eine festgelegte Kombination der Elemente scheint zu fehlen. Ab und zu ist auch bei »guembouras« ein Dekor außerhalb des üblichen Stils zu beobachten.

Sicherlich war die Herstellung von Töpferware ursprünglich auf den Eigenbedarf gerichtet. Die Entwicklung zu einer Handelsware könnte mit dem französischen Protektorat eingesetzt haben. Damit würde sich auch die Zunahme an dekorierten Gefäßen erklären lassen.

Heute vollzieht sich eine weitere einschneidende Veränderung:

Aus der Nachfrage nach notwendigen Gebrauchsgegenständen wird eine Nachfrage nach Dekorationsobjekten. Damit fallen Kriterien für den Herstellungsprozeß wie Auswahl des Materials, Form des Gegenstandes und Art des Brennens schließlich weg. Gewohnheiten ebenso wie mythologische Bezüge geraten in Vergessenheit. Auch der Stil des Dekors muß nicht mehr aufrechterhalten werden.

Ob sich eines Tages ein neuer Stil herausgebildet haben wird? Im Moment vollzieht sich die Auflösung des alten Dekorstils. Noch gibt es keinen Ersatz durch etwas Neues.

II. Der Krug von Paterna

Die vorangegangenen Ausführungen haben Dekor und Dekorationstechniken der aktuellen Töpferware von Slit analysiert. Informationen über ihre Entstehung und Entwicklung konnten wir bei unserer Feldforschung nicht erhalten. Trotzdem kann ich nicht umhin, das »Prunkstück« der Ausstellung »**Die Keramik von Paterna im 13. Jahrhundert«** (2), welche im Juni 1989 in Paterna (Valencia, Spanien) stattgefunden hat, hier vorzustellen (s. Foto 4).

Die Verwandtschaft seines Dekors mit dem, was wir »Berberdekor« nennen, fällt sofort ins Auge.

Ich will nur einige Übereinstimmungen nennen im Vergleich zu dem, was in Teil I. dargelegt wurde.

* Der Dekor vermittelt eine strukturelle Gliederung der Gefäßoberfläche.
* Die Henkelzonen sind aus den horizontalen Reihenmotiven ausgespart und erhalten einen eigenständigen Dekor.
* Die Dekorelemente sind vorwiegend geometrisch-rektilinear.
* Einige Motive finden wir auf Krügen von Slit ebenso wie auf dem Krug von Paterna, z.B.:

oder

Paterna, 15 km vor Valencia gelegen, kann, ebensowie sein Nachbarort **Manises**, auf eine bedeutende Vergangenheit in der spanischen Keramikproduktion zurückblicken. Ausgrabungen und Forschungen aus den letzten Jahren belegen sowohl die Herstellung von unglasierter Irdenware als auch Fayence mit grün-braunen, und blauen Ornamenten oder mit Lüsterdekor (2) und (3).

Bis zum Jahre 1238 stand das Land Valencia unter maurischer Herrschaft. Seit 711 waren bekanntlich zunächst arabische Truppen, später auch »Zivilisten« aus Nordafrika nach Spanien gekommen und hatten sich hier angesiedelt, unter ihnen auch Berber und mit ihnen ihre Kultur und ihr Handwerk. Übereinstimmungen in handwerklichen Produkten jener Zeit diesseits und jenseits des Mittelmeeres müssen daher nicht

Abb. 4 »Prunkstück«-Keramik aus dem 13.Jahrhundert von Paterna

verwundern. Andererseits haben im Rahmen der christlichen Rückeroberung Spaniens bis zu der endgültigen Austreibung aller Andersgläubigen im Jahre 1609 ganze Dorfgemeinschaften Spanien verlassen, um in Nordafrika neue Siedlungen zu gründen und möglicherweise ihre handwerklichen Traditionen dort fortzusetzen.

So muß der Fund dieses Kruges, und es gibt noch einige andere Stücke, eigentlich kein Erstaunen hervorrufen. Trotzdem ist es faszinierend, einen in Spanien gefundenen Krug aus 13. Jh. den Krügen von Slit aus dem 20. Jh. gegenüberzustellen, um gemeinsame Elemente in ihrem Dekor zu entdecken.

Die Erforschung der islamischen Epoche Spaniens wurde in den letzten Jahren sehr intensiviert, so daß vermutlich derartige Funde nicht isoliert bleiben werden.

III. Dekorative Elemente im Alltag der Töpferinnen von Slit

Wenn man die Töpferinnen von Slit beim Formen und Dekorieren ihrer Gefäße beobachtet, ist es naheliegend, auch danach zu schauen, wie sie ihren unmittelbaren Lebensraum ästhetisch gestalten. Dabei fallen **im Wohnbereich** die bemalten **Hauswände** auf, **in der Kleidung** bunt bestickte **Kopftücher** und **Perlenhalsbänder.** Sie sollen hier kurz beschrieben werden.

Hauswände

Jedes Jahr im Rahmen der Vorbereitungen zum Thronfest im Frühjahr werden die Häuser frisch gestrichen. Der Regen des vergangenen Jahres hat die Farbe außen fast abgewaschen. Alle Fassaden in Slit haben einen grauen Sockel. Die Fläche darüber ist grauweiß. Manche Hauswände weisen eine Bemalung auf (s. Fotos 5 - 9). Zehn Häuser konnte ich 1989 in Slit aufnehmen. Man findet die Bemalung an den Außenfassaden zur Straßenseite, an den Wänden der Innenhöfe und in den Innenräumen (s. Fotos 5 und 6). Zur Straßenseite ist der Dekor meistens spärlicher.

Hausbemalung ist auch an Häusern in der weiteren Umgebung von Slit zu beobachten und nicht an die Tätigkeit des Töpferns gebunden.

Im Slit selbst sind es Frauen und Kinder, die offensichtlich Freude an kreativem Gestalten haben:

- Malika, 20 Jahre alt, Töpferin,

Abb. 5-9 Bemalung der Innen- und Außenfassaden; Fotos Ilse Schütz

Abb. 7 Hier stehen der Vogelbaum und eine Vogelfamilie im Mittelpunkt.

Abb. 8 Neben Bäumen ein Auto

Abb. 9 In der Ecke ein Pentagramm, marokkanisches Nationalsymbol; daneben ein Handabdruck vermutlich gegen den »Bösen Blick«

- Sadia, 15 Jahre, die Mutter hat früher getöpfert,
- Habib, 9 Jahre, besucht die Schule, die Mutter töpfert nicht;
- Fatima, 20 Jahre, hat nach Slit eingeheiratet, ihre Schwägerin töpfert.

Im Unterschied zu der Dekoration der »guembouras«, wo neben dem **weißen** Engobeüberzug nur **rotbraune** und **schwarzbraune** Farben auftreten, werden hier außerdem noch **rot** und **dunkelgrau** benutzt.

Alles sind mineralische Erden. **Dunkelgrau** für den Sockel findet man in einer Gegend etwa eine Stunde Fußweg von Slit entfernt. Die Farbe gefällt den Leuten. Für die Dekoration der Töpferware kann man sie nicht verwenden, da die Farbe beim Brennen verschwindet. Für den **grauweißen** Anstrich oberhalb des Sockels verwendet man »*biada*-Engobe« wie in der Töpferei. Rot - »*hamra nardi*« - stammt aus der Gegend von »Marg Grizel« (?). **Rotbraun** und **dunkelbraun** sind die in der Töpferei verwendeten Erden. Bei der Dekoration der Wände sind sie ungebrannt und daher in der Färbung etwas verschieden.

Es erscheint bemerkenswert, daß die Wandbemalung in einfach-naiver Weise konkrete Dinge der Umwelt zum Ausdruck bringt, während der Dekor der Keramik abstrakt geometrisch-linear ist.

Ist der Schluß berechtigt, daß es sich beim Keramikdekor um eine überlieferte symbolische Darstellung mit mythologischer Bedeutung handelt, während bei der Gestaltung der Hauswände die Freude am kreativen Tun ihren spontanen Ausdruck findet? Es wäre interessant, die Dekoration der Hauswände und ihre eventuelle Veränderung von Jahr zu Jahr zu beobachten und zu dokumentieren.

Kleidung: Kopftücher und Perlenhalsbänder

Zunächst ist bemerkenswert, daß wir Handarbeiten wie Stricken, Häkeln, Weben etc. nicht gesehen haben. Nur eine alte Frau haben wir beim Spinnen angetroffen. Die Wolle wollte sie verkaufen. Stoff für Jelaba-Gewänder kauft man auf dem Markt, wobei es immer schwieriger wird, guten Wollstoff zu finden. Gewebte Teppiche haben wir in den Häusern nicht gesehen. Die Kleider der Frauen und Kinder sind billige Massenware, auf dem Markt gekauft.

Abgesehen von der Festkleidung der Braut fallen die **buntbestickten Kopftücher** und die **Perlenhalsbänder** der verheirateten Frauen auf. Die **Kopftücher** werden in der Regel bei besonderen Anlässen, Festen oder zum Marktbesuch getragen. In einem Nachbardorf werden sie von Frauen gestickt und auf dem Markt verkauft (vgl. Farbfoto Abb. VIII).

Über ihren Ursprung konnten wir nichts erfahren. Gegenwärtig sind sie auf jeden Fall ein charakteristisches Merkmal der Gegend im südwestlichen Rif (vor allem Region von Zoumi bis Ain Dorij).

Die **Halsbänder** sind, wie man uns sagte, Zeichen für eine verheiratete Frau. Einige Frauen in Slit beherrschen die Technik, sie anzufertigen. Wir haben sehr viele gesehen, schön bunt und immer verschieden.

In der gleichen Perlentechnik wie die Halsbänder gibt es auch **Gürtel für Frauen**. Sie sind in ihrem Dekor und in ihrer Farbenvielfalt noch reichhaltiger, aber seltener. Weder bei den Kopftüchern noch bei den Halsbändern haben wir jemals zwei gleiche gesehen.

Was die Motive angeht, so sind sie geometrisch-abstrakt. Sie haben mehr Ähnlichkeit mit dem Keramikdekor, wobei durch die Struktur der Materialien und durch die Technik gerade Linien vorgegeben sind.

In dieser kurzen Darstellung kann es sich nur um eine erste Bestandsaufnahme handeln. Bisher kennen wir weder den Lebensbereich der Frauen näher, welche die Kopftücher und Halsbänder anfertigen, noch haben wir sie bei ihrer Tätigkeit beobachtet.

Hier seien zum Abschluß noch einige Motive wiedergegeben.

Abb. 10 Ornamentik bei Kopftüchern und Perlenhalsbändern

Zitierte Literatur

(1) Gruner, D.: Die Berberkeramik. Studien zur Kulturkunde. Bd. 33. Franz Steiner Verlag. Wiesbaden 1973.

(2) »La Cerámica de Paterna al Segle XIII«, Ajuntament de Paterna (Valencia). Ausstellungskatalog 1989.

(3) »Un Horno Medieval de Cerámica - »El Testar del Moli«. F. Amigues, M. Mesquida. Casa de Velázquez, Madrid, 1987.

(4) Bauer I. u.a.: Leitfaden der Keramikbeschreibung. Verlag Michael Lassleben Kallmünz/Opf. 1987.

(5) Hakenjos B.: Marokkanische Keramik, edition hansjörg mayer, Stuttgart. London 1988.

(6) Neumann W.: Die Berber, DuMont Buchverlag Köln. 1983.

Ain Bouchrik – ein Frauentöpferzentrum auf der Sonnenterrasse

Wer sich **Ain Bouchrik** nähern möchte, sei es von Fès aus dem Süden, sei es von Ouezzane aus dem Westen, stets sieht er schon aus der Ferne das eindrucksvolle Bergmassiv des **Djebel Messaoud**. Wie Zeugenberge ragen seine drei Gipfel bis zu einer Höhe von 835 m aus der Ebene des Rif-Vorlandes auf. Ain Bouchrik liegt auf der Sonnenterrasse dieses Berges auf etwa 500 m Höhe über einem Steilabfall, der sich bis in das Tal des Oued Ouargha erstreckt (s. Abb. 1). Bis vor kurzem war dieses eindrucksvolle Dorf nur nach einem mühevollen Fußmarsch oder per Maultier durch die von Olivenbäumen geprägte Landschaft erreichbar. 1987 konnte man zwar mit dem Geländewagen über eine kurvenreiche Piste an den Ort heranfahren, doch verwandelte sich diese Pistenfahrt bei Regen wegen des lehmigen Untergrundes schnell in eine gefährliche Rutschpartie. Während ich den Ort im Juli 1980 zweimal zu Fuß besucht hatte (vgl.Vossen/Ebert 1986:63 ff.), war ich im Oktober 1987 für 14 Tage mit Karla Vossen, Dr. Arne Lucke und unserem Dolmetscher Mustafa Amrani mit dem Wagen herangefahren. Widrige Umstände verhinderten leider den Abschluß unserer Untersuchungen, so daß einige Fragen offen bleiben müssen.

Abb. 1 Ain Bouchrik: Blick von der Sonnenterrasse nach Westen; Foto R. Vossen

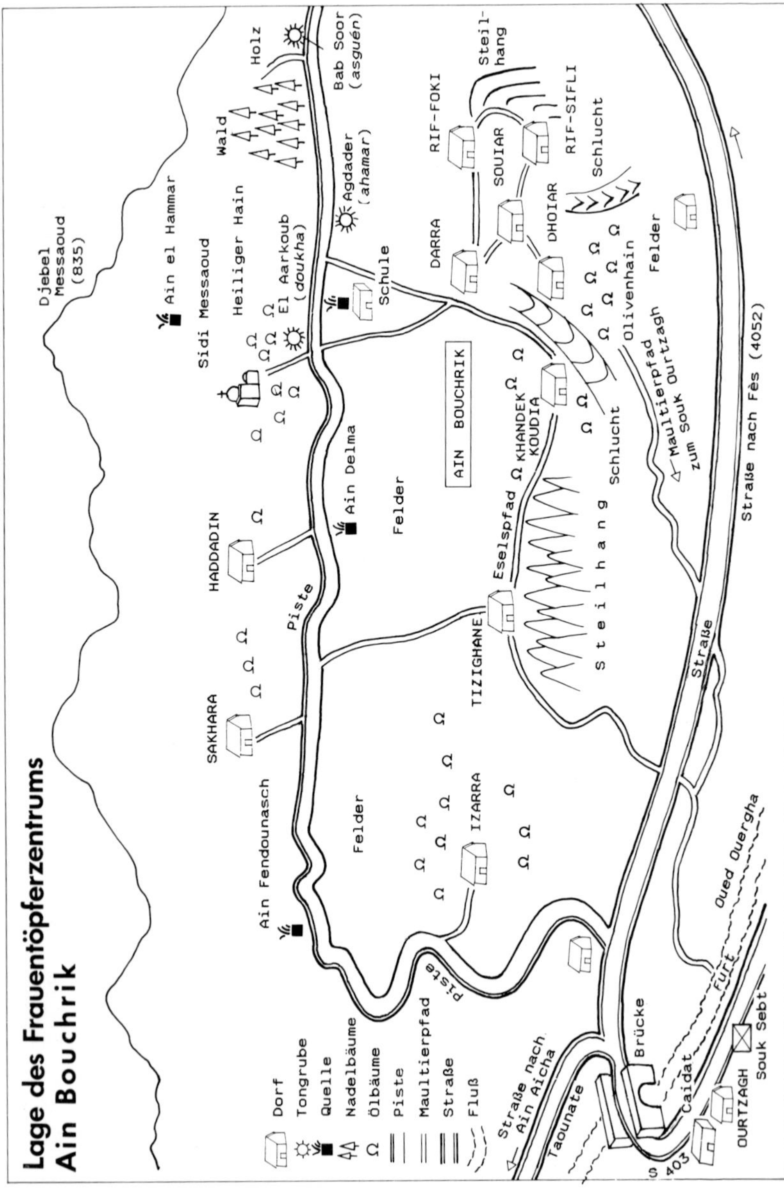
Lage des Frauentöpferzentrums
Ain Bouchrik
Dorf
Tongrube
Quelle
Nadelbäume
Ölbäume
Piste
Maultierpfad
Straße
Fluß
Djebel Messaoud (835)
Ain el Hammar
Sidi Messaoud
Heiliger Hain
El Aarkoub (doukha)
Wald
Holz
Agdader (ahamar)
Bab Soor (asguén)
Schule
RIF-FOKI
SOUIAR
RIF-SIFLI
Steilhang
Schlucht
DARRA
DHOIAR
Olivenhain
Felder
AIN BOUCHRIK
KHANDEK KOUDIA
Schlucht
Maultierpfad zum Souk Ourtzagh
Straße nach Fès (4052)
HADDADIN
Ain Delma
Felder
Eselspfad
Steilhang
TIZIGHANE
Piste
SAKHARA
Straße
Ain Fendounasch
Felder
IZARRA
Oued Ouergha
Furt
Piste
Brücke
Straße nach Ain Aicha
Taounate
Caidat
Souk Sebt
OURTZAGH
S 403

Abb. 2

Abb. 3 Blick von Ain Bouchrik in das Ouergha Tal; Foto R. Vossen, 1987

Bevölkerung und soziale Gliederung

Aufgrund des schluchtenreichen, stark gegliederten Geländes zerfällt Ain Bouchrik mit seinen rund 170 Giebelhäusern in sechs Ortsteile: **Darra, Souiar, Dhoiar, Rif-foki, Rif-sifli** und **Khandek-Koudia** (s. Karte Abb. 2). Sämtliche der knapp 1000 Bewohner gehören zu der ehemaligen Stammeseinheit (*kabyla*) der **Slès**, die in vier Untergruppen (*ferka*) aufgeteilt ist: **Ksil**, **Khandak**, **Lejmat** und **Ourtzagh**. Der für die Ksil-Ferka und Ain Bouchrik zuständige Schech wohnt im Nachbarort Sakhara, der zuständige Caid im heutigen Hauptmarktort **Ourtzagh**. Um 1950 umfaßte die Stammesgruppe der Slès 7130 Mitglieder (nach Prosper Ricard: Les Guides Bleus, 1950:360), während 1981 ca. 14000 Angehörige gezählt wurden, d.h. die Bevölkerung hat sich in einem Zeitraum von knapp 40 Jahren fast verdoppelt. Diese Entwicklung hatte ihren Einfluß auch auf die Töpferei.

Lokalgeschichte - der Heilige aus Sevilla

Zu einer lückenlosen Rekonstruktion der Lokalgeschichte von Ain Bouchrik fehlen noch viele Mosaiksteinchen. Die wenigen, die wir in kurzer Zeit durch Befragung vieler älterer Bewohner zusammentragen konnten, bis der Caid unsere Befragungen untersagen ließ, sollen hier ausgebreitet werden.

Zu unserer Überraschung erfuhren wir, daß auch hier eine Verbindung mit Andalusien bestanden haben muß. Am Fuße des Djebel Messaoud wird Ain Bouchrik von dem höher gelegenen, grün gedeckten Gebäude eines gleichnamigen Heiligtums beherrscht. Dieser Heilige, **Sidi Messaoud**, war den Erzählungen nach ein wundertätiger Schafhirte aus dem Nachbarort Sakhara. Ursprünglich soll er aus **Sevilla** (Sibla) in Andalusien stammen. Für seine Tiere fand er auch in der größten Trockenzeit Futter und Wasser. Als eines Tages sich Leute aus dem Nachbardorf **Tizighane** (nach anderen Berichten Izarra) fälschlicherweise bei seinem Herrn Sidi Hamed Hamamouch über ihn beschwerten, er vernachlässige seine Tiere, wurden sie mit Blindheit geschlagen. Doch gerade gegen Blindheit und Hautleiden wurden ihm auch Heilungskräfte nachgesagt. Als er starb, soll er gesagt haben: »Da, wo mein Maultier haltmacht, möchte ich begraben werden.« Das war oberhalb der Tongruben von Ain Bouchrik.

Man errichtete dort ein Mausoleum (Marabout) für diesen Heiligen, der auch nach seinem Tode noch Wunder wirkte. Die Quelle, Ain el Hammar, die oberhalb des Grabmals entsprang, soll Augenleiden geheilt haben, eine unterhalb entspringende Quelle Hautleiden.

Jedes Jahr im Oktober gab es eine große Wallfahrt, die erst um 1960 eingestellt wurde. Höhepunkt war ein Opferfest verbunden mit Fantasias (Reiterspielen).

Es ist unklar geblieben, zu welcher Zeit der Heilige gelebt hat. In den Wundergeschichten ist immer wieder von **Moulay Yakoub**, seiner Tochter Safia und dem Sohn Achmed die Rede. Doch ob Moulay Yakoub mit dem Meriniden-Sultan identisch ist, der um 1300 lebte, muß vorerst offen bleiben. Auch die Beziehung zu dem Bade- und Wallfahrtsort Moulay Yakoub bei Fès (s. Abschnitt Verzierung und Dekor, unten) ist nicht ganz klar geworden.

In den Geschichten der Alten heißt es zur Bevölkerungsentwicklung und zur Töpferei: Um 1910/1920 gab es nur zwischen 60 und 70 Häuser (heute 170) in Ain Bouchrik. In den 20er Jahren hätten nur 8 bis 10 Frauen (nach anderen Angaben 4 bis 5) als Töpferinnen für den Eigenbedarf und den Tauschhandel gearbeitet. Produktionsschwerpunkte waren Wasserkrüge, Milchtöpfe, Kohlebecken, Butterkrüge, Schüsseln, und Vorratsgefäße. Die Bemalung sei sehr viel sorgfältiger als heute

Abb. 4/5 Ansicht von Ain Bouchrik: Töpferwaren (Brotteigschüsseln, Kochtöpfe, Kohlebecken) stehen zum Abholen bereit; Foto R. Vossen

Abb. 6 Ortsansicht von Ain Bouchrik; Foto R. Vossen, 1987

Abb. 7 Gehöft mit Brotofen, Wellblech- und Palmstrohdächern vor der Kulisse des Djebel Messaoud; Foto R. Vossen, 1987

gewesen. Kleinobjekte wie Tierfiguren und Miniaturkeramik, wie sie heute für den Touristenmarkt gemacht würden, gab es damals noch nicht.

In den Nachbarorten **Haddadine** und **Tizighane** hätten damals auch einige Frauen getöpfert. Bei unserem Besuch in **Tizighane** am 12.9.87 hörten wir, daß dort tatsächlich bis etwa 1985 die letzte Töpferin gearbeitet haben soll. Die Produktion war die gleiche wie in Ain Boauchrik, doch eine Meisterin, Tamo de S' Ali, hätte außergewöhnlich große Wasserkrüge und Olivenölgefäße mit 4 Henkeln aufgebaut, die 35 bis 40 Liter faßten. Wir konnten derartige mit Öl gefüllte Krüge noch fotografieren und damit die Verbindung zwischen mündlicher Überlieferung und heutiger Beobachtung herstellen (s. Abb. 5).

1987 haben wir in **Ain Bouchrik** etwa 30 töpfernde Frauen namentlich erfassen können. Nur drei oder vier von ihnen galten als besonders gute Meisterinnen. In der Regel waren es Witwen, alleinstehende Frauen und Frauen mit kinderreichen Familien (6-8 Kinder), die aus wirtschaftlichen Gründen auf den Erlös aus der Töpferei angewiesen waren. Dabei ist es wie in Slit interessant festzuhalten, daß die Töpfereitradition in der Regel zwar von der Mutter auf die Tochter weitergeben wird, doch werden **einheiratende Frauen durch die Frauen der Nachbarschaft häufig in die Töpferei eingeführt. Sie passen sich dabei vollkommen an den vorherrschenden Arbeits- und Dekorstil an. Andererseits geben Frauen, die aus Ain Bouchrik wegheiraten, ihre Töpferei meistens auf, so daß die Tradition auf dem Heiratswege nicht verbreitet wird,** wie von archäologischer Seite teilweise spekuliert wurde (vgl. Longacre, 1970; zum gleichen Ergebnis kam Herbich, 1987 in Kenya).

Wie in Slit wird die Töpferei in Ain Bouchrik als **Saisonarbeit** im **Nebenerwerb** betrieben, da die Ölbäume, etwas Getreideanbau, einige Kühe und Schafe eine relativ gesicherte Existenzgrundlage bieten. Wer es sich leisten kann, verzichtet deshalb auf diese körperlich schwere und schmutzige Arbeit. Mit der wachsenden Bevölkerungszahl jedoch (s. oben) wird die Landwirtschaft als alleinige wirtschaftliche Basis in Zukunft nicht mehr ausreichen. So kommt der Töpferei mangels anderer Alternativen auch in Zukunft eine gewisse wirtschaftliche Bedeutung zu, solange sich die Konkurrenzprodukte aus Plastik und Gummi (s. Slit) noch nicht vollkommen durchgesetzt haben.

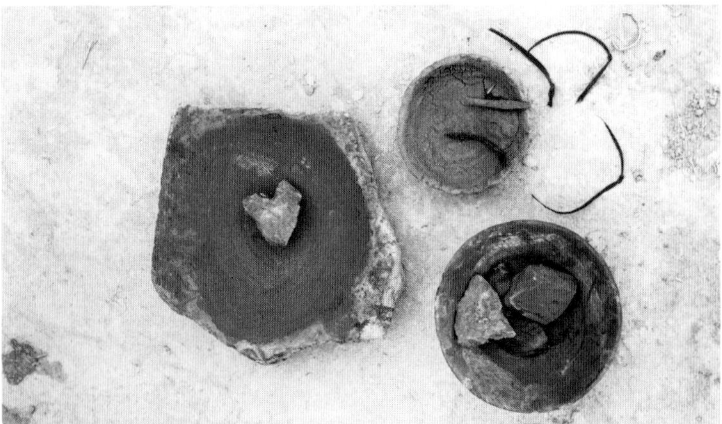

Von der Tongewinnung bis zum Brand

Tongewinnung und Aufbereitung

Die reichen Tonvorkommen in Verbindung mit den ursprünglich auch reichen Brennstoff-Reserven und sprudelnden Quellen am Fuße des Djebel Messaoud boten ideale Voraussetzungen für die Entwicklung eines Töpferzentrums. Heute haben sich die Bedingungen zunehmend verschlechtert, da die Holzvorräte der näheren Umgebung erschöpft sind und mit der fortschreitenden Abholzung auch die Quellen im Sommer mehr und mehr versiegen.

Ain Bou-Chrik bedeutet soviel wie »Quelle des Vaters von Chrik« bzw. nach anderer Version »grüne Erde« oder »Ton des Chrik«. Jedenfalls wird der Name mit den grün-weißlichen kaolinhaltigen Tonvorkommen (*doukha*, *adoqqa*) von El Aarkoub unterhalb des Marabout des Sidi Messaoud in Verbindung gebracht. Weiter südlich hacken die Frauen, ebenfalls an der Oberfläche im Tagebau, ein rötliches Mineral (*ahamar*) für die Bemalung und etwa 30 Minuten südlich bei Bab Soor einen lockeren Tongrus (*asguin*) heraus. Bereits in der Tongrube wird der Ton mittels Sieben durch ein Sieb, das normalerweise bei der Couscous-Bereitung verwendet wird, von den gröbsten Fremdkörpern gereinigt.

Schließlich gehören zur Tonmischung zerstoßene oder in der Handmühle (*rhá*) **zermahlene Tonscherben** (*afrour*) von alten oder zerbrochenen Gefäßen, die als Magerungsmaterial dem fetten Ton beigemischt werden. In Ain Bouchrik konnten wir das unserer Kenntnis nach **westlichste und südlichste Vorkommen dieser Magerungsart** feststellen. Sonst ist diese Art von Magerung, abgesehen von unsicheren Vorkommen im Zerhoun-Gebiet, nur im mittleren und östlichen Rif und vor allem in der großen und kleinen Kabylei in Algerien verbreitet (vgl. Gruner 1973:28 ff.).

Der fette *doukha*-Ton wird im Innenhof des Töpfergehöftes, wo normalerweise gearbeitet wird, in einer Schüssel eingesumpft.

Dann breitet die Töpferin den gesiebten *asguin* - Tongrus und das

Abb. 8 Handmühle zum Zermahlen von Tonscherben

Abb. 9 Reibsteine zum Anrühren der Manganoxidfarben

Abb. 10 Töpferwerkzeuge von Ain Bouchrik vor Brochettes-Kohlebecken; Fotos R. Vossen, 1987

Abb. 11 Fatima vermischt und walkt die Tonarten mit der Magerung im Innenhof ihres Gehöftes

Abb. 12 In einer anderen Ecke ihres Hofs formt sie die Unterteile von Tongefäßen auf verschiedenen Formplatten; Fotos K. Vossen, 1987

zermahlene Tonscherben-Pulver auf einem Stück Plastik aus und vermischt und knetet alles zu etwa gleichen Teilen zusammen (s. Abb. 11). Der Knetprozeß erinnert an das Kneten des Brotteigs - eine allen Töpferinnen vertraute Tätigkeit. Beim Kneten selbst ertastet die Töpferin noch etwaige Verunreinigungen und entfernt sie. Nun kann die Arbeit beginnen.

Aufbau auf Formplatte in Lappen-Treibtechnik

Als Unterlage benutzen die Töpferinnen von Ain Bouchrik beim Aufbau größerer Gefäße eine größere runde **Formplatte** (*skaf*, pl. *skofa*) aus einem Ton-Stroh-Dunggemisch, die auf einer kleineren Steinplatte (*temdala*, pl. *temdalet*) gedreht wird. Beim Aufbau kleinerer Gefäße ist die obere Formplatte kleiner als die untere Platte, da sie im wesentlichen nur als Basis dient, die mit dem Werkstück auf der Grundplatte gedreht wird. Anstelle der Ton-Dungplatte kann auch eine unregelmäßige dünne Steinplatte als Formplatte benutzt werden.

Der Aufbauprozeß ist **anders** als in den Frauentöpferorten Slit und Ifrane Ali. Diese Beobachtung stützt meine These, die auch andernorts bestätigt wird, daß es »**technologische Dialekte**« analog den sprachlichen Dialekten gibt (vgl. das Einführungskapitel).

In Ain Bouchrik erfolgt der **Aufbau** folgendermaßen: Die Töpferin sitzt vor der Formplatte auf dem Boden - das rechte Bein angewinkelt, das linke seitwärts gestreckt - und formt aus der frisch gekneteten Tonmasse eine Kugel, die sie auf der **Formplatte** zu einem Fladen ausweitet und glättet. Dieser Tonfladen wird der spätere Gefäßboden (s. Abb. 12). Eine weitere Tonkugel rollt sie senkrecht zwischen den Handflächen zu einem Wulst (*aschaed*), den sie zu einem halbmondförmigen Gebilde (*rikza*) ausweitet. Diesen »Tonlappen« setzt sie senkrecht auf den Rand des Tonfladens und verstreicht die Verbindungsstelle sorgfältig. Ein »Tonlappen« bildet je nach Größe des Gefäßes ein Viertel, ein Drittel oder die Hälfte der Gefäßwandung. Etwaige Lücken ergänzt sie durch einen kleinen Tonwulst, den sie mit den »Lappen« verbindet. Mit Hilfe einer rechteckigen, stellenweise leicht gekehlten hölzernen **Formschiene** (*mischta*) und der linken Hand als Widerlager treibt, verstreicht und formt die Töpferin diese »Lappen« bis zur endgültigen Wandstärke und Formgebung. Die Töpferin dreht dabei die Formplatte teilweise mit dem linken Fuß (!), teilweise mit der Hand.

Ist eine Höhe von ca. 15 cm erreicht, formt die Meisterin dieses Teil entweder zu einer Schüssel aus, oder sie läßt es annähernd lederhart trocknen, um die nötige Tragfähigkeit für den Aufbau eines größeren Hohlgefäßes zu erreichen. **Wie in Ifrane Ali und Slit ist das Unterteil beim Aufbau aller Gefäßtypen technologisch und formal gesehen gleich.** Abgesehen von der unterschiedlichen Größe hätte die Töpferin theoretisch eine **Wahlmöglichkeit**, ob sie z.B. eine Schüssel, einen Kochtopf, einen Wasserkrug oder ein Vorratsgefäß machen möchte.

Die Töpferin Aischa, die wir bei der Arbeit beobachten konnten, hatte morgens vier Unterteile (*zouab*, sg. *azouaba*) nebeneinander aufgebaut. Zur **Herstellung eines Vorratsgefäßes** (*habia*) setzte sie nach einer Trockenphase von ca. 2 Stunden die Arbeit in Lappen- und Treibtechnik fort. Der Bauchabschnitt (*zoubta, zoubeta, zbata*) bestand aus zwei nacheinander aufgebauten Zonen von jeweils 15 bis 20 cm Höhe. Nach weiterer Trockenphase baute sie den Halsteil (*el ouk, elfa*) auf mit einer sorgfältig verstrichenen Randlippe (*asouaka*). Schließlich fügte sie auf der Schulter zwei Wulsthenkel (*el yid, el iyed* = Ärmchen) an. Mit den Trockenphasen zog sich der Aufbauprozeß über den ganzen Tag hin. Zuletzt war ein Gefäß von ca. 60-70 cm Höhe erreicht. Auch hier wieder die Beobachtung, daß die Einzelteile eines Tongefäßes nach menschlichen Gliedmaßen benannt werden.

Verzierung und Dekormotive

Daß Kochgefäße im wesentlichen unverziert sind, da sie im Gebrauch schnell rußgeschwärzt werden, liegt auf der Hand. Diese Tatsache konnten wir in vielen Orten feststellen (vgl. z.B. Slit). Allenfalls sind die Ränder oder die Randzone schwarz oder schwarz-rot bemalt, mechanisch verziert oder höher gelegene Gefäßteile mit Zierleisten oder Bändern versehen. So konzentriert sich die Bemalung auch in Ain Bouchrik vor allem auf die großen Flächen von Vorratsgefäßen, Butterkrügen, Milch- bzw. Melkgefäßen und Bechern. Auch kleinere Tonobjekte wie Tierfiguren, Vasen, Zierteller, Kohlebecken usw., die im wesentlichen eine Dekorfunktion haben, werden bemalt. Wasserkrüge dagegen, die in anderen Frauentöpferorten bevorzugtes Objekt für Bemalung sind, tragen in Ain Bouchrik lediglich ein schwarzes Band auf der Randzone und schwarze Streifen auf den Henkeln. Dadurch kommen freilich die ausgewogenen klaren Linien der für Ain Bouchrik typischen Wasserkrugform besonders gut zum Ausdruck.

Abb. 13/14 Aischa dreht vor der Formplatte einen Wulst zwischen den Handflächen und formt daraus ein lappenähnliches Element

Abb. 15 Aischa verstreicht den Rand einer großen Schüssel; Fotos R. Vossen, 1987

Abb. 16 Keramiklast eines Maultieres mit vier Vorratsgefäßen und Melktöpfen

Abb. 17 Vorratsgefäß (zir) als Wasserkrug genutzt

Abb. 18 Safia auf dem Samstagmarkt von Ourtzagh (1980)

Abb. 19 Keramikkauf auf dem Samstagmark von Ourtzagh; Fotos R. Vossen, 1980

Da unsere Untersuchungen in Ain Bouchrik nicht abgeschlossen werden konnten, sind nicht alle Fragen, die sich auf Verzierung und Dekor beziehen, zu beantworten. So ist z.B. nicht klar geworden, ob der Malgrund bei allen bemalten Gefäßen zuvor mit einer (roten oder weißen Engobe) überzogen oder lediglich mit einem Flußkiesel (*adelek*) poliert wird. (In einem in den 50er Jahren erschienenen Artikel eines französischen Protektorats-Beamten (*Les Poteries de Slès*) ist von einer weißen Engobe (*blanchiment avec la terre calcaire appelée »biada«*) die Rede. Doch konnten wir weder vor Ort noch auf den Gefäßen selbst eine derartige weiße Engobe feststellen.)

Jedenfalls ist die **Bemalung (*zouak*) zweifarbig**, schwarz und rotbraun, angelegt. Der rote Farbstoff (*ahamar*) wird oberhalb von Ain Bouchrik in einem kleinen Steinbruch namens Agdader gewonnen.

Vermutlich handelt es sich um Hämatit als färbende Substanz (vgl. Gruner 1973:37; eine Analyse der mitgebrachten Ton- und Farbproben steht noch aus.) Dagegen muß der schwarze Farbstoff, ein dunkler Stein (*noghra*) von weither (von Sidi Saiem bei Oulja) eingehandelt werden. Möglicherweise ist es Manganoxid oder Goethit als färbender Bestandteil (vgl. Gruner 1973:37).

In beiden Fällen sind **Zubereitungsart** und **Malweise** gleich: Die Töpferin zerreibt den Farbstein auf einem muldenförmigen Reibstein (*hascha*r), der zu ihrem Besitz gehört. Dem Pulver setzt sie soviel Wasser zu, bis die Flüssigkeit intensiv färbt. Mit einem aus Ziegenhaar und einem Tonklumpen selbst gefertigten kurzen Pinsel (*arakam*) bemalt sie zunächst die Rand- und Bodenzone und die Seiten der Henkel mit schwarzer Farbe und zieht die Leitlinien der Schulterzone sowie die Spitzbögen oder Zickzackmuster der Bauchzone ebenfalls mit Schwarz, bevor sie begleitende Linien, flache Bogen und Füllmuster in Rot ausführt.

Hinsichtlich der **Bemalungsmotive** gibt es leider nur widersprüchliche Angaben. Die bereits erwähnte französische Publikation der 50er Jahre macht für die auffälligen Spitzbögen die Angabe: »*les arcades de la mosquée - mehrhab* und *souari*« . Unsere Informantin Aischa nannte sie *moukaref*, was unser Dolmetscher Mustafa mit »schließen« übersetzte. Die schwarz-roten Rhombenmuster bezeichnete sie mit *ayoun*, d.h. Augen. Wenn dabei an die bekannte Interpretation »Augen als Abwehr gegen den bösen Blick« gedacht wird, ist dies zwar möglich, aber nicht eindeutig belegt. Eine andere Informantin machte für das gleiche Muster die Angabe *zellij*, d.h. Mosaik. Der französische Autor nennt die schwarzen Rhomben »trockene Olivenkerne« , die rotbraunen Rhomben »frische (grüne) Olivenkerne« (arab. *adam zitoun*). Hängebögen wurden *zour enouna* oder *zeranouno* (?) genannt und die umlaufenden Bänder *jiot* (Faden) oder *hazab nembri* (großer Gürtel ?).

Auf einem zu Dekorzwecken getöpferten Teetisch (*sinia*) ist ein rechteckiges Muster mit einer mirhab-ähnlichen Ausbuchtung dargestellt. Die Frauen brachten dieses Muster ebenso wie Malereien auf den Hauswänden mit dem Wallfahrtsort Moulay Yakoub (20 km westlich von Fès) in Verbindung. Ob sich hier an die Erzählungen von Sidi Messaoud anknüpfen läßt (s. oben), der mit Moulay Yakoub in Zusammenhang gebracht wird? Sidi Messaoud soll mit dem Wasser seiner Quellen Augen- und Hautleiden geheilt haben. Von den 5 Quellen von Moulay Yakoub, die die heiße Hauptquelle umgeben, heißt es, sie heilten Augen- und Zahnleiden, Kopfkrätze, die Sterilität von Frauen und - Wahnsinn (Prosper Ricard, 1950:353).

Bemalung von Tongefäßen und Hauswänden als stets gegenwärtige Bittgebete? Wir wissen es nicht genau. Wahrscheinlich ist, daß jede Frau sich ihre eigenen Gedanken macht und **auch in traditionell festgelegte Muster ihre persönliche, von eigenen Erfahrungen und Wünschen geprägte Interpretation hineinlegt.** Ergeht es uns nicht ähnlich so, wenn wir ein bekanntes Kunstwerk interpretieren sollen? Deshalb fallen auch die Antworten auf die Frage nach der Bedeutung einzelner Muster und Motive so unterschiedlich aus. **Nur dann, wenn die Stammestraditionen noch stark, allgemein verbreitet und verbindlich sind, ergibt sich ein einheitlicheres Bild.** Interessant ist zum Abschluß der Hinweis, daß auf dem Markt die Ware nicht verkauft würde, wenn sie nicht bemalt sei.

Brennstellen und Brand

Im Rahmen unseres Forschungsprojektes hatte Arne Lucke u.a. die Aufgabe übernommen, eine vergleichende Analyse der Brennverfahren unter ethnoarchäologischen Gesichtspunkten durchzuführen. Ich zitiere im folgenden aus seinem vorläufigen Bericht, der die Situation treffend beschreibt (Lucke 1989/90, Manuskript S.9):

»Die Töpferinnnen in Ain Bou-Chrik brennen in etwa 30 über das ganze Dorf - vorzugsweise über die Hanglagen - verteilten, bis zu 2,50

Abb. 20 Die Brennstelle ist nestartig hergerichtet; Foto K. Vossen, 1987

Abb. 21 Aischa trägt frisch getöpferte Gefäße heran und baut sie in ihre Brennstelle ein; Fotos R. Vossen, 1987

Abb. 22 Die Brennstelle ist kuppelartig abgedeckt mit Dungfladen, Stroh und Scherben

Abb. 23 Arne Lucke und Mustafa Amrani bei Messungen der Brenntemperatur; Fotos R. Vossen, 1987

m im Durchmesser betragenden Brennmulden (koucha). Die nestartigen Mulden sind meist von einem Steinkranz umgeben und zwischen 10 und 30 cm tief. Brennmaterialien sind hier eine Unterlage aus Dungplatten (foulfoul), Olivenholz und Hartholzgesträuch (ghaba, balod, acaillor de dro) sowie eine bis zu 75 cm hohe kuppelartige Überdeckung aus Dungplatten und Stroh.

Die Gesamtbranddauer., d.h. die Zeit vom Entzünden des Brennmaterials - welches von mehreren Stellen gleichzeitig geschieht - bis zur Herausnahme der noch warmen Keramik am Morgen des nächsten Tages, dauert hier im Durchschnitt 19 Stunden. Nach 4 - 6 Stunden wurden in Ain Bou-Chrik bei insgesamt 3 registierten Bränden Höchsttemperaturen von durchschnittlich 950° Celsius erzielt. Der insgesamt höchste Meßwert betrug dabei 985° Celsius. Während dieser Endbrandphase ist die Töpferin bestrebt, die Bildung einer offenen Flamme in der Stroh-Dungkuppel zu vermeiden, indem sie (wie in Slit) entstehende Löcher sofort sorgfältig mit Dungfladenstücken und Stroh abdeckt. Dennoch handelt es sich hier ... nicht um einen reduzierenden Meilerbrand, denn mehrere Luftlöcher im unteren Steinkreisbereich lassen ausreichend Sauerstoff nachströmen, um eine durchwegs oxydierte rotgebrannte Ware zu erzeugen. Bruch entsteht auch in Ain Bou-Chrik kaum. Wenn Schäden auftreten, handelt es sich meist um abgeplatzte Ränder der größeren Gefäße (habia, guemboura), sowie um verzogene größere Teller.

Auch in Ain Bou-Chrik fällt auf, daß es den Töpferinnen, gegenüber dem in Slit üblichen, leicht abweichenden Brennstellentyp sowie unterschiedlicher Brenntechnik gelingt, bei geschickter Brandsteuerung mit geringem Brennmaterialaufwand eine relativ große Anzahl funktionsfähiger Gefäße herzustellen. So wurde in einem Fall ... die Brennmulde mit 10 großen Wassergefäßen, 8 großen Backschüsseln, 21 großen Kochtöpfen, 11 großen Kohlebecken, 2 Bachofenabdeckplatten, 8 Couscous-Siebaufsätzen, 4 Schüsseln und 10 flachen Schalen beschickt. Davon waren nach dem Brand lediglich vier Wassergefäße und eine Backschüssel leicht am Rand beschädigt sowie drei Teller und eine Backschüssel verzogen. Zwei Kochtöpfe, zwei Schalen und ein Kohlebecken waren nicht ausreichend durchgebrannt und wurden beim nächsten Brand nochmals in die Brennmulde eingesetzt.

Für den gesamten Herstellungs- und Brennprozeß messen die Töpferinnen in Ain Bou-Chrik der jeweiligen Wetterlage große Bedeutung bei. So wird hier in der kalt-feuchten Jahreszeit (November bis März) im

»Produktiospalette« von Ain Bouchrik

Abb. 24

allgemeinen nicht gebrannt, und auch in den Übergangszeiten würden nach Aussagen der Töpferinnen feuchte Temperaturen und Regenfall den Brand verderben.«

Es bleibt lediglich nachzutragen, daß die Töpferinnen in Ain Bouchrik nach Möglichkeit wie in Ifrane Ali im Wochenmarkt-Rhythmus arbeiten und brennen. Hauptbrandtag ist der Freitag am Vorabend des Hauptmarktes, **Souk Sebt Ourtzagh**.

Zu den gravierendsten Problemen gehört heute die **Brennholzbeschaffung**. War Holz früher reichlich in der unmittelbaren Umgebung vorhanden, so müssen die Töpferinnen heute zu Fuß oder per Maultier 10 - 15 km zurücklegen, um Holz für einen Brand zu beschaffen. Dazu sind 10 Tragelasten (*bultos de espalda*) nötig. Welchem Marokkofahrer sind nicht die ergreifenden Bilder Holzlasten tragender Frauen, unter denen sie fast zusammenbrechen, in Erinnerung? Steht den Frauen kein Maultier zur Verfügung, müssen sie 15 Dirham für Brennmaterial eines Brandes bezahlen. Viele Frauen haben deshalb das Töpfern bereits aufgegeben.

Form und Funktion - die »Produktionspalette« von Ain Bouchrik

Auf der Basis der Aufzeichnungen von Karla Vossen (vgl. K.Vossen 1989/90) sollen die wichtigsten Form- und Funktionstypen der Keramik von Ain Bouchrik kurz vorgestellt werden. Dabei ist wie in den übrigen Frauentöpferorten zu berücksichtigen, daß Formen und Größen nicht normiert sind. Als Maßstab dienen allenfalls bereits fertig getöpferte oder alte Gefäße. Alle Gefäße sind flachbodig, so wie sie auf der flachen Formplatte aufgebaut wurden.

Insgesamt kann man **18 Form- und Funktionstypen** unterscheiden, wenn man die von den Frauen selbst angegebenen Unterscheidungsmerkmale und die einheimischen Bezeichnungen zugrunde legt.

1. **Wasserkrug** (*guemboura*) - flaschenförmiger Krug mit kurzem Hals und enger Mündung, ca. 55 - 60 cm hoch; bis auf schwarze Halszone und Streifen auf den Henkeln meistens unbemalt; ausgewogene Form; faßt etwa 25 - 30 Liter Wasser; dient zum Wassertransport in den Tragetaschen eines Maultiers. 4 Wasserkrüge bilden eine Transporteinheit. Frauen bevorzugen ältere Wasserkrüge mit verstopften Poren oder mit Zement abgedichtete Wasserkrüge wegen des geringeren Wasserverlustes. Im Herbst werden Wasserkrüge auch als Vorratsgefä-

ße für Olivenöl benutzt. Zu jedem Haushalt gehören durchschnittlich 6 Wasserkrüge. Stehen im Durchgang zum Innenhof oder in einer schattigen Hofecke.

2. **großes Vorratsgefäß** (*habia*) - ähnliche Grundform wie der Wasserkrug, jedoch weitmündig, zweihenklig; ca. 65 - 70 cm hoch; ist häufig reich bemalt; faßt etwa 35 - 40 Liter Wasser; dient zur Aufbewahrung des Wassers; beliebt wegen der Verdunstungskälte des durch die Poren heraustretenen Wassers; stehen im Innenhof, teilweise in Schüsseln, um das Wasser aufzufangen, teilweise im Eingangsbereich der Wohnräume zur Entnahme von Trink- und Waschwasser; dienen nach der Ernte auch als Getreidebehälter neben den großen lehmverputzten Behältern aus Bambusgeflecht. In jedem Haushalt stehen 3 bis 5 dieser Gefäße, teilweise von beträchtlichem Alter, da sie standortgebunden sind.

3. **kleines Vorratsgefäß** (*kda*) - von gleicher Form wie die *habia*, ist jedoch nur ca. 25 - 40 cm hoch; dient zur Vorratshaltung von Hülsenfrüchten und von Getreide, im Hof als Pflanzenkübel; ist reich bemalt. Jede Familie besitzt 1 bis 4 *kda*-Gefäße.

4. **Engmündiges Vorratsgefäß** (*zir*) - wasserkrugähnliches Gefäß mit charakteristischer scharf profilierter Zierleiste im Schulterhals-Umbruch; ca. 40 cm hoch; Mündung so groß, daß eine Frauenhand bis zum Boden hineinfassen kann; unbemalt oder zweifarbig bemalt; dient zur Vorratshaltung von Oliven; wird bis zur Olivenernte Ende Oktober auch zum Wassertransport benutzt; fast identisch mit dem Butterkrug.

5. **Butterkrug** (afkir) - entspricht formal und auch im Dekor dem Oliven-Vorratsgefäß (*zir*); wird jedoch zur Herstellung von Sauerrahmbutter verwendet, indem das Gefäß schräg geneigt auf einem der Henkel liegend oder senkrecht hin und her bewegt wird. Die Butter wird in das Melkgefäß (s. unten) abgeschöpft, die Sauermilch (*leben*) getrunken. Ein bis zwei Butterkrüge sind in einem Haus vorhanden.

6. **Kochtopf** (*guedra*) - leicht bauchiges, zylindrisches Gefäß mit eingezogener Randzone und zwei Henkeln; z.T. mit Bauchleiste, Randzone gelegentlich bemalt; in einem Haushalt sind mehrere Keramikkochtöpfe in verschiedenen Größen in Gebrauch, werden jedoch zunehmend von Metallkochtöpfen verdrängt.

7. **Couscous-Siebeinsatz** (*keskes*) - konisch zulaufender durchlöcherter Einsatz für Kochtöpfe zum Dämpfen von Hartweizen für Couscous oder von Gemüse oder Quitten. Bei der Couscous-Bereitung kochen Fleisch und Gemüse in Wasser. Die aufsteigenden Dämpfe bringen den Hartweizen zum Quellen.

Abb. 25 Sauerrahmbutter und Buttermilch werden durch Hin- und Herbewegung des Butterkruges bereitet; Foto R. Vossen, 1987

Abb. 26 Melken in Wintermelkgefäß; Form und Henkel sind dem Verwendungszweck optimal angepaßt; Foto K. Vossen, 1987

Abb. 27 Drei Typen von Holzkohlebecken in Ain Bouchrik, das linke mit Kochtopf; das rechte kann im Boden versenkt werden; Foto K. Vossen, 1987

8. **Sommermelkgefäß** (*kdá*) - leicht ausladendes Doppelhenkelgefäß zum Melken in der Hauptmilchzeit im Frühjahr und Frühsommer und für die Milchverarbeitung; ca. 20 cm hoch; meistens reich bemalt.

9. **Wintermelkgefäß** (*haleb*) - kleinere Variante der *kida* zum Melken der geringen Milchmengen im Herbst und Winter; wird auch als Trinkgefäß und zu verschiedenen anderen Zwecken benutzt (s. Karla Vossen, 1989/90).

10. **Henkelbecher** (*ghorraf*) - leicht ausladender Becher von ca. 10 cm Höhe; reich bemalt; diente früher als Schöpf- und Trinkgefäß, wird heute zur Aufbewahrung kleiner Gegenstände verwendet.

11. **Tiefe Schüsseln** mit Doppelhenkel (*zahfa*) und ohne Henkel (*gasaa*) - Vielzweckgefäße mit Hauptfunktionen als Brotteig- und Waschschüssel, doch mit mindestens 14 weiteren Verwendungsmöglichkeiten (vgl. Karla Vossen 1989/90).

12. **Griffschüssel** - Handhabe im Innern einer Schüssel; dient wie in Slit zum Verschließen der Öffnung des Backofens (vgl. den Beitrag von Karla Vossen in diesem Band).

13. **Eßschale** (*zlefa*) - flache Schüssel mit Bemalung auf der Innenseite; wird heute vorwiegend an Touristen verkauft.

14. **Backplatte** (*makla*) - flache am Rand aufgebogene Platte zum Backen von Fettgebäck auf dem Kohlebecken; Brot wird im Brotofen gebacken, den jede Familie besitzt (vgl. Beitrag von K.Vossen).

15. **Kohlebecken** (mejmar) - gibt es in verschiedenen Ausführungen; die gebräuchlichste, teilweise bemalt, ist ein schüsselförmiger Behälter mit steiler Wandung , zwei Henkeln und drei Topfstützen; daneben gibt es eine schmalere zylindrische Variante (s. Abb. 27); dienen nach Aufnahme von Holzkohle als tragbare Herdstelle zum Garen von Speisen und als Wärmequelle im Winter.

16. **Herdstelle** (*boukoura*) - Tonplatte mit drei senkrechten Topfstützen; wird im Boden des Innenhofes als feste offene Herdstelle eingelassen; ersetzt die sonst übliche Herdstelle

(*kanoun*), die aus drei Steinen gebildet wird; möglicherweise ein Prototyp des Kohlebeckens (s. Abb. 27).

17. **Butangasaufsatz** (*mejmar butagas*) - Topfstützenaufsatz aus Ton für Butangasflaschen; Neuentwicklung seit Einführung von Butangas.

18. **Bienenräuchergefäß** (*mejmar del hal*) - vogelförmiger Behälter mit Henkel zur Aufnahme von Holzkohle; Rauch wird zum Vertreiben der Bienen durch das siebförmige Ende geblasen.

Neben diesen reinen Gebrauchsgegenständen gibt es, vermutlich seit der Franzosenzeit, eine Fülle von bemalten Kleinobjekten, Achenbechern, Kerzenleuchtern, Doppelgefäßen mit Bügelhenkel, Teeservice mit Tischchen aus Ton, Vasen, Tierfiguren und anderen Ziergegenständen, die heute für den **Touristenmarkt** hergestellt werden. Die Töpferinnen orientieren sich dabei z.T. an den unbeholfenen Abbildungen des bereits genannten französischen Artikels aus den 50er Jahren. Mit etwas Schuhcreme »gealtert« tauchen sie gelegentlich bereits in Antiquitätengeschäften von Fès auf.

Handel und Verbreitung

Vieles spricht dafür, daß die Töpferinnen von Ain Bouchrik früher in erster Linie zwar für den Eigenbedarf, doch in einer Art **regionaler Arbeitsteilung** auch für andere Stammesteile des Slès getöpfert haben. Diese regionale oder lokale Spezialisierung war wahrscheinlich stark von den jeweiligen natürlichen Rohstoffvorkommen abhängig. Der Austausch zwischen den Stammesteilen erfolgte dann über den Zentralmarkt des Stammes und über umliegende Märkte.

Der **Hauptmarkt der Slès war damals ein Freitagsmarkt** (Souk Jemaa Sidi Smim) im Tal des Oued Merkott unterhalb von Ain Bouchrik. Erst 1956 nach der Unabhängigkeit wurde der Markt auf die andere Flußseite des Oued Ouargha, nach Ourtzagh, auf den Samstag verlegt. Ein großer Wasserkrug kostete in den 50er Jahren 2-3 *reales* oder 10-15 centimes, 1 Liter Olivenöl ca. 20 centimes oder 2 francos, 1 Kilo Getreide ca. 50 centimes. Man hätte damals jedoch vorwiegend **getauscht**: ein Gefäß, z.B. einen Milchtopf (*haleb*) gefüllt mit Getreide gegen das Gefäß selbst, einen Wasserkrug gegen das Getreide, das man in vier mittlere Kochtöpfe (*gamila*) füllen konnte. Damals gab es, so berichtete man uns, neben dem Olivenanbau nur wenig Landwirtschaft im Slès-Gebiet. Mangels Zugtieren mußten sich häufig vier bis fünf Männer ins Joch vor den Pflug spannen. **Heute sei das Leben insgesamt besser als damals.**

Neben dem Freitgsmarkt wurden gelegentlich noch andere Wochenmärkte der näheren und weiteren Umgebung besucht: im Norden der Souk Khemis von Tafrannt (heute Souk Sebt oder der Nachbar-Souk Khemis Kissane), der Souk el Had des Beni Zeroual/Ghafsai, der Souk Tleta Galaz, der Souk Tnine Sidi el Mokhfi (Entfernung 45 km), der Souk el Had Ain Aicha im Osten und im Süden der Souk Tnine L'Oulja

(Entfernung 35 km). Zur Erreichung der fernsten Märkte war man 4 bis 5 Stunden auf dem Maultier unterwegs.

Allerdings ist nach unserem derzeitigen Informationsstand auf diesen Märkten nur selten Keramik aus Ain Bouchrik abgesetzt worden, da dort **Konkurrenzprodukte** der Nachbarstämme mit ihrer jeweils typischen Formgebung und einem stammesspezfischen Dekor bevorzugt wurden. Im Norden werden auf dem Souk el Had Ghafsai z.B. die eindrucksvoll bemalten Wasserkrüge (*guemboura*), botijos (*kalela*), Schüsseln (sahfa, zlefa) usw. der **Beni Zeroual** aus **Ain Berda** angeboten. (1987 arbeiteteten noch 10 Frauen dort. Bei unserer Landesaufnahme von 1980 konnte dieses Zentrum nicht besucht werden. Die Keramik wurde 1986 erstmalig in der Ausstellung von Dorothee Gruner über »Berber Keramik« vorgestellt, vgl. Gruner 1986, Tf. 5,7). Auf dem Souk Tleta Galaz sind Frauen aus **Bab el Had** mit der rot engobierten Keramik der Beni Galaz verteten. In Ain Aicha bieten Frauen Wasserkrüge und Vorratsgefäße aus **Oulad Bou Soltane** an (vgl. Vossen/Ebert 1986:71 f.) und auf dem südlichen Souk Tnine Oulja Männer ihre Gebrauchskeramik aus **Gueddara** (s. Vossen/Ebert 1986:143 ff. und den Beitrag über Gueddara in diesem Band).

In den Packtaschen (*shouari*) eines Maultiers können vier große Wasserkrüge oder Vorratsgefäße oder eine größere Anzahl kleinerer Gefäße transportiert werden. Große Broteigschüsseln werden umgestülpt über den Rücken des Lasttiers gelegt und festgebunden. Zum Samstagmarkt **Souk Sebt Ourtzagh** sind die Töpferinnen oder ihre Männer etwa 1 1/2 Stunden unterwegs. Sie müssen dabei den Fluß Ouargha durch eine Furt überqueren. Am 17.10.87 haben wir dort insgesamt 10 Frauen mit ihrem Keramikangebot registriert. Darunter waren drei Witwen sowie alleinstehende Frauen mit wenig Vieh und Landbesitz. Die Verkaufspreise schwanken je nach Jahreszeit: ein großes bemaltes Vorratsgefäß kostet vor der heißen Zeit im Sommer und nach der Getreideernte bis 25 Dirham, im Herbst bei geringer Nachfrage nur etwa 10 Dirham. Im allgemeinen wurden im Oktober je nach Gefäßtyp Preise zwischen 3 und 20 Dirham (ca. 0,75 DM bis 5,- DM) verlangt.

Konkurrenz

Heute ist auch in Ain Bouchrik die **Konkurrenz** von Plastikflaschen und Gummi-Wasserbehältern spürbar. Auf dem Weg zu den Quellen, die im Oktober noch tätig waren, begegneten uns neben den heimischen Wasserkrügen und Vorratsgefäßen auch schon eine Reihe von Tragegestellen mit Plastikflaschen, Plastikbehältern, Wassereimern aus Plastik und Trichtern aus Blech sowie - wenn auch noch selten - Gummiwasserkrügen. Folgende Quellen werden von Ain Bouchrik in Anspruch genommen: Ain Fendounasch/ Sakhara, ca. 3/4 Stunde Fußweg: starke Quelle (s. Abb. 28); Ain n'Äzlef, ca. 25 Min. Fußweg: schwache Quelle; Ain Demna, ca. 15 Min. Fußweg, mittelstarke Quelle, jedoch Bezahlung des Wassers von 4 Wasserkrügen zu je 20 Litern für 5 Dirham/Tag. Der Verdrängungsprozeß der Keramik durch Plastik und Gummi wird in den nächsten Jahren sicherlich voranschreiten.

Auch die einheimischen Kochtöpfe werden mehr und mehr durch Metallkochtöpfe, die besser zu reinigen sind, abgelöst. Selbst ein Schnellkochtopf hatte bereits Eingang in Ain Bouchrik gefunden und wurde - als Kuriosum - gleich in Ton nachgebaut. An traditionellen Konkurrenzpro-

Abb. 28 Wasserstelle, ca. 45 Min. westlich von Ain Bouchrik; Foto R. Vossen, 1987

Abb. 29 Wasserkrugecke mit Wasservorratskrügen aus Ain Bouchrik, Gummikrüge zum Transport; Foto K. Vossen, 1987

Abb. 30 Einfüllen von Wasser in Vorratsgefä Blechtonne; Foto K. Vossen, 1987

dukten konnten wir die spitzhütigen, glasierten tajine-Formen aus Rabat, tajine-Gefäße aus Ifrane Ali und verzinnte Kupfertöpfe und glasierte Tontrommeln aus Fès in Funktion beobachten (vgl. Karla Vossen 1989/90). Kohlebecken werden durch Butangasflaschen abgelöst. Allenfalls hat der neu entwickelte Butangas-Aufsatz (*mejmar butagas*) auch in Zukunft noch eine Marktchance. Ebenso werden noch die Wasservorratsgefäße verlangt werden, solange sich die Konkurrenzprodukte für die Frisch- und Kühlhaltung des Wassers nicht eignen.

»Die Gabe Gottes genießt man nicht mittels Eisen.«
(marokkanisches Sprichwort)

Das tägliche Brot in Marokko

Karla Vossen

Wer immer in Marokko auf dem Lande eingeladen war, hat eine Teezeremonie erlebt. Dabei kocht der Hausherr einen meist grünen Tee, gibt erfrischende Minze hinzu und bietet seinen Gästen nach altem Ritus drei Gläser Tee an. Das Teegeschirr steht immer so bereit, als warte es auf einen. Bleibt der Gast länger, so reicht man ihm auch frisches Brot. Die Zubereitung des Brotes können meist nur weibliche Gäste verfolgen, denn das ist Frauensache und findet in einem für fremde Männer unzugänglichen Bereich statt. Gebacken wird das Brot, je nach Jahreszeit und Gewohnheit, auch außerhalb dieses Bereiches.

Brot als Grundnahrungsmittel

Brot fehlt zu keiner Mahlzeit. Man ißt es zum Frühstück oft mit einer warmen Suppe (harira), zwischendurch mit flüssiger Butter, Sauerrahm, Honig u.a. Mit Zwiebeln, Datteln oder einem Stück Käse bildet es die Hauptmahlzeit vieler Landarbeiter. In der berberischen Tradition hat Brot auch die Funktion eines Löffels. Gemeinsam sitzen der Hausherr, seine erwachsenen Söhne, nur selten auch die Hausfrau, mit den Gästen rund um einen niedrigen Tisch, auf dem eine große Eßschüssel oder ein Keramiktopf stehen. Mit dem Brot nimmt man sich aus dieser Schüssel Fleisch oder Gemüse und saugt die Soße auf. So bilden sich in dem Essen größere oder kleinere Kuhlen. Meist sind die Gäste satt, bevor die »Dämme« zwischen diesen freien Stellen brechen. Auf den Rest freuen sich außerhalb des Gastraumes die Frauen und Kinder der Familie.

Aufgabe des Hausherren ist es, das Brot zu teilen und den Anwesenden zu reichen. Während er das Brot bricht, spricht er ein mehr oder weniger deutliches *»bismi llahi, ar-rahmani ar-rahimi« - »im Namen Allahs, des Erbarmers, des Allmächtigen.«* Sich satt essen zu können, ist keineswegs selbstverständlich, und Allah sei Dank dafür. Bei uns beten Christen heute nur noch gedankenlos »Unser täglich Brot gib uns heute«.

Angesichts überquellender Vorratslager und Übergewichtsprobleme bricht kein Hausvater mehr das tägliche Brot oder reicht es den Anwesenden mit einem Segenswunsch.

Gehen wir heute zu einem Bäcker, so wählen wir zwischen zahlreichen Brotsorten aus. Wem das immer noch nicht reicht, der backt sich sein Brot nach einem der vielen Rezepte selbst. Auch in Marokko wird Brot auf unterschiedliche Weise hergestellt. Für das tägliche Brot ist jedoch jeweils nur ein Rezept in einer Gegend gebräuchlich. Fast ausschließlich wird feines Weizenmehl verwendet. Gelegentlich versetzt man es wie in Ifrane Ali, Prov. Tetuan, mit Gerstenmehl eigener Ernte. Dort wird das Getreide noch von den Frauen mit Handmühlen gemahlen und anschließend gesiebt. Die feinen Bestandteile mischt man mit gekauftem Weizenmehl für Brotteig, die groben verfüttert man dem Vieh, aus den mittleren kocht man eine Suppe. Nur selten bieten arme Frauen auf Märkten Gerstenfladen an.

Für den Teig mischt man im allgemeinen Mehl, Wasser und etwas Salz mit Hefe oder mit einem Sauerteigansatz vom letzten Backen. In der städtischen feinen Küche wird der Teig noch mit Kräutern oder Gewürzen verfeinert. Wie bei jedem Hefeteig wird durch Kneten möglichst viel Luft eingearbeitet. In einer Teigschüssel geht dieser Vorteig ca. 20 Minuten auf. Dann wird er portionsweise aufgeteilt und zu kleinen Kugeln geformt. An einem zugfreien, warmen Ort muß er unter Tüchern nochmals aufgehen und nimmt die Fladenform an. Vor dem Backen wird in die Mitte des Fladens gelegentlich ein Loch eingedrückt (z.B. in Ifrane Ali).

Brotbackplatten

Selten wird Fladenbrot aus einem flüssigen Teig zubereitet wie im östlichen Rif, in Dshira, Prov. Oujda. Hier backt Fatima, die Tochter des Töpfers Azzaoui Amar, Brot. Mit einer Kelle schöpft sie den Teig auf eine Backplatte (*mokhla*) aus Keramik. Diese wird durch ein Holzkohlebecken erhitzt. Ist der Brotfladen von der Unterseite gar, so wird er gewendet. In Ifrane Ali benutzt man ovale Backplatten für einen Teig, der unserem Pfannekuchen ähnelt.

Gebräuchlicher ist Hefeteig. In Slit, Prov. Sidi Kacem, wird er ebenso wie in Ifrane Ali und an anderen Orten auf einer Backplatte gebacken. Diese steht im Sommer draußen auf 3 Steinen. Geheizt wird mit leicht

Abb. 1 Eine Backplatte kann auf einem Kohlebecken stehen; Foto W. Ebert, 1980

brennbarem einfachen Gestrüpp. Sollen mehrere Brote gleichzeitig hergestellt werden, so benutzt man allerdings einen Backofen. Da die Backöfen im Freien stehen, verhindern Regenfälle im Winter das Backen von Brot im Ofen. So wird in Slit während der nassen Jahreszeit Brot nur auf Backplatten hergestellt.

In Ain Bouchrik, Prov. Taounate, backt man im Sommer grundsätzlich Brote im Backofen. Zu jedem Haushalt gehört ein Backofen, in dem auch auf Vorrat Brot hergestellt wird. Eine gemeinschaftliche wirtschaftliche Nutzung eines Ofens ist unbekannt. Die Backplatte wird im Sommer vor allem zur Herstellung eines blätterteigähnliches Fettgebäck für Feste verwendet. Auch in Ain Bouchrik steht die Backplatte auf 3 Steinen, und mit Gestrüpp wird gefeuert.

Abb. 2 Meistens wird die Backplatte auf einem offenen Feuer über drei Steinen erhitzt; Foto K. Vossen, 1987

Eine Backplatte ist von einer Töpferin leicht anzufertigen und daher billig. Sie läßt sich schnell mit minderwertigem Holz anheizen.So kann es zu jeder Zeit frisches Brot geben. Allerdings hat eine Backplatte nur eine kurze Lebensdauer. Da nur Unterhitze vorhanden ist, kann Brot auch nicht besonders gut aufgehen und wird daher leicht hart. Zusätzlich wird viel Energie verbraucht. Die traditionellen großen Backöfen lösen diese Probleme. Doch zahlreich sind die Übergangsformen von der Backplatte zum Backofen.

Tragbare Backöfen

Von der einfachsten Form eines tragbaren Backofens berichtet Robert Carrier in »Die Kultur der marokkanischen Küche«(1988:74). Er beobachtete Marokkanerinnen, die einen Schmortopf »Tajine« zum Backen benutzten. Das Unterteil ähnelt der Backplatte. Der stark gewölbte Deckel hält die Feuchtigkeit und Wärme. Weit verbreitet ist dieser Topf für schmackhafte Fleisch-Gemüsegerichte (s.Kapitel Keramik in Funktion). Auf einem Holzkohlebecken wird es von unten erhitzt. Zum Backen legen die Frauen noch glühende Kohlen auf den Deckel und erzeugen so eine Oberhitze. Durch gezielte Regulation des Feuers können sowohl helle, lockere wie auch dunkle, krustige Brote entstehen.

Geschlossene tragbare Backöfen werden auf dem Souk-el-Arba-Sahel, dem Mittwochsmarkt in der Prov.Tiznit, angeboten. Ebenso wie Backplatten können sie auf Kohlebecken oder einem Feuer über drei Steinen erhitzt werden. Je nach Jahreszeit und Gelegenheit werden sie im Haus oder Hof verwendet. In tragbaren Backöfen kühlt Fladenbrot nicht so schnell an der Oberfläche ab, kann besser aufgehen und wird daher lockerer.

Abb. 3 In tragbaren Backöfen bekommt das Brot Oberhitze; Foto W. Ebert, 1980

Backöfen mit Tonkern

Noch besser hält sich die Wärme in einem Tonkern, der fest eingemauert und ummantelt wird. Am Stadtrand von Tiznit bieten Straßenhändler Innenstützen für Öfen an. Liegend, mit der runden Öffnung nach vorne zeigend, werden sie zu Backöfen. Im Unterschied zu den transportablen Backöfen wird im Ofen selbst gefeuert. Die heiße Asche fegt man beiseite, und in der gespeicherten Hitze backt das Brot. Löst sich der Fladen vom Rand, so ist das Brot gar.

Dieser Tonkern kann auch senkrecht stehend eingemauert werden. Die runde Öffnung ist dann oben und dient als Halterung für einen Kochtopf. Gefeuert wird durch die rechteckige vordere Öffnung. Diese eingemauerten Backöfen haben ihren festen Platz an einer überdachten Stelle der Haushaltsecke. Nur 1-2 Brote können jeweils darin gebacken werden.

Backen im gemauerten Backofen

In den großen Backöfen von Ain Bouchrik, Prov. Taounate, lassen sich mehrere Brote gleichzeitig und auch hintereinander fertigstellen. Zu jedem Gehöft gehört ein Backofen. Stehen besondere Ereignisse bevor und will man sicher gehen, daß Brot und Gebäck gelingen, so läßt man

Abb. 4 Auf Märkten werden Tonkerne für Herdstellen und Backöfen angeboten; Foto W. Ebert, 1980

Abb. 5 Liegende Tonkerne werden zu Backöfen, stehende bilden die Herdstellen; Foto K. Vossen, 1980

einen neuen Backofen errichten. So wurde im Hause Nahi Hussain ben Mohamed anläßlich der Hochzeit seiner Tochter Fatima im Oktober 1987 ein neuer Backofen gebaut.

Zwei Tage dauerte die Hochzeit im Haus der Braut, bevor diese in das Dorf des Ehemannes übersiedelte und dort die Festlichkeiten fortgesetzt wurden. Etwa 120 Fladenbrote mußten im Haus der Braut gebacken werden. Für alle Brote kneteten die Schwestern und Cousinen der Braut den Teig. Diese Aufgabe der unverheirateten Frauen der Familie beschäftigte sie 2 Tage lang ab morgens um 4 Uhr. Das Mehl für das Brot bringen die Frauen des Dorfes am 1. Tag der Hochzeit, dem Abschiedsfest der Frauen von der Braut, mit.

Zwei Sorten Brot werden gebacken, das tägliche Brot aus Weizenmehl, Hefe, Salz und Wasser sowie das mit Milch gebackene Brautbrot. Eine Maultiertasche voll gepackt mit diesem Brot begleitet die Braut in ihr neues Heim. Der Backofen wird an diesen Tagen nicht kalt. Immer wieder wird Holz nachgelegt, die glühende Asche zur Seite gefegt und im erhitzten Ofen das Brot 10-15 Minuten gebacken. Geht das Brot einmal wirklich nicht gut auf, so ist das beschämend für die Brautmutter. Doch mit der Hilfe aller Nachbarinnen gelingt das Fest.

Abb. 6 Kneten des Brotteigs ist Aufgabe der jungen Frauen; Foto K. Vossen, 1987

Abb. 7 Im Rif werden große Brotmengen im Backofen gebacken; Foto K. Vossen, 1987

Bau eines Brotofens in Ain Bouchrik

Auch an der Errichtung eines Brotofens nehmen viele Frauen teil. Die Verantwortung für den Bau trägt in Ain Bouchrik die Töpferin Fatima bent Aischi. Berufsmäßig töpfert sie seit dem Tode ihres Mannes vor 10 Jahren. Etwas Landwirtschaft und Töpferei bieten ihr und ihren Kindern ein ausreichendes Einkommen. Töpfern lernte sie erst nach ihrer Heirat in Ain Bouchrik und übernahm damit auch die dort üblichen Formen. Inzwischen gilt sie als so geschickte Ofenbauerin, daß selbst die Töpferin Tamo bent Lahsen sich ihren Ofen im Oktober 1987 von ihr bauen ließ.

Den Sockel des alten Ofens überholte die Eigentümerin selbst. Er war gut durchgetrocknet und stabil, als Fatima morgens um 7 Uhr mit dem Bau des Ofens begann. Den Öffnungsrahmen hat Fatima getöpfert. Mit kleinen Feldsteinen und einer Mischung aus Lehm und Häcksel baut sie den unteren Teil des Ofens auf. Ein leichtes Vorfeuer trocknet den Ofen aus. Nachbarinnen reichen der Ofenbauerin Steine und Lehm zu. Oberhalb des Backloches baut Fatima den Hals eines alten Vorratsgefäßes als Lüftungsloch ein. Für kleinere seitliche Abzugsöffnungen verwendet sie die Hälse von Wasserkrügen. Als Baumaterial für den oberen Teil des Ofens setzt sie auch Scherben des alten Backofens ein. Den oberen Abschluß des Ofens bildet eine alte umgestülpte Teigschüssel. Die Feuerungsöffnung befestigt sie mit einer Mischung aus Feigenkaktus, Öl und Kalk (dirrt).

Nun beginnt das Ummanteln des Ofens mit einer Lehm-Häcksel-Mischung. Die Nachbarinnen verputzen den unteren Teil des Ofens, während Fatima den oberen Teil übernimmt. Ein leichtes Feuer trocknet den Ofen aus. Gegen 13.00 ist der Trockenbrand beendet. Fatima füttert den Ofen nun mit dicken Holzstücken und verstellt die Öffnung mit Holzkloben und Blech. Um jeden Luftzug zu vermeiden, verschmiert sie die Öffnung noch zusätzlich mit einer Dung/Häckselmischung. Bei der geringen Luftzufuhr verbrennt das Holz im Inneren wie bei einem Meiler zu Holzkohle. Hat sich das Feuer durch die Dungschicht durchgefressen, so wird es gelöscht. Mit einem langem Stock, an dessen Spitze frisches Laub gebunden wird, bringt man Wasser auf die glühende Holzkohle, erstickt das Feuer und fegt sie aus dem Ofen. In alten Keramikgefäßen wird sie aufbewahrt. Während des Winters wird mit dieser Holzkohle in Kohlebecken geheizt und gekocht.

Erst jetzt verputzt Fatima sorgfältig die Verbindung am Ofeneinsatz.

Abb. 11 Alle Nachbarinnen helfen beim Verschmieren des Brotofens.

Abb. 8 Auf einem festen Sockel wird mit Bruchsteinen ein Backofen gebaut; Foto K. Vossen, 1987

Abb. 9 Eine Schüssel schließt den Ofen nach oben ab; Fotos K. Vossen, 1987

Abb. 10 Die getöpferte Ofenöffnung wird besonders gefestigt.

Abb. 12 Beim 1. Brand des Ofens wird die Öffnung mit Dung verschlossen, um das Feuer zu drosseln; Fotos K. Vossen, 1987

Abb. 13 Ist der Ofen durchgebrannt, so wird auch der Öffnungsrahmen mit Lehm verschmiert.

Eine deckelähnliche Tür aus Keramik hält, wie auch beim Backen, die Wärme im Ofen.

Ist der Ofen gut vorgebrannt, so wird nachmittags bei offener Tür gefeuert. Anfänglich heizt man mit Gestrüpp. Nachgelegt wird mit dickeren Kloben, die jedoch nur bis zur Konsistenz von Holzkohle verbrannt werden. Dann wird das Feuer wieder gelöscht. Diesen Vorgang wiederholt sich mehrmals, bis gegen 20.00 ein letzter dicker Stamm in die Öffnung geschoben wird und über Nacht bei geöffneter Tür verbrennt. Erst dann ist Fatimas Verantwortung für den Ofen beendet.

Brotofen und Töpferofen in Ifrane Ali

Der Brotofen in Ain Bouchrik besteht aus einem sogenannten falschen Gewölbe. Beim Bau werden die Steine nach innen vorkragend aufgeschichtet. So verjüngt sich der Ofen nach oben. Den »Abschlußstein« bildet eine Schüssel. Da in einem Ortsteil von Ain Bouchrik eine bestimmte Töpferin die Backöfen errichtet, entsprechen sie sich.

In Orten wie Ifrane Ali, Prov. Tetuan, bauen sich die Töpferinnen ihre Backöfen selbst. Bedingt durch die Vielzahl der Meisterinnen, weichen auch die Brotöfen voneinander ab. Teilweise setzt die Töpferin mehrere dicke Tonwülste aufeinander und verschmiert sie. So entsteht, im Unterschied zu den Backöfen von Ain Bouchrik und einigen aus Ifrane Ali, ein echtes Gewölbe. Dieser Ofen hält höheren Druck aus, und in ihm lassen sich Temperaturen um 900 Grad erzielen. Derartige Temperaturen eignen sich auch zum Brennen von Keramik. So wird in Ifrane Ali im gleichen Ofentyp bei niedrigen Temperaturen Brot gebacken und bei höheren Keramik gebrannt. Nur die Größe des Ofens sowie das Brennmaterial unterscheiden sich. Außerdem braucht der Töpferofen für große Gefäße eine größere Öffnung und drei weitere Abzugsöffnungen zur besseren Regulierung des Brandes.

Kuppelförmige Brotöfen sind im ländlichen Marokko weit verbreitet. Man findet sie in unterschiedlichen Größen mit und ohne Abzugslöcher. Sind sie unter einem Dach errichtet, so können auch winterliche Regenfälle das Backen nicht behindern.

In den Städten gibt es keine individuellen Backöfen. Hier gibt es den

Abb. 14 Backofen und Brennofen von Ifrane Ali entsprechen einander; Foto R. Vossen, 1987

Beruf des Bäckers, der Brot zum Verkauf anbietet. Aber auch Familien können ihr vorbereitetes Gebäck zum Bäcker bringen. Gegen eine geringe Gebühr wird es dort in großen Öfen gebacken. Damit jede Frau ihr Brot wiedererkennt, stempelt sie es mit dekorativen Ornamenten. Brotstempel stellen Drechsler in großer Varaitionsbreite her.

Ich danke allen Mitgliedern des Teams für Informationen.

Abb. 15 Mit Brotstempeln kennzeichnen private Haushalte beim Bäcker gebackenes Brot (aus Rackow 1958, S. 3, Tafel IX)

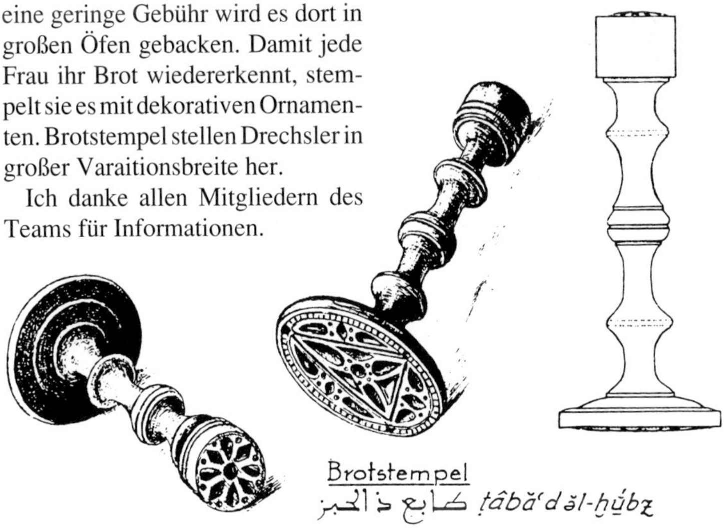

Frauentöpferei-Inseln bei El Kelaa des Sraghna und Settat

Bei unserer Landesaufnahme stießen Wilhelm Ebert und ich im Juni 1980 völlig unerwartet auf Frauentöpferei-Zentren in den **Jbilet** genannten Bergen nördlich von Marrakech vor El Kelaa des Sraghna (vgl. Vossen/Ebert 1986:276-286), nachdem wir zuvor bereits, ebenfalls unvermutet, in der Provinz Settat inmitten von Männertöpferzentren den **Frauentöpferort Oulad Hamida** entdeckt hatten.

In **Oulad Hamida** nahe Souk Jemaa Guisser arbeiteten 1980 acht Frauen ohne Töpferscheibe auf einer mit Sand gefüllten flachen Formschüssel (*qalib*, vgl. Vossen/Ebert 1986:203 f.). Die beiden Tonerden, die man miteinander vermischte, wurden allerdings von den Männern gesucht, mit einem Holzprügel zerkleinert und dann von den Frauen durchgesiebt und weiter bearbeitet (s. Abb. 2). Die Frauen stellten in Wulsttechnik Brotbackplatten, bauchige henkellose Kochtöpfe (*hadi-*

Abb. 4 Angebot von Wasserkrügen, Kochtöpfen und einem Vorratsgefäß aus Oulad Hamida auf dem Souk Dar Chaffai; Foto R. Vossen, 1980

Abb. 1 Das Tonschlagen im Frauentöpferort Oulad Hamida ist Aufgabe der Männer; Foto W. Ebert, 1980
Abb. 2 Tonschlageprügel, Tonsiet und Formschüssel mit frisch getöpferten Kochtöpfen; Foto R. Vossen
Abb. 3 Aschehaufen mit Brennstelle; im Vordergrund Vorratsgefäße mit Formschüssel-Abdruck; Foto W. Ebert, 1980

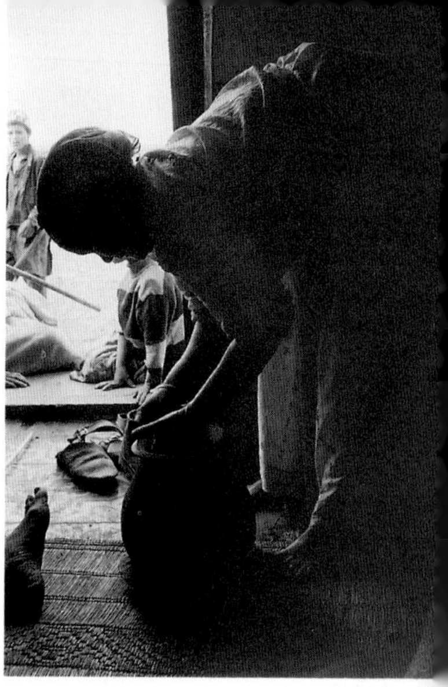

Abb. 5 Der Aufbau eines Kochtopfs auf einer Formschüssel ist Aufgabe der Frauen; Foto R. Vossen, 1980

ma), Couscous-Siebeinsätze, einhenklige, flaschenförmige Wasserkrüge, Kohlebecken und zweihenklige Vorratsgefäße (*habia*) her. Letztere haben im Bodenbereich einen Randabdruck der flachen Formschüssel, auf der sie aufgebaut wurden. In Höhe des unteren Henkelansatzes tragen sie eine Zierleiste (s. Abb. 4), die man in ähnlicher Form auf den Vorratsgefäßen der Frauentöpferzentren bei El Kelaa des Sraghna wiederfindet.

Die Brennmulden liegen z.T. auf hohen Aschenhaufen und sind kreisförmig von einer 4-5 lagigen Trockensteinmauer umgeben (s. Abb. 3). Das Brenngut wird kuppelförmig mit Dungfladen und Stroh und abschließend mit einer Schotterschicht bedeckt. Das Brennen ist Aufgabe der Männer, ebenso der Verkauf auf den umliegenden Märkten.

Jbilet-Frauentöpferzentren

An diese Situation fühlten wir uns erinnert, als wir südlich von El Kelaa des Sraghna nach staubigen Pistenfahrten in den Jbilet-Bergen unvorbereitet auf eine größere Anzahl von Frauentöpferzentren stießen. Auffällig waren zunächst die z.T. riesigen Aschehaufen, auf denen gebrannt wurde (s. Abb. 6/7) - ein Indiz für gewachsene lokale alte Töpfertraditionen. Die Kontaktaufnahme war anfangs schwierig, da wir mit den

Abb. 6/7 El Marmouta: große Aschehaufen mit Brennstellen für Keramik erheben sich am Rande des Frauentöpferzentrums; Fotos R. Vossen, 1980

Frauen zunächst nur über ihre Männer Verbindung aufnehmen konnten. Leider scheiterte der Plan, 1987 eine Nachuntersuchung durchzuführen, um insbesondere **lokalhistorische Fragen** hinsichtlich der Herkunft der Oulad Sidi Rahal, zu denen die Töpferinnen gehören, klären zu können. So bleiben auch hier einige Fragen ohne Antwort, da wir für die erste Aufnahme insgesamt nur zwei Tage Zeit hatten.

Al Melassa ist mit etwa 40 töpfernden Frauen das größte Zentrum, gefolgt von **Hel Lagheba** (20-30 Frauen), **Oulad Tereia** (17-18 Frauen) **Bou Senhaja** (15-16 Frauen), **El Marmouta** (15 Frauen) und **Snoussiyin**. Gewissermaßen als Vorposten dieser »Frauentöpferei-Insel« ist **Latamna** anzusehen, wo inmitten eines Männertöpferortes eine Frau, die sich auch als Weberin betätigt, Brotbackplatten formt (s. Vossen/Ebert 1986:276 f.). Jeder der genannten Orte ließ eine gewisse **Spezialisierung** auf bestimmte Gefäßtypen erkennen, so Al Melassa, Hel La Gheba und Bou Senhaja ebenfalls auf Brotbackplatten (*ferrah*), El Marmouta und Snoussiyin auf Vorratsgefäße (*habia*) und Kochtöpfe (*hadima*). Daneben wurden einhenklige Wasserkrüge (*guenboura*), Sauermilchkrüge (halouch), Schmortöpfe (tajine) mit Knaufdeckel, Couscous-Siebaufsätze, Kohlebecken, Eßschalen (zlefa) und gelegentlich auch zylindrische Bienenhäuser (seldi) aufgebaut (s. Abb. 10).

Kennzeichen der Jbilet-Ware

Drei Kennzeichen sind besonders **typisch** für diese Frauentöpfer-Ware, die ich nach ihrer Herstellungsregion **Jbilet-Ware** nennen möchte:

1. die Rundbodigkeit und die Form der Gefäße,
2. die Dekorform: Applikation, Einstich- und Ritzverzierung
3. die Form der Henkel und Griffe.

1. Die **Rundbodigkeit** der Gefäße erstaunt zunächst, konnten wir doch davon ausgehen, daß die Frauentöpferei in Marokko mit flachen Formplatten und flachbodigen Gefäßen einhergeht (vgl. D. Gruner 1973:10). Daß dies keineswegs so sein muß, konnten wir beim Aufbau

Abb. 8 Schmortöpfe mit »Pfotenhenkeln« aus el Marmouta; Foto R. Vossen, 1980

Abb. 9 Melkschüsseln und Kochgefäße aus Al Melassa; Foto R. Vossen

Abb. 10 Keramikproduktion von Oulad Tereia: Bienenhaus, Kochtöpfe, Eßschüssel und Wasserkrug auf dem Souk et Tnine Kelaa des Sraghna; Foto R. Vossen, 1980

eines Wasserkruges in El Marmouta beobachten: Die Frauen arbeiten wie die männlichen Berbertöpfer des Südens in einer **kombinierten Model-Wulst-Treibtechnik**, allerdings **ohne Zurhilfenahme der Töpferscheibe.** Dabei benutzen sei ein Rundmodel (*qalib*), das sie mit einem Tuch bedecken, damit der Ton nicht an dem Model festklebt. Dann stülpen sie einen großen Tonfladen über dieses Model, dehnen und treiben den »Tonpilz«, bis nahezu der Boden des Models erreicht ist (s. Abb. 11/12). Zur Glättung benutzen sie eine rechteckige Formschiene (*hamlalas*) aus Holz. Nach einem Trockenprozeß von 1 bis 2 Stunden wird der runde Tonpilz abgenommen und umgedreht auf eine mit Asche gefüllte Formschüssel gesetzt. Der weitere Aufbau erfolgt in Wulst- und Treibtechnik.

An der Übergangszone vom Rundbodenelement (»Tonpilz«) zur Schulter und Halszone verjüngt sich das Gefäß in typischer Weise, d.h. ein tropfenförmiges Unterteil ist mit einem kegelförmigen Oberteil verbunden.

2. Im Gegensatz zu der bemalten Frauentöpferei-Ware des Rif-Gebietes **zeichnet sich die Jbilet-Ware durch plastische Dekorarten** aus. Insbesondere Vorratsgefäße und Wasserkrüge tragen auf der Schulter eine angarnierte Zierleiste, die gelegentlich noch mit einem Fischgräten-Einstichdekor versehen ist. Teilweise sind auch die Henkel mit einem Einstichdekor verziert (s. Abb. 14). Daneben sind wellenförmige Ritzmuster vertreten. Ähnliche Dekorformen konnten wir in Oulad Tereia als **Tatauierungsmuster** auf Unterarmen und am Kinn der Frauen beobachten.

3. Im Unterschied zu den sonst üblichen Wulsthenkeln haben die hohen Henkel-Gefäße der Jbilet-Ware robuste **Bandhenkel**, während die kleineren Gefäße und z.T. auch die Deckel eigentümliche pfotenförmige **Grifflappen** oder **Griffstiele** tragen.

Bei genauerer Betrachtung dieser Merkmale können wir feststellen, daß die meisten auch auf die Frauentöpferware von Oulad Hamida zutreffen, d.h. nach derzeitigem Kenntnisstand i**st die Oulad Hamida-Ware der Jbilet-Ware zuzurechnen.**

Jbilet-Frauentöpferei - ein Relikt früher Berber-Kultur?

Es sei hier vorausgeschickt, daß die bisher vorliegenden Untersuchungsergebnisse nicht ausreichen, um diese Frage schlüssig zu beantworten. Dazu wären längerfristige linguistische, ethnographische und archäolo-

Abb. 11/12 Eine Töpferin in El Marmouta formt den Rundboden eines Wasserkruges über einem Model, das mit einem Tuch abgedeckt ist; Foto R. Vossen, 1980

gische Untersuchungen und eine Auswertung schriftlicher Quellen erforderlich, die wir nicht leisten können. Die Tatsache des isolierten Vorkommens von Frauentöpferei mit archaischen Techniken und einer archaisch anmutenden Keramik läßt jedoch vermuten, daß diese Töpfertradition sehr alt ist, vermutlich noch älter als die Männertöpferei-Traditionen des Südens, die auf kombinierten Model-Wulst-Drehtechniken basieren.

Technologisch, formal und dekormäßig gesehen besteht keine direkte Beziehung zu den Frauentöpferei-Gebieten des Rif-Gebirges oder des benachbarten Algerien. **Die Model-Wulst-Treibtechnik und die formalen Besonderheiten der Jbilet-Ware bieten einen weiteren Baustein für die »technologische Grammatik«, die der Töpfereikarte Marokkos zugrunde liegt**. Ob die Jbilet-Ware ein »missing-link«, ein Verbindungsglied zwischen der Model-Wulst-Drehtechnik des Südens, schwarzafrikanischen Traditionen und der Aufbaukeramik der Frauentöpferei des Nordens darstellt, müssen künftige Untersuchungen erweisen.

Abb. 13 Mann einer Töpferin mit Vorratsgefäßen aus El Marmouta auf dem Weg zum Souk el Kelaa des Sraghna; Foto R. Vossen, 1980

Abb. 14 Wasservorratsgefäß (habia) mit Zierleisten und Bandhenkel mit mechanischer Verzierung aus El Marmouta; Foto R. Vossen, 1980

Abb. 15 Große Wasservorratsgefäße aus Snoussiyin; Foto R. Vossen, 1980

Berbertöpfereien am Nordabhang des Hohen Atlas

»Landesaufnahmen sind ein Schlüssel zur Erkenntnis überregionaler Zusammenhänge.« (Vossen/Ebert 1986:5) Mit dieser Feststellung wollten Wilhelm Ebert (+) und ich darauf aufmerksam machen, daß erst der überregionale Vergleich Einsichten in die soziale und wirtschaftliche Struktur eines Handwerks und in die Fragen der Standortwahl von Töpfereien ermöglicht.

Denn betrachten wir die Verbreitungskarte der Männertöpfereien der Provinz Marrakech (s. Abb. 1), so fällt folgendes auf: Am Nordabhang des Hohen Atlas, da wo die Gebirgsausläufer sich in die (bei Bewässerung) fruchtbare Haouz-Ebene erstrecken, sind große Töpferzentren und kleine Töpferdörfer a**ufgereiht wie die Perlen an einer großen Kette.** Nur wenige große Zentren befinden sich inmitten der Haouz-Ebene (Marrakech selbst, Tameslought und Deraisiri sowie Doueate/Oulad

Abb. 1

Dlim) bzw. in höheren Gebirgslagen des Hohen Atlas (Takouchdamt).

Unter Einbeziehung der in die Ebene mündenden Seitentäler handelt es sich um die folgenden Gebirgsrand-Ortschaften (mit Angaben ihrer Bedeutung und Spezialisierung, von West nach Ost, Stand 1980, vgl. Vossen/Ebert 337-387 und unsere Karte Abb.1 + unten):

Töpferort/zentrum	Meister/ Werkstätten	Keramikspezialisierung
Tachmirrou	10 Meister	Rotbraun bemalte Irdenware für Wasser (Wasserkrüge, Vorratsgefäße, Blumentöpfe, Kohlebecken)
Tizi Ouarguiouine	10 Meister	Brotbackteller, Teigschüsseln
Tal'at Ouquiar	5 Meister	Kochtöpfe, Vorratsgefäße
Tamazirt/Mzouda	70 Meister	Rot gebrannte Irdenware für das Feuer (Kochtöpfe, Milchtöpfe, Brotbackplatten Teigschüsseln, Kohlebecken, Butangas-Aufsätze) sowie Wasserflaschen und Blumentöpfe

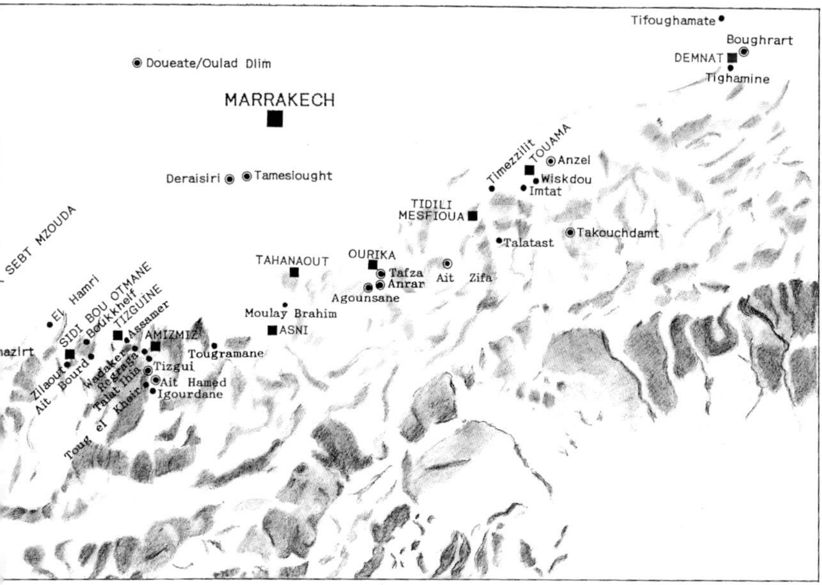

Töpferort/zentrum	Meister/ Werkstätten	Keramikspezialisierung
Ouzza/Mzouda	8 Meister	gleiche Produktion wie Tamazirt
El Hamri (?)	10 (?) Meister	gelblich bleiglasierte Ware für das Feuer (z.B. tajines vom Typ Rabat, Kerzenleuchter)
Zilaout	4 Töpfer,	unbemalte Irdenware (Wasserkrüge, Schmortöpfe, Brotbackplatten, Teigschüssel, Kohlebecken)
Boukkhelf/Ait Ali	2 Meister	Brotteigschüsseln. Backplatten, Teigschüsseln, Kohlebecken, Wasserflasche
Ait Bourd	1 Meister	Brotteigschüsseln, Backplatten
Assamer	1 Meister	Brotteigschüsseln, Backplatten, Kohlebecken, Couscous-Aufsatz
Wadaker	1 Meister	Produktion wie in Regraga
Regraga	22 Meister	unbemalte Irdenware für Schmor- und Kochzwecke (tajines) sowie Wasserflaschen
Talat Ihia	8 Meister	gleiche Produktion wie Regraga
Tizgui/Anougal	16 Meister	unbemalte Irdenware für Wasser (Wasserkrüge, Flaschen, Butterkrüge, Vorratsgefäße)sowie Kochgefäße und Kohlebecken
Ait Hamed/Anougal	18 Meister	gleiche Produktion wie Tizgui
Toug el Kheir	9 Meister	gleiche Produktion wie Tizgui
Igourdane	5 Meister	gleiche Produktion wie Tizgui
Tougramane	1 Werkstatt	Brotbackplatten aus Formschüsseln geformt, Kohlebecken, Couscouseinsätze
Moulay Brahim	1 Werkstatt	Trink- und Eßschalen, Kohlebekken, Couscous-Einsätze, Kochtöpfe
Agounsane/Ourika	ca. 30 Meister	Irdenware, tw. braun bemalt, für das Feuer (Koch-und Schmortöpfe, Milchtöpfe, Couscous-Aufsätze
Tafza/Ourika	ca. 30 Meister	unbemalte Irdenware für Wasser und Feuer (Wasser- und Ölkrüge, Kochtöpfe, Tonfiguren, Salé-Ware-Imitationen)
Anrar/Ourika	ca. 20 Meister	gleiche Produktion wie Tafza sowie Schmortöpfe und Kohlebecken
Tihouna/Ait Bousaid	2 Meister	Miniaturkeramik
Ait Zifa	ca. 20 Meister	rot bemalte Brotbackplatten, Miniaturkeramik
Talatast/Mesfioua	ca. 10 Meister	Kochgefäße, Kohlebecken, Teigschüsseln
Timezzilit	6 Meister	Irdenware mit rot-schwarzer (Wasserkrüge, Vorratsgefäße, Kohlebecken, Becher, Schnabeltöpfchen)
Imtat	8 Werkstätten	gleiche Produktion wie Timezilit
Wiskdou	3 Meister	dito

Anzel	ca. 20 Meister	Wasser- und Vorratsgefäße, Kochtöpfe
Tighamine	9 Meister	Bleiglasierte Irdenware für den Haushalt (Schmortöpfe, Butterbehälter, Fuß- und Eßschalen, Wasserkannen, Kaffeetassen, Suppenschüsseln, Blumentöpfe, Trommeln)
Boughrart/Demnat	ca. 100 Meister	Weiß markierte Irdenware für Wasser (spitzbodige Wasserkrüge und -flaschen)
Tifoughamate	5 Meister	Unbemalte Irdenware für das Feuer (Kochtöpfe, Kohlebecken, Brotteigschüsseln)
32 Töpferorte	442 Meister bzw. Werkstätten	

Lokale Spezialisierung

Von den 32 hier aufgeführten Töpferorten sind 5 auf die Herstellung von **Wasser- und Vorratsgefäßen** spezialisiert (Tachmirrou, Timmezzili, Imtat, Wiskdou, Boughrart), 6 Töpferorte auf die Herstellung von **Wassergefäßen** mit einer kleineren Komponente von **Kochgefäßen** (Ait Hamed. Tizgui, Toug el Kheir, Igourdane, Tafza/Ourika, Anzel), 7 Töpferorte umgekehrt auf die Herstellung von **Kochgefäßen** mit einer kleineren Komponente von **Wassergefäßen** (Tamazirt/Mzouda, Ouzza, Zilaout, Regraga, Talat Ihia, Wadaker, Anrar/Ourika), 6 Töpferorte auf die überwiegende Herstellung von Gefäßen, die mit dem Feuer in Berührung kommen (Talat Ouquiar, El Hamri, Agounsane/Ourika, Talatast/Mesfioua, Tighamine, Tifoughamate). In 5 Töpferorten überwiegt die Produktion von **Brotteigschüsseln** und **Backplatten** (Boukhelf, Ait Bourd, Assamer, Tougramane und Ait Zifa).

Die auffallende **unterschiedliche Spezialisierung** der einzelnen Töpferorte und -zentren, sei es auf Gebrauchskeramik, die dem Wassertransport oder der Vorratshaltung dienen, oder auf Gefäße, die mit dem Feuer in Berührung kommen, ist **abhängig von den unterschiedlichen Tonqualitäten und Magerungsarten sowie von dem lokalen und jahreszeitlichen Bedarf**. So ist z.B. im Frühjahr und Sommer die Nachfrage nach Wassergefäßen und Vorratsbehältern für Wasser in der trocken-heißen Haouz-Ebene sehr groß, so daß selbst die mehr auf feuerfeste Keramik spezialisierten Zentren wie Tamazirt/Mzouda, Regraga/Amizmiz oder Tafza/Ourika neben der Kochgefäßproduktion auch einen Anteil an Wasserflaschen bzw. -krügen führen. Vor der

Abb. 2 Boughrart/Demnat: Töpferzentrum mit Bergen von Wasserkrügen (Überproduktion); Foto W. Ebert, 1980

Erntezeit im Sommer oder Herbst verlagert sich die Produktion mehr auf Vorratsgefäße für Getreide und Öl. Soweit im Winterhalbjahr nach Einsetzen der Regenfälle ab Oktober/November noch getöpfert werden kann, konzentriert sich die Produktion auf Kohlebecken, die neben der Verwendung als transportable Herde auch als Wärmequelle dienen, sowie auf Backplatten, Koch- und Schmorgefäße selbst in Zentren., die mehr auf die Herstellung von Wassergefäßen spezialisiert sind - wie in Ait Hamed oder Tizgui im Anougal-Tal.

Marktorientierung

Volkswirtschaftlich gesehen läßt sich daraus ableiten: **Der Absatzmarkt bestimmt in starkem Maße die Produktion.** Ist die vom Markt her geforderte **Anpassungsfähigkeit der Töpfer** nicht gegeben, so kommt es in großen Zentren unweigerlich zu einer **Überproduktion**, die äußerlich in einer Haldenbildung auf dem Töpfereigelände erkennbar ist (s. z.B. Wasserkrug-Halden in Boujad/Prov. Khouribga und

Boughrart/Demnat; vgl. Abb. 2; vgl. Vossen/Ebert 1986:193 ff., 337 f.). In derartigen Fällen befindet sich ein Töpferzentrum in einer ernsthaften Krise, da die Händler auf die Preise drücken und eine Fortsetzung der Arbeit nicht mehr lohnend erscheint. Es bleiben dann nur die **Alternativen Produktionswandel in Anpassung an neue Bedürfnisse der Abnehmer, Absatzförderung, Abwanderung der Töpfer oder gar Einstellung der Produktion.**

Erwähnenswert ist noch, daß in nur zwei Töpferorten (Ait Hamri und Tighamine) mit **Bleiglasur** gearbeitet wird. Im Fall von **Tighamine** wurde diese Technik von ausgewanderten Meistern aus dem großen Bleiglasur-Zentrum **Tamgrout/Zagora** (vgl. Vossen/Ebert 1986:493 f.) aus dem Süden eingeführt.

Wie steht es mit der A**bhängigkeit vom bzw. der Anpassung an den Touristenmarkt** in dieser Region? Erstaunlicherweise ist die Produktion für den Touristenmarkt bisher noch relativ gering. Nur im weiteren Einzugsbereich von Marrakech, in Tafza/Ourika, Anrar/Ourika, Ait Zifa und Tihouna wird **Miniaturkeramik** für Touristen hergestellt in Form von Tonspielzeug und Tonfiguren, in Tafza/Ourika außerdem Industrieglasierte Keramik im Stil von Salé. Die traditionelle bemalte Keramik von Timezzilit, Imtat und Wiskdou findet man außerdem neben den Specksteinfiguren (vgl. Vossen 1988) und den Gesteinsdrusen des Hohen Atlas in den Straßenständen der Paßstraße über den Tizi-n-Tichka zwischen Marrakech und Ouarzazate.

Betrachten wir abschließend die **Größenunterschiede** der Töpferorte und -zentren, so finden wir Töpferorte mit nur einer Werkstatt (z.B. die Höhlentöpferei von **Assamer/Tizguine**) bis zu so großen und **überregionalen Zentren wie Tamazirt/Mzouda mit ca. 70 Meistern** oder **Boughrart/Demnat mit ca. 100 Meistern**. In den beiden letztgenannten Zentren sind die interne Konkurrenz und der Preisdruck der Händler allerdings so groß, daß ein Teil der Meister in die Töpferzentren von **Rabat, Salé, Marrakech oder Tameslought abgewandert** ist (vgl.zu diesem Phänomen auch Vossen 1984:339 ff.).

Standortvorteile der Töpferorte an Gebirgsrändern

Wie ist es zu dieser auffälligen, perlenartigen Aufreihung von kleinen Töpferdörfern und großen Zentren am Nordabhang des Hohen Atlas gekommen? Nach bisherigen Erkenntnissen sind vor allem vier Faktoren dafür ausschlaggebend gewesen:

1. **qualitativ gute und leicht erreichbare Tonvorkommen** im Schwemmlandbereich des Gebirgsrandes,
2. **relativ gute Brennstoffreserven für den Keramikbrand** an den beregneten Gebirgshängen,
3. **günstiger Absatzmarkt im Einzugsbereich von Marrakech** und der relativ dicht besiedelten, trocken-heißen **Haouz-Ebene,**
4. **günstige Transportmöglichkeiten im ebenen Gelände,** unter traditionellen Bedingungen per Maultier, Esel oder Kamel, unter heutigen Bedingungen per Lastwagen.

Lassen sich diese Bedingungen für die Standortwahl von Töpferorten vielleicht auch unter archäologischen Gesichtspunkten verallgemeinern? Gibt es in Marokko selbst noch vergleichbare Phänomene? Tatsächlich konnten wir 1980 am Südrand des Hohen Atlas eine vergleichbare auffällige Reihung von Töpferorten feststellen (vgl. Übersichtskarte im Anhang von Vossen/Ebert 1986). Allerdings handelt es sich hier um kleinere Töpferorte mit geringerer Gesamtproduktion, da auch die Bevölkerungsdichte - von der Sous-Ebene abgesehen - sehr viel geringer ist. Außerdem macht sich an der Südabdachung des Hohen Atlas der **Wassermangel** im Regenschatten des Gebirges bemerkbar. So konzentrieren sich die Töpferorte in diesem Gebiet auf die stärker bewässerten Ausläufer der Gebirgstäler und die Oasenregionen, denn naturgemäß gibt es hier mehr Brennmaterial als an der kargen Gebirgsrändern.

Jedenfalls sollten auch bei ethnoarchäologischen Vergleichen die topographisch-klimatischen Bedingungen im Sinne von ökologischer Keramikforschung angemessen berücksichtigt werden. Die folgenden die Standortwahl begünstigenden Faktoren werden dabei immer wieder eine wichtige Rolle spielen:

* **gute Tonvorkommen im Schwemmlandbereich von Gebirgsrändern,**
* **ausreichende Brennstoffvorkommen an den bewässerten Auskäufern von Gebirgsrändern,**
* **günstige Absatzlage im Einzugsbereich bevölkerungsreicher Regionen,**
* **gute Transportbedingungen, topographisch und organisatorisch gesehen im Sinne ausreichender Transportmittel und einer entwickelten Transportorganisation (vgl. dazu Vossen 1984),**
* **ausreichende Wasservorkommen an bewässerten Gebirgsrändern bzw. in Oasenregionen.**

Rundbodigkeit - Flachbodigkeit: Eine kulturgeschichtlich wichtige Trennungslinie

Kulturgeschichtlich gesehen zeichnet sich auf der Basis unserer Landesaufnahme von 1980 ein wichtiges Ergebnis ab, wenn wir die Frage **dominierender Töpfertechniken unter regionalen Gesichtspunkten** betrachten. Wie die Verbreitungskarte der Wasserkrüge klar erkennen

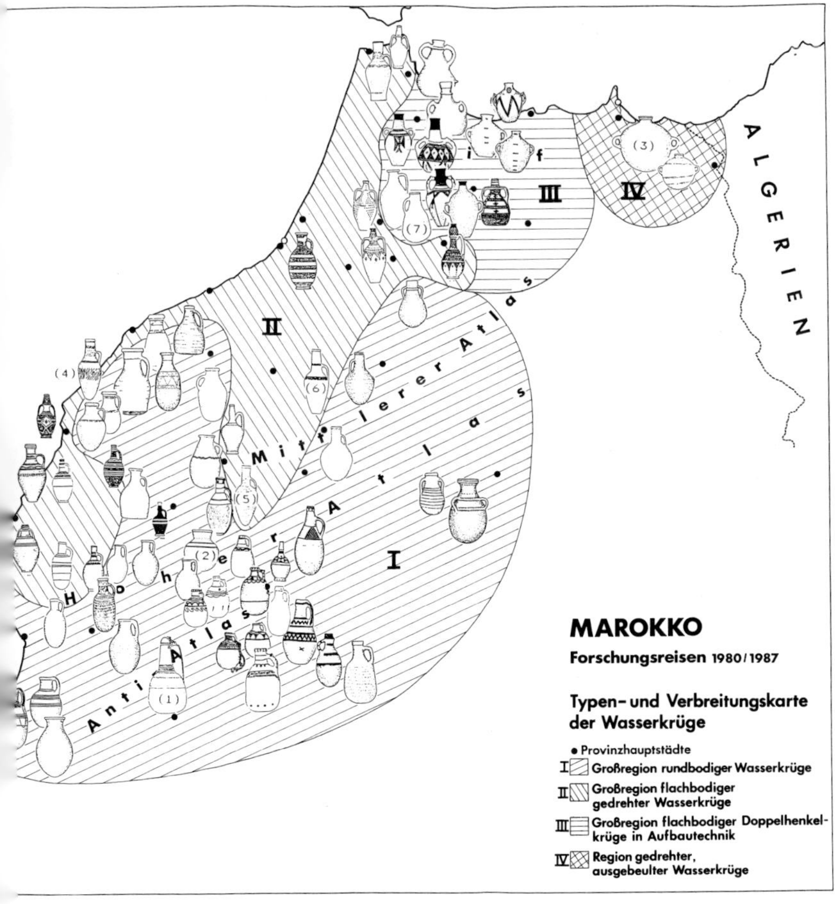

läßt (s. Abb. 1), konzentrieren sich die **rundbodigen** Gefäße auf den Süden des marokkanischen Kernlandes - auf die Oasenregion, die Gebiete des Anti-Atlas und der Sous-Ebene sowie des Hohen Atlas mit seinen nördlichen Ausläufern und Teilendes Mittleren Atlas. Vereinzelt sind rundbodige Gefäße außerdem im Sebou-Becken und im östlichen Rif anzutreffen. Dagegen kommen die auf der Töpferscheibe gefertigten **flachbodigen** Gefäße vorwiegend in der atlantischen Küstenregion, dem Plateau-Hinterland, in den städtischen Zentren und sporadisch im Sebou-Becken vor.

Flachbodige Gefäße der Frauentöpfereien des Nordens

Die **flachbodigen** Gefäße der **Frauentöpfereien**, die ohne Töpferscheibe auf flachen Formplatten in Aufbautechnik hergestellt werden, konzentrieren sich im marokkanischen Norden auf das Rif-Gebirge, die nördlichen Ausläufer des Mittleren Atlas und als Enklave auf das Zerhoun-Gebirge nördlich von Meknès. Die **rundbodigen Gefäße der Frauentöpfereiinseln bei El Kelaa des Sraghna** nordwestlich von Marrakech repräsentieren gewissermaßen eine Übergangsregion zwischen der Rundbodenzone des Südens und der Flachbodenzone des Westens und des Nordens.

Es stellt sich die ethnoarchäologisch interessante Frage, ob sich die Trennungslinien zwischen den Regionen rundbodiger und flachbodiger Keramik mit **technologischen und ethnisch-linguistischen** Trennungslinien in Deckung bringen lassen.

Rundbodigkeit in Model-Wulst-Drehtechnik des Südens

Tatsächlich ist die **Rundbodigkeit** der Wasserkrüge in engem Zusammenhang mit der kombinierten **Model-Wulst-Drehtechnik** zu sehen, die wiederum vorwiegend in den angestammten **berberischen** Gebirgsregionen des Südens verbreitet ist. Diese Technik ist in auffälliger Weise mit der Verbreitung der ***Tachilhait***-Dialektgruppe der **Schleuh**-Berber und der ***Tamazirht***-Dialektgruppe der **Beraber** deckungsgleich (vgl. Karte Abb.). Ja, ich möchte soweit gehen zu behaupten, die **Model-Wulst-Drehtechnik stellt ein typisches Element der Berberkulturen des Südens dar.**

Werden rundbodige Gefäße **nicht** in dieser Technik hergestellt, wie wir vereinzelt feststellen konnten, so sind dafür bestimmte historische Faktoren verantwortlich zu machen (vgl. weiter unten).

Die kombinierte Aufbautechnik wird wiederum verständlich aufgrund der mangelnden Drehgeschwindigkeit der langsam rotierenden Töpferscheibe (s. weiter unten). Außerdem ist das Drehen z.B. großer Wasserkrüge selbst auf der schnell laufenden Drehscheibe ein sehr schwieriger Prozeß, den nur wenige Töpfer beherrschen. Soll ein Gefäß höher werden als ca. 60 cm, muß es wegen der begrenzten Länge des Töpferarmes ohnehin aus mehreren getrennt gedrehten oder gewulsteten Teilen auf der Scheibe montiert werden. Technologisch gesehen sind also die kombinierten Aufbautechniken der reinen Drehtechnik keineswegs unterlegen (vgl. Vossen 1972 b:29).

Argumente für die Rundbodigkeit

Für die Rundbodigkeit selbst sprechen im Vergleich zur Flach bodigkeit mehrere technologische und funktionale Gründe:

* geringere Schwundspannungen in der Bodenzone beim Trocken- und Brennprozeß, d.h. Vermeidung von Rissebildung und Verminderung der Ausschußrate -
* größere Drucktoleranz beim Einbau und Übereinanderschichten größererMengen von Gefäßen in großen Schachtöfen-
* größere Haltbarkeit rundbodiger Gefäße beim Transport und im Gebrauch, da »Anecken« leichter vermieden und Stöße besser abgefangen werden können, d.h. höhere »Lebensdauer« -
* bessere Verteilung des Feuers bei rundbodigen Kochgefäßen, wenn offene Feuer- oder Herdstellenbenutzt werden, d.h. höhere Haltbarkeit und Lebensdauer -
* bequemes Absetzen rundbodiger Gefäße auf sandigem Untergrund bzw in Kuhlen von Lehmböden oder in Gestellen, vor allem in traditionellen Lehm- oder Bruchsteinhäusern in ländlichen Gegenden.
* Vergrößerung der Gefäßoberfläche und damit eine erwünschte Verstärkung des Verdunstungs- und Kühleffektes in heißen Regionen.

Flachbodige Drehscheibenware

Flachbodige Gefäße sind in der Regel mit der **Drehscheibentechnik** und städtischen Häusern mit harten gestampften oder gepflasterten Böden bzw. mit neuen Herdstellen verbunden. Eine Ausnahme von dieser Regel bilden die flachbodigen Gefäße der Frauentöpfereien, die auf flachen Formplatten aufgebaut werden. Nach übereinstimmenden Angaben ist die »**Lebensdauer**« der meisten dieser flachbodigen Gefäße jedoch relativ gering.

Es ist mit großer Wahrscheinlichkeit anzunehmen, daß die Drehscheibentechnik von den Städten ausgegangen ist. Vermutlich haben dabei »**maurische**« **Rückwanderer aus Andalusien** entscheidenden Anteil an der Entwicklung der städtischen Töpfereimanufakturen gehabt. An erster Stelle ist dabei **Fès** zu nennen, wo sich die Fayence-Töpferei seit dem späten 12.Jahrhundert nachweisen läßt. Die Anfänge liegen jedoch noch im Dunkeln (s. unten). Von Fès und anderen andalusischen Zentren aus hat dann die von Männern beherrschte Drehscheibentechnik vermutlich nach dem **Filialprinzip** ihre Ableger auch in die ländlichen Regionen vor allem der arabisierten Küstengebiete und des Hinterlandes ausgestreut. Begrenzt wurde diese Entwicklung allerings durch die angestammte Berbertöpferei in kombinierter Model-Wulst-Drehtechnik.

Anhand mehrerer Fallbeispiele möchte ich in den folgenden Kapiteln versuchen, die Besonderheiten der **rundbodige Gefäße produzierenden Männertöpfereien** näher vorzustellen.

Berbertöpfe des Südens - kombinierte Model-Wulst-Drehtechnik

Zum besseren Verständnis der kombinierten Model-Wulst-Drehtechniken möchte ich mich exemplarisch auf die Töpferregion im Umkreis des zentralen Marktortes **Amizmiz** am Nordrande des Hohen Atlas ca. 60 km südwestlich von Marrakech beschränken. Es handelt sich dort um die bereits oben genannten Töpferzentren **Ait Hamed** mit den Nachbarorten **Tizgui, Toug el Kheir** und **Igourdane** sowie um das Zentrum **Regraga** mit den Nachbarorten **Talat Ihia** und **Wadaker**.

Töpferdörfer im Anougal-Tal (Amizmiz, Hoher Atlas)

Lage, Bevölkerung, Marktorte

Die genannten Berber-Töpferdörfer, die produktionsmäßig eine Einheit bilden, liegen ca. 8-12 km Piste südlich von Amizmiz im Anougal-Tal auf ca. 1200 m Höhe an den nördlichen Ausläufern des Hohen Atlas. Sie gehören alle zur ehemaligen Berber-Stammesföderation **Guedmioua**, zur Fraktion **Azegour** und zum Schechbezirk **Anougal**. Die alte Schleuh-Berber Stammeseinheit (berb. *taqbilt*) **Guedmioua** bestand ursprünglich aus den fünf Fraktionen (arab. *khoms/khomous*) **Amizmiz, Tizguine, Assif al Mal, Azegour und Adassil**. Diese Fraktionen entsprechen heute gleichnamigen Verwaltungsbezirken (commune rurale, arab. *jemaa karaouia*). Die Hauptorte dieser Bezirke beherbergen gleichzeitig die wichtigsten regionalen Märkte (s. unten).

Lokalgeschichte, Sozialorganisation, Wirtschaft

Nach lokalen Informationen wird der Ortsname **Ait Hamed** abgeleitet von einem sagenhaften Vorfahren Hamed (Mohamed), der vor vielen Generationen als erster Töpfer in dieses Dorf gekommen sein soll. Nach anderer Version soll der Großvater des (1987) ältesten Bewohners, Lahsen ben Hamou (90) aus dem Sous-Gebiet (angeblich aus Menaba, Region Taroudant) kommend, die Töpferei eingeführt haben.

Ait Hamed als Zentrum der vier Töpferdörfer umfaßte im Juni 1987 insgesamt 36 Herde (*takat*), d.h. verheiratete Männer mit ihren Familien. 18 Männer waren Töpfermeister (*maallemi iroukoutn*), die übrigen Bauern und Hirten von Schafen und Ziegen. Im Terrassenfeldbau werden Oliven, Walnüsse, Gerste, Roggen, Kartoffeln und Gemüse angebaut. Künstliche Bewässerung ist nur auf den untersten Terrassen in Flußnähe des Anougal möglich.

Die Bewohner von **Ait Hamed** gehören alternativ sieben Großfamilien an, die ***ighs*** (berb. = Knochen) genannt werden. Die Töpfer kommen vorwiegend aus der Großfamilie Ait Lachegar, die mit Omar Ait Lachegar auch den Töpfervorsteher (*amin*) stellen, sowie aus den Familien Ait Benha, Ait bel Hadj, Ait Abdallah und jeweils mit einem Vertreter aus den Familien Ait Hamou und Ait Sidi Ali. 1987 konnte ich insgesamt 17 Werkstätten registrieren, die alle im Oberdorf (Azour) liegen, während im Unterdorf (Asseis) die Mehrzahl der ca. 250 Einwohner wohnt (s. Abb. 1).

Das Töpferzentrum **Tizgui** liegt auf der gegenüberliegenden Seite des Anougaltales ca. 30 Min. Fußweg von Ait Hamed entfernt oder etwa 90 Minuten Maultierpiste vom Marktzentrum Amizmiz. Der Ort ist mit 30 Haushalten (takat) etwas kleiner als Ait Hamed (s. Abb. 4). Am 15.6.1987 konnte ich 16 Werkstätten in Tizgui aufnehmen.

Der drittgrößte Töpferort, **Toug el Kheir**, liegt von Tizgui ca. 30 Fußminuten flußaufwärts im Anougal-Tal (s. Abb. 3). Die Bezeichnung ***Toug*** , geht angeblich auf das arab. Wort *doug* (= schlagen) zurück im Sinne von »Erz herausschlagen«, Erzgrube (Geld), während *kheir* Segen (arab. *baraka*) bedeuten soll.

Nach Angaben des ehemaligen Töpfermeisters und jetzigen Bürgermeisters Mohamed ben Brahim Akoudim gab es 1987 29 Haushalte (*takat*) von zwei Großfamilien (*ighs*) in Toug el Kheir: den Familien Akoudim und Ait Lahsen. Neun Männer arbeiteten als Töpfer.

Der kleinste Töpferort der Region ist **Igourdane** mit 14 Haushalten (*takat*) und 5 Töpfermeistern der Großfamilien Afousar, Akoudim, Ait Lachegar und Ait Ali. Igourdane liegt relativ hoch über der Talsohle auf der Ostseite des Anougaltales ca. 3 km Piste von Ait Hamed entfernt. Die Ortsbezeichnung **Igourdane** geht auf den Tachilhait-Namen des Hauptproduktes der Töpfereien des Anougaltales zurück - den einhenkligen Wasserkrug ***agdour***, Plural. ***igourdane*** . Bereits die Tatsache dieser Benennung kennzeichnet den großen Stellenwert der Töpfereien dieses Tales.

Abb. 1 Ait Hamed im Anougaltal: Blick vom Werkstattbezirk mit Brennöfen (Oberdorf) auf das Unterdorf; Fotos R. Vossen, 1987

Abb. 2 Trockenplatz mit vorgebrannten Wasserkrügen vor dem Schachtofen ohne Lochtenne

Abb. 3 Ortsansicht von Toug-el-Kheir im Anougal-Tal im Hohen Atlas; Fotos R. Vossen, 1987

Abb. 4 Kinder vor der Kulisse des Töpferzentrums Tizgui

Werkstattbezirke und Werkstätten

Ein Indiz für den hohen Spezialisierungsgrad und für das Alter der Töpfereien des Anougaltales ist die **Trennung** von Wohn- und Werkstattbezirken. In **Ait Hamed** liegt der Werkstattbezirk (*darthönna*) im Oberdorf hoch über dem Wohnbezirk (s. Abb. 5). Zwischen beiden Ortsteilen verläuft die Piste. Die Werkstätten (*tahanout iroukoutn*) und Öfen sind in südöstlicher Richtung orientiert, so daß die Sonnenwärme für den Trockenprozeß optimal ausgenutzt werden kann (s. Abb. 6).

Der Werkstattbezirk von **Tizgui** erstreckt sich südlich des eigentliches Wohnquartiers, doch befinden sich vereinzelt auch einige Wohnhäuser neben den Werkstätten. In **Toug el Kheir** und **Igourdane** dagegen ist die Trennung von Werkstatt- und Wohnbezirk wiederum eindeutig: In Toug el Kheir befinden sich die Werkstätten oberhalb bzw. nördlich außerhalb des Ortskerns; in Igourdane liegt das Töpferviertel (*daarthönna*) sogar ca. 200 m außerhalb des Wohnquartiers.

Die **Werkstätten** (*taharnout*) bestehen in der Regel aus einem langgestreckten Raum von ca. 6 m Länge und 2 m Breite. Die Wände sind ebenso wie die Wohnhäuser aus Bruchsteinmauerwerk aufgebaut, das Flachdach aus einer Querbalken- und -äste-Lage mit dicker Lehmbeschichtung. Das Flachdach wird gelegentlich als zusätzlicher Trockenplatz genutzt (vgl. Abb. 6). In dem meist nach Süden ausgerichteten fast fensterlosen Raum befinden sich je nach Anzahl der mitarbeitenden männlichen Familienmitglieder (Brüder oder Söhne) ein bis drei versenkte Fußschub-Töpferscheiben mit Knetbankplatte(n), Wasserbehälter(n) zum Befeuchten der Hände, einem Tondepot (*tahsint*) mit Tonbereitungsplatz in einer Ecke und einem Trockenraum und Tongefäßedepot in der anderen. Licht erhalten die Töpfer von der offenen Tür, so daß sich die Töpferscheibe(n) in Türnähe befinden.

Vor der Tür erstreckt sich der **Trockenplatz** zum Abstellen von Modeln und frisch getöpferte Ware bis zum Brennofen, der in Ait Hamed und seinen Nachbardörfern ein offener Schachtofen ohne Lochtenne ist (s.unten). Die Außenwand der Werkstatt oder eine niedrige Mauer im Trockenplatzgelände dienen am Brandtage als Stützmauern für Wasserkrugreihen, die einem kurzen Vorbrand mit hell flammendem Ginsterfeuer unterzogen werden (s. unten).

Abb. 5 Werkstattbereich im Oberdorf von Ait Hamed
Abb. 6 Werkstatt in Ait Hamed: Auch das Flachdach wird als Trockenplatz genutzt; Fotos R. Vossen, 1987

Tongewinnung und Tonqualitäten

Die Tongruben von **Ait Hamed** liegen nur 200-300 m oberhalb des Töpferzentrums. Die Berber-Bezeichnung *amghrouz dartakakourt* = »bei den Steinhaufen« deutet darauf hin, daß die tonführenden Schichten mit Steinen durchsetzt sind. Der Ton wird im Tagebau relativ nah an der Oberfläche mit Hacke und Sieb gewonnen (s. Abb. 8/9). Für die Töpfer sind zwei Tonarten wichtig: *akel azougar* (roter, offensichtlich eisenhaltiger Ton) und *akel ou milil* (weißer Ton). Beide Tone werden im Verhältnis 50 zu 50 gemischt. Werden Wasserkrüge hergestellt, überwiegt jedoch der Anteil des weißen Tones, bei Gefässen, die mit dem Feuer in Berührung kommen, der Anteil des roten Tones. Nach Aussagen der Töpfer eignet sich der Ton hervorragend selbst für die Herstellung sehr großer Gefäße (z.B. große Vorratsgefäße *tehebit*) (s. Abb. 7), während die Tone der Nachbarzentren Regraga und Talat Ihia sich nur für kleine Gefäße eignen würden.

Die Töpfer zerkleinern den Ton bereits in der Grube mit der Hacke und sieben das Gemisch mit einem relativ groben Sieb (*tallount*) in einen

Abb. 7 Der Meister mit einem großen Vorratsgefäß (tehebit); Foto R. Vossen, 1987

Abb. 8 Tongrube oberhalb von Ait Hamed: Meister schlägt den Ton mit der Spitzhacke heraus

Abb. 9 Noch in der Tongrube wird der Ton ge
Fotos R. Vossen, 1987

Abb. 10 Abtransport des Tones zur Werkstatt mit dem Tragekorb oder per Maultier

bereit stehenden Henkelkorb (*tarrialt*). Die Tonmenge eines Korbes soll für 5 bis 6 Wasserkrüge (*igourdar*) reichen. Der bereits fertig gemischte Ton wird in die Tragetaschen (*schouari*) eines Maultieres oder Esels gefüllt und zur Werkstatt transportiert. **Die Füllung einer Doppelpacktasche entspricht der Tonmenge für ca. 20 Wasserkrüge, drei Tagetaschenfüllungen somit der Menge für ca. 60 Wasserkrüge oder der Wochenproduktion eines Töpfers bzw. einer Ofenfüllung.** Dieses Beispiel zeigt, wie sinnvoll die einzelnen Funktionsbereiche aufeinander abgestimmt sind.

Die Töpfer von **Tizgui** und **Toug el Kheir** suchen ihren Ton auf der anderen Seite des Anougal-Tales bei **Igourdane**. Etwa 1,5 Stunden sind die Töpfer mit dem Esel zur Tongrube unterwegs. Die Tonausbeute von zwei Doppeltragetaschen erfordert die Arbeit eines ganzen Tages.

Kombinierte Model-Wulst-Drehtechnik

Der Aufbau eines Wasserkruges (*agdour*) in Ait Hamed und Tizgui läßt sich am besten anhand einer Fotosequenz veranschaulichen (s.Abb. 13-19) Die wesentlichen Schritte sind folgende:

1. Formen eines Tonfladens mit beiden Handflächen auf der Knetbank neben der versenkten Töpferscheibe
2. Auflegen des Tonfladens auf die Wölbung eines gebrannten eiförmigen Tonmodels (*qalib*) auf der Knetbank
3. Verstreichen der Tonkalotte (*assegan*) mit Hilfe eines handtellergroßen Instrumentes unter ständiger Drehbewegung des Models
4. Heraustragen des Models auf den Trockenplatz zum Vortrocknen des späteren Rundbodens in der Sonne; ca. 10 Wasserkrugelemente sind gleichzeitig in Aufbau (s. Abb. 15)
5. Abnehmen des Rundbodens vom Model; Einsetzen und Befestigen der Kalotte auf dem schüsselförmigen Scheibenkopf (*talkest*) der versenkten Fußschub-Töpferscheibe (*louleb*)
6. Abschneiden der Randzone auf der laufenden Scheibe und Klopfen des Randes mit Hilfe von Holzpaddel (*assakoum*) und Steinamboß (*tiouna*)
7. Formen eines dicken Wulstes (*azbeg*) zwischen den Handflächen
8. Auflegen des Wulstes auf die Innenseite des Randes durch eine Links-Drehbewegung der rechten Hand
9. Formen und Auftragen eines zweiten und dritten Wulstes

Abb. 11/12 Töpferwerkzeuge und versenkte Töpferscheibe in Ait Hamed; Fotos R. Vossen, 1987

10. Verstreichen und Hochziehen der Wülste auf der rotierenden Scheibe mit dem Knöchelgriff

11. Formen, Auftragen und Überdrehen von zwei weiteren Wülsten

12. Befeuchten der gesamten Oberfläche mit nassem Lappen sowie Verstreichen und Glätten mit dem Polierstein (*tiouna*)

13. Formgebung der Wandung mit Hilfe einer rechteckigen hölzernen Formschiene (*tifürscht*)

Abb. 13 Herstellung eines Rundbodens: Plätten eines Tonfladens auf der Knetbank; Fotos R. Vossen, 1987

Abb. 14 Verstreichen des Fladen auf dem Model mit flachem Stein

Abb. 15 Trocknen von Rundböden auf den Modeln vor der Werkstatt

14. Formen und Auftragen eines sechsten und siebten Wulstes

15. Verstreichen und Formgebung mit Hilfe eines langen Rundholzes (*azlelei*) sowie Schließen bzw. Zudrehen des eiförmigen Gefäßkörpers am späteren Halsansatz

16. Durchbohren des Eikörpers auf dem Scheitelpunkt zur Ermöglichung von Lufteintritt während des Trockenprozesses

17. Abheben des Eikörpers und Transport zum Trockenplatz

18. Nach Trockenzeit von ca. 30 Minuten erneutes Zentrieren und Befestigen des Eikörpers auf dem Scheibenkopf

19. Aufschneiden des Eikörpers kurz neben dem Scheitelpunkt und leichtes Aufwulsten des Randes an der Schnittstelle

20. Auftragen von zwei Ringwülsten; Hochziehen und Überdrehen auf der rotierenden Scheibe

21. Verstreichen und Glätten der Halszone mit der Formschiene und einem Gummistreifen

22. Herausschneiden eines Loches auf der Gefäßschulter für die Aufnahme eines Henkelendes

23. Formen des Rundhenkels (*afus*) zwischen den Handflächen

Abb. 16-19 Tizgui: Aufbau eines Wasserkruges in Model-Wulst-Drehtechnik; Fotos R. Vossen, 1987

24. Einsetzen eines Henkelendes in das Schulterloch sowie Ankleben und Verstreichen des oberen Henkelansatzes am Gefäßhals

25. Transport des fertigen Wasserkruges zum Trockenplatz.

Den gleichen Herstellungsprozeß konnten wir, von geringen Varianten abgesehen, nahezu im gesamten Gebiet des Hohen Atlas, des Anti Atlas und der Oasengebiete beobachten. Die wichtigste Abweichung sehe ich in der Verwendung der rudimentären oder entwickelteren Fußschubscheibe auf der einen Seite und dem langsam rotierenden Drehtisch auf der anderen Seite (s. Verbreitungskarte der Töpferscheibentypen, weiter unten).

Produktionsschwerpunkte

Wasserkrüge (*agdour*) von 18-20 Liter Inhalt sind das wichtigste Erzeugnis von Ait Hamed und Umgebung. Kleinere Krüge nennt man *tagdourt*. Daneben werden auch in kleinerem Umfang, vor allem in der kälteren Jahreszeit, **Kohlebecken** (arab. *mejmar*, berb *kanoun*), **Kochtöpfe** mit Deckel und Schnautze (*tikint* oder *tamour*t), **Schmortöpfe** mit Deckel (*tajine*), **Wasservorratsgefäße** (arab. *habia*, berb. *tehebit*), **Vorratsgefäße für Butter oder Honig** mit fest verschließbarem Deckel (berb. *tajbanit*) und gelegentlich **Bienenhäuser** (*laseldi*) hergestellt.

Töpferleistung

Der gesamte Fertigungsprozeß für einen Wasserkrug in der kombinierten Model-Wulst-Drehtechnik dauert etwa 1 Stunde. In Ait Hamed fertigt ein angehender Töpfermeister durchschnittlich 8 bis 10 Wasserkrüge täglich, d.h. in einer Viertage-Töpferwoche zwischen 30 und 40 große Wasserkrüge von ca. 40-50 cm Höhe und 18 -20 Liter Fassungsvermögen. Die besten Meister kommen angeblich auf bis zu 20 Wasserkrügen am Tag oder auf nahezu 8O Wasserkrüge pro Woche.

Etwa 40 Wasserkrüge passen in einen kleinen Schachtofen (*asmes*), bis zu 80 Krüge sollen die größten Öfen fassen. Neben den genannten vier Produktionstagen an Model und Töpferscheibe ist ein Tag der Woche für die Tonbeschaffung und -aufbereitung reserviert, ein Tag für Holzbeschaffung und den Brand am Vorabend des Markttages und der 7. Tag (Dienstag) für den Marktbesuch und den Verkauf der Ware.

Brennofen und Brand

Abgesehen von den lokal unterschiedlichen Töpfertechniken, die man mit lokal unterschiedlichen Dialekten vergleichen könnte, gibt es auch eine große Variationsbreite unterschiedlicher Brennstellentypen, Ofenformen und Brennverfahren in Marokko. Beispielhaft dafür sind die unterschiedlichen Brennofentypen und Brennverfahren in den Nachbar-Töpferzentren Ait Hamed und Regraga mit ihren Nachbardörfern.

Töpferöfen und Brand in Ait Hamed und Umgebung

Typisch sind hier **halbrunde Schachtöfen** (berb. *asmes*, arab. *afaran*) **ohne Lochtenne**. Halbrunde Bruchsteinmauern, die im Innern mit Lehm verschmiert sind, sind an einen Hang gebaut (s. Abb. 2). Die Schüröffnung (*imi* = Mund) weist zur Talseite, meistens in südöstlicher Richtung. Die Hangseite ist zur Erleichterung des Einbaus offen, wird jedoch nach Einbau des Brenngutes durch eine Brandmauer aus Modeln und Fehlbrandgefäßen begrenzt.

Nach unseren bisherigen Kenntnissen **einzigartig** in Marokko ist die **Art des Vorbrandes** (berb. *aghourt*) der Wasserkrüge. In einer langen Reihe werden ca. 30 bis 40 Wasserkrüge zwei- oder dreireihig übereinandergeschichtet vor einer Stützmauer aufgebaut. Bauch- und Halszone der Krüge greifen dabei kunstvoll ineinander (s. Abb. 20) wie bei der Verpackung von Esel- oder Maultierlasten zu kompakten Keramik-»Stangen« (s. unten). Als Stützmauer dienen die Werkstattwand oder eine niedrige Mauer im Gelände des Trockenplatzes, die rußgeschwärzt sind. Diese Rußschwärzung müßte ggfs. auch bei archäologischen Befunden nachweisbar sein.

Die Töpfer decken diese Krugreihen mit trockenem Ginstergestrüpp (*algou, ifsgane*) ab und entzünden es zu einem hell lodernden Feuer, das ca. 10-15 Minuten brennt. Der Vorbrand bewirkt ein gleichmäßiges Vortrocknen mit Entweichen des Wasserdampfes in den Gefäßen. Ohne diesen Vorbrand würden die Gefäße im starken Hauptbrand schnell zerspringen wegen des Schrumpfprozesses um ca. 10 % bei schnellem Wasserentzug. Normalerweise wird der Vorbrand im Brennofen selbst in Form eines leichten **Vorfeuers** durchgeführt, doch wäre bei der hier üblichen Brandführung **ohne** Nachlegen von Brennmaterial ein völliges Ausräumen des Schachtofens nach dem Vorfeuer erforderlich.

Abb. 20 Vorbereitung des Vorbrandes an der Werkstattmauer: Aufstapeln von 36 Wasserkrügen, Ait Hamed; Fotos R. Vossen

Abb. 21 Abbrennen des Vorfeuers mit Ginster (ca. 15 Min.)

Für das **Hauptfeuer** nämlich bauen die Töpfermeister das Brenngut gemeinsam mit dem Brennmaterial kunstvoll über- und nebeneinandergeschichtet in den Ofen ein, d.h. Holz wird zwischen die Gefäße eingeschoben. Als Brennmaterial wird trockenes Wacholder-Knüppelholz (berb. *agshoud*, pl. *igshoudn*) und Wurzelholz (berb. *tikhki, tiki*) sowie Gestrüpp (*ifsgane*) benutzt, was im Umkreis von ca. 5 - 10 km geschlagen und gesammelt werden muß (s. Abb. 21). Für den Brand von etwa 40 Wasserkrügen benötigte man in Ait Hamed zwei Eselsladungen (*hamal*) Knüppelholz. In Igourdane hatten drei Kinder des Töpfermeisters zum Holzschlagen und -sammeln für eine Ofenladung von ca. 70 Gefäßen etwa 5 Stunden gebraucht

Nach Einbau des Brenngutes wird an der offenen Hangseite des Brennofens zum Abschluß eine Lage Knüppelholz senkrecht gestellt und davor eine Brandmauer aus alten Modeln und Wasserkrug-Fehlbränden errichtet. Da diese Brandmauer flexibel ist, können in demselben Ofen geringere und größere Mengen an Gefäßen gebrannt werden - in den großen Öfen von Igourdane bis zu 200 Krüge, Kohlebecken und sonstige Gefäße. **Normalerweise faßt ein Ofen die Wochenproduktion eines Töpfers, die sich zwischen 40 und 80 Gefäßen bewegt.**

Abb. 22 Holztransport und -anlieferung in Ait Hamed; Foto R. Vossen

Nach oben hin bedecken die Töpfer das Brenngut mit Scherben (berb. *azgui*, pl. *isgouiouene*) und mit speziell für diesen Zweck hergestellten Tonplatten (berb. *oghrifen*, pl. *oghrif*).

Am 14.6.1987 hatte ich Gelegenheit, in Ait Hamed am Vorabend des Souk-Tages, d.h. am Montagabend, verschiedene Brände zu beobachten und Brandmessungen mit Hilfe des beweglichen digitalen Temperatur-Meßgerätes zu dokumentieren. Insgesamt liegen Messungen von 5 Bränden vor. Die Ergebnisse bieten nur einen ersten Anhaltspunkt zum Brandverlauf und zu den erreichten Höchsttemperaturen. Kontrollmessungen mit Hilfe eines stationär eingebauten Meßgerätes waren in dieser Phase nicht möglich (vgl. die später in Ifrane Ali, Slit und Ain Bouchrik durchgeführten Messungen durch Arne Lucke weiter oben).

Ofen I wurde um ca. 18 Uhr vom Feuerloch her entzündet. Bereits 18 Uhr 35 war die Höchsttemperatur von 940° erreicht. Danach flachte die Kurve ab auf 840° (18 Uhr 50), 615 ° (19 Uhr 5), 360° (19 Uhr 35), d.h. nach ca. anderthalb Stunden war die intensive Brandphase beendet.

In **Ofen II** wurde nach 30 Minuten Brand nur eine Höchsttemperatur von 850° erreicht, denn bei den Folgemessungen im Abstand von 10 bis 20 Minuten sank die Temperatur stetig auf 830°, 750° und 650°.

Ofen III wurde 18 Uhr 50 angezündet. 19 Uhr 5 war eine Temperatur von 550° erreicht, 19 Uhr 15 bereits 820° und 19 Uhr 21 die Höchsttemperatur von 950°. Danach flachte die Brandkurve wieder ab.

Ofen IV, um 19 Uhr entzündet, erreichte 19 Uhr 10 340°, 19 Uhr 15 560°, 19 Uhr 25 die Höchttemperatur von 920°, um anschließend auf 840° abzufallen.

19 Uhr 10 wurde **Ofen V** angezündet, der nach 15 Minuten 170°, nach 22 Min. 440°, nach 35 Min. 880° und nach 40 Min. die Höchsttemperatur von 940° erreichte.

Übereinstimmend bei allen fünf dokumentierten Bränden war die Erreichung der **Höchsttemperatur zwischen 850° und 950° bereits nach 25 bis 40 Minuten** im Meßbereich der hinteren Brandmauer. Jetzt wird verständlich, daß ein ausreichender Vorbrand dringend erforderlich war, um ein Reißen der Gefäße bei der schnellen Erhitzung zu vermeiden. Die **Verlustquote** betrug bei den beobachteten Bränden mit 40 bis 70 Wasserkrügen und Kohlebecken nur jeweils 1 bis 3 Stück. Nach Aussagen der Töpfer sei eine Verlustquote zwischen 1 und 4 Stück die Regel.

Wochenmärkte, Transport und Verkauf

Die Töpfer von Tizgui und Ait Hamed besuchen in der Regel den **Dienstagmarkt (Souk Tleta) von Amizmiz**, die Töpfer von Igourdane und Toug el Kheir hingegen den **Sonntagmarkt (Souk el Had) von Azegour** oder den **Donnerstagmarkt (Souk Khemis) von Tizguine.** Die Märkte liegen jeweils 8-12 km von den Töpferorten entfernt, d.h. die Töpfer brauchen für einen Weg jeweils 1,5 bis 2,5 Stunden in gebirgigem Gelände.

Zum Transport der Wasserkrüge benutzen sie ein **geniales Verpackungssystem**: In ein kräftiges Netz (jeraf) werden bei einer **Eselslast** (che*bkt n'ouserdoun*) insgesamt 15 Wasserkrüge so geschickt neben- und übereinandergesetzt (2 Reihen von je 4 Krügen nebeneinander, 5 Krüge quer mit den Bäuchen zwischen die aufrechten Hälse gelegt, 2 Krüge als »Quer-Riegel« an den Seiten), daß diese stangenförmige Ladung nicht mehr verrutschen kann (s. Abb. 24). Gelegentlich werden noch zwei Wasserkrüge oder andere Gefäße obenauf festgebunden, während in den Packtaschen noch weitere 4 Wasserkrüge oder 6 Kohlebecken untergebracht sind. Ein Maultier vermag sogar eine Last von 20 Wasserkrügen im Netz neben den bereits erwähnten Gefäßen zu tragen. Zum Be- und Entladen dieser ca. 80 kg schweren Maultierlast sind mindestens zwei Männer erforderlich.

Abb. 23 Meister mit Verpackungsnetz für Wasserkrüge; Fotos R. Vossen, 1987

Abb. 24 Verschnüren und Aufladen einer Keramiklast von 15 Wasserkrügen für das Museum im Netz; Transport zum Souk Tleta/Amizmiz; Foto R. Vossen, 1987

Der Wert der Wasserkrüge betrug 1987 ca. 6 Dirham (ca.DM 3.-) pro Stück, die gesamte Eselslast von 15 Wasserkrügen also ca. 90 Dirham. Diese Preise waren, gemessen an sonstigen Preisen für Gebrauchskeramik, z.B. der Nachbarorte Regraga und Talat Ihia (s.unten), relativ hoch. Wie bereits am Beispiel von Ifrane Ali deutlich wurde, ist das Preisniveau wesentlich davon abhängig, ob Zwischen- oder Großhändler Zugang zu einem Töpferzentrum haben. Im Fall von Ait Hamed und Nachbarorten hatten die Händler 1987 wegen der schlechten Pistenverhältnisse noch keinen Zugang mit ihren Lastwagen. Sie konnten deshalb den Töpfern auch nicht ihre Preise aufzwingen. Anders in Regraga und Talat Ihia.

Tajine-Töpfer von Regraga und Talat Ihia bei Amizmiz

Lage und Bevölkerung

Wie die Töpferdörfer von Ait Hamed und Umgebung im Anougal-Tal gehören die Töpferzentren **Regraga** und **Talat Ihia** zur ehemaligen Berber-Stammesföderation **Guedmioua**, im Unterschied zu den erstgenannten Zentren jedoch zur Fraktion *Amizmiz*. **Amizmiz** heißt auch der nur 1-2 km entfernte oben bereits genannte zentrale Marktort.

Talat Ihia liegt nur ca. 1 km oberhalb von Regraga am Nordhang des Hohen Atlas.

Die Ortschaft **Regraga** umfaßt mit etwa 2000 Einwohnern ca. 200 Haushalte (takat, berb. für Herdstelle). Etwa 80 davon entfallen auf den höher gelegenen Ortsteil **Affela Regraga**, der auch das Töpferviertel bildet. Der untere neuere Ortsteil heißt Tazaghart (vgl. Kartenskizze).

Lokalgeschichte

Nach Angaben verschiedener Informanten bildeten sich die Töpferviertel von Regraga und Talat Ihia nach Ankunft von drei Familien (berb. *ighs* = Knochen) aus dem Süden vor ca. 60 bis 80 Jahren heraus. Es

Abb. 1 Blick vom Töpferort Talat Ihia auf Regraga; Foto R. Vossen, 1987

LAGEPLAN DER TÖPFEREIEN VON REGRAGA

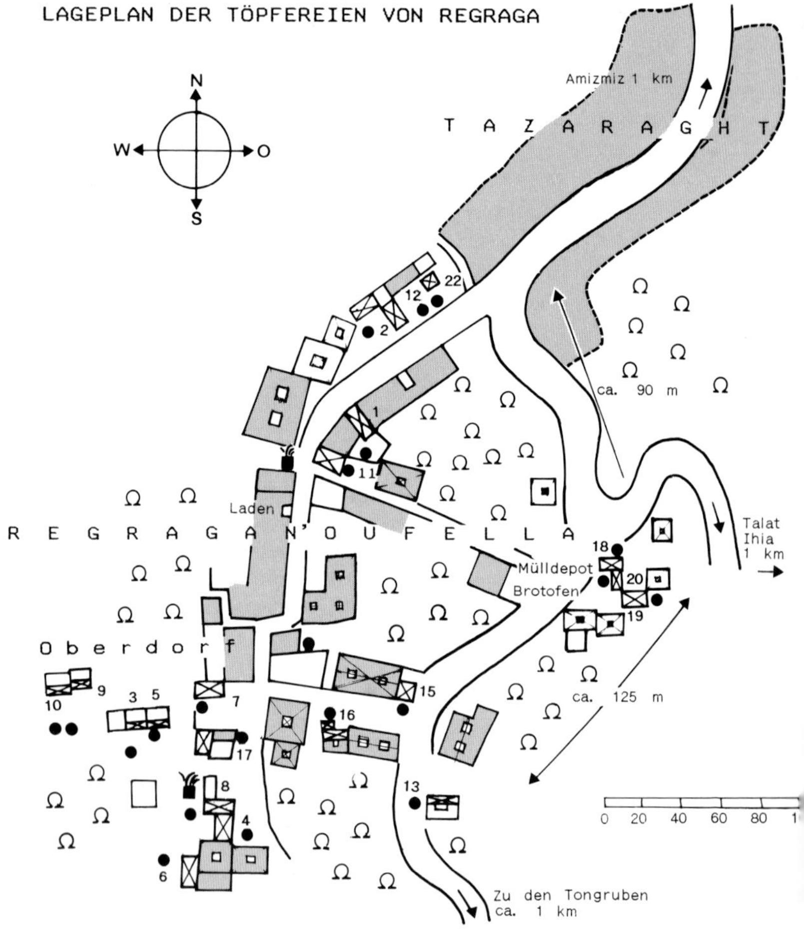

Das Töpferviertel Regraga n'Oufella liegt ca. 50 m ansteigend über dem neuen Ortsteil Tazaraght.

Abb. 2

handelte sich um die Großeltern der heutigen Familien Ait Bejer, Ait Bähäbä und Ben Rais. Die älteren Informanten waren sich darin einig, daß die ersten Töpfer dunkelhäutig gewesen seien wie auch heute noch ein Großteil der Töpferfamilien. Sie seien entweder aus dem Sahara-Gebiet oder aus dem Souss-Gebiet südlich des Hohen Atlas bzw. aus dem Anti Atlas gekommen. Ali Bähäbä nannte die Region Zaouia Tirhanimine im Gebiet der Haha (westlicher Hoher Atlas) als Herkunftsgebiet seines Großvaters. In Talat Ihia berichtete der Töpfermeister Brahim Ait Hafid, sein Großvater Ait El Hafid habe vor ca. 80 Jahren aus Ait Abdallah im Souss-Gebiet kommend den ersten Stampflehmbau »*Agadir jadid*« errichtet, dessen Reste heute noch bei Talat Ihia zu sehen sind. Anderen Angaben zufolge seien die Vorfahren des Töpfers Aomar Soussi um 1926 aus der Region von Tafraout im Anti Atlas als Töpfer nach Talat Ihia gekommen.

Diese Informatenaussagen gebe ich hier so ausführlich wieder, um anzudeuten, wie sehr einzelne Aussagen im Detail abweichen, andererseits sich jedoch die Region Anti-Atlas -, Souss-Ebene und westlicher Atlas als Herkunftsgebiet abzeichnet.

Dieses Ergebnis ist interessant, weil der **Stamm der Regraga** in der marokkanischen Geschichte einen klangvollen Namen hat. Nach Angaben des Historikers Coissac de Chavrebière (1931:87) gehören die **Regraga** zu den Berbergruppen, die mit den ersten arabischen Eroberern aus Libyen gekommen seien und wegen Beziehungen zum Judentum und aufgrund messianistischer Anschauungen unter den Moslems etwas in Verruf geraten waren. Sie sollen sich im Verlauf der Eroberungen im Massagebiet des Anti Atlas angesiedelt haben.Nach anderer Anschauung gehören die Regraga zur alten Berberfamilie der Masmouda, die im Volksglauben von den Ansar abstammen, denen der Prophet Mohammed den Eintritt anch Medina verdankte. Ihnen wird die Islamisierung des Chiadma-Gebietes zwischen Safi und Essaouira zugeschrieben. Die Marabouts ihrer »sieben Heiligen« im Gebiet des Oued Tensift waren Ziel berühmter Wallfahrten (n. Prosper Ricard 1950:192 f.).

Es ist jedoch nicht sicher, ob der Töpferort Regraga Beziehungen zum Chiadma-Gebiet hatte. Möglicherweise sind einzelne Familien an den Nordrand des Hohen Atlas abgewandert und haben sich dort als Töpfer in dem nach ihnen benannten **Ort Regraga** niedergelassen. Jedenfalls unterscheiden sie sich trotz ihrer nominellen Zugehörigkeit zur Stammesföderation Guedmioua (s. oben) in ihrer Produktion und Töpfertechnik stark von den oben vorgestellten Töpferorten um Ait Hamed.

1987 arbeiteten 22 Töpfermeister in Regraga und 13 Meister im benachbarten Talat Ihia. Da **Talat Ihia** nur in ca. 1 km Entfernung oberhalb von Regraga am Waldrand des Hohen Atlas liegt und beide Töpferorte nahezu die gleichen Tongruben benutzen und dieselbe Produktion aufweisen, werden sie hier als Einheit betrachtet.

Tongruben von Regraga und Talat Ihia

Die Tongruben von **Regraga** und **Talat Ihia** liegen sehr günstig zwischen beiden Töpferzentren nur jeweils ca. 500 bis 1500 m entfernt am Fuß des Berges Tagant. Die offen liegende Tongrube (*aṃghrouz ibharm* > *abhar* = Töpfer oder *amghrouz iroukoutn*) enthält zwei Tonqualitäten (berb. *talacht*): roten Ton (*achemri*) und weißen Ton (*azgouar*). Der rote Ton eignet sich gut für die Herstellung von Wasserflaschen (*tagdourt*), während Schmortöpfe (*tajines*) aus einem Gemisch von rotem und weißem Ton hergestellt werden. Das Sieben des Tones wird bereits in der Tongrube abgeschlossen. Die Tongrube von Regraga, deren Gelände mit Mandelbäumen bestanden ist, befindet sich im Gemeinschaftsbesitz von 12 Meistern (s. Abb. 3).

Abb. 3 Auf dem Tongrubengelände oberhalb von Regraga wird der Ton oberflächlich herausgehackt und gesiebt; Foto R. Vossen, 1987

Produktionsschwerpunkte

Den Produktionsschwerpunkt bilden **Schmortöpfe** (*tajine*, pl. *touajin*) mit kegelförmigen Knaufdeckeln in zwei Varianten:

a) einer lokalen tiefen Form Typ Regraga (arab. *tajine adouar*, berb. *asergoul*), b) einer nach dem Vorbild der tajine-Typen von Rabat-Salé gestalteten flachen Form (*tajine rbati* oder *tajine slaoui*) (s. Abb. 4). Von beiden Formen gibt es zwei Größen: die kleinere Größe heißt arab. *tatajint* bzw. berb. *takoudirt*. Daneben werden **Kohlebecken** (*mejmar*), hohe **Kochtöpfe**, **Couscous-Siebaufsätze** (arab. *keskes*, berb. *tasgesout*), **Melk-** oder **Suppenschüsseln** (arab. *tarreit*, berb. *timkilt*), **Öllampen** (*candil*) und auf Bestellung bzw. vor Festtagen **Tontrommeln** (*darabouka*, *tarija*) hergestellt. Im Sommer bilden außerdem die rot engobierten **Wasser-Enghalsflaschen** (arab. *tagdourt*, berb. *tabakbakt*) einen wichtigen Produktionsbestandteil.

Werkstattbezirk und Werkstätten

Die Töpfereien von Regraga konzentrieren sich auf das Oberdorf (Regraga n'Oufella). Werkstätten und Wohnhäuser befinden sich jedoch nicht wie

Abb. 4 Produktion von Regraga mit dem Töpfermeister Omar Kebedi im Innenhof seines Gehöftes; Foto R. Vossen, 1987

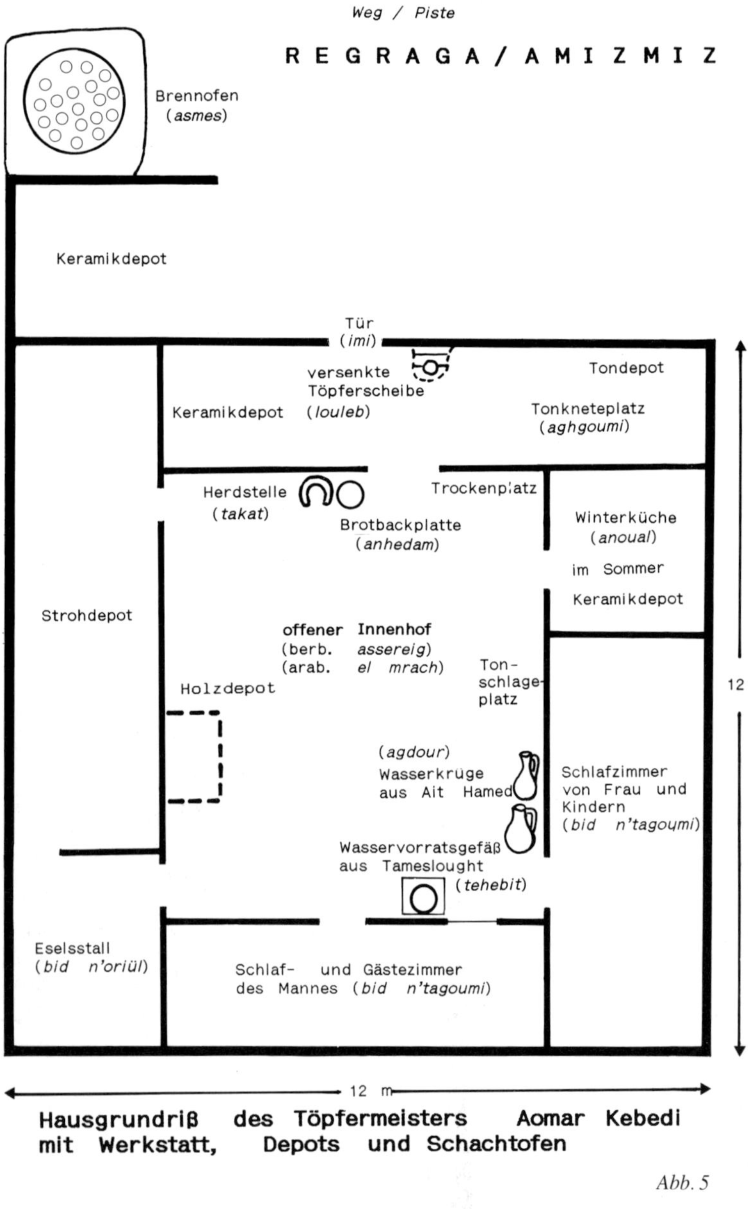

Hausgrundriß des Töpfermeisters Aomar Kebedi mit Werkstatt, Depots und Schachtofen

Abb. 5

in Ait Hamed voneinander getrennt. Vielmehr liegen die Werkstätten meistens im Eingangsbereich der Wohnhäuser (vgl. die Planskizze, Abb. 4). In diesem schmalen Raum befinden sich auch der Tonkneteplatz, das Tondepot und das Keramikdepot neben der im Boden versenkten Fußschub-Töpferscheibe. Um den offenen Innenhof gruppieren sich die Winterküche, das Frauen- und Kinderschlafzimmer, das Männer- und Gästezimmer, der Eselsstall und das Strohdepot. Der Innenhof beherbergt im Sommer die offene Herdstelle (*takat*), den Trockenplatz, das Wasserkrugdepot und das Holzdepot. Lediglich der Brennofen (Schachtofen mit Lochtenne) liegt außerhalb des Werkstatt- und Wohnkomplexes an der Straßenseite.

Kombinierte Töpfertechniken

Anders als in Ait Hamed in Umgebung werden die nur leicht gerundeten Böden der Gefäße von Regraga und Talat Ihia anfangs nicht über einem Rundmodel vorgeformt, sondern **in eine als Model dienende *Formschüssel* auf dem Scheibenkopf eingepaßt.** Der Herstellungsablauf einer tiefen **Schmorschüssel** (berb. *asergoul*, arab. *tajine adouar*) folgt im wesentlichen dem folgenden Schema (vgl. Abb. 6-14):

1. Zentrieren einer schalenförmigen flachen Formschüssel (arab. *qalib*) auf dem Scheibenkopf
2. Flachklopfen eines Tonfladens auf der Knetbank links neben der Töpferscheibe
3. Eindrücken des Tonfladens in die Formschüssel
4. Formen eines langen Wulstes freihändig zwischen den Handflächen
5. Ringförmiges Auflegen des Wulstes auf den Rand des Tonfladens
6. Verstreichen und Hochziehen des Ringwulstes auf der rotierenden Töpferscheibe
7. Glätten der Wandung mit Hilfe einer kleinen hölzernen Formschiene (berb. *tifürscht*)
8. Glätten des Randes mit einem befeuchteten Gummistreifen (berb. *schirb*)
9. Abheben der fertigen Schmorschüssel mit der Formschüssel vom Scheibenkopf und Transport zum Trockenplatz durch einen Gehilfen (Familienmitglied)
10. Trocknen der Schmorschüssel in der Sonne des Innenhofes.

Der ganze Prozeß dauert nur etwa 3 bis 4 Minuten. In der Regel wird

Abb. 6 Tonbereitung in der Werkstatt im »Kratersystem«

Abb. 7 Flachklopfen eines Tonfladens auf der Knetbank zum Eindrücken in das schalenförmige Model

Abb. 8 Formen eines Tonwulstes zwischen Handflächen; Fotos R. Vossen, 1987

Abb. 9-12 Herstellung eines Schmorgefäßes (tajine) in Regraga: Einpassen eines Tonfladens in eine flache Form, Auflegen und Eindrehen eines Wulstes, Hochdrehen und Weiten; Fotos R. Vossen, 1987

Abb. 13-16 Herstellung eines tajine-Deckels in Regraga auf der Basis einer gebrannten Deckelform (s. Text); Fotos R. Vossen, 1987

eine ganze Serie derselben Gefäßtypen hergestellt. Die Formschüssel dient gleichzeitig als Richtmaß für die vorgesehene Größe.

Zu jedem Schmortopf gehört ein passender **kegelförmiger Knaufdeckel** (berb. *takoubacht*), der wie folgt hergestellt wird (s. Abb. 15/16):

1. Formen eines langen Wulstes freihändig zwischen den Handflächen
2. Auflegen des Wulstes im Mittelbereich eines bereits gebrannten kegelförmigen Knaufdeckels, der als Formbasis/Model und Bezugsgröße dient
3. Überdrehen des Wulstes auf der rotierenden Töpferscheibe zu einer Trichterform
4. Abheben des frischen Deckelelementes am Knauf des Deckelmodels
5. Transport des Deckelmodels in die sonnige Tockenecke des Innenhofes durch einen Gehilfen
6. Zentrieren einer vorgetrockneten Schmorschüssel auf dem Scheibenkopf und Aufsetzen eines Deckelelementes am Knauf der Formbasis
7. Abschneiden des neuen Deckelelementes von der Formbasis
8. Überdrehen der frischen Schnittstelle auf der rotierenden Scheibe
9. Auflegen eines Ringwulstes auf die frische Schnittstelle
10. Verstreichen des Wulstes und Zudrehen des kegelförmigen Deckels mit Hilfe einer Formschiene aus gespaltenem Bambus
11. Aufsetzen und Überdrehen eines Kegelknaufes auf der Kegel spitze
12. Abheben der Formschüssel mit der fertigen Schmorschüssel und dem eingepaßten Kegeldeckel zum endgültigen Trocknen im Innenhof.

Diese komplizierte, aber effektive kombinierte Model-Wulst-Drehtechnik ist ein Indiz für eine spezialisierte, alte Töpfereitradition.

Töpferöfen und Brand in Regraga und Talat Ihia

Anders als in Ait Hamed und Umgebung handelt es sich bei den Töpferöfen von Regraga und Talat Ihia um **Schachtöfen mit Lochtenne**. Die Lochtenne oder Siebdecke (berb. *taskesout* = »Couscous«-Siebeinsatz), die Feuer- und Brennkammer voneinander trennt, ruht mit ihren seitlichen Verstrebungen meistens auf einem **Mittelpfeiler**. Die Feuerkammer (berb. *schejinn*) wird durch eine kleine Öffnung (arab. *bab*, berb. *iminschejan*) beheizt. Die Brennkammer (berb. *afaran*) selbst besteht wie der gesamte Ofen aus Bruchstein und ist auf ihrer trogförmig

Abb. 1 Gebrannt wird in Schachtöfen mit Lochtenne und Mittelpfeiler. Das Brenngut wird beim Brand mit Scherben abgedeckt; Foto R. Vossen, 1987

zur Siebdecke hin abgeschrägten Innenfläche mit Lehm verputzt. Der runde Schachtofen mißt ca.2 m im Durchmesser bei ca. 1,20 bis 1,50 m Höhe. Etwa 2/3 des Ofens ist im Boden eingetieft.

Der oben offene Schachtofen wird nach Einbau des Brenngutes mit Scherben abgedeckt. Den Ablauf eines Brandes konnten wir in Regraga oder Talat Ihia nicht dokumentieren, so daß im Vergleich zu Ait Hamed keine absoluten Meßdaten bekannt sind. Der Qualität der Ware nach zu urteilen werden wahrscheinlich Brenntemperaturen zwischen 850° und 950° erreicht. Das **Vorfeuer** (berb. *toukar*) dauert ca. 15-20 Min., das Hauptfeuer ca. 2 bis 3 Stunden.

Töpferleistung, Verkauf und Verdienst

In **Regraga** oder **Talat Ihia** kann ein Töpfermeister mit seinem Gehilfen wöchentlich zwischen 350 und 450 Schmorschüsseln mit Deckel herstellen. Diese Menge entspricht in etwa dem Ofeninhalt eines kleineren Brennofens; größere Öfen fassen ca. 600 Stück. In der Vier-Tage-Töpferwoche an der Drehscheibe werden täglich zwischen 90 bis 110

Schmorgefäße oder Wasserflaschen hergestellt. Der tägliche **Leistungsdruck** läßt sich leicht vorstellen.

Ein Wochentag ist für das Tonholen und die Tonbereitung reserviert, ein weiterer Tag für die Beschaffung des Brennmaterials und den Brand. Traditionell wird immer noch am Montagabend gebrannt, am Vorabend des Hauptmarkttages. Der 7. Wochentag, ursprünglich der Markttag (Souk Tleta) von Amizmiz, diente früher dem lokalen Verkauf der Ware und dem eigenen Einkauf. Vor 1950 hatten sich einige Töpfer selbst bis Marrakech per Lastkamel auf den Weg gemacht. In zwei Packtaschen konnten 80 Wasserflaschen untergebracht werden, 40 auf jeder Seite. 40 weitere bildeten die Rückenlast. Für die Entfernung von ca. 55-60 km brauchte man einen Tag. Abnehmer in Marrakech waren damals Juden am Bab el Mellah.

Seitdem **Zwischen- und Großhändler** die Ware vor Ort selbst abholen und per Lastwagen auf den Großmarkt von Marrakech oder sogar bis Casablanca bringen, hat die Rolle der lokalen Märkte an Bedeutung verloren. Die Töpfer haben die Sicherheit des Verkaufes und die Entlastung beim Transport durch eine große **Abhängigkeit** von den Großhändlern und eine geringere Verdienstspanne erkaufen müssen. Ein kleiner Lastwagen faßt heute ca. 1500 Gefäße, ein großer Lastwagen zwischen 2500 und 2700 Stück. Die Händler zahlten 1987 nur 1,05 Dirham (ca. 25 Pfennig) pro Schmortopf mit Deckel und erzielten in Marrakech einen Verkaufspreis von 1,25 Dirham.

Der Transport einer kleinen Lastwagenladung wurde mit 160 Dirham bewertet, einer großen Ladung mit 250 Dirham. Der Großhandelpreis für eine Wasserflasche betrug 2,50 Dirham. Mit diesem äußerst geringen Verkaufserlös konnten die Töpfer mit kinderreichen Familien gerade ihr **Existenzminimum** erwirtschaften.

Allerdings wird ihre wirtschaftliche Situation dadurch noch verschärft, daß sich die Töpfersaison auf die Sommermonate von April bis Oktober-November beschränkt, während die Produktion in der Regenzeit weitgehend ruht. Nur wenige Töpfer hatten die Möglichkeit, Land zu pachten, um nebenher etwas Weizen und Roggen anzubauen. Der Ertrag würde selbst für den Eigenbedarf nicht reichen. So bleibt nur die vage Hoffnung auf einen Zusammenschluß der Töpfer, um mit Unterstützung des Artisanat-Ministeriums in Rabat eine **Verkaufsgenossenschaft** zu gründen. **Nur wenn sich die Töpfer untereinander einig werden, kann der Verkaufserlös ihrer Ware auf ein für sie erträgliches Maß angehoben werden.**

Abb. 1 Blick auf Tafza von Anrar aus. An der Straße Ladenzeile. Von einem Keramikbrand steigt Rauch auf; Foto R. Vossen, 1980
Abb. 2 Flachdächer des Töpferzentrums von Anrar; Foto R. Vossen, 1980

Tafza und Anrar - Berbertöpfer im Ourika-Tal (Prov. Marrakech)

Reisende, die vor zu großer Hitze aus Marrakech flüchten möchten, finden nur ca. 60 km südöstlich der Stadt im Ourika-Tal eine klimatisch sehr angenehme Bleibe. Auf dem Wege zum Wintersportzentrum Oukaimeden am Fuße des höchsten Atlas-Berges, des Djebel Toubkal (4165 m), liegen am Talausgang die beiden Töpferzentren **Tafza** und **Anrar**. Vorbeifahrende Touristen nehmen diese kleinen Orte mit ihren Flachdachbauten vielleicht wahr, wenn sie an einem der zahlreichen Souvenirstände am Ortsrand Halt machen. Aufmerksame Beobachter sehen auch stapelweise angeordnete rundbodige Gefäße oder den Rauch, der von einem der vielen Keramikbrände aufsteigt (s. Abb. 1).

Tafza zählte 1980 ca. 75 Häuser oder Herdstellen (*kanoun*). Etwa 30 Töpfermeister (*maallemi iroukoutn*) konnten wir registrieren, im Nachbartöpferort **Anrar** ca. 20 Töpfer. Auf den Ecken der Flachdächer sieht man hier und da umgestülpte rundbodige alte Kochtöpfe, die gelegentlich als Abwehrzeichen gegen böse äußere Einflüsse gedeutet werden.

Kugeltöpfe und andere Formen

Die Spezialität von Tafza und Anrar ist die Herstellung von **Kugeltöpfen** (Sammelbezeichnung berb. *tikint*), für Harira-Suppe (berb. *tabrikt*) oder für Sauer- oder Buttermilch (berb. *haleb tikilt*). Der Rand dieser Koch- und Milchtöpfe ist niedrig im Gegensatz zu den Wasserkrügen oder Ölgefäßen (berb. *akoudir, akoulil, aboukal*), die bei gleicher kugeliger Grundform nur einen höheren Rand aufweisen. Dadurch soll das Überschwappen des Wassers bzw. des Öls vermieden werden. Es ist in Marokko ungewöhnlich, daß Koch- und Wassergefäße die gleiche Grundform haben. Der Randunterschied fällt nur Eingeweihten auf. Vermutlich sind die Kochgefäße stärker gemagert als die Wassergefäße, jedoch konnte diese Annahme nicht überprüft werden. Die unterschiedlichen Bezeichnungen der Kugeltöpfe stehen neben dem Hinweis auf unterschiedliche Gebrauchszwecke auch für unterschiedliche Größenklassen: die kleinen heißen *tabrekt*, die mittleren *akoudir* und die großen *tikint*.

Abb. 3 Stapel von Kugeltöpfen (Wasserkrüge und Kochtöpfe) stehen zum Abholen bereit; Foto R. Vossen, 1980

Abb. 4 Tafza: Trockenplatz, Brennofen und Flachdachhaus mit Kugeltöpfen auf dem Dach; Foto R. Vossen, 1980

In **Anrar** werden neben den genannten Formen auch noch Kohlebecken (*kanoun*), Kasserolen mit Kegeldeckel (*kasseroun*), Couscous-Siebeinsätze (*keskes*) und Schnabel-Melkgefäße (*haleb*) hergestellt, für den Touristenmarkt außerdem Miniatur-tajine-Formen mit Deckel.

In **Tafza** haben einige Töpfer, die in Salé/Rabat in die Lehre gegangen waren, sich auf die Herstellung von glasierter Ware mit Unterglasurmalerei im Stil von Salé spezialisiert, um die Bedürfnisse städtischer Touristen im Ourika-Tal zu befriedigen. Zum Brennen dieser Ware benutzen die Töpfer Mohamed ben Fatmi und Hassan ben Bouchmar im Unterschied zu den sonst üblichen Schachtöfen (berb. *tafernout*) mit Lochtenne und Mittelpfeiler einen kuppelförmigen Ziegelofen mit vorgebauter Feuerkammer, wie er in Rabat gebräuchlich ist. Die Salé-Ware muß zum Schutz von Malerei und Glasur in Muffeln (*kasi*) gebrannt werden.

Eine weitere Besonderheit soll nicht unerwähnt bleiben: Ein im Jahre 1980 noch sehr junger Töpfer, Mohamed ben Hamed Dahaman (18), stellte seit 1979 autodidaktisch originelle Tonfiguren her, deren Körper er auf der Scheibe drehte und anschließend zu verschiedenen **Menschenfiguren** modellierte: Frauen bei verschiedenen Tätigkeiten, Wasserträgerinnen, Mutter mit Kind, bärtige Männerfiguren als Händ-

Abb. 5 Tonfiguren von Mohamed ben Hamed aus Tafza vor bemalter Ware aus Safi; Foto R. Vossen, 1980

ler, Musikanten usw.(s.Abb. 5) Als Vorbilder dienten ihm Beobachtungen aus der eigenen Umgebung und Abbildungen aus Zeitschriften, Schulbüchern und Comic-Heften. In einem kleinen selbstgebauten viereckigen, oben offenen Ofen mit Lochtenne wurden diese Figuren gebrannt. Das islamische Verbot, figürliche Abbildungen von Allahs Geschöpfen zu machen, scheint hier ebenso wie bei den Specksteinkünstlern des Hohen Atlas (vgl. Vossen 1988) in Vergessenheit geraten zu sein.

Rundbodenherstellung in Hobel- und Auswölbtechnik

Die Herstellung der Kugeltöpfe fällt aus dem Rahmen der sonst in diesem Gebiet üblichen Model-Wulst-Drehtechnik (s. oben Ait Hamed und Regraga). Das gesamte Gefäß wird auf der versenkten Fußschub-Töpferscheibe hochgedreht. Da das Schwungrad der Scheibe ca. 70 cm im Durchmesser beträgt, reicht die Schwungkraft aus, um den ca. 50 cm hohen kugeligen Gefäßkörper ohne Hilfstechniken hochzuziehen. Allerdings wird auf dem flachen Scheibenkopf auch ein flacher Gefäßboden erzeugt. Der aus den weiter oben (S. 213) genannten Gründen angestrebte Rundboden wird nun auf folgende Art modelliert:

Der Meister ergreift auf dem Trockenplatz einen der kopfstehenden lederharten Kugeltöpfe, entfernt Steinchen und andere Verunreinigungen aus der flachen Bodenzone und beginnt, den Boden abzuhobeln (*titsfa*). Dazu benutzt er drei wichtige Hilfsmittel:

1. eine halbmondförmige, innen geschliffene **Schabesichel** (*le hafi*) aus Eisen
2. eine etwas schmalere, außen geschliffene Variante dieser Schabesichel (*askert*)
3. ein ovales konkav gewölbtes Schabegerät (*tazguit*).

Mit den beiden erstgenannten Geräten schneidet oder hobelt der Meister den überschüssigen Ton der flachen Bodenzone weg (s. Abb 6/7). Anschließend klopft und glättet er die bereits gerundete Bodenzone mit einem Holzklotz. Zuletzt greift er mit der rechten Hand durch den Hals in den Gefäßkörper hinein, um die Bodenwölbung herauszudrük-

Abb. 6-8 Tafza/Ourika: Der Meister erzielt die Bodenrundung eines Wasserkruges durch Abhobeln mit einer Schabesichel und anschließendem Auswölben; Fotos R. Vossen, 1980

ken, den überflüssigen Ton mit dem zuletzt genannten Schabegerät herauszuschaben und die endgültige Form zu geben. Die Finger der linken Hand, die als Widerlager dienen, hinterlassen dabei auf der Oberfläche außen charakteristische flache Dellen, die auch bei den fertigen gebrannten Kugeltöpfen die geschilderte Technik erschließen lassen.

In Marokko haben wir diese **Hobel- und Ausbeul-Technik** nur im Norden wieder angetroffen - im östlichen Rifgebiet in den historisch zusammenhängenden Töpferzentren **Beni Sidal, Dshira/Saidia, Dhamna/Ahfir, Oulad Bahir/Berkane, Akhchah Oumrhar und Timayen** - alle in der Provinz Oujda gelegen. Ferner in der Sebou Ebene, Prov. Taounate, in den Töpferzentren **Gueddara el Koudia, Gueddara el Oued, Gueddara el Cántara und Gueddara/Beni Malek** (s. unten).

Eine vergleichbare Technik finden wir erst wieder im Süden, in Mali und in Westafrika, wie sie Dorothee Gruner bei ihrem Vergleich der nordafrikanischen und westafrikanischen Wulsttechniken schildert. Auch in Westafrika benutzen die Töpferinnen ein sichelförmiges Schabegerät bzw. einen scharfkantigen Metallreifen, um den überschüssigen Ton abzuschneiden und die Gefäßwandung zu verdünnen (Gruner 1988a:75). Es ist wahrscheinlich, daß wir mit dieser Technik und mit diesem Gerät ein wichtiges Indiz für direkte s**chwarzafrikanische Einflüsse** in Marokko in der Hand haben. Auch die Form der Kugeltöpfe hat in Westafrika viele Parallelen (s. das abschließende vergleichende Kapitel).

Gueddara - eine schwarz-afrikanische Enklave im Sebou-Becken

Gueddara oder **Gaddara** gibt es als Ortsbezeichnung mindestens fünfmal in Marokko. Stets verbirgt sich dahinter ein Töpferzentrum: **Gaddara** bei Skouri, Prov. Ouarzazate im Süden (vgl. Vossen/Ebert 1986:498 ff.), **Gueddara/Beni Malek**, Gharb Region, Prov. Kenitra (vgl. Vossen/Ebert 1986:140 f.) sowie **Gueddara el Koudia, Gueddara el Oued** und **Gueddara el Cántara** in der Sebou-Ebene in der Nähe von Karia Bou Mohamed. Uns interessieren hier die drei letztgenannten **Gueddara**-Orte, weil sie historisch und töpferisch gesehen höchst interessant erscheinen.

Gueddara hängt mit der arabischen Bezeichnung für Topf - *guedra* - zusammen. *Guedär* bedeutet im lokalen Dialekt der Sebou-Ebene Töpferei, der Töpfer *maallem de gueddara* und Töpferin *guedderia*. Tatsächlich arbeiten in den Gueddara-Orten des Sebou-Beckens **Männer und Frauen als Töpfer und Töpferinnen** arbeitsteilig zusammen. Doch davon später.

Bei einem Blitzbesuch am 1. und 2.7.1980 gewann ich den Eindruck, daß es sich lohnen würde, diese Orte intensiver zu untersuchen (vgl. Vossen/Ebert 1986:143 ff.). So hatten wir während unserer Töpferreise von 1987 einen zweiten Besuch durchaus eingeplant, doch wegen der angedeuteten Schwierigkeiten in **Ain Bouchrik** (s. oben) kurzfristig keine Forschungsgenehmigung erhalten. Dennoch beschlossen meine Frau, Arne Lucke und ich, in Begleitung unseres Dolmetschers Mustafa Amrani, zum Abschluß unserer Reise Ende Oktober 1987 eine Kurzaufnahme durchzuführen. Und es hat sich gelohnt, wenn auch wegen einsetzender Regenfälle und der Kürze der Zeit nicht alle Fragen beantwortet werden konnten.

Lage und Bevölkerung

Gueddara el Koudia liegt nur 1 km westlich des Marktortes Karia Bou Mohamed. 1980 konnte ich dort 14 Töpfermeister registieren, doch gab es bereits Umbrucherscheinungen: So hatten einige Töpfer gerade eine Fußschubtöpferscheibe eingeführt, die den lokalen Drehtisch (s. unten)

Abb. 1 Gueddara el Cántara Ortsansicht; Foto R. Vossen

Abb. 2 Gueddara el Oued, Ansicht mit Scherben und Aschehaufen; Foto R. Vossen, 1987

ersetzen sollte. Noch unverfälscht waren dagegen Töpfertradition und Lebenssituation in den beiden anderen Gueddara-Orten.

Gueddara el Oued liegt direkt am Sebou-Fluß ca. 4 Pistenkilometer westlich von Pont du Sebou, wo die Landstraße von Ouezzane nach Fès den Sebou überquert. Die teilweise stroh-, teilweise wellblechgedeckten Giebelhäuser erheben sich am nördlichen Flußufer auf einem Hügel, der sich bei näherem Zusehen zumindest teilweise als riesiger **Asche- und Scherbenhaufen** entpuppt (s. Abb. 2). Das vermutlich Jahrhunderte alte Wirken vieler Töpfergenerationen hat hier seine Spuren hinterlassen. Die etwa 50 Familien werden nominell der alten Stammesföderation der Cheraga und der Untergruppe Beni Snouss zugerechnet, doch bei intensiverer Befragung kamen ganz andere Wurzeln zutage (s. Lokalgeschichte). 1987 war dort von etwa 70 Töpfern und Töpferinnen die Rede, d.h. in jedem Haus gab es mindestens eine Töpferwerkstatt. Die Töpferei bildete die wirtschaftliche Basis dieses Zentrums.

Nur etwa 5 km Luftlinie in südöstlicher Richtung entfernt liegt auf der anderen Sebou-Seite **Gueddara el Cántara el Argoub**. *Cántara* bedeutet Brücke. Die Seboubrücke ist fast in Sichtweite. Auf einer Anhöhe gelegen und von Getreidefeldern umgeben zählt das kleine Dorf nur 7 Gehöfte (s. Abb. 1). Auch hier sind alle Männer und Frauen mit der Töpferei beschäftigt, soweit sie dort noch wohnen. Eine Töpferfamilie, die ich 1980 noch besucht hatte, war kürzlich nach Fès abgewandert, um dort ihr Glück zu versuchen - allerdings nicht in der Töpferei. Regional gesehen gehören die Familien zu den Oulad Jama. Dennoch kamen bei näherer Befragung interessante andere Wurzeln zutage.

Lokalgeschichte

In allen Gueddara-Orten fällt die dunkle Hautfarbe der Bewohner ins Auge. Zum überwiegenden Teil tragen sind negroide, zum Teil auch berberisch-mediterrane Züge. Bei der Frage nach der Herkunft ihrer Vorfahren ergab sich folgendes Bild, das allerdings noch einige Unschärfen besitzt:

Die Bewohner von Gueddara el Oued und Gueddara el Cántara sehen sich übereinstimmend und voller Stolz als **Nachkommen der ehemaligen Negersklaven Bouakher** (Bouáchra, Bouchari). Die Großväter hätten noch in der Leibgarde des damaligen Sultans in Meknès gedient, wären aber z.T. damals schon Töpfer gewesen. Tatsächlich gab es in

Meknès nach Adda Ricard noch 1932 neben den Fayence-Töpfern *Fakhara* unter der Bezeichnung **Gueddara** noch zwei Irdenware-Töpferzentren, das eine innerhalb der Stadtmauern neben den ehemaligen Pferdeställen (*Er Roua*) des Sultans **Moulay Ismail**, das andere im Norden der Stadt in den Grotten unterhalb von Bab Berdain (vgl. Vossen/Ebert 1986:159).

Kriegersklaven des Moulay Ismail

Wer war dieser **Sultan Moulay Ismail** ? Als einer der ersten Gründerpersönlichkeiten der noch heute regierenden Alaouiten-Dynastie herrschte er von 1672 - 1727. Damit war er ein Zeitgenosse des französischen absolutistischen Herrschers **Ludwig XIV** (1643-1715), mit dem er korrespondierte und aufgrund seines selbstherrlichen Regierungsstils auch häufig verglichen wird. Seine Herrschaft hatte er auf folgende Weise gefestigt: Er ließ in **Mechra el-Kheneg** im Oued Felfela nördlich von Ksar el Souk/Er Rachidia Negersklaven aus der ganzen Region südlich des Hohen Atlas zusammenziehen. Ein Teil davon waren Nachkommen von Kriegersklaven der **Bambara aus Mali**. Männer und Frauen wurden in einer Art Camp gehalten, wo sie wachsen und sich vermehren sollten. Auf Befehl des Sultans wurden ihm von Zeit zu Zeit alle gesunden etwa 10-jährigen Jungen und Mädchen in seine Residenz nach Meknès zugeführt. Die Mädchen wurden von den Matronen des herrschaftlichen Harems im Kochen und in Hausarbeiten unterrichtet, während die Jungen vier Jahre lang in verschiedenen Handwerksarten, im Sport, Reiten und vor allem im Militärdienst ausgebildet wurden. Im Alter von 18 Jahren wurden sie mit den gleichaltrigen Mädchen verheiratet und auf Kosten des Sultans ernährt. Ihre Kinder wiederum wurden zu jungen Rekruten des Sultans. Auf diese Weise soll diese »schwarze Armee« auf 150 000 Mann angewachsen sein. 70 000 davon lebten im königlichen Gestüt und 25 000 in der Nähe von Meknès, die übrigen auf Festungen zwischen Oujda und Oued Noun. Diese Armee bildete das wichtigste Machtinstrument des Sultans zur Unterwerfung unbotmäßiger Berberfürsten und zur Abwehr türkisch-osmanischer und europäischer Herrschaftsansprüche.

Eine Anekdote berichtet, der berühmte Koranausleger **Mohammed el Buchari** aus dem Steppenchanat von Buchara hätte ein wertvolles Manuskript der mündlichen Überlieferung der Worte und Taten des

Propheten (**Hadith**) dem Sultan übergeben. Dieser gab es anschließend seinen schwarzen Sklaven weiter mit den Worten: *»Ihr und ich, wir sind alle Sklaven (**Abid**) in der Tradition des Propheten.«* Zukünftig ließ er seine schwarzen Soldatensklaven auf dieses Buch vereidigen. Es wurde zu ihrem Talisman, das sie bei allen Einsätzen mit sich trugen. Von dieser Begebenheit leitet sich ihr Name **Abid** oder häufiger noch **Bouakher** oder **Bouchari** ab. (nach Coissac de Chavrebière, 1931:395; Artbauer, 1925:41; Brignon u.a. 1967:242 f.)

Es ist bisher nicht geklärt, wie lange die heutigen Nachfahren der Bouacher in den einzelnen Gueddara-Dörfern bereits ansässig sind. Darüber konnten sie selbst keine Auskunft geben. Wir erfuhren lediglich, daß sie sich einem Heiligen, **Sidi Ali ben Hamdouch**, seit langem besonders verbunden fühlten.

Dieser, ein mystischer Schech, starb Anfang des 18. Jhs. Mit seinem Schüler Sidi Ahmed ed Dghoughi begründete er die Bruderschaft der **Hamadcha** mit ihrem Sitz im nahen Zerhoun-Gebirge. Bei Beni Rached, 22 km nördlich von Meknès, befindet sich auch das Grab des Heiligen. Der Bau der unvollendet gebliebenen Kuppel wurde angeblich von Moulay Ismail in Auftrag gegeben. Bei den alljährlichen Wallfahrten am 7. Tag nach Mouloud, dem Geburtstag des Propheten, versammelte sich eine große Schar von Anhängern, die sich unter Gesängen, Tänzen und religiösen Schreien in Trance steigerten und in diesem Zustand wie ihre mysthischen Vorbilder selbst harte Schläge und blutige Schädelverletzungen mit einem Beil ertragen konnten (nach Prosper Ricard 1950:305).

Im Gegensatz zu diesen etwas blutrünstigen Geschichten hatten wir bei unseren Besuchen in Gueddara die heutigen Töpferfamilien als äußerst freundliche, fröhliche und gastfreie Menschen kennen und schätzen gelernt. Über einen weiteren Heiligen, **Sidi el Mokhfi**, dem sich die Töpferfamilien von Gueddara el Oued besonders verbunden fühlten, konnte ich bisher leider nichts Näheres in Erfahrung bringen. Bei einem längerem Aufenthalt könnten durch Befragung weiterer Informanten vermutlich noch andere Aspekte der Lokalgeschichte rekonstruiert werden. Flankierend müßten jedoch **Archivstudien** und **archäologische Grabungen** in den gewaltigen Hausmüll-, Asche- und Scherbenhügeln von Gueddara el Oued hinzu treten. Mit dieser Unter-

Abb. 3 Die Bewohner von Gueddara sind gastfreundlich. Gegen böse Einflüsse soll die Hausbemalung schützen; Foto K. Vossen, 1987

suchungsmethode könnte man ein wichtiges weiteres Kapitel ethnoarchäologischer Forschung und marokkanischer Lokalgeschichte schreiben (vgl. A. Lucke 1989/90).

Töpferische Besonderheiten von Gueddara

Abgesehen von der angedeuteten Einzigartigkeit ihrer Lokalgeschichte zeichnen sich die etwas näher untersuchten Gueddara-Töpferorte durch weitere Besonderheiten aus:

1. **Männer und Frauen arbeiten nebeneinander an der Töpferscheibe und kooperieren bei den übrigen Töpferarbeiten. Die Männer drehen in der Regel die tiefen Gefäße, während sich die Frauen auf die Herstellung flacher Gefäße spezialisiert haben.**

2. Bei der Töpferscheibe handelt es sich um einen **niedrigen Drehtisch**, wie er außer im östlichen Rif (s. Dshira/Saidia) sonst nirgends in Marokko mehr vorkommt.

3. Die beabsichtigte **Rundbodigkeit der Wasserkrüge** wird nicht wie im Süden Marokkos in Model-Wulst-Technik erzielt, sondern durch Abhobeln der Kanten mit einem sichelförmigen Gerät und durch Herausdrücken des ursprünglich flachen Bodens mit der Faust.

5. Die oval-rechteckigen **Brenngruben** zeichnen sich durch außergewöhnliche Größe und durch den Umstand aus, daß auf der dem Wind zugewandten Seite die frisch gebrannte Ware bereits entnommen werden kann, während auf der anderen Seite noch Temperaturen bis zu 700° gemessen werden.

4. Die für den Eigenbedarf hergestellten Vorratsgefäße weisen einen plastischen Dekor auf, der an **schwarzafrikanische Vorbilder** erinnert.

Tongewinnung und Aufbereitung

In Gueddara el Oued und Gueddara el Cántara werden zwei Tonerden miteinander vermischt: ein heller, offenbar kaolinhaltiger Ton (*ghar tein*) mit einem roten Ton (*sähäla*). Beide stammen aus unterschiedlichen Tongruben. Die Grube Tboka für den hellen, auch glimmerhaltigen Ton liegt ca. 7 km von Gueddara el Cántara entfernt auf der anderen Flußseite. Die Töpfer haben im Laufe der Zeit bis zu 15 m tiefe Galerien in die ca. 1 m starke tonführende Schicht getrieben. Der rote Ton stammt aus der Grube Sahala de Abadin Tehäta, die von Gueddara el Oued 3-4 km entfernt ist.

Das Gelände ist ganz aufgewühlt und soll mit den 5-10 m tiefen Stollen nach Meinung der Töpfer bereits 200 bis 300 Jahre in Benutzung sein. Das würde für ein entsprechendes Alter der Töpferorte sprechen. Wegen des ungeregelten Abbaus ist immer wieder von Verschüttungen in diesen Grube die Rede.

Im Innenhof der Gehöfte wird der mit Maultieren herantransportierte Ton (*tein*) ausgebreitet, gesiebt und in großen Schüsseln (*gsaa*) eingesumpft, danach im Verhältnis 2 : 1 mit der roten Tonerde gemischt. Anschließend breiten die Töpfer diese Mischung auf dem Boden der Werkstatt aus und kneten sie mit den Füßen durch.

Abb. 4 Tongrubeneinstieg für hellen Ton. Die Galerie geht bis 15 m tief;
Fotos R. Vossen

Abb. 5 Tongrubengelände für roten Ton mit Maultier. Die Landschaft ist aufgerissen.

Töpfern auf dem Drehtisch

Anders als in den übrigen Männertöpferorten im nördlichen und zentralen Marokko hat sich in den Gueddara-Zentren rund um Karia Bou Mohamed die Fußschubtöpferscheibe noch nicht durchgesetzt.

Der hier benutzte **Drehtisch** *naora* (Noria?) besteht aus einer aus drei Holzbrettern zusammengezimmerten ca. 5 cm dicken runden Scheibe mit einem Durchmesser von 60 bis 80 cm. Diese Scheibe hat auf der Unterseite eine Spurpfanne, in der ein aus dem Boden kommender kurzer Eisendorn (*eras*) gelagert ist. Der Eisendorn sitzt fest in einem zylindrischen Holzfutter, das im Lehmboden der Werkstatt verankert ist. Eisendorn und Spurpfanne sind ebenso wie das umgebende Holzfutter gut geschmiert, um die Reibungskräfte zu vermindern.

Der Drehtisch wird niemals allein benutzt, sondern immer in Verbindung mit einer aufgelegten **Formplatte** (*louha, louah, louh*) aus Ton, die mit drei Tonbatzen auf dem Drehtisch befestigt wird. Jedes neu getöpferte Tongefäß steht auf einer eigenen Formplatte, die auch als Basis beim Trocknen dient. An die Stelle der tönernen Formplatte kann auch eine Brotbackplatte (gesaa) gefüllt mit hellem Ton treten, die in dieser Funktion dann *mokafa* oder *loakafa* genannt wird.

Beim Drehen kleiner und flacher Gefäße entwickelt dieser Drehtisch eine derartige Schwungkraft, daß Töpfer oder Töpferin ohne Dreh-Gehilfen auskommen. Die vor dem Drehtisch hockende Töpferin dreht dabei die Holzscheibe mit der linken Hand, während die rechte die Tonmasse hochzieht. Der Schwung reicht für eine kurze Phase soweit aus, daß sie auch die linke Hand als Widerlager hinzuziehen kann.

Anders bei großen und hohen Gefäßen, etwa Wasserkrügen und Vorratsgefäßen. Dann muß ein **Gehilfe, der auf der anderen Seite dem Dreher gegenüber hockt, den Drehtisch in Schwung versetzen, wie es bereits auf ägyptischen Darstellungen des Mittleren Reiches ersichtlich ist** (vgl. Kapitel »Töpferscheibentypen...« unten). Oder gibt es vielmehr eine typologische Verwandtschaft mit dem stabbetriebenen **Töpferrad**? Die Scheibe kann nach Anweisung des Drehers **in beiden Richtungen** gedreht werden - im Gegensatz zur normalen Fußschubscheibe. Als Hilfsmittel benutzen die Töpfer dabei neben den Händen eine Formschiene aus einer Bambushälfte (*gesba*) oder, bei kleineren Gefäßen, einen Lappen.

Auf einem derartigen Drehtisch bzw. den flachen Formplatten werden in der Regel **flachbodige** Gefäße erzeugt. Da vermutlich grundlegende

Abb. 6-9 Gueddara el Cántara: Drehen eines Bechers auf dem Drehtisch; Fotos R. Vossen, 1980

Abb. 10-12 In der letzten Phase gibt eine Gehilfin dem Drehtisch den nötigen Schwung; Fotos R. Vossen

Abb. 13 Aufbau eines Wasserkrugs. Anfangs wird gewulstet, dann hochgedreht.
Abb. 14 Ein Gehilfe gibt der Scheibe zuletzt den notwendigen Schwung; Foto R. Vossen

Abb. 15/16 Zuletzt wird der flache Boden des Wasserkruges zum Rundboden ausgebeult; Fotos R. Vossen

Erfahrungswerte beim Trocken- und Brennprozeß und bei der Benutzung (vgl.oben das Kapitel »Rundbodigkeit...«) vor allem bei Wasserkrügen für **runde Gefäßböden** sprachen, wird der flache Boden von Wasserkrügen nach einem kurzen Trockenprozeß von innen mit der Faust oder einem großen runden Stein nach außen gewölbt. Anschließend schält der Töpfer die noch überschüssige Tonmasse des Bodenrandes mit Hilfe eines halbmondförmigen, sichelartigen Eisengerätes (*mkerda*) ab und poliert diese Zone mit einem Kieselstein (*lamsen*).

Das sichelförmige Eisengerät besitzt kulturgeschichtlich gesehen m.E. eine **Schlüsselfunktion**. Es begegnet uns wieder z.B. in **Dshira/ Saidia** (Prov. Oujda), wo es auch in Verbindung mit dem Drehtisch zur Erzeugung rundbodiger Wasser- und Vorratsgefäße benutzt wird (s. unten), außerdem in **Tafza** im Ourikatal, Prov. Marrakech, wo dunkelhäutige Töpfer ihre zunächst flachbodigen Gefäße von innen auswölben und anschließend mit der Schabesichel bearbeiten (s. oben) und schließlich erst wieder in **Mali** und in **Westafrika** (vgl. Gruner 1988a:75).

Abb. 17 Arbeitsgeräte der Töpfer: Wasserbecken, Formschiene aus Bambus, Schabesichel, Glättestein; Foto R. Vossen, 1987

Männer- und Frauenarbeit

In der Regel können wir feststellen, daß in der Töpferei auf der Basis der geschlechtlichen Arbeitsteilung in einer kulturgeschichtlich gesehen älteren Phase die Töpferei vollkommen in den Händen der Frauen liegt, während im städtischen Bereich die Männertöpferei mit Hilfe der Töpferscheibe vorherrscht. Den jeweiligen Partnern des anderen Geschlechts kommen dabei lediglich Hilfsfunktionen zu. In den Gueddara-Orten des Sebou-Beckens dagegen machten wir die seltene Beobachtung, daß sowohl Männer als auch Frauen und Mädchen fast »gleichberechtigt« am Drehtisch arbeiten und die übrigen Töpferarbeiten in enger Zusammenarbeit erfolgen. Ob wohl zunächst nur die Frauen, wie in Schwarzafrika häufig, als Töpferinnen gearbeitet haben und die Männer erst später, nachdem sie ihre Funktion als Kriegersklaven aufgeben mußten?

Der wichtigste Unterschied besteht in Gueddara el Oued und Gueddara el Cántara darin, daß die **Männer in erster Linie die großen**

Abb. 18-21 Die Tochter des Töpfers dreht einen Napf auf dem Drehtisch; Fotos K. Vossen, 1987

Abb. 25 Abschaben der Bodenumbruchzone mit dem Schabemesser

Hohlgefäße wie Wasser- und Vorratsgefäße herstellen, während die Frauen sich auf flache Brotteigschüsseln, Brotbackplatten und auf Kohlebecken beschränken. Außerdem benutzen die Lehrlinge, die Jungen und Mädchen im Alter von 12 bis 15 Jahren, zunächst einen im Durchmesser kleineren Drehtisch, auf dem sie auch kleinere Gefäßtypen drehen.

Männer und Frauen arbeiten auch zusammen bei der Behandlung der Tongefäße nach dem Trockenprozeß. Dazu gehört vor allem das Abkratzen (k*redou*) und Verdünnen der Boden- und Randzonen mit der erwähnten Schabesichel oder einem Messer und das Polieren (*msin*) mit einem Polierstein (*lmsin*). Anschließend werden Teile der Gefäße mit roter Engobe (*tlei)* bestrichen und z.T. mit roter und schwarzer Farbe bemalt. Der rote Farbstoff wird aus Fès besorgt, den schwarzen Farbstoff (*noghra*) bereitet man aus einem Stein, den man am Flußufer findet (wahrscheinlich ein Mangan-Stein).

Abb. 22-24 Die Frau des Töpfermeisters dreht eine große Schüssel; Fotos K. Vossen, 1987

Abb. 26 Engobieren von Gefäßteilen mit roter Engobe; Fotos R. Vossen, 1987

Brand in offenen Brenngruben

Arne Lucke hat bei unserem Besuch von Gueddara el Cántara im Oktober 1987 zwei Brände genauer beobachtet und untersucht. Er beschreibt Brennstellen und Brand folgendermaßen (A. Lucke 1989/90):

»Gebrannt wird in 5 oval rechteckigen Brenngruben (koucha/kouda), die 6 x 4 bzw. 6 x 8 und mehr Meter messen können und mit bis zu 300 Stück Großkeramik beschickt werden. In diesen, meist schräg bis zu zwei Meter in den Hang eingetieften Aschegruben wird mit Dungfladen (lougid) und saisonal bedingt mit Stroh bzw. Bohnenstroh gebrannt. Zur Beschickung wird zunächst der Boden der Grube vollständig mit Dungfladen ausgelegt. Darauf wird dann das Brenngut in mehreren Reihen aufgestellt. Nach Abdeckung des Brenngutes mit Scherben aus Fehlbränden wird die gesamte Grube mit einer dichten dicken Strohabdeckung versehen. Darüber kommt dann schließlich noch ein lockeres Stroh-Dung-Erdgemisch zur optimalen Abdichtung.

Abb. 27 Brenngrube mit Wasserkrügen und Scherbenabdeckung in Gueddara al Koudia; Foto R. Vossen, 1980
Abb. 28 Brennstelle mit Dungfladen- und Strohabdeckung beim Brand; an der Hauswand Dungfladen zum Trocknen; Foto R. Vossen, 1987

Die so beschickte und vorbereitete Grube wird dann von der dem Wind zugewandten Querseite her entzündet. Etwa 2 Stunden später stößt der Töpfer an dieser Stelle tiefe Luftlöcher in die untere Dungplattenschichtung der Grube, so daß mit den aufkommenden Hangwinden eine optimale Luftzufuhr des Brandes gewährleistet ist.

In diesen Brenngruben werden bei einer Gesamtbrenndauer von durchschnittlich 14 Stunden nach etwa 3 1/2 bis 4 Stunden Höchsttemperaturen bis zu 875° Celsius erzielt. Eine weitere Besonderheit besteht hier darin, daß sich der Brand verhältnismäßig langsam durch die Grube frißt. So konnte im benachbarten Gueddara el Oued mehrfach in größeren Brenngruben beobachtet werden, daß an einem Ende bereits die gebrannte Ware entnommen wurde, während am anderen Ende noch Temperaturen bis zu 700° Celsius herrschten.«

Form-, Funktions- und Dekortypen von Gueddara

Die wichtigsten Form- und Funktionstypen der Gueddara Töpferzentren wurden bereits erwähnt. In der folgenden Übersicht erscheinen sie an erster Stelle:

1. **Wasserkrug** (*guenboura*) - Ledersack- bzw. tropfenförmig mit einem Wulsthenkel; häufig im unteren und mittleren Bereich rot engobiert, teilweise mit schwarzen Tupfen versehen; gewisse Spezialisierung auf Wasserkrüge in Gueddara el Cántara und Gueddara el Koudia; 3 Größen im Angebot;

2. **Vorratsgefäß** (*habia*) - Grundform dem Wasserkrug vergleichbar, jedoch mit weiterer Mündung, zwei Wulsthenkeln und einem angesetzten ringförmigen Standfuß; bis auf den weißen Halsbereich rot engobiert. Dient vorwiegend zur Wasseraufbewahrung.

Eine andere mehr faßförmige oder zylindrische Variante wird in Gueddara el Oued n**ur für den Eigenbedarf** hergestellt. Sie zeichnet sich durch reichere schwarzrote Streifen-Bemalung, durch **Ritzdekor und plastische Auflagen in Form von Menschen- oder Tierfiguren** und anderen Symbolen aus (s. Abb. S. 292). Vergleichbare Dekorformen sind aus den übrigen Regionen Marokkos nicht bekannt, während sie z.B. in Mali und Westafrika durchaus üblich sind (vgl. A.Stößel, 1984, Tf.11, Abb. 95, 125, 126). Wahrscheinlich sind diese Dekorformen ein **Überlebsel (survival) schwarz-afrikanischer Herkunft**, während sich die marktbezogene Produktion an den regional vorherrschenden Form- und Dekortypen orientieren mußte.

Abb. 29 »Produktionspalette« von Gueddara el Oued: Kochtopf mit Couscous-Siebeinsatz, Brotteig- und Couscous-Schüsseln, Vorratsgefäß, Butangasaufsätze, Schmortopf und Teller; Foto R. Vossen, 1987

Abb. 30 Produktion von Gueddara el Koudia: Wasserkrug, Schmortopf, Brotteigschüssel und Backplatten, Butangasaufsatz, Kochtöpfe, Couscoussieb und Kohlebecken; Foto R. Vossen, 1980

3. **Kochtopf** (*guedra, chemäsch, djouna, berma*) - in verschiedenen Größen, in der Regel zweihenklig; leicht bauchig mit eingezogenem Hals; flachbodig. Vermutlich ist bei den Kochgefäßen der Anteil der roten Tonerde größer als bei den Wassergefäßen.

4. **Couscous-Siebeinssatz** (*keskes*) - konisch zulaufendes Gefäß mit durchlöchertem Boden;

5. **Schmortopf** (*tajine*) mit Deckel - breitere Variante des Kochtopfes;

6. **Kohlebecken** (*mejmar*) - Gefäßtyp mit ausladendem Rand und waagerecht eingesetzten Topfstützen, verschiedene Größen; diese Form erinmnert an schwarz-afrikanische Typen aus Westafrika.

7. **Butangas-Aufsatz** (*mejmar butagas*)

8. **Brotteigschüssel** (*gesaa*, tajine de khabäs) - Plattenform mit schräg abgewinkelter Randzone, in verschiedenen Größen

9. **Brotbackplatte** (*makala*) - große Platte mit niedrigem Rand und einem roten Mittel-Punkt

10. **Teller** (*zlefa*) - kleinere Variante der Backplatte

11. **Becher** (*ghorraf*) - Henkelbecher, mit Gittermuster bemalt

12. **Kanne** (ghorraf) - Henkelkanne mit zylindrischem Hals

13. **Blumentopf** (*mahbok*)

14. **Reibschüssel** (*jóhara*) - kleine Schüssel mit Reibfläche im Innern zum Zermahlen von Tabakblättern für Schnupftabak; einzigartig in Marokko; mögliches weiteres Indiz für die schwarzafrikanische Herkunft, da derartige Reibschalen in Westafrika sehr häufig sind.

Absatz und Verbreitung der Gueddara-Ware

Gueddara-Ware, d.h. insbesondere die großen rundbodigen Wasserkrüge sind heute fast im gesamten Sebou-Gebiet und in den Randzonen verbreitet. Ernst Rackow hat sie 1953 noch weit in Westen bei den Chlot nördlich von Ksar el Kbir im Gebrauch beobachtet. Mit Hilfe eines Strickes, der um den runden Boden und den Bauch des Kruges geschlungen ist, werden sie von den Frauen auf dem Rücken getragen. Die Wölbung des Bauches paßt sich dem Hohlkreuz an, während die schwere Last, wie im gesamten Rif-Gebiet üblich, auf dem breiten Stützgürtel und damit auf dem Gesäß ruht (vgl. Rackow 1958, Tf. LVII, LXIV).

Früher kamen Händler der Cheraga (a*ttara*) mit zwei bis drei Maultieren in die Töpferorte, um die Ware zum Dienstagmarkt Souk Tleta Karia

Abb. 31 Wasserkrüge aus Gueddara auf dem Souk Tleta von Karia Bou Mohamed; Foto R. Vossen, 1980

Bou Mohamed oder in südlicher Richtung zum Samstagmarkt Souk Sebt Oulad Jama zu befördern. Oder sie zogen mit der Gueddara-Ware über die Dörfer, um sie gegen Getreide einzutauschen. Heute erfolgt der Transport per Lastwagen. Doch die Nachfrage läßt heute merklich nach, da sich seit Anfang der 70er Jahre die **Konkurrenz von Plastikflaschen** und seit ca. 1980 von großen **Gummiwasserkrügen** immer stärker bemerkbar macht (s. unten).

Beni Sidal - Männertöpfereien im östlichen Rif

Wer die Verbreitungskarte der Männer- und Frauentöpfereien oder der Wasserkrugtypen Marokkos (s. Abb. S. 62/S. 211) betrachtet, wird feststellen: Im östlichen Rif, in den Provinzen Nador und Oujda, schiebt sich in das Verbreitungsgebiet der Frauentöpfereien ein Keil von Männertöpfereien mit dickbauchigen, rundbodigen Gefäßen. Dabei handelt es sich um das große Zentrum **Beni Sidal**, Prov. Nador mit den Ableger-Töpferorten **Akschah Oumrhar**, **Dshira/Saidia**, **Dhamna**, **Oulad Bahir** und **Timayen** (vgl. Vossen/Ebert 1986:105-120). Jenseits der algerischen Grenze setzt sich dagegen - nach unserem bisherigen Kenntnisstand - das Verbreitungsgebiet der Frauentöpfereien mit dem typischen Berberdekor fort (vgl. Gruner 1973, 1986 und den Band »A la rencontre de la poterie modelée en Algérie«, 1982).

Im Rahmen unserer Landesaufnahme von 1980 hatte mein Kollege Wilhelm Ebert in Begleitung seiner Frau Christiane die Erfassung der Gebiete des mittleren und östlichen Rif übernommen.

Da 1987 eine Nachuntersuchung nicht möglich war, stütze ich mich im folgenden Kapitel auf ihre Aufzeichnungen und ihr ausgezeichnetes Fotomaterial, das sie mir freundlicherweise überlassen haben. Natürlich bleiben dabei viele Fragen offen, doch da das vorliegende Material gerade für den überregionalen Vergleich der »primitiven« Töpferscheibentypen und Aufbautechniken von großem Interesse zu sein scheint, möchte ich nicht darauf verzichten.

Mit etwa 130 Meistern in 63 Familienbetrieben war **Beni Sidal** 1980 das größte Töpferzentrum der Provinzen Nador und Oujda. Die übrigen oben genannten Töpferorte sind tatsächlich »**Ableger**« des großen Zentrums, aus dem Vorfahren der heutigen Töpfer vermutlich wegen des großen Konkurrenzdruckes abgewandert waren. Ein vergleichbares »Filialsystem« konnte ich 1973 in Spanien feststellen (vgl. Vossen 1984:339 ff.). Die abgewanderten Töpfer haben in ihre neue Heimat ihre

Abb. 1 Ortansicht von Beni Sidal, Händlerdepot mit Wassergefäßen; Fotos W. Ebert, 1980

Abb. 2 Wassertransportgefäße von Dshira/Saidia, von Händlern rot bemalt

Abb. 3 Frisch getöpferte Kohlebecken, Brotteigschüssel, rot bemalt

Handwerkskenntnisse, Werkzeuge und auch ihren Formenschatz mitgenommen. Heute ließe sich nur durch eine gezielte vergleichende Untersuchung feststellen, welche Abweichungen vom Grundtypus von **Beni Sidal** charakteristisch für die Ableger-Töpferorte **Akschah Oumar, Dshira/Saidia, Dahamna, Oulad Bahir** und **Timayen** sind. Hier werden nach derzeitigem Forschungsstand alle genannten Orte als Einheit betrachtet.

Kugeltöpfe und Drehtisch-Töpferscheiben

Typisch für die Beni Sidal-Ware sind die monumentalen, fast linsenförmigen **Kugeltöpfe** (*bouche, akbouche*). Als Mehrzweckgefäße mit einem Fassungsvermögen von 25-30 Litern dienen sie zum Wassertransport, zur Wasseraufbewahrung und als Vorratsgefäße für Vorräte aller Art (Öl, Oliven, Erbsen usw.). Zur Stabiliserung besitzen die Standgefäße einen Fußring, der an den Rundboden angesetzt ist. Kleinere Gefäße dieser Art von 10 - 15 Liter Rauminhalt werden in Dshira *gadioua* bzw. *gedioi* genannt.

Wie werden diese Kugeltöpfe hergestellt? Wie an anderer Stelle bereits angedeutet wurde, haben wir es nicht wie im Süden mit einer Model-Wulst-Drehtechnik, sondern mit einer **Hobel- und Auswölbtechnik** nach Art von Gueddara bzw. von Tafza/Ourika (s. oben S. 261) zu tun. Wichtigstes Hilfsmittel beim Aufbau ist der **niedrige Drehtisch**, der wie in Gueddara in den kritischsten Phasen des Drehvorgangs von einem Gehilfen gedreht wird.

Der **Drehtisch** selbst besteht in **Dahamna** aus einer **Steinscheibe** von ca. 50 - 60 cm Durchmesser, die auf einer zapfenförmigen Eisenachse läuft. Der Zapfen ist in einen Holzklotz eingelassen, der im Boden versenkt ist. Über dem Holzklotz befindet sich ein Blechfutter, auf dem die Scheibe aufliegt und mit Öl geschmiert relativ gut läuft. Auf der Steinscheibe liegt über einem Tonfutter ein rechteckiges Holzbrett oder eine runde Holzscheibe als Form- und Trockenplatte, denn jedes Gefäß wird auf einer eigenen Formplatte gedreht und anschließend zum Trockenplatz gebracht.

In der Regel wird der Drehtisch mit dem linken Fuß oder mit der linken Hand in Bewegung gesetzt. Lediglich zum Zentrieren großer Gefäße kommt dem Meister im Anfangsstadium ein **Lehrling zu Hilfe, ebenso beim späteren Hochdrehen der Tonmasse, wenn eine größere Dreh-**

Abb. 4-7 Arbeit am Drehtisch in Dshira/Saidia: Auflegen einer Formplatte, Aufwulsten und Überdrehen auf der fußbetriebenen Drehscheibe; Fotos W. Ebert, 1980

Abb. 8-10 Der zum Hochdrehen nötige Schwung des Drehtisches wird durch einen Gehilfen erzielt. Das Ergebnis ist ein breites flachbodiges Gefäß; Fotos W. Ebert, 1980

Abb. 11-14 In Beni Sidal wird der flache Boden des Wassergefäßes mit einer Schabesichel gerundet und über einem Model ausgewölbt; Fotos W. Ebert, 1980

geschwindigkeit verlangt wird und der Meister sich mit beiden Händen ganz auf den Drehvorgang konzentrieren muß. Als Hilfsmittel benutzt er eine Bambushälfte als Formschiene. Der Töpfer sitzt dabei an der Werkstattwand auf einem Stein mit Sitzkissen, während der Lehrling auf der anderen Seite zum Drehen der Scheibe davor kniet. Der Aufbau des Gefäßes erfolgt, wie auch anderswo üblich, in einer kombinierten Wulst-Drehtechnik.

Auf der flachen Formplatte wird naturgemäß auch ein flacher Boden erzeugt. Doch gerade bei diesen großen Gefäßen ist das Ziel der Töpfer, einen R**undboden** zu erzielen. Ähnlich wie in den Gueddara-Zentren im Sebou-Becke und in Tafza/Ourika erreichen sie dieses Ziel in drei Schritten:

1. Der Bodenrand des lederharten Gefäßes wird mit einem **sichelförmigen Messer** abgehobelt.

2. Der Meister hält das Gefäß auf dem Schoß und drückt mit einem Gänseeigroßen Bachkiesel den Boden langsam von innen nach außen. Die linke Hand dient dabei als Widerlager.

3. Mit einem leicht gebogenen Messer wird der ausgewölbte Boden weiter abgeschabt und mit einer Bambushälfte geglättet. Zuletzt verwischt der Meister die letzten Schabespuren mit einem feuchten Lederlappen.

Weitere Form- und Funktionstypen

Neben den genannten **Kugeltöpfen**, die es in 5-6 Gößen zu verschiedenen Verwendungszwecken gibt, zählen die folgenden Formtypen zu den unverwechselbaren Erzeugnissen der Beni Sidal-Töpfer (s. Abb. 17)**:**

* **Butterkrüge** - Kugeltöpfe mit Tülle, die an beiden Henkeln aufgehängt werden, um sie zum Buttern hin und her zu schwenken. Sie dienen auch zur Aufbewahrung von Sauermilch.
* **Schmortöpfe mit Deckel** (*tajine*)
* **Couscous-Siebaufsätze** (*keskes*, *asaisout*)
* **Kohlebecken** in zwei Varianten, walzenförmig (*mejmar akdir*) und zweiseitig eingedrückt (*mejmar ayaoun*)
* **Brotteigschüssel mit Fuß** (gasaa, tabkhat)
* **Brotbackschüssel** (*feran, fen*)
* **Trinkgefäße**, walzenförmig, ein- und doppelhenklig (*ghorraf*)
* **Trinkschalen**, mit und ohne Fuß (*zlefa, afingel*)

Abb. 15 Meister von Beni Sidal mit frisch getöpferten Wassergefäßen

Abb. 16 Wassergefäße (bouches) zum Abtransport aufgestapelt

Abb. 17 Produktion von Dahamna mit Kohlebecken, Wasser- und Buttergefäßen sowie Couscous-Platten; Fotos W. Ebert, 1980

Ein Großteil dieser Gebrauchskeramik ist weiß engobiert und in Eisenoxid-Rot mit Kamm-Mustern und Wellenlinien bemalt. An neueren Produkten kommen noch Teekannen (*abarred*), Teebecher (*kes*) und Aschenbecher (*tafaia*) hinzu.

Verbreitung der Beni Sidal-Ware

Beni Sidal-Ware wird in riesigen Schachtöfen mit Lochtenne und mächtigen Mittelpfeilern gebrannt. Sie findet weite Verbreitung über den Souk Tleta Beni Sidal, den Souk el Had Oujda, den Souk Boudinar, den Souk el Khemis Temsamane, Keramikläden in Nador, den Souk Tnine Ahfir, den Souk Tleta Berkane, Keramikläden im Souk Saidia und über Händler, die sie direkt bei den Töpfern abholen. Selbst bis nach Algerien soll die Beni Sidal-Ware verbreitet sein.

Die große Produktion, gute Qualität und die weite Verbreitung dieser Ware haben die Frauentöpfereien der Provinzen Nador und Oujda fast zum Erliegen gebracht. So wird die Unterbrechung in der Verbeitungskarte von Männer- und Frauentöpfereien verständlich. Wie es zu dieser Entwicklung gekommen ist und woher die Beni Sidal Töpfer ihre außergewöhnliche Keramik-Technologie bezogen haben, bedarf einer weiteren Untersuchung.

Abb. 18 Großer Schachtofen mit Lochtenne und Mittelpfeiler in Dshira/Saidia; Foto W. Ebert, 1980

Wandertöpfer aus dem Süden

Landesaufnahmen des traditionellen Handwerks, insbesondere der Töpfereien, sind immer mit Überraschungen verbunden. Bei der Abfahrt wußten wir morgens meistens nicht, welche neuen Töpferorte wir im Laufe des Tages entdecken und wo wir abends schlafen würden. Abgesehen vom Besuch der Märkte, die manchen Aufschluß geben können, waren viele Entdeckungen auch von der Zuverlässigkeit unserer Informanten, von den Verständigungsmöglichkeiten, der verfügbaren Zeit und von Zufällen abhängig. Manchmal fuhren wir ahnungslos an wichtigen Orten vorbei und konnten erst später im Vergleich oder bei Nachfragen in Nachbarregionen feststellen, was uns entgangen war.

So erging es auch meinen Kollegen Bernd Hakenjos und Wilhelm Ebert (+), die 1980 in Begleitung von Johann Vossen auf der klassischen Karawanenroute von Fès über Midelt in die Tafilalt-Oase in den Süden fuhren. Auf der Fahrt von Erfoud Richtung Ouarzazate wählten sie die direkte Route über Tinejdad, so daß sie nicht durch Goulmina kamen. Erst Monate später bei der Erfassung der Töpferorte in den Provinzen Khenifra und Meknès erfuhren wir von farbigen Töpfern, die aus dem Süden zugewandert waren, daß ihr Herkunftszentrum bei Goulmina in der Gheris-Oase, Prov. Er Rachidia lag. Doch da war keine Zeit mehr, das Versäumte nachzuholen.

Wandertöpferzentrum Mo/Ait Moui

Erst 7 Jahre später, am 2.8.1987, hatte ich Gelegenheit zu einem kurzen Besuch des **Wandertöpferzentrums Mo/Ait Moui bei Tadirhoust** im Tal des Oued Gheris ca. 10 km nördlich von Goulmina. Moui bedeutet »Mutter«, d.h. die Ait Moui sind »Söhne der Mutter« oder »Muttersöhne«. Sie sind eine Fraktion der Ait Morghad, die ihre Lehmbausiedlungen *(ksour)* mit ungewöhnlich hohen Türmen gegen die einstigen Angriffe der südlichen Ait Atta befestigen mußten. Das **Töpferzentrum Mo**, 2 km vom Hauptort Tadirhoust auf der gegenüberliegenden Flußseite gelegen, ist Bestandteil der 24 *ksour* umfassenden mit Palmen bestandenen Tadirhoust-Oase (s. Abb. 1).

Das eigentliche Töpferviertel Tihouna umfaßt 15 Werkstätten (*tahanout*) und 15 Schachtöfen (*koucha*) mit Lochtenne und Mittelpfeiler (*serit*) zur Abstützung der Siebdecke (*taskesout*).

Abb. 1 Palmengruppe im Oasengebiet des Oued Gheris bei Mo/Ait Moui; Foto R. Vossen, 1987

Die Mehrzahl der Werkstätten steht für ca. 9 Monate des Jahres leer. Nur 8 Töpfermeister arbeiten ganzjährig in Mo, 11 Meister kommen im Winter vorübergehend für 3 Monate aus dem kälteren Norden in ihre Heimat zurück.

Alle Töpfer sind schlank und dunkelhäutig und entsprechen damit dem Typus der »**Sahariens**«, Nachkommen von Sudansklaven, die erst in den letzten Jahrhunderten aus dem Süden nach Marokko gekommen sind. Mangels eingehender lokalhistorischer und ethnographischer Studien kann bisher nicht sicher gesagt werden, ob sie früher von ihren Herren als Töpfer angeworben und als Wandertöpfer in den Norden geschickt wurden, oder ob sie sich wie bei den Beni Sidal (s. oben) dem Konkurrenzdruck in einem Töpferzentrum beugen und auf der Suche nach einträglicherer Arbeit und sicherem Absatz abwandern mußten. Aussagen der heutigen Töpfer sprechen mehr für die letzte Version.

Spezialität der Töpfer von Mo/Ait Moui ist **bleiglasierte Gebrauchskeramik**. Abgesehen von dem großen Töpferzentrum **Rabat**, aus dem die »spitzhütigen« bleiglasierten tajine Formen stammen, **Tibergnit** im

Anti-Atlas, wo eine vergleichbare Ware hergestellt wird, **Chninat/ Oulad Teima** in der Sous-Ebene (Spezialität bleiglasierte Vorratsgefäße und Butterfässer), dem großen Zentrum **Tamgrout** in der Draa-Tal-Oase bei Zagora (grünglasierte Miniatur-Keramik für Touristen) und seinem »Ableger« **Tighamine/Al Jadid** bei Demnat, Prov. Marrakech gibt es nur wenige größere Zentren in Marokko, die auf die Herstellung bleiglasierter Keramik spezialisiert sind (nähere Angaben zu den genannten Orten s. Vossen/Ebert 1986). Bleiglasierte Ware fand also durchaus immer einen Abnehmerkreis, wenn man die Ware in die Nähe der Kunden bringen konnte. **Das Wandertöpfertum von Mo findet darin seine wirtschaftliche Begründung**. Erst wenn die Verbindung zum Heimatzentrum abgerissen ist, wenn die Wandertöpfer seßhaft geworden sind und sich ganz den Bedürfnissen und formalen Wünschen ihrer neuen lokalen Abnehmer angepaßt haben, kommt es meiner Kenntnis nach zu einer Änderung der importierten Töpfertradition. In unserem Fallbeispiel ist diese Entwicklung erst im Ansatz so weit, denn die Töpfer besitzen teilweise noch eine enge Bindung zu ihrem Heimatzentrum, oder sie sind erst seit 1 bis 2 Generationen in dem Ablegertöpferort (s. unten) tätig.

Töpfereiprozeß

Im Unterschied zu der rundbodigen Keramik, die vorwiegend mit Hilfe der kombinierten Model-Wulst-Drehtechnik hergestellt wird, handelt es sich hier um eine **flachbodige** Ware, die in kombinierter Wulst-Dreh-Technik aufgebaut ist. Die Töpfer in Mo kennen 4 **Tonarten** (*tanaht*) (rot = *hamr*, blau = *zerga*, bläulich = *tamanant*, grün = *tazegzaout*), die sie den unterschiedlichen Gefäßtypen entsprechend miteinander mischen. Der in der Nähe des Zentrums gewonnene Ton wird mit einem Stein zerkleinert, getrocknet, gesiebt, mit Wasser aufbereitet und in der Mitte der Werkstatt mit den Füßen gut durchgeknetet. Gedreht wird auf einer versenkten **Fußschubscheibe** (*louleb*), wobei die Fußscheibe aus einem ausgedienten Mahlstein oder aus Holz bestehen kann. Als **Werkzeuge** dienen eine Formschiene aus einer Bambushälfte (*taghaniount*), ein Lappen (*tanamat*), ein Abschneidedraht (*slite*) und nach dem Trocknen ein sichelförmiges Gerät (*aschaout*) zum Abraspeln des Bodenrandes.

Die gleichen Werkzeuge konnte ich, allerdings mit anderen lokalen Bezeichnungen, in dem AblegerTöpferdorf A**in Gdah**, Prov. Meknès, ca. 400 km weiter nördlich feststellen. Der Vater des 1980 ca. 40-jährigen Töpfers war in seiner Jugendzeit, also vor ca. 60 Jahren, aus Mo nach Ain Gdah gekommen. Hier zeigt sich wieder: Gerade im technologischen Bereich ist die Beharrungskraft besonders ausgeprägt.

In Mo wird die ungebrannte Ware mit einem Gemisch aus **Bleiglanz** (tazount), Tonschlicker und fein zermahlenen Kieselsteinen (Quarz) überzogen. Die Töpfer beziehen den Bleiglanz aus dem Bergwerk (*mäden*) von Ait Brahim. In **Tamgrout** wurde er noch 1980 von den Frauen und Töchtern der Töpfer ohne Vorsichtsmaßnahmen mit der Handmühle gemahlen. Aus Mo fehlen dazu nähere Informationen.

Gebrannt wird in **Schachtöfen** (*koucht*) von ca. 2,5-3 m Durchmesser, die von den Töpfern aus Feldsteinen und Lehm errichtet sind. Die vertiefte Feuerkammer (*mejmar l'koucht*) besitzt zum Feuern einen Vorbau. Die Decke der Lochtenne (*taskesout* = »Couscous«-Siebeinsatz) wird von einem Mittelpfeiler (*serit*) gehalten. Gebrannt wird mit Palmenholz. Nach Angaben der Töpfer wird das Brenngut oben mit Scherben abgedeckt. Die Brenndauer soll ca. 7 Stunden betragen, im Winter entsprechend mehr.

»Produktionspalette«

Die »**Produktionspalette**« umfaßt die folgenden Form- und Funktionstypen (s. Abb. 2): **Vorratsgefäß** (*habia, tahabit*) mit zwei Henkeln, innen und stellenweise außen glasiert; **Wasserkrug** (*goulla delma, akoulil*), flaschenförmig mit zwei Henkeln, glasiert und unglasiert in drei Größen; **Milch- und Kochtöpfe** (*haleb*, *gdra*) mit und ohne Ausguß, doppelhenklig in verschiedenen Größen, innen glasiert; **Kohlebecken** (*mejmar*), Schmortopf mit Kegeldeckel, Typ *tajine rbati*; **Brotteigschüsseln** (*ksaa*, *aksrei*), innen glasiert; **Eßschalen** (*zlefa*). Die Töpfer versicherten, auf Bestellung alle Formen und Typen machen zu können.

Die Ware wird über Zwischenhändler in Goulmina, Ksar el Souk/Er Rachidia, Tinejdad, Rissani und Erfoud verhandelt. Über die Ableger-Töpferdörfer wird sie indirekt mit lokalen Abweichungen noch weiter auch in den Norden verbreitet.

Abb. 2 Farbige Töpfermeister Slimane Oussa und Slimane Mouloud mit ihrer Produktion, Mo/ Ait Moui ; Foto R. Vossen, 1987

Ableger-Töpferdörfer

Neben dem bereits erwähnten Töpferort **Ain Gdah** waren 1980 in den folgenden 10 »Filialen« ehemalige Töpfermeister aus Mo/Ait Moui tätig: **Souk Sebt Jahjouh**, Prov. Meknès (vgl. Vossen/Ebert 1986:190) und im Mittleren Atlas **Taalilt, Ain Leuh** (vgl. Vossen/Ebert 1986:299 f.), **Zebzat** (Zoubzat), **Itzer, Boulajoul, Barraqua Boumia, Boumia, Ait Yahia ou Ali** und **Iser Diz** (vgl. Vossen/Ebert 1986:296-315). In allen genannten Ortschaften wird eine dem Mutterzentrum vergleichbare , z.T. glasierte Ware hergestellt. Lediglich in Ain Leuh sind größere Abweichungen bzw. eine Angleichung an lokale Traditionen festzustellen.

Es würde sich lohnen, diesen Prozeß des lokalen Kulturwandels noch näher zu untersuchen. Auch sollte man der Frage nachgehen, ob die Töpferfamilien nur untereinander heiraten und die Töpfer gleichzeitig auch Eisenschmiede sind oder waren, wie wir einigen Hinweisen in Mo und in Taalilt entnehmen konnten. Träfe dies zu, ließen sich die schwarzafrikanischen Beziehungen, die Verbindungen zu einer Töpfer- und Schmiedekaste vermuten lassen, noch erhärten. Auf Marokko bezogen bilden die Wandertöpfer in der geschilderten Form einen Ausnahmefall, aber einen weiteren Baustein zur Erkenntnis der unterschiedlichen »**technologischen Dialekte und Sprachen**«.

Abb. 3 Töpfersöhne mit Vorratsgefäßen und Töpferscheibe für die Museumssammlung aus Gueddara el Oued. Die Applikationen auf dem kleinen Vorratsgefäß deuten auf schwarzafrikanische Einflüsse; Foto. R. Vossen, 1987

Machat - Männertöpferei ohne Töpferscheibe

Eine weitverbreitete Anschauung geht davon aus, daß Männertöpferei im Mittelmeerraum eng mit der Entwicklung und Benutzung von Töpferscheiben verbunden sei. Von Männern betriebene Töpferei sei produktionsmäßig auf die Herstellung großer Keramikmengen für einen vorwiegend städtischen Abnehmerkreis ausgerichtet. A. van Gennep hat diesen Sachverhalt als eine Art von Gesetzmäßigkeit hingestellt:

»Si la poterie faite à la main est l'oeuvre des femmes,
le tour est l'instrument des hommes;
les premières vivent à la campagne,
les seconds de préférence dans des centres commerciaux: lieux de marché ou villes.«
(van Gennep 1911:32)

Tendenziell ist diese Behauptung richtig, doch auch hier erweist es sich, daß keine Regel ohne Ausnahme ist.

Zu den spektakulären Ausnahmen gehört in Marokko der Männertöpferort **Machat/Sidi Lahsen** in der Küstenebene von Safi.[1] Nur ca. 14 km nördlich der Provinzhauptstadt Safi gelegen, bot dieser Töpferort bei unserem Besuch vom 28.3.1980 [2] einige außergewöhnliche Besonderheiten. Wer hätte es für möglich gehalten, daß unweit des bekannten Töpferzentrums von Safi Töpfer lebten, die in urtümlicher Aufbauarbeit **amphorenähnliche Wasserkrüge** (*guenboura, goulla*) und gedrungenere **Butterkrüge für Sauermilch** (*rouaba*) herstellten? Zweifellos kannten die Machat-Töpfer die entwickelte Drehscheibentechnik ihrer Töpferkollegen von Safi. Dennoch hatten sie ihre überlieferte alte Technik beibehalten. Welche Gründe lassen sich dafür anführen?

Lage und Bevölkerung

Zunächst einige Bemerkungen zur sozialen, wirtschaftlichen und topographischen Situation, soweit Angaben dazu vorliegen. Die Bevölkerung gehört zur Stammesgruppe Bhatka du Sud mit der Untergruppe (*ferka*) Agdar Sahal. Verwaltungsmäßig gehört das Küstengebiet zur Provinz El Jadida.[3] Der geschlossene Werkstattbezirk der Töpfereien liegt neben dem Grabmal des **Marabout Sidi Lahsen**. Der Werkstattbezirk besteht aus einem flachen Trockenplatz von ca. 25 x 40 m, auf dem sich 6 Höhleneingänge befinden und am Rande zwei große offene Schachtöfen mit Lochtenne. Zwei der Höhlen sind eingestürzt, eine wird als Lagerraum für Brennmaterial genutzt. In der etwas abseits liegenden Streusiedlung **Machat** (Maached) leben ca. 10 Töpfer, die sich neben ihrem Handwerk auch als Bauern und Fischer im nahen Atlantik betätigen. Getöpfert wird nur in der heißen Jahreszeit, wenn die Gefäße am besten trocknen und die Wasserkrüge und Buttermilchgefäße sich am besten absetzen lassen.

Höhlentöpfereien

Die Töpfer arbeiten in den genannten **Höhlen**, die sie vor langer Zeit zur Gewinnung des Tones in den flachen Boden gegraben haben. Diese Werkstatthöhlen reichen etwa 10 m tief in die tonführenden Schichten hinein, die sich ca. 2 m unter der Erdoberfläche befinden. Der Eingang ist mit einer Balkenlage abgedeckt und mit einer Stein-Lehmpackung abgedichtet (s. Abb 1). Eine mit angedeuteten Stufen versehene Rampe

Abb. 1 Fertige Wasserkrüge vor dem Eingang zur Werkstatthöhle; Foto R. Vossen, 1980

führt steil in die Höhle hinein. Der Arbeitsplatz liegt auf der Sohle der Höhle. Er enthält nichts weiter als ein Wasserbecken und eine Reihe von *gaad* genannten ringförmigen, **eierbecherähnlichen Untersätzen aus gebranntem Ton**, die zum Aufbau der Krüge dienen. Neben diesen Untersätzen, die alle zum Aufbau je eines Gefäßes dienen, befinden sich eine Reihe von fertig gekneteten Tonballen, die jeweils der Menge eines Gefäßes entsprechen. Im hinteren Teil der Höhle werden Ausbuchtungen als Ton- und Keramik-Depot genutzt. Ähnliche urtümliche Werkstatthöhlen konnten wir im gesamten Atlantik-Küstengebiet von Doukkala (z.B. L'Agagcha, Sidi Bark/Mbark, Beni Slim, Zekkara) und sporadisch auch im Innern des Landes (Taza, Zawiyat-ech Cheikh, Assamer/Tizguine) feststellen.

Mangels ausreichender Beleuchtung hatten wir den Töpfermeister Hassan M'barek Kharaba bewogen, vorübergehend für die Filmarbeit seinen Arbeitsplatz ins Freie vor den Höhleneingang zu verlegen. Dort führte er uns den Aufbau von sechs Wasserkrügen vor, während ein Kollege nebenan auf dem Trockenplatz Tonbrocken mit einem Holzhammer zerkleinerte. Zwei Tonarten, eine fettere (*tain*) und eine sandige (*frour*) werden miteinander vermischt.

Aufbau in Wulst-Treibtechnik ohne Töpferscheibe

Der **Aufbauprozeß** eines Wasserkruges geht folgendermaßen vor sich:

Zunächst sitzt der Töpfer auf dem Boden, den Tonuntersatz (*gaad*) zwischen seinen gestreckten Beinen (s. Abb. 2). In das schüsselförmig gerundete Oberteil des Untersatzes drückt er die Tonmasse ein, die zum schmalen Rundboden des späteren Wasserkruges wird. In Anfangsphase haben wir es im Prinzip mit einer Art **Modeltechnik** zu tun. Dann rollt der Meister einen ca. 5 cm dicken Wulst senkrecht zwischen den Handflächen und dreht ihn von innen schräg an den Rand des Bodenteils an. Drei weitere Wülste folgen. In dieser Phase der **Wulsttechnik** dreht der Meister das Werkstück mit der Unterlage zwischen seinen Beinen. Vom 5. Wulst an erhebt er sich, setzt den Untersatz zur Festigung auf ein Tonpolster und geht zum Anwulsten entgegen dem Uhrzeigersinn um Unterlage und Werkstück herum (s. Abb. 1, S. 392). Insgesamt habe ich das Ansetzen von 8 Wülsten bis zum Halsumbruch des Wasserkruges beobachtet. Die unteren Wülste sind dicker als die oberen. Zum Ausgleich zieht der Töpfer nun mit den Fingerkuppen Tonmasse von unten

Abb. 2 Aufbau eines Wasserkruges in Wulsttechnik; im Hintergrund großer Schachtofen mit Lochtenne; Trockenplatz mit Sauermilch Krügen, Machat

Abb. 3 Wasserkrüge auf dem eierbecherähnlichen Untersatz (gaad); im Hintergrund Zerkleinern des Tones mit einem Holzhammer; Fotos R. Vossen, 1980

nach oben, so daß eine schräg von unten nach oben verlaufendes **Riefenmuster** auf der Oberfläche entsteht, das auch nach dem Brand noch teilweise sichtbar ist. Die linke Hand dient bei diesem Prozeß als Widerlager, während sich der Meister selbst um das Werkstück dreht.

Dann wird der Hals mit kleinen Wülsten linkswendig aufgebaut. Den Rand klappt der Töpfer zur Verstärkung wie bei Drehscheibenware um und verstreicht ihn mit scherenförmig geöffneten Fingern.

Zuletzt formt er einen Wulst zum **Bandhenkel**, den er am unteren Halsdrittel ansetzt, »herausmelkt« und am Bauchansatz befestigt.

Das **Ergebnis** ist ein schlanker, fast spitzbodiger Wasserkrug von ca. 60 cm Höhe, der in frappierender Weise an eine (allerdings einhenklige) **römische** Amphore erinnert. Das Fassungsvermögen beträgt ca. 16 Liter. Ob es sich bei dieser Aufbautechnik, dieser Form und der Beschaffenheit der Höhlentöpfereien um **Relikte aus römischen oder sogar vorrömisch-punischen Zeiten** handelt? Zu denken gibt, daß bereits um **ca. 2500 v.Chr**. nach einer **altägyptischen Darstellung im Grab des Ti** eine ähnliche Technik neben der langsam laufenden Handtöpferscheibe belegt ist (s. Abb. 4).Der abgebildete eierbecherähnliche Untersatz aus dem Mittleren Reich (Abb. 5) könnte auch zum Aufbau eines schlanken Gefäßes benutzt worden sein. Diese Fragen können jedoch ohne vergleichende Literaturstudien und archäologische Untersuchungen noch nicht entschieden werden.

Erstaunlich bleibt zweifellos die Tatsache, daß diese »primitive« Aufbautechnik in unmittelbarer Nähevon Safi, des größten marokkanischen Drehscheibenzentrums, weiterlebt. Doch ist diese Technik der Drehscheibentechnik tatsächlich »unterlegen«? Wie wir in Spanien beobachten konnten, muß eine Amphore römischen Typs aus mindestens vier getrennt gedrehten Teilen auf der Drehscheibe zusammengesetzt werden [4)] Dieses Verfahren beherrschen 1. nur wenige Meister, 2. ist die Gefahr von Rissebildung an den Ansatzstellen während des Trocken- und Brennprozesses sehr groß, 3. ist die Herstellungsdauer von Wasserkrügen des Amphora-Typs in Drehscheibentechnik kaum geringer (an einem Nachmittag von 5 Stunden konnten wir in Machat den Aufbau von 6 Wasserkrügen beobachten).

Auch in der **Funktionsweise** erscheinen die aufgebauten Wasserkrüge den gedrehten keineswegs unterlegen zu sein - vielmehr zeichnen sie sich durch außergewöhnliche Robustheit aus. Folgende Verwendungszwecke ließen sich beobachten: Frauen beim Wassertransport, Trageweise auf der Schulter (s. Abb. 2, S. 354); Männer beim Wassertransport

Abb. 4 Darstellung einer Töpferwerkstatt aus dem Grab des Ti (Altes Reich), Töpfer an feststehendem Töpferfuß und an der Handdrehscheibe; aus: Rieth 1939

- vier Wasserkrüge in Tragegestellen auf einem Esel; Wasserkrüge als Maßeinheiten für die Wasserzugabe bei der Tonzubereitung durch spezialisierte Helfer in Safi.

Verbreitung

Zur **Verbreitung** ließ sich durch unsere Landesaufnahme folgendes feststellen: 1980 waren die Wasserkrüge und Milchkrüge aus Machat in der gesamten Küstenregion von Safi anzutreffen. Sie waren auf folgenden Märkten vertreten: dem Souk el Had Harrara, in der Ladenzeile von Bab Chaaba des Töpferzentrums Safi und auf den Märkten südlich von Safi. Ob sich die Wasserkrüge freilich auch in Zukunft noch behaupten können, ist sehr fraglich, denn bereits 1980 begannen sich im Hinterland der Küstenregion die großen Gummi-Wasserkrüge aus alten Autoreifen als ernst zu nehmende **Konkurrenzprodukte** (s. unten) durchzusetzen.

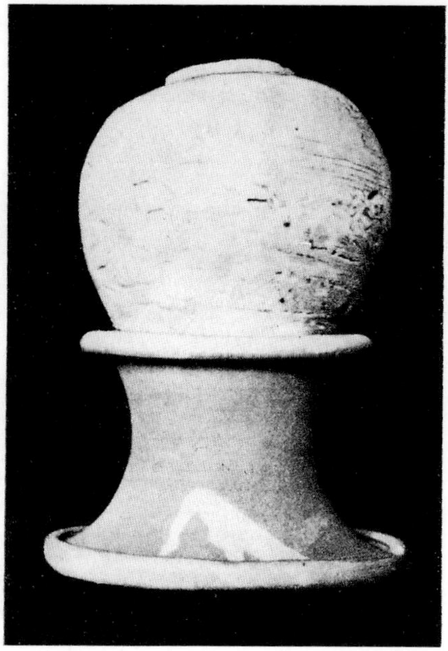

Abb. 5 Topfständer oder Töpferfuß? Ägyptische Keramik, Mittleres Reich; aus: Rieth 1939

Anmerkungen

1) vgl. Vossen/Ebert 1986:233-35; Beispiele von Männertöpferei ohne Töpferscheibe in Spanien finden sich in Vossen 1972 b:24 ff., für Griechenland in Hampe/Winter 1962.
2) Mein Bruder Johann Wilhelm Vossen und ich hatten 1980 Gelegenheit zu einer kurzen Bestandsaufnahme, zum Fotografieren und Drehen eines kurzen Super-8 Filmes. Ein weiterer 1980 geplanter Besuch scheiterte am Mißtrauen der Töpfer. 1987 fehlte die Zeit zur Vertiefung der Beobachtungen, so daß derzeit nicht alle Fragen beantwortet werden können.
3) vgl. Vossen/Ebert 1986:233-35
4) vgl. Vossen 1972 b:25 f. sowie Tafel 5 a-d

Fès - Keramik in islamisch-andalusischer Tradition

Silke Straatman

Die städtische Keramik wird in diesem Band nicht näher beschrieben, weil darüber bereits ausführliche Publikationen von Bernd Hakenjos (1988) und Anton Escher (1986) vorliegen.

Hier wird nur ein kurzer Überblick über die geschichtliche Entwicklung der Töpfereitradition gegeben.

Als die älteste der drei nordmarokkanischen Königsstätte, wurde Fès 789 von Idriss I, dem Gründer der ersten arabisch-islamischen Dynastie, als Heerlager gegründet. Seine Glanzzeit erlebte die Stadt im 14. Jh. unter der Dynastie der Meriniden mit bereits 200 000 Einwohner und konnte sich mit jeder Metropole des christlichen Abendlandes messen. Die 862 gegründete und 933 zur Hauptmoschee erhobene *Karaouine* wurde im 12. Jh. so stark erweitert, daß sie 20 000 Gläubigen Platz bot. Im 14. Jh. galt sie als eine der besten Universitäten der islamischen Welt, die bis 8000 Studenten zählte und deren Ruhm bis weit in den mittleren Osten reichte. **Fès ist bis heute geistige und kulturelle Haupstadt Marokkos** (Hakenjos 1988:28). Zudem ist diese Stadt eines der ältesten und berühmtesten Töpferzentren Marokkos und war ein bedeutendes Handwerkszentrum. Noch vor 1945 lebten dort mindestens 37 000 Familien vom Handwerk (Hakenjos 1988:32). Sie prägen bis heute das Bild der Altstadt und einiger Vorort, wie die neuen Töpferviertel vor dem Südtor, Bab Ftouh, und das Fayence-Viertel Ain Nokhbi (s. Karte S. 302).

Informationen über Keramik aus Fès im Mittelalter sind sehr dürftig. Wichtige und einzige Zeugnisse der Fayence sind die Wand- und mosaikähnliche Bodenverkleidungen (*zellij*) der Architektur seit dem Beginn des 14. Jh.. Für die letzten 3 Jahrhunderte der Fayence aus Fès läßt sich feststellen, daß sich die Formen und Dekore in ihrer Tradition erhalten haben. Wie jede islamische Keramik war auch die Fayence aus Fès nie Zierobjekt im europäischen Sinne. Dies entwickelte sich erst im 19. Jh. mit der frühen Andenkenware. Dabei entstanden neue Dekorationsstile.

Fayencen und in der Dekoration verwandte Töpferware mit kontrastfarbiger Bemalung auf heller Engobe wurde in Marokko bei vielen archäologischen Grabungen gefunden, wobei die Herkunft und die

Abb. 1 Stapeln von Harira-Schüsseln (zlefa) im Brennofen; Fotos R. Vossen, 1980

Abb. 2 Fès - Tellerstapel mit bemaltem, industrieglasiertem Dekor, Dreifuß als Einbauelement zum Trennen der Teller beim Brand

Abb. 3 Fès (Ain Nokbi): Bemalen von Keramik auf weißer Engobe

Herstellungsorte für bestimmte Typen oft nicht exakt feststellbar sind (Hakenjos 1988:42). Bisher ist nur für Fès die Fayence-Tradition gesichert. Der Islamist **Alfred Bel**, der 1914 eine einjährige Forschungsreise nach Marokko unternahm und 1918 das Buch *»Les industries de la céramique à Fès«* verfaßte, konnte hier die Grundlage für alle späteren Forschungen der Fès-Keramik legen. Nach Alfred Bel's Thesen gibt es die Fayence-Tradition in Fès spätestens seit dem 12. Jh. und sie entwickelte sich bis in das 20. Jh. hinein (vgl. Hakenjos 1988:42).

In Fès gab es 1980 insgesamt 48 Werkstätten, davon 16 Fayencen-Töpfereien (sogenannte *Tallaya*), die heute überwiegend »Industrie Fayencen« herstellen und 8 Irdenwaretöpfereien (sogenannte *Harracha*), sowie 13 Mosaik- und Fliesentöpfereien (sogenannte *Zellaiji*). Die übrigen stellen sowohl Fayencen als auch Dachziegel, Fliesen, Mosaike und zum Teil auch bleiglasierte Irdenware her (vgl. Vossen/Ebert 1986:149).

Fayence bedeutet in Fès heute in erster Linie **»Industrie-Fayence«**, d.h. Irdenware, die mit industriell hergestellten, vorwiegend aus Frankreich importierten Farben bemalt und mit einer transparenten Glasur überzogen ist (Vossen/Ebert 1986:150). Doch werden auch noch **»echte« Fayencen** hergestellt, wobei die Glasur aus einer Mischung aus Zinn- und Bleioxid, Quarzsanden u.a. Bestandteilen besteht (s. Vossen 1980:163). Fès-Fayencen werden vor allem auch in Fès selbst, in Agadir, Marrakech, Meknès, Rabat und Safi zum Verkauf angeboten.

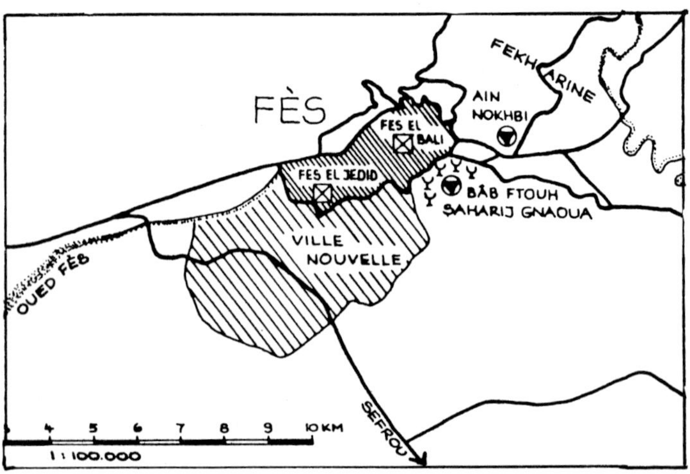

Abb. 4 Detailkarte von Fès; aus: Vossen/Ebert, 1986:148

Safi - Keramik für den Touristenmarkt
Silke Straatman

Safi, berberisch *Asfi*, liegt als Industriestadt mit 260 000 Einwohnern an der Atlantikküste zwischen Agadir und Casablanca, am Hang einer felsigen Bucht. Nach Casablanca ist Safi die Stadt mit dem zweitgrößten Hafen Marokkos. Wichtigste Industriezweige sind hier die Phosaphatchemie und die Herstellung von Fischkonserven.

Doch Safi hat auch ein altes **Töpferzentrum**. Die Töpfereibetriebe in Safi verteilen sich auf zwei Töpferviertel.

Das traditionelle Viertel, gegenüber dem Tor zur Medina heißt ***Bab Chaâba*** (*Bab* = Tor, *Chaâba* = Tal). Hier wurde schon früh einfache unglasierte Töpferware hergestellt. Während des 2. Weltkrieges enstand das neuere Töpferviertel ***Oued Chaâba*** (*Oued* = Wadi). In den 60er Jahren nahm die Zahl der Betriebe erheblich zu. Allein in dem neuen Viertel enstanden 37 Betriebe, insgesamt gab es in Safi 1982 **64 Keramikbetriebe**. 440 Arbeiter finden hier Beschäftigung (Escher 1986:211).

Im 17. Jh. brachten Töpfer aus Fès die Kenntnis der Keramikherstellung nach Safi. Die Produktion bemalter Gefäßkeramik wurde erst in der zweiten Hälfte des 19. Jh. aufgenommen, als um 1875 ein Töpfer aus Fès, **Abdessalam Lenghassi**, zuwanderte. Dieser soll die Technik der Zinnglasur mit den Farben zur Fayenceherstellung und Dekorelemente von Fès nach Safi gebracht haben. Er bildete eine Anzahl von Schülern heran, die auch nach seiner Rückkehr nach Fès um 1895 die Fayenceproduktion beibehielten. Die Fixierung auf das Vorbild Fès hatte sich schon vor 1900 gelöst und war den Anfängen des typischen Safi-Stils gewichen. Im Gegensatz zu den Dekortypen aus Fès zeichnet sich **Safi-Dekor** besonders durch seine geschwungenen Linien aus (s. die freundlicherweise von Fakhari Abderrahmin ben Brahim zusammengestellte Musterübersicht mit den Übersetzungen von Mustapha Naimi, Abb. 3).

Die Safi-Keramik im 19. Jh. hatte ihren Schwerpunkt auf phantasievollen Ziergegenständen mit Mustern (*tbeue*) von elegant geschwungenes Flechtbandgerüsten und unterschied sich dadurch von der Fès-Keramik mit seiner klassischen Strenge, dem typischen floralen Dekor und dem »*mille-pattes* Muster« auf traditionellen Funktionstypen. Beweis für eine eigenständige Ornamentik sind die 1903 und 1910 erworbenen Sammlungen eines Schweizer Kaufmanns, die sich heute in Bern und

Leiden befinden. Der Safi-Keramikdekor kann in drei Hauptgruppen gegliedert werden (vgl. die Mustertafel S. 306):

Safi-Flechtbandmuster
schraffiertes »Rifi« - Berbermuster
flächiges Zaêr-Berbermuster.

Dazu kommen eine Vielzahl von Dekorformen bis hin zu bildlichen Darstellungen wie der Hassan-Turm von Rabat oder Moscheen in einem Palmenhain (vgl.Hakenjos 1988:175). Eine neuere Entwicklung ist die vielfarbige Kaltbemalung auf schwarzem Grund, die besonders bei Touristenware teilweise kitschiger Miniaturkeramik angewendet wird.

Um die Jahrhundertwende war die Töpferei in Safi immer mehr zurückgegangen, nur wenige Werkstätten konnten überleben, die Qualität der Ware wurde immer schlechter. Grund hierfür war die schlechte politische Lage durch die beginnende Besetzung seitens der Franzosen. 1918 engagierte der *Service des Métiers et Arts Marocains* einen bekannten algerischen Töpfermeister namens **Boujemaa Lamali**. Er sollte der Safi-Keramik wieder »auf die Beine » helfen. Schon wenige Jahre nach dem Lamali seine Arbeit in Safi begonnen hatte, stellten sich erste Erfolge ein. Wo es 1912 kaum noch Töpfereihandwerk gab, arbeiteten 1929 bereits 10 Töpfer, Dekorateure und Helfer in drei Betrieben (Escher 1986:207). Lamali war von der Handwerksbehörde erfolgreich eingesetzt worden, um die Töpfereiproduktion wieder zu beleben; er sollte aber nicht die Tradition verändern. Lamali nahm die vorgefundenen Formen auf und deutete sie als »rudimentäre Töpferkunst aus Fès« (Escher 1989:207). Er etablierte das blaue Dekor (*décor bleu*) und später das vielfarbige Dekor (*décor polychrome*). Durch Experimente entwickelte er in den 20iger Jahren neue Motive wie beispielsweise flächige Berbermuster in bunten Farben, die sich an die **Teppichornamente der Zaêr und Zayane**, Berberstämmen im Gebiet zwischen Rabat und dem Mittleren Atlas, anlehnten. Ab 1928 experimentierte er auch mit **Lüsterglasuren**, einem silbrig-, gold- oder kupferglänzenden Überzug. Lüsterglasuren gehören zu den Reduktionsglasuren. Metalloxide, die in einem bestimmten Gemisch auf die bereits aufgeschmolzene Blei- oder Zinnglasur aufgetragen werden, können in einem schwachen dritten Brand bei starker Rauchentwicklung durch den Kohlenstoff wieder zu Metallen reduziert werden (Vossen 1980:169). Die Lüsterglasuren haben aber für die heutige Safi-Keramik keine besondere Bedeutung mehr.

Neben seiner künstlerischen und pädagogischen Tätigkeit bildete

Abb. 1 Bemalen eines Wandtellers auf schwarzem Grund mit weißer Farbe nach dem Brand in Safi; Foto K. Vossen, 1980

Abb. 2 Große Handtrommeln (derbouka) mit typischem Safi-Dekor; Foto K. Vossen, 1980

D E K O R F O R M E N   VON   S A F I

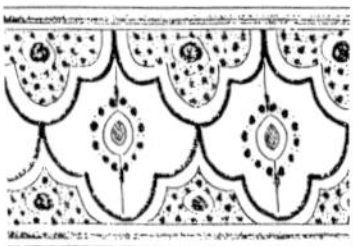

Darje
Stufe

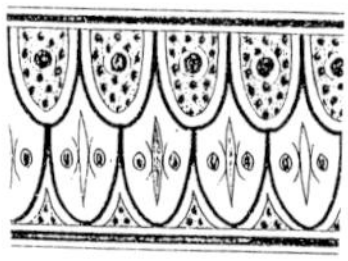

Tkiouasate
Arkädchen

Tribaate
Trapezchen

Trabaa
Trapeze

Laakirbate
Skorpiönchen

Laakirbate
Skorpiönchen

Nass Akrabe
halber Skorpion

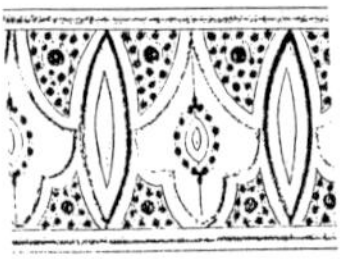

Louza et Darje
Mandel und Stufe

El Louizate
Apfelsinenblüten

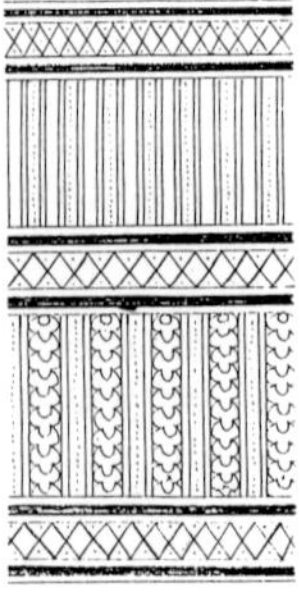

Zarméle
Eidechse

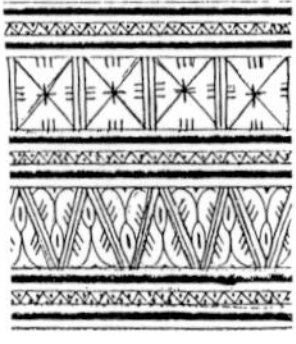

Berber
Berber-Muster

Zarméle
Eidechse

Lamali sich auf Reisen nach Spanien und Frankreich weiter, wo er Studien über die historische Keramik unternahm. Seine Arbeit fand auch im Ausland viel Anerkennung. 1937 wurde er bei der Pariser Weltausstellung mit einer Goldmedaille für sein Werk ausgezeichnet.

Das in Safi heute allgemein übliche Keramikverfahren wird in seiner Tradition weitergeführt. Besonders hervorgetan haben sich seine beiden Schüler **Ben Brahim** und **Mohammed Serghini** (1907-1985). **Ahmed Serghini** (geb. 1949) lernte beim Vater und Onkel und ist heute ein bekannter Töpfereikünstler. Er ist auch auf Ausstellungen in Europa vertreten.

Boujemâa Lamali hinterließ eine florierende Keramikproduktion. Seit Beginn des 20. Jh. hat die Zahl der Keramikwerstätten stetig zugenommen:

1934 - 12 Werkstätten

1940 - 23 Werkstätten

1982 - 64 Werkstätten, davon 27 im alten Töpferviertel **Bab Chaâba** und 37 in dem neuen Töpferviertel am **Oued Chaâba.**

Seit 1954 gibt es eine Kooperative, die den Einkauf von Rohstoffen aus Frankreich und Casablanca organisiert (Hakenjos 1988:175). Die erfolgreiche Expansion von Töpfereibetrieben in Safi wurde dadurch begünstigt, daß jeder Töpfer die notwendigen Rohstoffe einkaufen kann und Kredite zum Aufbau einer eigenen Werkstatt erhält. Ein Töpfermeister kann auf diese Weise mit relativ wenig Grundkapital schnell einen eigenen Betrieb aufbauen.

Vom Produktionsumfang her ist Safi heute vor Fès und Rabat/Salé das größte Keramikzentrum Marokkos. Safi-Töpferware wird in der Ladenzeile des Töpferviertels von Safi, in vielen Städten und über Groß- und Zwischenhändler auf den zahlreichen Straßenmärkten Marokkos verkauft.

Salé - Keramik für den städtischen Bedarf

Silke Straatman

Salé ist die nördliche Schwesterstadt von Rabat. Die Straße, die Rabat und Salé über die Brücke des Bou Regreg verbindet, führt an einem relativ neu gebauten Töpferzentrum vorbei: der **Cité des Potiers.**

Zu Beginn des 20 Jh. gab es in **Salé** keine Töpfereibetriebe. Erst der **Franzose Guy-Laurant** führte im Jahre 1918 die Töpferei in Salé neu ein. Dieses wird bestätigt von den Handwerksbehörden, dem Leiter des heutigen Betriebes von Guy-Laurant und seinen ehemaligen Schülern (Escher 1986:222). Vor seiner Zeit gab es wahrscheinlich keine Töpfer-Werkstätten in Salé an der Ausfallstraße nach Oulja. Laurant war damals in der Region zwischen Marrakech und Salé auf der Suche nach geeigneter Töpfererde nach Salé gekommen. Die Ursprünge der heute praktizierten Techniken und Brennverfahren gehen auf ihn zurück. Nach dem Vorbild Laurants entstand der erste marokkanische Töpferei-betrieb in Salé-Oulja um 1926. Salé-Ware ist in ganz Marokko bekannt und zeichnet sich durch folgende Merkmale aus:

Abb. 1 Salé: Lampenfüße, weißer Grund mit Fibel- und Blumendekor; Foto R. Vossen, 198

Abb. 2 Lampenfüße und Flaschen mit Salé-Dekor; Foto R. Vossen, 1980

Abb. 3 Verkaufsstand mit Salé-Ware in der Cité des potiers; Foto R. Vossen, 1980

Auf weißem oder hellgrauem Grund werden die Ornamente, Berbermuster, geometrische Zeichen und Fibeln aufgemalt und dann mit einer glänzenden (émail brillant) oder matten Glasur (émail mat) überzogen. Es gibt auch grünliche (émail vert) oder honigfarbene Glasuren (émail miel). Auf diese Weise werden Vasen, Schüsseln, Aschenbecher, Kerzenleuchter, Miniatur-tajines, Lampenfüße, Blumentöpfe, Apothekergefäße und Wandteller verziert, alles Dinge für den **städtischen Kundenkreis** und für **städtische Bedürfnisse** (vgl. Vossen/Ebert 1986:176 ff.).

Seit 1972 gibt es eine Töpferei-Genossenschaft in Salé. Sie besteht aber seit Bezug des neuen Töpferviertels in d*er Cité des Potiers* nur aus 9 Mitgliedern, ist also eher ein privater Zusammenschluß einiger Töpfer. Der genossenschaftliche Betrieb hat 3 Brennöfen und stellt Töpferware, Bauziegel und Wasservorratsgefäße her (Escher 1986:227). Die anderen der 1980 gezählten 22 Töpfereibetriebe haben mit der Genossenschaft nichts zu tun (s. Vossen/Ebert 1986:176 f.). In vielen Betrieben gibt es von Elektromotoren angetriebene Töpferscheiben, die Laurant eingeführt hat, und die dieser zur Herstellung von Blumentöpfen verwendet hat. Die Töpfer nahmen hier bereitwillig technische Erneuerungen an. Zum Beispiel wird eine Düsenspritzpistole als technisches Hilfsmittel für die Anbringung der Glasur und Fertigung von Punktmustern verwendet.

Laurant hat zwar die Töpferei nach Salé gebracht, aber heute wird er nicht mehr als Initiator gewürdigt. Seine Werkstatt liegt an der Straße nach Oulja und ist in der dritten Generation in Familienbesitz. Aber sie leidet seit der Entstehung des neuen Töpferviertels in der *Cité des Portiers* unter erheblichen Absatzschwierigkeiten.

In Safi betonen die alten Handwerker stolz, daß sie bei Lamali, der auch als Fremder zu ihnen kam, gelernt hatten; in Salé gibt es heute kaum jemand, der von dem Franzosen Laurant spricht (vgl. Escher 1986:234). Trotzdem ist die Salé-Keramik durch Laurants Handschrift geprägt. Manche Autoren sprechen sogar von einer sichtbar **»franco-marokkanischen Erfindung«** (Hakenjos 1988:182), die neben den maghrebinischen Dekor- und Funktionstypen viele Zier- und Gebrauchsgefäße in europäischer Tradition aufweist.

Töpferscheibentypen und Drehhilfen in Marokko

Die Variationsbreite unterschiedlicher Töpferscheibentypen und Drehhilfen in Marokko, die zeitgleich nebeneinander existieren, hat uns immer wieder erstaunt. Erst bei einer vergleichenden Rückschau wurde es möglich, die verschiedenen Töpferscheibentypen unterschiedlichen Regionen und Töpfereitraditionen zuzuordnen.

Formplatten, Drehtische und Spindelscheiben

Insgesamt lassen sich 7 Drehhilfen- und Töpferscheibentypen unterscheiden (s. Übersichtskarte):

Typ 1. Formplatte oder Formschüssel ohne Zentrierung - flache Scheibe oder Schale/Schüssel ohne Führungszapfen oder Achsenzentrierung

Typ 2. Niedrig gelagerter Drehtisch mit einem kurzen Zapfen bzw. einer kleinen Achse, die im Boden verankert ist; Spurpfanne auf der Unterseite der flachen Scheibe von 60 bis 80 cm Durchmesser; wird mit der Hand oder dem Fuß bzw. in der entscheidenen Drehphase von einem **Gehilfen** in Schwung versetzt.

Typ 3. Niedrig gelagerte Drehschüssel - ist mit einem kurzen Zapfen bzw. einer kleinen Achse im Boden oder in einem tragbaren Gestell verankert; besteht überwiegend aus einer profilierten, meist gebrannten Tonschüssel mit schmalem Fuß, der die Spurpanne für den Bodenzapfen enthält. In den Taschilhait-Berberdialekten heißt dieser Drehschüsseltyp *tassouereit*, das dazugehörige Rundmodel *taloulilt.*

Typ 4. Niedrig gelagerte Drehplatte - Im Unterschied zu den Drehschüsseln und Drehtischen ist ihre Achse tief gelagert, d.h. sie steckt entweder in einer Hülse, die im Boden verankert ist, oder in einem hölzernen tragbaren Führungsgestell (s.Abb. 4). Dieser Scheibentyp heißt z.B. in Natourirt (Prov. Agadir) *louleb*, das Model *asgoun.*

Typ 5. Rudimentäre fußbetriebene Spindelscheibe - anstelle der normalen Fußschubscheibe befindet sich an der Spindelachse ein nur fußbreites Scheibenelement oder lediglich ein stielartiger Doppelzapfen, der mit dem Fuß in Bewegung gesetzt wird.

Typ 6. Mahlstein-Spindelscheibe - die Fußschubscheibe und/oder der Scheibenkopf sind ausgediente Boden- bzw. Läufersteine einer

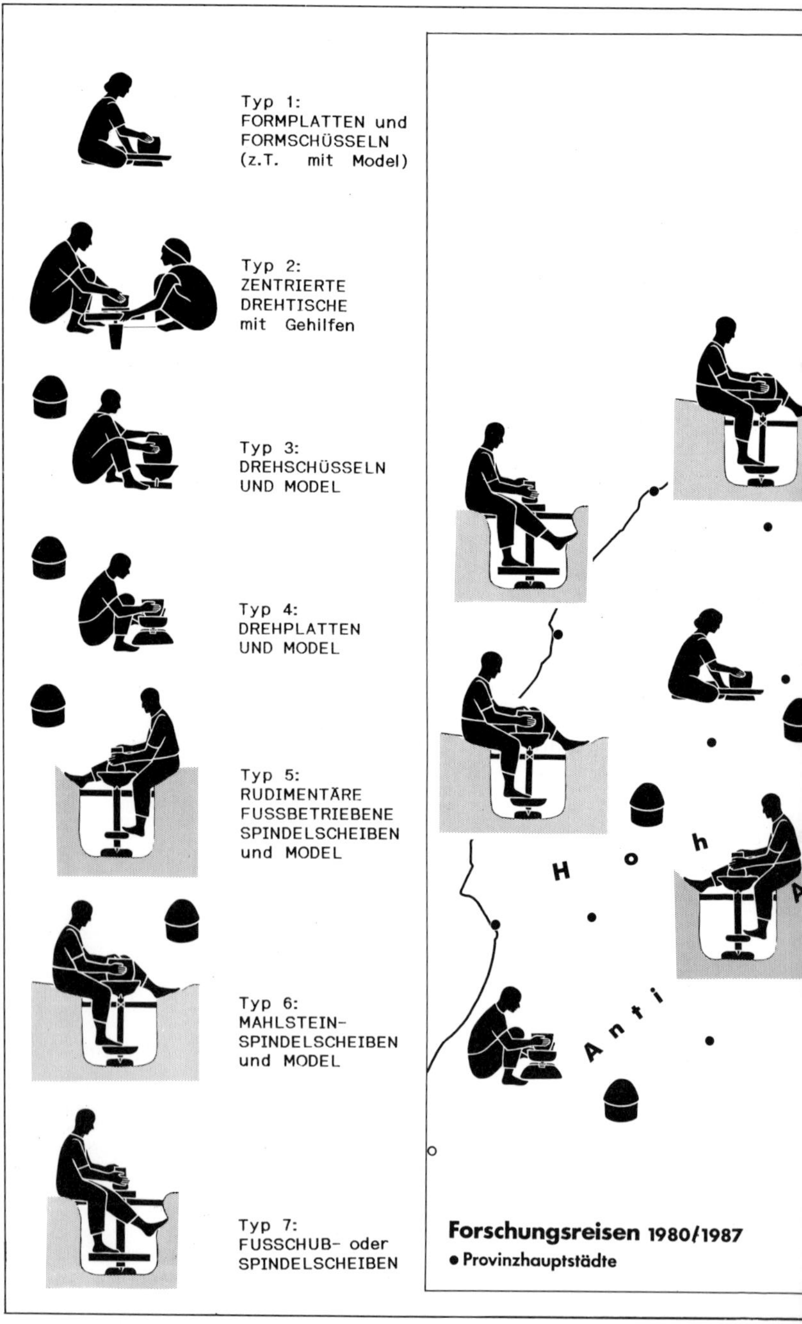
Typ 1:
FORMPLATTEN und
FORMSCHÜSSELN
(z.T. mit Model)
Typ 2:
ZENTRIERTE
DREHTISCHE
mit Gehilfen
Typ 3:
DREHSCHÜSSELN
UND MODEL
Typ 4:
DREHPLATTEN
UND MODEL
Typ 5:
RUDIMENTÄRE
FUSSBETRIEBENE
SPINDELSCHEIBEN
und MODEL
Typ 6:
MAHLSTEIN-
SPINDELSCHEIBEN
und MODEL
Typ 7:
FUSSCHUB- oder
SPINDELSCHEIBEN
H o h
A n t i
Forschungsreisen 1980/1987
• Provinzhauptstädte

TÖPFERSCHEIBENTYPEN
und DREHHILFEN
in den Nordprovinzen von
MAROKKO

Handmühle. An die Stelle des steinernen Scheibenkopfes kann auch ein schüsselförmiger Scheibenkopf aus Ton treten, der formal der niedrig gelagerten Drehschüssel (Typ 3) entspricht. Dieser Scheibentyp ist wie die Spindelscheibentypen 5 und 7 meistens **in einem Bodenloch versenkt**.

Typ 7. Fußschub- oder Spindelscheibe - mit einem Schwungrad, dessen Durchmesser mehr als 50 cm beträgt bzw. so kompakt ist, daß 60 bis 90 Umdrehungen pro Minute erreicht werden können. Häufigste Bezeichnung: *louleb*.

Tatsächlich eignet sich nur der letztgenannte, uns wohlbekannte Scheibentyp zum **echten Drehen** eines Gefäßes mit beiden Händen (vgl. Foster 1959:116). Lediglich der unter 2. genannte niedrige Drehtisch erreicht die notwendige Drehgeschwindigkeit von 60 bis 90 Umdrehungen pro Minute, wenn der Meister zum Hochdrehen großer Gefäße einen Gehilfen hinzuzieht (vgl. die Beschreibung des Drehvorgangs in den Kapiteln Gueddara und Beni Sidal, s. oben).

Alle übrigen Töpferscheibentypen gehören zu den **langsam drehenden Töpferscheiben** (engl.*low turning or moving wheels*, franz. *tournettes*; vgl. Foster 1959; Rieth 1939, 1960; Balfet 1973). Zur Herstellung großer Gefäße müssen dabei **kombinierte Hilfstechniken** herangezogen werden.

Auf den Drehscheibentypen 3. bis 6. und z.T. auch auf den langsamer laufenden Fußscheibscheiben arbeiten die Töpfer mit der k**ombinierten Model-Wulst-Drehtechnik**, die oben im Kapitel »Berbertöpfer des Südens...« näher beschrieben wurde. Damit werden auch die für den Süden Marokkos charakteristischen **rundbodigen** Gefäße erzeugt (vgl. das Kapitel »Rundbodigkeit - Flachbodigkeit...«).

Die F**ormplatten ohne Zentrierung** sind untrennbar mit den unterschiedlichen **Aufbautechniken der Frauentöpfereien** verbunden, die in den Fallbeispielen Ifrane Ali, Slit und Ain Bouchrik näher beschrieben wurden. Dabei hängen die nachgewiesenen Unterschiede mit unterschiedlichen »**technologischen Lokal-Dialekten**« und der

Abb. 2 Tatelt/Tafraout, Prov. Taroudant. Vorratsgefäß auf gepolsterter Drehschüssel, Deckel noch nicht aufgeschnitten; Fotos K. Vossen, 1980

Abb. 3 Vorratsgefäß und frisch herausgeschnittener Deckel; wird zum Brand eingepaßt

Abb. 4 Aguerd-n-Oulili, Prov. Quarzazate. Rudimentäre Fußscheibe, Querbrett zur Fußbedienung; Foto R. Vossen, 1980

Tatsache zusammen, daß sich z.B. die Formplatten von Ifrane Ali wegen geringerer Reibungsverluste auf einer leicht gewölbten Unterlage sehr viel leichter drehen lassen, als die kompakteren Dung-Häcksel-Platten oder die Steinplatten von Slit und Ain Bouchrik.

Regionale Verbreitung

Verbreitungsstudien auf der Basis unserer Töpfereibezogenen Landesaufnahme von 1980 und 1987 haben folgende »**Töpferscheiben- und Drehhilfe-Regionen**« im marokkanischen Kernland bis in die Oasenregionen erkennen lassen (s. Karte Abb. 1):

* Die **Formplatten (Typ 1)** sind auf das Verbreitungsgebiet der Frauentöpfereien des Rif und des Zerhoun-Gebirges beschränkt, als **Formschalen** auf die Frauentöpferei-Inseln im Jbilet-Gebiet und der Provinz Settat (vgl.das Kapitel »Frauentöpferei-Inseln...«).

* Die **zentrierten Drehtische (Typ 2)** kommen lediglich in den genannten Gueddara-Töpferzentren des Sebou-Beckens und in den Beni-Sidal-Töpferorten des östlichen Rif vor.

* In den Oasenregionen und z.T. noch im zentralen hohen Atlas herrschen die **niedrig gelagerten Drehschüsseln (Typ 3)** vor. Als nördlichsten Vorkommen dieses Scheibentyps konnten wir Tagadirt n'Oumzouar, Prov. Ouarzazate, am Südabhang des Hohen Atlas lokalisieren (vgl. Titelbild und Vossen/Ebert 1986:394 f.), als südlichstes Vorkommen die Oasenorte Aghgoumi, Lamhamid und Es Smeyra (vgl. Vossen/Ebert 1986:477 ff.).

* Die **niedrig gelagerten Drehplatten (Typ 4)** konzentrieren sich im westlichen Anti Atlas auf die Region zwischen Tabenaissat am Südrand des Sous-Beckens bis zur Oase Tamanaht/Ait Herbil im Süden und Ait Ougah/Indouzal, Region Igherm im Osten (vgl. Vossen/Ebert 1986:408 ff., 412f., 519). In das Verbreitungsgebiet der Drehschüsseln und Drehplatten sind stellenweise »jüngere Töpferorte« mit der entwickelten Spindelscheibe eingestreut (z.B. Tibergnit im Anti Atlas, s. Vossen/Ebert 1986:406 f.).

* Im westlichen Anti-Atlas stießen wir 1980 auf inselartige Vorkommen der **rudimentären fußbetriebenen Spindelscheibe (Typ 5)** (Taltenzought, Ighri, Timdraght, alle Prov. Ouarzazate im Bezirk Taliouine, s.. Vossen/Ebert 1986:433 ff.).

* **Die Mahlstein-Spindelscheibe (Typ 6)** ist vereinzelt in den Oasen-

Abb. 5 Töpfermeister mit einem Gehilfen an der Drehschüssel in Gueddara el Oued; Foto R. Vossen, 1980

Abb. 6 Töpferdarstellung aus dem Grab des Kenamon (Neues Reich), aus: Rieth 1939

gebieten des Südens neben den Schüsselscheiben (Typ 3) verbreitet (z.B. Amzzrou/Foum Zguid, Amazraou/Zagora, Moulay Abdoullah Dhak/Rissani, vgl Vossen/Ebert 1986:483, 489, 516). Nach Norden reicht ihr Verbreitungsgebiet über das Gebiet der Hochebenen und der Atlantikküste bis in das Sebou-Becken.

* Die klassische **Fußschub- oder Spindelscheibe (Typ 7)** ist mit ihrem großen Schwungrad lediglich in den alten städtischen Männertöpferei-Zentren Fès, Safi, Marrakech, Meknès, Rabat, Salé und Tetouan verbreitet, wo spanisch-andalusischer Einfluß historisch nachweisbar ist. Vereinzelt kommt sie auch in großen Töpferzentren wie Tamazirt/Mzouda, Tameslought, Boughrart/Demnat, Boujad oder Sidi Kacem vor. Dabei ist anzunehmen, daß sich dieser Scheibentyp mit abgewanderten Töpfern in diese Zentren verbreitet hat.

Abschließend betrachtet läßt sich die These aufstellen, daß die unterschiedlichen Drehhilfen- und Töpferscheiben-Typen auf marokkanischem Boden ebensoviele »**lokale bzw. regionale technologische Dialekte oder Sprachen**« repräsentieren. Das Spektrum reicht von

Abb. 7 Töpferdarstellung aus der Mitte des 5. Jahrhunderts, zur Rechten Pallas Athene (rotfigurig), aus: Rieth 1960

Töpferscheibentypen mit Gehilfenbedienung (Typ 2), die historisch bereits seit dem Neuen Reich Alt-Ägyptens (um 1555-1080 v.Chr.) und im klassischen Griechenland, s. Abb. 7) nachweisbar sind (vgl. Rieth 1939:37 ff.), bis zu den entwickelten Fußschubscheiben spanisch-maurischer Tradition (vgl. Vossen 1972:29 ff., Tf. 9a,b). Weitere vergleichende Studien könnten zu einer noch besseren Differenzierung dieser Töpfereitraditionen beitragen. Möglicherweise ließe sich auch klären, woher, wann und unter welchen Umständen die archaischen Drehhilfen und langsam drehenden Töpferscheiben Eingang nach Marokko gefunden haben.

Abb. 8 Drehschüssel aus Ton, von ihrem Lagerzapfen abgehoben. Brotofen-Kern, Wasserkrug und Vorratsgefäß aus Tikirt, Prov. Ouarzazate; Foto R. Vossen, 1980

Typologie der Keramik-Brennanlagen in Marokko

Die eingangs aufgestellte These der »**technologischen Dialekte**« in der marokkanischen Töpferei läßt sich auch bei einer vergleichenden Betrachtung der Brennstellen in Marokko erhärten. Die Variationsbreite ist auf den ersten Blick verwirrend. Es gibt jedoch typologische Gemeinsamkeiten und Unterschiede sowie eindeutige regionale Besonderheiten, die eine versuchsweise Abgrenzung der Brennstellen im Rahmen unterschiedlicher Töpfereitraditionen zulassen.

Dank der Vorarbeiten von Wulf Köpke für den westlichen Mittelmeerraum (Köpke 1985; Köpke/Graf 1988) und der auf Marokko bezogenen Skizzen von Wiebke Künnemann können wir hier in vereinfachter Form eine umfassende Typologie aller wesentlichen Brennanlagen vermitteln. Das Spektrum reicht von einfachen »**Feldbrandanlagen**« über **Brenngruben** bis zu komplexen **Mehrkammeröfen** und spiegelt damit das **zeitgleiche Nebeneinander unterschiedlicher Töpfereitraditionen auf marokkanischem Boden.**

Wenn wir der grundlegenden Typologie von Wulf Köpke im wesentlichen folgen, lassen sich drei Typen von Keramik-Brennanlagen in Marokko unterscheiden (s. Übersicht Abb. 1):

1. Feldbrandanlagen, 2. Brennmulden/Gruben, 3. gemauerte Öfen

Feldbrandanlagen

Feldbrandanlagen sind im Prinzip ebenerdige Anlagen, die an jedem brandsicheren Ort betrieben werden können. Zu ihrer Errichtung selbst sind weder spezielles Wissen noch größere Vorarbeiten erforderlich, dagegen **umso mehr bei der Auswahl und Anordnung des Brennmaterials und des Brenngutes**. Eine Kombination von trockenem Strauchgehölz mit Dungplatten und Stroh scheint den regionalen Bedingungen in Marokko am besten zu entsprechen (vgl. die Beschreibungen von Arne Lucke zu den Feldbrandanlagen von Slit und Ain Bouchrik in diesem Band; s. auch Lucke 1989/90; zu Algerien Gruner 1973:41). In Marokko sind die meist kreisrunden Feldbrandanlagen zur Begrenzung und Abstützung des Brenngutes häufig von einem

Abb. 1

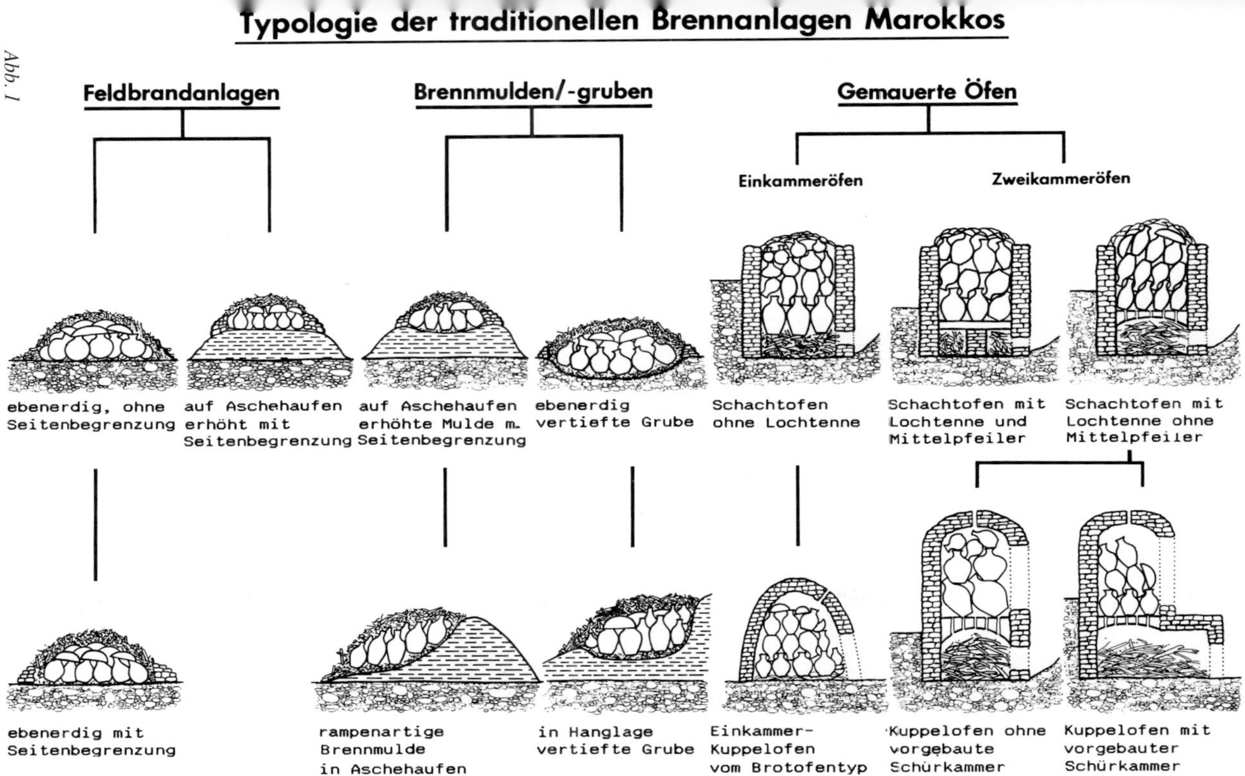

Typologie der traditionellen Brennanlagen Marokkos
Feldbrandanlagen
Brennmulden/-gruben
Gemauerte Öfen
Einkammeröfen
Zweikammeröfen
ebenerdig, ohne Seitenbegrenzung
auf Aschehaufen erhöht mit Seitenbegrenzung
auf Aschehaufen erhöhte Mulde m. Seitenbegrenzung
ebenerdig vertiefte Grube
Schachtofen ohne Lochtenne
Schachtofen mit Lochtenne und Mittelpfeiler
Schachtofen mit Lochtenne ohne Mittelpfeiler
ebenerdig mit Seitenbegrenzung
rampenartige Brennmulde in Aschehaufen
in Hanglage vertiefte Grube
Einkammer-Kuppelofen vom Brotofentyp
Kuppelofen ohne vorgebaute Schürkammer
Kuppelofen mit vorgebauter Schürkammer

beweglichen **Steinkranz in Trockenmauerwerk** von 2 bis 3 m Durchmesser umgeben. Die flexible Anordnung der Steinbegrenzung läßt, je nach Bedarf, den Brand von größeren oder kleineren Keramikmengen zu. Diese Anlagen genügen den lokalen Bedürfnissen zum Brand relativ geringer Keramikmengen für den Eigenbedarf bzw. bei Töpferei im Nebenerwerb.

Bei häufigem Brand an gleicher Stelle kann im Laufe der Zeit ein **Asche- und Scherbenhügel** entstehen, so daß sich im Extremfall die Feldbrandanlage bis zu mehreren Metern erhöht über dem Bodenniveau erhebt. Da der Übergang zwischen ebenerdigen oder erhöhten Feldbrandanlagen und Brennmulden (s. unten) fließend ist und manchmal im gleichen Ort beide Typen nebeneinander bestehen, wäre die Frage zu prüfen, ob die Entscheidung des jeweiligen Töpfers für eine ebenerdige Feldbrandanlage oder für eine Brennmulde von der Beschaffenheit des jeweiligen Untergrundes abhängt.

Regional gesehen lassen sich die einfachen Feldbrandanlagen, von Ausnahmen abgesehen, den Frauentöpfereigebieten der westlichen und mittleren Rifregion und des Zerhoun-Gebietes zuordnen, außerdem in verstreuter Form Männertöpfereien im Anti Atlas, im Mittleren Atlas und auf den hügeligen Hochebenen des marokkanischen Hinterlandes. Feldbrandanlagen auf Asche- und Scherbenhaufen finden sich vereinzelt im Bereich des marokkanischen Hochlandes und in den Frauentöpferzentren der Jbilet-Region.

Brennmulden/gruben

Brennmulden oder -gruben kann man als **ortsgebundene vertiefte Feldbrandanlagen** ansprechen. Zu ihrer Anlage sind bereits größere Vorarbeiten und Vorkenntnisse erforderlich. Der Übergang von einer nur wenige Zentimeter tiefen flachen Mulde zu einer Grube bis zu 1 m Tiefe ist fließend. Die Mulden können wie die Feldbrandanlagen von einem Steinkranz umgeben sein und eine kreisrunde bis länglich ovale Form haben. Bei häufiger Benutzung erheben sich an der Stelle der ursprünglichen Bennmulden **Asche- und Scherbenhaufen**, in die eine Mulde oder Grube eingetieft wird. Auf den Hochebenen bzw. in hügeligen Regionen ist dabei die Ausrichtung der Mulden oder Gruben zur Hauptwindrichtung maßgeblich. Die Mulden erreichen dabei Ausmaße bis zu 6 m Länge, die Asche- und Scherbenhaufen eine Höhe bis zu 8 m.

Abb. 2 Brenngrube mit gebrannten Wasserkrügen in Ad Demna I, Prov. Taounate, Rif-Region; Foto R. Vossen, 1980

Wie bei den Feldbrandanlagen ist eine **sorgfältige Auswahl und Anordnung des Brennmaterials** erforderlich, wenn ein gutes Brandergebnis erzielt werden soll (vgl. die Beobachtungen von Arne Lucke in diesem Band zu Gueddara el Cántara).

Eine besondere Variante der Brennmulden bilden in marokkanischen Hochebene r**ampenartig ansteigende Aschehaufen**, in die eine Mulde eingetieft ist. Das Feuer kann sich dabei von der Hauptwindrichtung her zur Spitze der Rampe hochfressen (s. z.B. Doueate/ Oulad Dlim, Prov. Marrakech, Vossen/Ebert 1986:264 f.). Als Varianten der Brenngruben kann man Brennstellen ansprechen, die wie im Afaouzour-Gebiet im Anti Atlas (vgl. Vossen/Ebert 1986:454 ff.) **halbreisförmig in einen Berghang eingetieft** sind. Die Rückseite ist dabei gemauert und mit Lehm verschmiert, oder sie wird von dem anstehenden Fels gebildet und an der Vorderseite von einer Trockenmauer begrenzt wie in Tizoughine im Hohen Atlas (vgl. Vossen/Ebert 1986:388).

Das V**erbreitungsgebiet der einfachen Brennmulden und -gruben** reicht mit Unterbrechungen vom Antiatlas im Süden bis zum Rif im

Norden. Es entspricht weitgehend dem Verbreitungsgebiet der oben genannten offenen Feldbrandanlagen, zumal die Übergänge fließend sind (vgl. die Beschreibungen von Arne Lucke zu Slit und Ain Bouchrik in diesem Band, s. S. 128f., 166ff.).

Gemauerte Öfen

Die **gemauerten Öfen** sind als beständige Brennanlagen naturgemäß **ortsgebunden**. Die Variationsbreite reicht von einfachen **Einkammeröfen**, d.h. brunnenartig vertieften **Schachtöfen ohne Trennung von Feuer- und Brennkammer** durch eine Lochtenne oder **Einkammer-Kuppelöfen vom Brotofentyp** bis zum komplexen **Zweikammerofen mit vorgebauter Schürkammer und Kuppelansatz oder** einer **Kraggewölbe-Kuppel** bzw. einer **echten Kuppel** über der Brennkammer. Die Lochtenne oder Siebdecke der brunnenförmigen Zweikammeröfen wird häufig von einem **Mittelpfeiler** in der Feuerkammer abgestützt. Die großen gemauerten Zweikammeröfen eignen sich zur Aufnahme und zum **häufigen Brand großer Keramikmengen.** Sie sind **überwiegend mit der spezialisierten Männertöpferei im Haupterwerb in Verbindung zu bringen.**

Regionale Verbreitung

Während die Einkammer-Schachtöfen relativ selten sind und nur sporadisch im Süden vorkommen (vgl. die Beschreibung des Brandverlaufs in Igourdane und Ait Hamed im Hohen Atlas in diesem Band, s. S. 231), sind die Zweikammer-Schachtöfen mit oder ohne Mittelpfeiler in den Männertöpfereien von den Oasengebieten des Südens bis zur Küstenregion des Atlantik und bis zur Mittelmeerküste des östlichen Rif verbreitet. Die Einkammer-Kuppelöfen vom Brotofentyp beschränken sich auf das westliche Rif-Gebiet (vgl. die Beschreibung des Ofentyps und des Brennvorgangs in Ifrane Ali, s. S. 192; s. auch Arne Lucke 1989/90). Die Zweikammeröfen mit vorgebauter Schürkammer und Kuppelansatz bzw. Kragkuppel sind auf die städtischen Zentren Fès, Safi, Rabat, Marrakech und Tetouan beschränkt. Vom Typus her kann man sie mit analogen Öfen in **Spanien** vergleichen (vgl. Köpke 1985, Köpke/Graf 1988); s. auch Vossen 1972b:36 ff.).

Zusammenfassend läßt sich sagen, daß die verschiedenen Brennstellentypen in Marokko treffend die unterschiedlichen Spezialisierungstendenzen der marokkanischen Töpfer und Töpferinnen und unterschiedliche Töpfereitraditionen erkennen lassen, die zeitgleich nebeneinander bestehen.

Abb. 3 Agousane/Ourika: Schachtofen mit Loch-Tenne und Mittelpfeiler; Foto R. Vossen, 1980

Dekortypen ländlicher Keramik im Vergleich

Ullrich Masemann

Vorbemerkung

In diesem Beitrag wird der Versuch unternommen, archäologische Methoden (Kartierung und Seriation) der Dekoranalyse auf heutige Verhältnisse anzuwenden. Dabei werden Computerprogramme herangezogen, die der Autor zur Analyse von Keramik der Merowingerzeit (Ende 5.-Anfang 8. Jh.) herangezogem hatte (vgl. U. Masemann, 1989).

Zielsetzung

Im folgenden sollen die Dekortypen und Dekorkombinationen von Wasserkrügen aus 34 ländlichen Töpfereien Marokkos verglichen werden. Die Abhängigkeit der Verzierungsform von Herstellungstechnik, Funktion und lokaler Tradition soll untersucht werden. Die getroffenen Aussagen beziehen sich zunächst nur auf die ausgewählten Töpferorte.

Methode

Die verzierten Krüge werden als »geschlossener Fund« betrachtet. Die Dekorformen eines Objektes werden in Einzelelemente zerlegt. Somit enthält jedes Keramikgefäß bzw. jeder Töpferort eine charakteristische Kombination von Dekorelementen[1]. Durch Kartierung dieser Dekorelemente soll versucht werden, spezifische Dekorkombinationen bestimmten Regionen zuzuweisen. Eine Verbindung technischer Eigenheiten mit charakteristischen Verzierungsformen könnte einen Zusammenhang in dieser Hinsicht anzeigen. Eine Bewertung unterschiedlicher Gefäßgattungen in Bezug auf die Dekorform kann erst gestellt werden, wenn mehrere Keramikgattungen untersucht worden sind.

Die »zerlegten« Dekore der Keramikobjekte wurden in einem **Seriationsprogramm** bearbeitet und geordnet, um in der graphischen Darstellung die Kombination unterschiedlicher Dekortypen - die gleichgewichtet sind - zu erlangen.

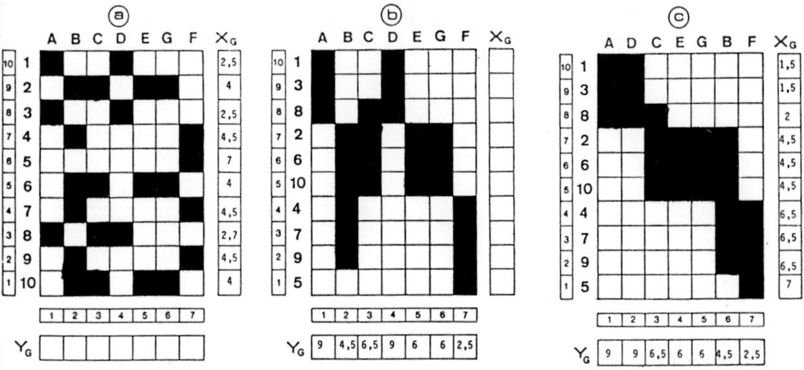

Abb. 1 Phasen des Ordnungsprozesses der Seriation (Idealfall):

A: Ungeordnete Matrize (= Eingabematrix)

B: Ordnung der Zeilen nach der Größe der Mittelwerte (s. Spalte Xg)

C: Ordnung der Spalten nach der Größe der Mittelwerte (s. Zeile Yg)

Die Funktionsweise des Sortierungsprogramms der Seriation wird im folgendem dargestellt. Jeder Töpferort stellt eine Einheit dar. Er ist gekennzeichnet durch die Anwesenheit von bestimmten Merkmalen, z.B. Dekorelementen. Werden **m** Töpferorte bzw. Keramikgefäße mit **n** Dekorelementen untersucht, wobei die Dekorelementanzahl vernachlässigt wird, erhält man eine **Besetzungsmatrix**[2)].

In Abbildung 1a ist die ungeordnete Matrix zu sehen. Der Besetzungspunkt zeigt die Anwesenheit eines Merkmals an. In der rechten Spalte ist der horizontale Durchschnittswert der jeweiligen Wertigkeiten der Besetzungspunkte angegeben. Diese Zeilen werden der Größe nach geordnet (s. Abb. 1b). Gleichermaßen wird mit den Spalten verfahren.

Durch diesen Tauschprozess der Zeilen und Spalten soll eine Diagonalisierung erreicht werden[3] (Abb.1c). Grundlage des Tauschverfahrens ist ein Algorithmus[4].

Bei der Berechnung des Mittelwertes der einzelnen Spalten oder Zeilen erhält jeder Besetzungspunkt jeder Spalte und Zeile eine Wertigkeit - dargestellt in den Zeilen der linken Spalte bzw. unteren Zeile in Abb.1a.

Die Summe dieser Wertigkeiten pro Töpferort wird durch die Anzahl der an jedem Töpferort vorkommenden Dekorelemente geteilt. Somit wird wie folgt verfahren:

1. Berechnung der Mittelwerte der Zeilen für jedes Dekorelement (rechte Spalte in Abb. 1a)
2. Ordnung der Zeilen nach der Größe der Mittelwerte (s. die Zeilennummerierung in Abb. 1b)
3. Berechnung der Mittelwerte der Spalten für jeden Töpferort (untere Zeile in Abb. 1b)
4. Ordnung der Spalten nach der Größe der Mittelwerte (s. die alphabetische Kennzeichnung in Abb. 1c)

Durch die fortlaufende Permutation und Ordung der Spalten und Zeilen nach ihrem Wert wird eine weitgehende Diagonalisierung erreicht. Das Programm beendet den Sortierungsvorgang, wenn in Zeilen und Spalten keine Diskrepanz mehr auftritt, d.h. wenn kein Tauschvorgang im Vergleich zur vorherigen Matrix notwendig war.

Die Beendigung dieses Vorganges erfolgt somit, wenn weder in den Spalten noch Zeilen Rangunterschiede der Mittelwerte auftreten. **Durch diesen Tauschprozeß sollen Töpferorte mit gleichen Dekorelementkombinationen in unmittelbare Nachbarschaft graphisch geordnet werden.**

In Abbildung 2 (s. weiter unten) sind die **Besetzungspunkte als Nullen** dargestellt. Der **Dekortyp** erscheint als codierte Zahl in der senkrechten Spalte (vgl. die **Liste der Dekorelemente**, abgekürzt = Merkmalsliste), der **Töpferort** in der horizontalen dreispaltigen Zeile unter der Besetzungsmatrix (die Töpferortkennziffer folgt der Nummerierung der Töpferorte in der Landesaufnahme von Ebert und Vossen, vgl. Vossen/Ebert 1986).

Materialbasis

Als Grundlage für die Bearbeitung der verzierten Krüge von 34 Töpferorten Marokkos dienen die Abbildungen aus der Publikation von W. Ebert und R. Vossen[5], die im Museum für Völkerkunde in Hamburg angefertigten Keramikzeichnungen, die Abbildungen aus dem Werk von B. Hakenjos et al.[6], sowie die Karteikarten und Zeichnungen aus der Sammlung Ebert.

Vorbemerkung: Die in den nachfolgenden Kartierungen benutzten Symbole treten auch in Kombination miteinander auf (s. besonders Taf. 6)

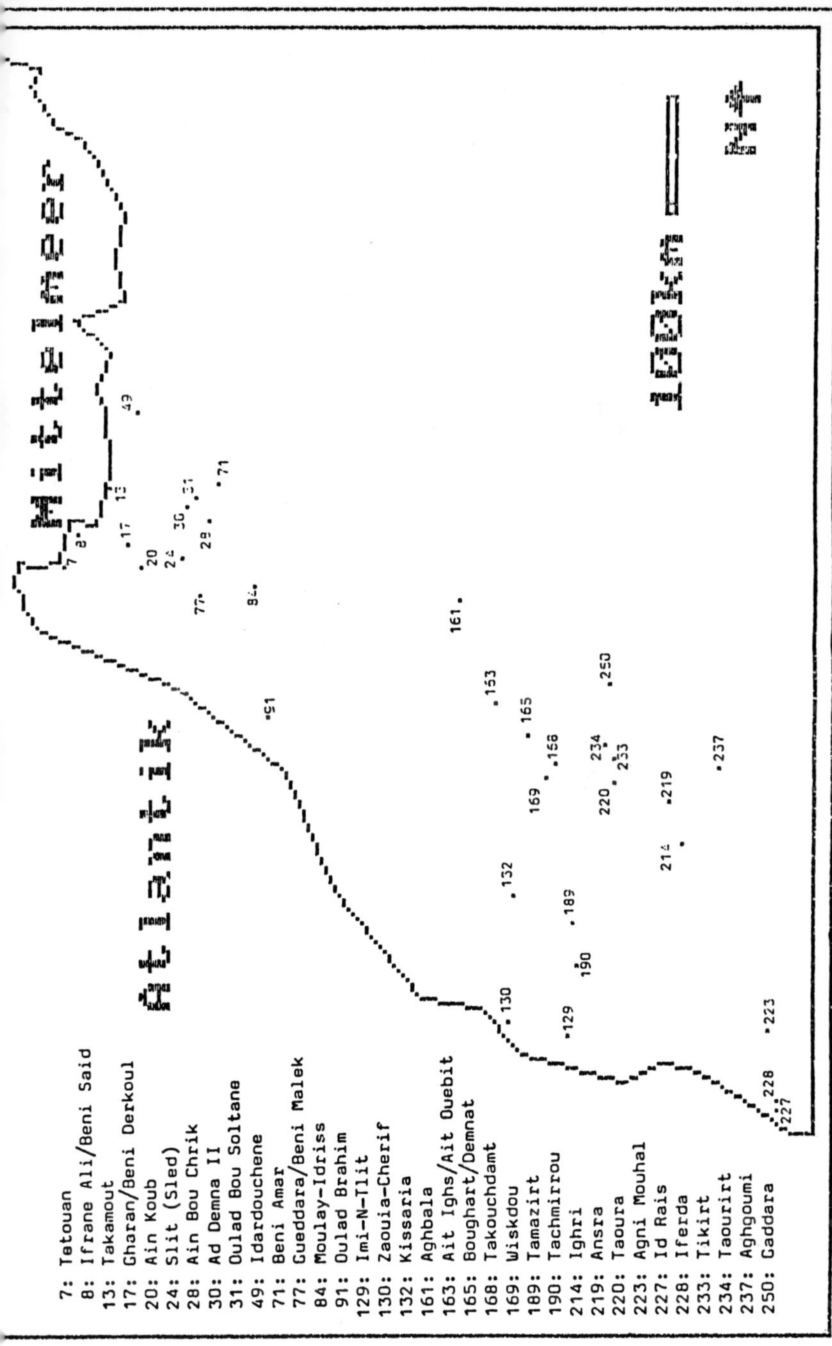
7: Tetouan
8: Ifrane Ali/Beni Said
13: Takamout
17: Gharan/Beni Derkoul
20: Ain Koub
24: Slit (Sled)
28: Ain Bou Chrik
30: Ad Demna II
31: Oulad Bou Soltane
49: Idardouchene
71: Beni Amar
77: Gueddara/Beni Malek
84: Moulay-Idriss
91: Oulad Brahim
129: Imi-N-Tlit
130: Zaouia-Cherif
132: Kissaria
161: Aghbala
163: Ait Ighs/Ait Ouebit
165: Boughart/Demnat
168: Takouchdamt
169: Wiskdou
189: Tamazirt
190: Tachmirrou
214: Ighri
219: Ansra
220: Taoura
223: Agni Mouhal
227: Id Rais
228: Iferda
233: Tikirt
234: Taourirt
237: Aghgoumi
250: Gaddara

Brenntechnik (vgl. Taf.1)

Bei den 34 ausgewählten Töpferorten waren in 31 Fällen die Brennstellentypen angegeben. Bei diesen 31 Töpferorten sind 10 verschiedene Brennstellentypen in Gebrauch gewesen.(s. Tf. 1, Typenliste: Typ 152 - Typ 161). Die Verteilung dieser Brennstellentypen (Taf. 1) läßt erkennen, daß **Brennmulden** in Marokko allgemein verbreitet sind. Ein **Verbreitungsschwerpunkt** dieses Typus ist im **Rifgebiet** erkennbar (vgl. die Typologie der Keramikbrennanlagen in diesem Band).

Der Gebrauch von **Kuppelöfen mit Lochtenne, Brotöfen** und **Brenngruben** zum Keramikbrand ist nur im **nördlichen Rifgebiet** zu erkennen.

Auffällig ist das Auftreten von **Schachtöfen mit Lochtenne** (Typ 157) im Bereich der **Haouz-Ebene** und in der **Küstenregion**. Im Bereich des **Hohen Atlas** erscheinen noch **Schachtöfen** der Typen 158 bis 161.

Im Gebiet der **Atlantikküste am Anti-Atlas** erscheinen massiert **Brennmulden**, im nordöstlichen Bereich des **Anti-Atlas** sind **Schachtöfen mit Lochtenne und Mittelpfeiler** sowie **Steinkreise** zum Keramikbrand in Gebrauch[7].

In zwei Fällen sind zwei verschiedene Ofentypen in Gebrauch (s. Tafel 1). In **Idardouchene** werden Brenngruben und Brennmulden, in **Ansra** Steinkreise und Schachtöfen mit Lochtenne und Mittelpfeiler benutzt. Diese Kombination der Ofentypen mag sich an der Menge der jeweiligen Keramikproduktion orientieren[8].

Herstellungstechnik (vgl. Taf. 2)

Die Herstellungstechnik wird durch die Verwendung der verschiedenen technischen Hilfsmittel beinflußt. Das technische Hilfsmittel ist die Töpferscheibe oder eine flache Unterlage -z.B. ein Brett, eine umgedrehte Schüssel oder eine scheibenförmige Unterlage. Die Herstellung von Keramik mittels einer flachen Unterlage geschieht im allgemeinen im Aufbauverfahren. Auf der Scheibe werden die Gefäße in Abform-, Dreh- oder Aufbautechnik erzeugt. Auch die Kombination verschiedenen Techniken existiert[9]) (vgl. den Beitrag über Töpferscheibentypen in diesem Band).

Flache Unterlagen wie **Formplatten** (Tonscheiben) und **Formschüs-**

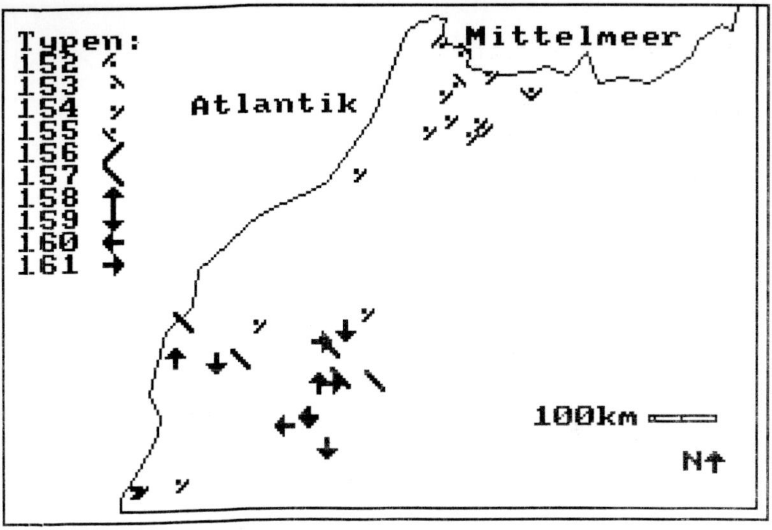

Tafel 1: Brennstellentypen: *Typ 152: Kuppelofen mit Lochtenne; Typ 153: Brotofen; Typ 154: Brennmulde; Typ 155: Brenngrube; Typ 156: Brennmulde mit Steinwall; Typ 157: Schachtofen mit Lochtenne; Typ 158: Schachtofen mit Mittelpfeiler; Typ 159: Schachtofen mit Lochtenne u. Mittelpfeiler; Typ 160: Steinkreise; Typ 161: Schachtofen ohne Lochtenne u. Mittelpfeiler bzw. nur Schachtofen.*

Tafel 2: Töpfertechnik: *Merkmal 162: Töpferscheibe; Merkmal 163: keine Töpferscheibe; Merkmal 164: Drehschüsseln, Drehplatten; Merkmal 165: Zentrierte Drehtische; Merkmal 166: Fußschubscheibe; Merkmal: Benutzung eines Models; Merkmal 168: Formplatten oder Formschüsseln.*

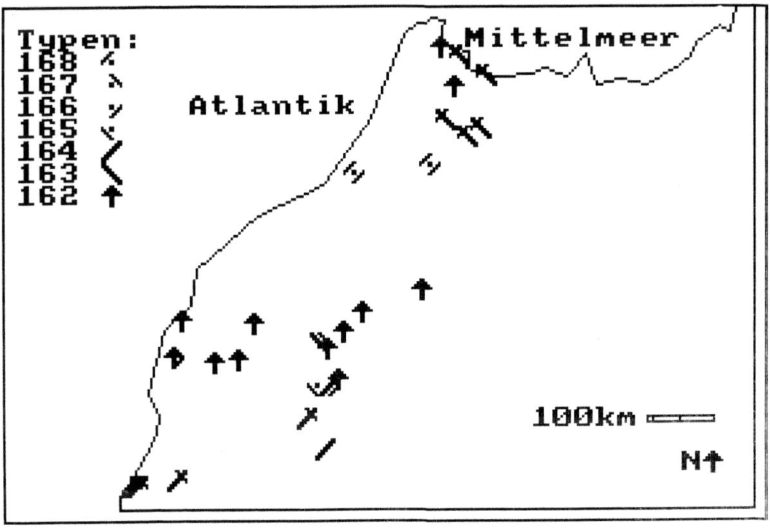

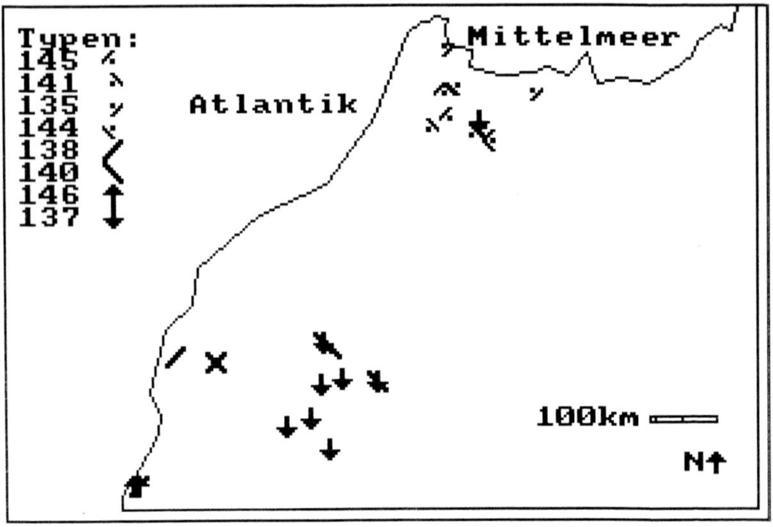

Tafel 3: Farbgebung: *Merkmal 145: weiß engobiert, rot und braun bemalt; Merkmal 141: schwarz und rot bemalt; Merkmal 135: Holz- oder Baumteerbemalung; Merkmal 144: weiß engobiert, schwarz und rot bemalt; Merkmal 138: rot bemalt; Merkmal 140: rot-braun bemalt; Merkmal 146: weiß engobiert, rot bemalt; Merkmal 137: braun bzw. manganbraun bemalt.*

Tafel 4: Farbgebung: *Merkmal 139: schwarz bemalt; Merkmal 136: weiße Bemalung; Merkmal 137: braun bzw. manganbraun bemalt; Merkmal 149: teilweise glasierte Ware.*

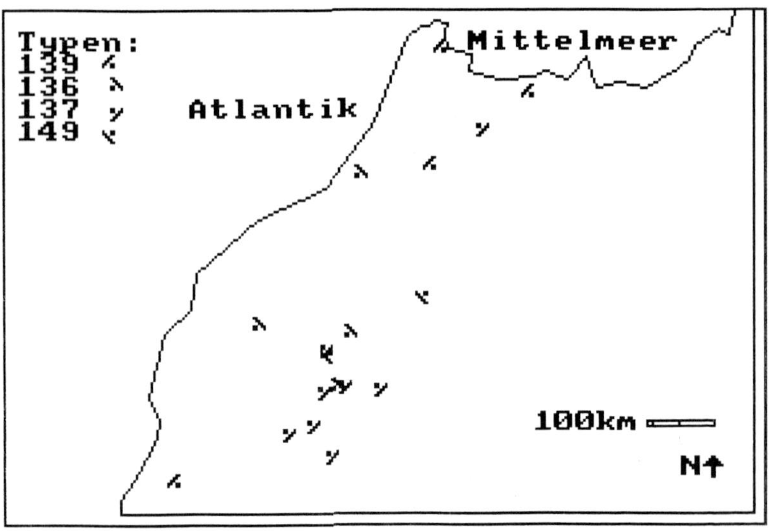

seln als Basis zum Töpfern sind nur im Rif-Gebiet und im Sebou-Becken (Ifrane Ali/ Beni Said, Takamout, Slit (Sled), Ain Bou Chrik, Oulad Bou Soltane, Moulay Idriss, Oulad Brahim) anzutreffen. Die niedrige **Drehschüssel** findet sich dagegen in der Oasenregion, im Hohen Atlas und im westlichen Bereich des Anti-Atlas[10] (s.Taf. 2: Tikirt, Id Rais, Iferda, Ansra, Agni Mouhal, Aghoumi).

Keramikproduktion mit Hilfe eines Models ist einmal in der Haouz-Ebene zu finden; sonst ist diese Form der Herstellung im Bereich des Hohen Atlas und Anti-Atlas verbreitet (Wiskdou, Id Rais, Iferda, Ansra, Agni Mouhal).

Farbgebung (vgl. Taf. 3, 4)

Bei den 29 Töpferorten mit Angabe der Farbgebung, d.h. Engobe und Dekorbemalung[11] sind folgende Verbreitungsschwerpunkte feststellbar: Im **Rifgebiet** sind die Krüge **weiß engobiert**, sowie **rot und braun** bemalt[12] (s. Merkmal 145: Ain Koub, Slit (Sled), Beni Amar) oder weiß engobiert und schwarz und rot bemalt (s. Taf. 3).

Weiße Bemalung (Merkmal 136, s. Taf. 4) tritt im Bereich des **Phosphat Plateaus** auf (Oulad Brahim, Boughart/Demnat, Kissaria, Tikirt). Eine **rote Bemalung** konzentriert sich auf die **Region zwischen Essaouria und Agadir**, sowie südlich von **Tiznit** (Merkmal 138: Imi-N-Tlit, Tachmirrou/Imi-N-Tanout, Iferda; s. Taf 3).

Braun bzw.manganbraun dekorierte Krüge treten mit einer Ausnahme (Merkmal 137: Ad Demna II, südliche Rifregion) noch im Gebiet des **Anti-Atlas** und des nördlichen Abhanges des **Hohen Atlas**, sowie im Nordbereich der **Oasenregion** auf (s. Taf. 3: Wiskdou, Gaddara/Skoura, Ighri, Ansra, Taourirt/ Ouarzazate Aghoumi, Taoura, Id Rais).

Inzisionsdekor und Applikationen (vgl. Taf. 5)

Da nur in 9 Töpferorten an Krügen Applikationen[12], Ritzverzierungen bzw. Drehrillen festzustellen waren, ist ein ein- deutiger Verbreitungsschwerpunkt kaum festzustellen. Auffällig ist jedoch die starke Verbreitung von **Ritzverzierungen** bzw. Drehrillen im Bereich des **Hohen Atlas** und der **Oasenregion** (Dades-Becken, s. Taf. 5; Merkmal 132: Tamazirt, Tikirt, Aghoumi, Gaddara/Skoura).

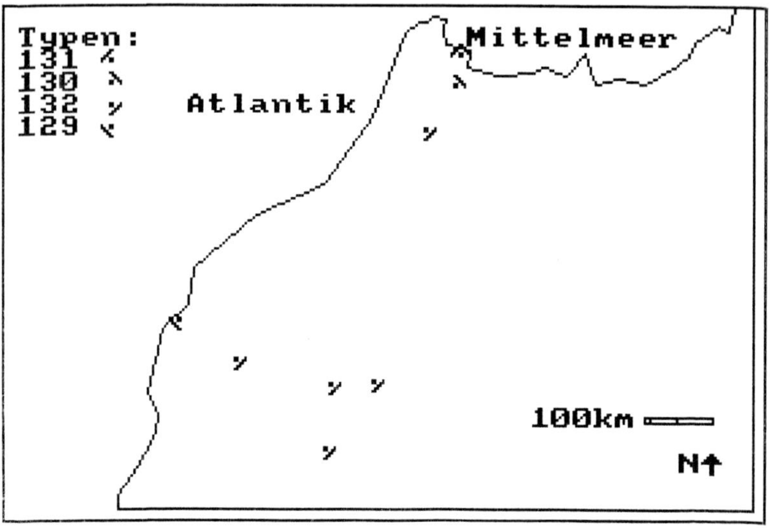

Tafel 5: Applikationen und Inzisionen: *Merkmal 131: Halsscheibe; Merkmal 130: Kerbleisten; Merkmal 132: Ritzverzierungen u. Drehrillen; Merkmal 129: Fingertupfenleiste.*

Tafel 6: Gefäßzonenverzierung: *Merkmal 122: Verzierung am gesamten Gefäßkörper; Merkmal 120: Verzierung am Hals; Merkmal 126: Verzierung am Fuß- bzw. Bodenbereich; Merkmal 127: Verzierung am Henkel.*

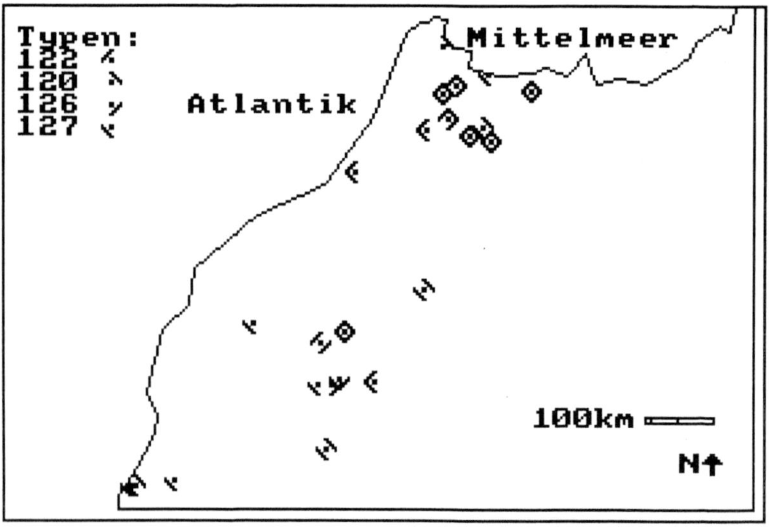

Kerb- und Inzisionsdekor als Dekorationselemente treten noch bei den **Beni Said** im nordwestlichen Rifgebiet auf (s. Beitrag über Ifrane Ali in diesem Band).

Dekorzonen (vgl. Taf. 6)

Die Aufschlüsselung der Dekorzonen am Gefäß und deren Kartierung zeigen keine spezifischen Verbreitungen eines Merkmals. Erst die Kombination der Merkmale 122, 120,126 und 127, welche flächendeckende Verzierung[14] des Gefäßes kennzeichnen, zeigt einen Verbreitungsschwerpunkt (s.Taf.6) im östlichen Rifgebiet (Ain Bou Chrik, Idardouchene[15] (Idardouchan), Ain Koub, Beni Amar), nur ein Gefäß aus Boughart/Demnat (s. Taf. 6) stammt aus der Region der Ausläufer des Hohen Atlas.

__Tafel 7: Dekorelemente:__ Typ 86: waagerechte Rautenbänder; Typ 87: Offener Halbkreis; Typ 83: senkrechtes Rautenband; Typ 24: offenes doppeltes Zickzackband; Typ 9: »Haken«-verzierung; Typ 39: schräge Tupfen; Typ 40: Doppelgirlande, hängend; Typ 18: waagerechtes Wellenband zwischen Parallele.

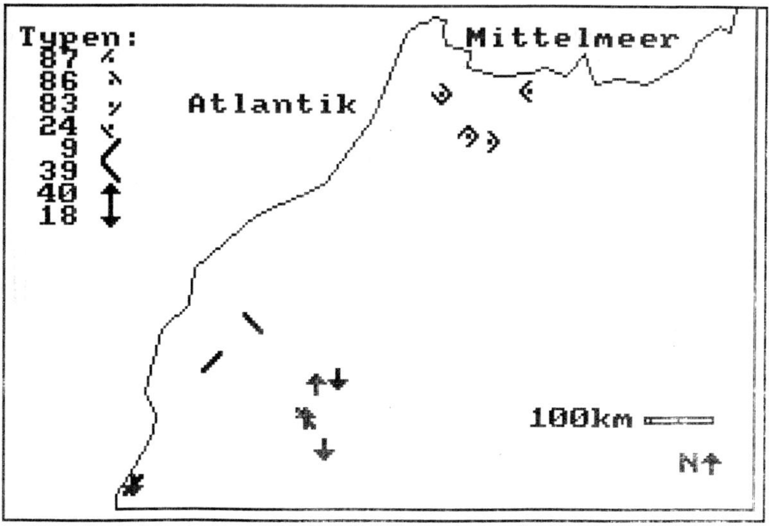

Dekoranalyse (vgl. Taf. 7 - 11)

Bei der Analyse des Dekors wurden 102 Dekortypen festgestellt (s. Liste der Dekorelemente). 44 Dekortypen kamen an mindestens zwei Töpferorten vor. Somit konnte eine weitgehende Vernetzung der Töpferorte durch charakteristische Dekorformen erreicht werden (s. Abb. 2).

Die am linken Band der Matrix erscheinende senkrechte Zahlenspalte gibt den jeweiligen Dekortyp an, die dreispaltige Zahlenreihe die jeweilige Töpferortkennziffer nach Vossen und Ebert (1986).

DEKORELEMENTE

(s. Merkmalsliste)

```
 86 0..00............................
 83 0..00............................
102 ..000............................
 70 ...00............................
 69 ...00............................
 87 0.......0........................
  7 .00000000.0......................
  8 .0.00.0.0.0......................
 64 ...0.....0.......................
103 ....0...0........................
 28 ...0.......0.....................
 19 ..000..0.0.0..0..................
 26 ...00....0....0..................
 38 ...00..0.0.00....................
 36 ...0...0......0..................
 44 ...0....0.....0..................
 43 ...0..........0..................
 97 ....0........0...................
 84 ....0.........0..................
100 ...0............0................
 53 ...0.........0...0...............
 20 ...00......0..0........0.........
 99 ...00.........0........0.........
 15 ....0...0..............0.........
 30 .........0.....0.................
  4 0.000...00..000.0.0.......0.0.0..
  2 ....0......000...0.....0.........
 29 ...00....0...000.000.......0.....
 33 ...0...0......0.0.............0..
 35 ....0....0....0.0.0............0.
  5 000000000000000.00.00000000000000
 34 ....0...0.0...0...............00.
 22 ...00.00000.0.00.0.0....00000..00
 13 .............00..0.....0.........
 54 ........0.................0......
 17 ...0.......0..0.0......0..00...0.
 61 ....0.......................00...
 14 ...........0..0...0....0..0....0.
 11 ..............0........0......0..
 18 ..............0............0...0.
 40 .......................0......0..
 39 ............................0.0..
  9 ...............................00
    011000100010112020001222102212221
    266271214862663053798232332331129
    881013979434954701719330007724980
```

TÖPFERORTKENNZIFFERN

(s. Übersichtskarte)

Abb. 2 Seriation der Dekorelemente, die mindestens zweimal vertreten sind

Das Auftreten von Zickzackbändern auf Krügen ist in 9 Fällen festzustellen, nur in drei Orten (Aghbala, Takamount, Gharan) ist diese Dekorform nicht zwischen parallelen Linien zu finden.

Das senkrechte und waagerechte Linien als Dekorelemente (Typ 4 u. Typ 5) allgemein verbreitet sind, zeigt die fast durchgehende Besetzung in der geordneten Matrix (s. Abb. 2).

Auf Tafel 7 ist zu erkennen, daß sich die Dekortypen 86 (w**aagerechtes Rautenband**) und Typ 24 (**offenes doppeltes Zickzackband**) nur im **Rifgebiet** zu finden sind (Ain Bou Chrik, Ain Koub, Beni Amar, Idardouchene (Idardouchan).

Für die ethnischen Gruppen der Beni Ouriaghel und Beni Boukmat stellt C. Ebert[16] als charakteristisch feine Mandelformen bzw. eine »Haken«-verzierung fest (s. Merkmal 9).

Dagegen sind **hängende Doppelgirlanden** (Typ 40: Taoura, Ansra) und **waagerechte Wellenbänder** (Typ 18: Ansra, Taourirt, Aghgoumi) südlich von **Tiznit** und im Bereich des **Anti-Atlas** und der **Oasen Region** zu finden.

Nur in Ain Koub und in Beni Amar sind Krüge mit **flächig ausgefüllten Dreiecken** und mit **horizontalen Zickzackbändern** in einer Parallele zu finden (s. Taf. 8).

Die Dekorform 11 (**Dreieck mit Schraffur zwischen zwei Parallelen oder in einer Parallele**) ist in Taourirt, Taoura und Ansra - somit in der Region zwischen Hohen Atlas und Anti-Atlas - zu finden (s. Taf. 9).

Die **Komination** der Dekortypen 26 (**Raute**), 38 (**schräge Linien**), 19 (**Schrägkreuz**) und **Schrägkreuz mit Schraffur** im oberen und unteren Teil (Typ 36) zeigt einen Verbreitungsschwerpunkt im **Rifgebiet**[17] und in der Region der **Haouz-Ebene** (s. Taf. 10). **Auffällig ist, daß das Schrägkreuz mit Schraffur (Typ 36) in den Töpfereiorten Gharan/ Beni Derkoul[18], Ain Koub und Taourirt/Ouarzazate vorkommt und somit als charakteristische Dekorform eine Verbindung des Gebietes des Hohen Atlas zur Rif-Region bzw. zur Oasenregion schafft.**

Eine großflächige Bemalung von Krügen (Typ 2: Beni Amar, Slit(Sled), Wiskdou[19], Takouchdamt, Oulad Bou Soltane, Taoura) ist je dreimal im Rifgebiet und in der Region der Haouz-Ebene festzustellen (s.Tafel 11).

Geschlechtsspezifische Aspekte

Zeichnet sich die Männertöpferei durch eine starke Mobilität (z.B. Wandertöpfer) aus, so ist die Frauentöpferei durch geringe Außenkon-

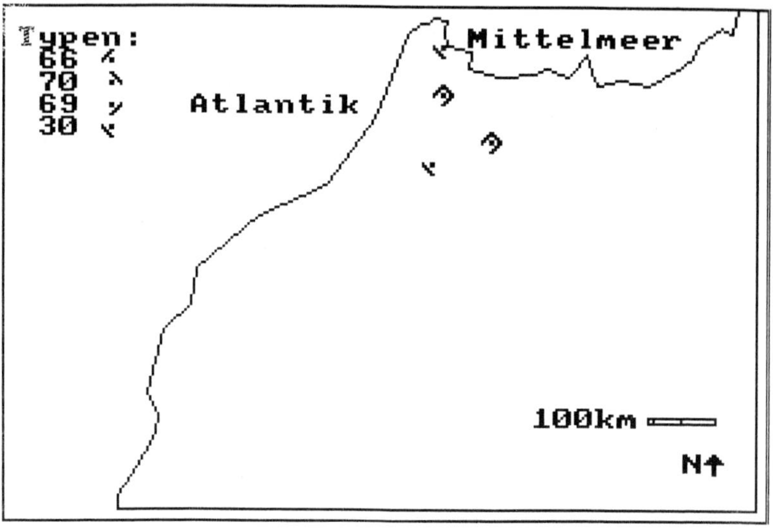

Tafel 8: Dekorelemente: *Typ 66: horizontale Parallele mit Doppelzickzacklinie; Typ 70: mit Parallelen gefülltes Dreieck; Typ 69: flächig ausgefülltes Dreieck; Typ 30: kreisförmige Tupfenverzierung.*

Tafel 9: Dekorelemente: *Typ 103: Kreuzverzierung; Typ 32: kurze senkrechte Linienbündel; Typ 64: asymmetrisches Kreuz; Typ 102: Dekorfelder als rechteckiges Leiterband, breite Linien; Typ 11: Dreieck mit Schraffur zwischen zwei Parallelen bzw. innerhalb einer Parallele; Typ 61: Leiterband.*

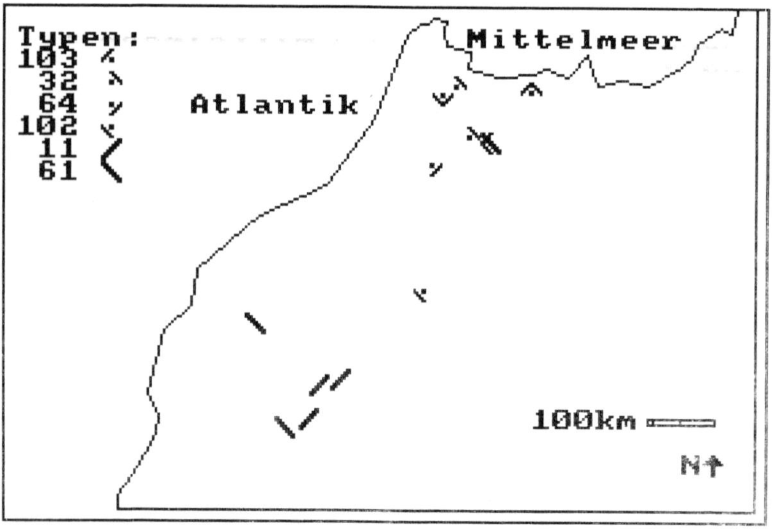

takte und Produktion für die Selbstversorgung gekennzeichnet[20].

Die Bevorzugung bestimmter Dekorationsformen an Krügen aus Männer- bzw. Frauentöpfereien soll im folgenden aufgezeigt werden. Betrachtet man das Merkmal Farbgebung unter diesem Aspekt, so fällt auf, daß bis auf eine Ausnahme (Ad Demna II) nur in **Männertöpfereien Krüge braun bzw. manganbraun** bemalt werden (Merkmal 137: Wiskdou, Taourirt, Gaddara/Skoura, Taoura, Aghoumi, Ansra, Ighri). Auch ist der Gebrauch eines Models bzw. der niedrigen Drehtischschüsselscheibe in der Regel auf die Männertöpferei beschränkt. Ausnahmen bilden die Frauentöpfereiinseln der Jbilet (vgl. den Beitrag in diesem Band). An Ofenformen wird bei Männertöpfereien der Schachtofen mit Lochtenne bzw. der Schachtofen mit Lochtenne und Mittelpfeiler verwendet (Merkmale 157 u. 159: Taourirt, Gaddara/Skoura, Zaouia-Cherif, Tamazirt, Takouchdamt, Boughart/Demnat, Aghoumi, Tachmirrou/Imi-N-Tanout, Ansra).

Nur in **Männertöpfereien werden Krüge rot bzw. rotbraun** bemalt (Merkmal 138 u. 140: Imi-N-Tlit, Iferda, Tachmirrou/Imi-N-Tanout, Wiskdou, Gaddara/Skoura, Takouchdamt). Als einzige Dekorationsform, die **nur in Männertöpfereien** vorkommt, ist das **waagerechte Wellenband zwischen einer Parallele** (Typ 18: Taourirt, Iferda, Aghoumi) zu nennen.

Tafel 10: Dekorelemente: *Typ 26: Raute; Typ 38: schräge Linien; Typ 19: Schrägkreuz; Typ 36: Schrägkreuz, oben und unten schraffiert.*

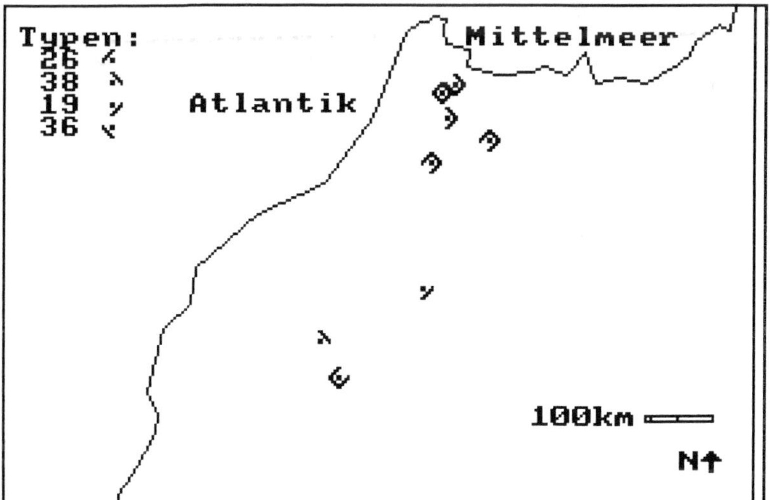

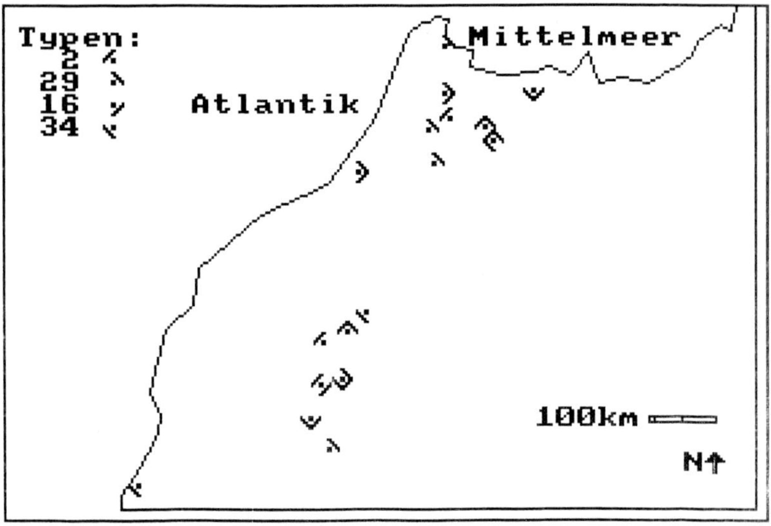

Tafel 11: ***Dekorelemente:*** *Typ 2: großflächige Bemalung; Typ 29: Tupfenverzierung; Typ 16: Girlanden, horizontal; Typ 34: Punktlinie, horizontal.*

Als charakteristische Dekorform von Krügen, die in einer Frauentöpferei gefertigt wurden, kann die Bemalung mit Weißengobe und Ausschmückung in schwarzer und roter, bzw. roter und brauner Farbe gelten. Somit ist der b**ichrome Dekor ein Schwerpunkt in der Frauentöpferei** (Merkmal 144 u. 145: Slit (Sled), Ain Koub, Beni Amar, Oulad Bou Soltane, Gharan/Beni Derkoul).

Als einzige Dekorationsform erscheint der Dekortyp 83 (**senkrechtes Rautenband**: Ain Bou Chrik, Ain Koub, Beni Amar) **ausschließlich** an Krügen, die in **Frauentöpfereien** hergestellt wurden.

Ergebnisse

Die Darstellung bestimmter Dekorationsformen für spezielle Regionen basiert nur auf der Analyse von Wasserkrügen aus 34 Töpferdörfern. So konnten nur Tendenzen aufgezeigt werden. Abschließende Aussagen bleiben einer Gesamtbearbeitung vorbehalten.

Auffallend ist die mehrmals auftretende Kongruenz von Dekorformen, Töpfertechnik und Geschlechtsspezifik.

Bei einer Analyse aller in der Landesaufnahme von Ebert und Vossen erwähnten ländlichen Töpfereien mittels der Merkmalsalyse und der Aufnahme von Verzierungsformen und Töpfertechniken müßten konkrete Aussagen über lokale Dekor- und Techniktraditionen[21] zu machen sein.

Merkmalsliste

1. Dekorelemente

1. Ohne Dekor
2. Großflächige Bemalung
3. Großflächige Bemalung in Kreuzform
4. Senkrechte Linie
5. Waagerechte Linie
6. Senkrechte Linie mit kurzen waagerechten Strichen
7. Zickzacklinie, waagerecht
8. Zickzacklinie, zwischen einer Parallele
9. »Haken«- Verzierung
10. »Laufender Hund«
11. Dreieck mit Schraffur zwischen 2 Parallelen bzw. in einer Parallele
12. Senkrechtes Wellenband zwischen zwei Parallelen
13. Waagerechtes Wellenband unter einer Parallele
14. Kurze u. breite Schrägstrichelungen
15. Senkrechte Linien zwischen 2 horizontalen Parallelen
16. »Girlanden«, horizontal
17. Waagerechtes Wellenband
18. Waagerechtes Wellenband zwischen einer Parallele
19. Schräg-Kreuz
20. Senkrechte Parallele
21. Schräge Punktlinien
22. Breite horizontale Linie
23. Gestrichelte Linie
24. Offenes doppeltes Zickzackband
25. Dreieck mit verlängerten Seiten
26. Raute
27. Dreieck - Rauten - Kombination
28. Dreieck mit Parallelen gefüllt
29. Tupfenverzierung
30. Kreisförmige Tupfenverzierung
31. Dreieckige Tupfenverzierung
32. Kurze senkrechte Linienbündel
33. Dreieck, schraffiert
34. Punktlinie, horizonatal

35. Punktlinie, vertikal
36. Schrägkreuz, unten u. oben schraffiert
37. Senkrechte Linie von senkrechten Kreisreihen eingerahmt
38. schräge Linie
39. schräge Tupfen
40. Doppelgirlande, hängend
41. Sternförmige Verzierung
42. Schrägkreuz, beide Seitenfelder schraffiert
43. Raute mit Schraffur
44. Ellipse oder mandelförmiges Motiv
45. Ellipsenhälfte mit Schraffur
46. Wellenlinie auf horizontaler Linie
47. Schlaufe
48. »Girlande« mit Schraffur
49. »Blüten«-Muster
50. Zickzackband, dreifach
51. Doppelhaken, rechts -links
52. Doppelhaken, links - rechts
53. »Ast«, vertikal
54. Rechteck mit rechtwinkliger Schraffur
55. Ellipse mit Annex, ausgefüllt
56. Wellenband mit Punkten, horizontal
57. »Blüten«-Muster, ausgefüllt
58. Punkte zwischen einer Parallele, horizontal
59. Kreiselemente, sich überschneidend
60. Kreiselemente, doppelt, sich überschneidend, ausgefüllte Zwickel
61. Leiterband
62. Parallele mit Schraffur, waagerecht
63. Parallele mit Schraffur, senkrecht
64. Asymmetrisches Schrägkreuz
65. Tupfen an senkrechter Linie
66. Parallele, horizontal, mit Doppelzickzacklinie
67. Parallele, vertikal, mit Doppelzickzacklinie
68. Raute mit Punkt in der Mitte
69. Ausgefülltes Dreieck
70. Mit Parallelen ausgefülltes Dreieck
71. Gitter mit Tupfen
72. Doppeltes Leiterband
73. Parallele mit Tupfen, senkrecht u. horizontal
74. Rautenkombination
75. Dreieck mit Schachtbrettmuster
76. Senkrechte Linie mit Tupfen
77. Vertikale Parallele mit Zickzacklinie u. Tupfendekor
78. Raute mit Tupfen, links und rechts
79. Zickzackmuster, horizontal, untere Seite ausgefüllt
80. Kreuz mit vier Punkten
81. Raute mit Schachbrettmuster
82. Doppelraute
83. Senkrechtes Rautenband
84. Quadrat oder Rechteck mit Diagonalen

Liste der Dekorelemente

51 52 53 54 55
56 57 58 59 60
61 62 63 64 65
66 67 68 69 70
71 72 73 74 75
76 77 78 79 80
81 82 83 84 85
86 87 88 89 90
91 92 93 94 95
96 97 98 99 100
101 102 103

85. Parallele mit Schrägstrichen gefüllt
86. Waagerechte Rautenbänder
87. Halbkreis
88. Halbkreis mit Fransenverzierung
89. Rechteck mit Fransenverzierung
90. Gestricheltes Kreuz
91. Schrägkreuz, invers
92. Schräge Linie mit kurzen parallelen Linienbündeln
93. Spiegelverkehrtes »S«
94. Dreifachlinie, dünn-dick-dünn
95. Fünfachlinie, dünn-dick-dünn-dick-dünn
96. Kreis
97. Gepunktete Linie
98. Punkt im Quadrat
99. Feldereinteilung durch Parallelen
100. Fransenverzierung
101. Schlaufe mit ovalen Endpunkten
102. Dekorfelder als rechteckiges Leiterbild
103. Kreuzverzierung

2. Gefäß- und Verzierungszonen

112. Verzierung auf der Randlippe
113. Verzierung im Bereich des oberen Henkelansatzes
114. Verzierung im Bereich des unteren Henkelansatzes
115. Verzierung am unteren Halsansatz
116. Verzierung Halsansatz, Abgrenzung zum Hals
117. Verzierung Halsansatz, Abgrenzung zum Körper
118. Verzierung Halsansatz, Mittelteil
119. Verzierung am Halsknick
120. Verzierung am gesamten Hals
121. Verzierung auf Gefäßschulter
122. Verzierung am gesamten Gefäßkörper
123. Verzierung am Gefäßkörper, Oberteil
124. Verzierung am Gefäßkörper, Mittelteil
125. Verzierung am Gefäßkörper, Unterteil
126. Verzierung am Fuß- bzw. Bodenbereich

3. Applikationen und Inzisionen

128. Applikationen
129. Fingertupfenleiste
130. Kerbleiste
131. Halsschleife
132. Ritzverzierung und Drehrillen
133. Stempelmuster

4. Farbgebung

134. Als Bemalung Flüssigkeit des Dro-Baumes
135. Holz- oder Baumteerbemalung
136. Weiße Bemalung
137. Braune bzw. manganbraune Bemalung
138. Rote Bemalung
139. Schwarze Bemalung, z.T. Mastixsaft
140. Rot-braune Bemalung
141. Schwarze und rote Bemalung
142. Schwarze und weiße Bemalung
143. Weiß engobiert u. schwarze Bemalung
144. Weiß engobiert u. schwarze u. rote Bemalung
145. Weiß engobiert u. rote u. braune Bemalung
146. Weiß engobiert u. rote Bemalung
147. Weiß engobiert
148. Rot engobiert u. weiße u. braune Bemalung
149. Zum Teil glasierte Ware

5. Geschlechtsgruppen

150. Frauentöpferei
151. Männertöpferei

6. Brennstellentypen

152. Kuppelofen mit Lochtenne
153. Brotofen
154. Brennmulde
155. Brenngrube
156. Brennmulde mit Steinwall
157. Schachtofen mit Lochtenne
158. Schachtofen mit Mittelpfeiler
159. Schachtofen mit Lochtenne und Mittelpfeiler
160. Steinkiste
161. Schachtofen ohne Lochtenne und Mittelpfeiler bzw. nur Schachtofen

7. Töpfertechnik

162. Töpferscheibe
163. Keine Töpferscheibe
164. Drehschüsseln, Drehplatten
165. Zentrierte Drehtische (Handdrehscheibe)
166. Fußschubscheibe: Rudimentäre Spindelscheibe, Mahlsteinspindelscheibe, Fußschub- oder Spindelscheibe.
167. Benutzung eines Models
168. Formplatten oder Formschüsseln (Brett, umgedrehte Schüssel, Tonscheiben)

Anmerkungen

1. zur Klassifikationsproblematik: P. Caselitz/R.B. Michl, Zur formalen Klassifikation von Gefäßen. ZfA Z Archäol. 22, 1988, 37f. u. R- Vossen, Klassifikationsprobleme und Klassifikationssysteme in der amerikanischen Archäologie. APA 1, 1970:29u.33.
2. s.P. Ihm, Seriation mittels des Goldmann-Verfahrens. Naturwissenschaftl. Beitr. zur Archäologie, 1980:7.
3. ebenda, 108 u. ders., Korrespondenzanalyse und Seriation. Archäologische Informationen 6, 1983:8. über das Problem der »Diagonalisierung«: H. Roth, C. Theune; SW Frauen I-V. Zur Chronologie merowingerzeitlicher Frauengräber in Südwestdeutschland. Archäologische Informationen aus Baden-Württemberg 6, 1988 :36.
4. R. Legoux, Le Recours A L'informatique: La Chronologie Relative par Permutation Matricielle Automatique. In: P. Périn, La Datation des Tombres Mérovingiennes. Historique - Méthodes - Applications (1980):139. Dieses Verfahren wurde vom Verfasser zur Analyse einer merowingerzeitlichen Nekropole benutzt. Thema der Magisterarbeit: Horizontalstrategraphische und kombinationsstatistische Untersuchungen am fränkischen Gräberfeld von Köln-Junkersdorf, Hamburg 1989.
5. R. Vossen, W. Ebert; Markokkanische Töpferei. Töpferorte und -zentren. Eine Landesaufnahme (1980).
6. B. Hakenjos et al., Marokkanische Keramik (1988).
7. C. Ebert in B. Hakenjos (1988):231.
8. ebenda, 231.
9. ebenda, 231.
10. C.Ebert konstatiert jedoch die Verbreitung dieses Typs »fast im ganzen Land«: C. Ebert in B. Hakenjos (1988):231.
11. zur Gewinnung des Matixsaftes: C. Ebert in B. Hakenjos (1988):212.
12. C. Ebert in B. Hakenjos (1988):201
13. Halsscheiben treten besonders häufig in Beni Amar auf: C. Ebert in B. Hakenjos (1988):201 u. 229
14. für die Provinz Taounate stellt C. Ebert eine großflächige und starkfarbige Bemalung fest: C.Ebert in B. Hakenjos (1988):210f.
15. In Idardouchene treten besonders parallele Linien als Dekorzonenteilung auf: C. Ebert in B. Hakenjos (1988):207.
16. C. Ebert in B. Hakenjos (1988):214.
17. Charakteristisch für die Sless sind nach C. Ebert kleine schwarzbraune und rote Rauten: C. Ebert in B. Hakenjos (1988):217.
18. Vorherrschendes dekoratives Merkmal ist nach C. Ebert die Diagonale: s. C. Ebert in B. Hakenjos (1988):216.
19. C. Ebert in B. Hakenjos (1988):201: Einen feinlinigen Dekorstil auf hellem Frund in flächendeckender Ausschmückung gilt nach C. Ebert für das nordwestliche Rifgebiet als typisch.

20. C. Ebert in B. Hakenjos (1988):194 u. 238.
21. gegenteiliger Meinung ist C. Ebert: s. C. Ebert in B. Hakenjos (1988):198. S. auch R. Vossen, Probleme der Keramikklassifikation: Analyse von Material und Techniken. Archäologie Bd. 2, 1971, 109. Einen typographischen Zusammenhang in Zeit und Raum - dokumentiert durch die Keramik - sieht D. Gruner, Die Berber-Keramik (1973):170.

Abb. 3 Mädchen mit einem Wasserkrug von Ain Koub, Prov. Chechaouen: Trageweise mit Strick auf dem Rücken; Foto R. Vossen, 1980

Keramik in Funktion

Gebrauchskeramik und Dekorkeramik

In der traditionellen Töpferei gibt es nahezu keine Keramik, die nicht einem speziellen Gebrauchszweck zugeordnet wäre. Wir sprechen deshalb auch von **Gebrauchskeramik**. Bis in die 60er und 70er Jahre gab es jedoch in der Kunstgeschichte, der europäischen Volkskunde, der allgemeinen Völkerkunde und in Sammlerkreisen kaum Interesse an dieser wenig spektakulären Irdenware. So zeigt auch die Geschichte der einschlägigen Museumssammlungen in der Anfangszeit und in den Folgejahren eine eindeutige, aber auch einseitige Bevorzugung der ins Auge fallenden, reich verzierten **Dekorkeramik** (vgl. Stieber 1973, Bauer 1983/84, Kerkhoff-Hader 1985).

Im deutschsprachigen Raum ist das wissenschaftliche Interesse an der schlichten Gebrauchskeramik und ihrer funktionalen, wirtschaftlichen und sozialen Verflechtungen vor allem Paul Stieber (+), Ingolf Bauer und dem wachsenden Teilnehmerkreis des »Internationalen Hafnerei-symposiums« zu verdanken, das Paul Stieber 1968 auf seiner Hütte in St. Justina/Osttirol ins Leben gerufen hatte (vgl. Bauer/Kriss-Rettenbeck 1976). Im völkerkundlichen Bereich habe ich selbst 1972 mit der Ausstellung *»Töpferei in Spanien - Ende einer Tradition?«* versucht, der spanischen Gebrauchskeramik größere Beachtung zu verschaffen (vgl. Vossen 1972). Dem Sammel- und Forschungsinteresse meines engen Mitarbeiters Wilhelm Ebert (+) und seiner Ausstellung im Hetjens-Museum *»Keramik aus dem Mittelmeerraum - Gebrauchsgut, Bauerntöpferei, Volkskunst«* (1976) ist es schließlich zu verdanken, daß vor allem der Betrachtung der proportional ausgewogenen Formen der notwendige Stellenwert in der Kunstpädagogik und der Kunstgeschichte mehr und mehr eingeräumt wird (vgl. Ebert 1976).

Wenn wir die Bedeutung der Keramik im täglichen Leben Marokkos betrachten, so wird schnell deutlich, daß gerade die unglasierte Gebrauchskeramik in ländlichen Gebieten eine ungleich wichtigere Rolle spielt, als z.B. die (früher) zinnglasierte, farbige Dekorationskeramik aus Fès oder Safi. Schon aus Kostengründen war die Dekorationskeramik für die Bauern auf dem Lande unerschwinglich. Allenfalls in wohlhabenderen Familien findet man heute z.B. einen großen bemalten Couscous-Teller aus Safi bei festlichen Gelegenheiten oder bei der

Einladung wichtiger Gäste. In diesem Fall kommt dieser Keramik eine **Repräsentations- und Dekorfunktion** zu. Sie ist deshalb vor allem in reicheren Kreisen der marokkanischen Städte verbreitet. Die unverzierte, schlichte Irdenware findet dort dagegen weitgehend nur in der Küche Verwendung. Die ländliche Gebrauchskeramik selbst wird in Marokko noch gering bewertet, wenn nicht verachtet, zumal sie nur sehr wenig kostet.

Form und Funktion

Die Grundformen der traditionellen Keramik sind in erster Linie ihrem primären Gebrauchszweck angepaßt. **Form und Funktion bedingen einander.** Allerdings gibt es neben dem Hauptverwendungszweck eines Gefäßes noch eine Vielzahl anderer Verwendungsmöglichkeiten, vor allem, wenn die Gefäße ausgedient haben bzw. beschädigt sind (vgl. dazu K. Vossen 1989/90). Ähnlich wie in Spanien (Vossen 1972b:10 ff.) lassen sich in Marokko die folgenden **Grundfunktionen** und damit verbundene **Keramik-Verwendungszwecke** unterscheiden, die zur **Erfüllung primärer und sekundärer Grundbedürfnisse des täglichen Lebens** dienen:

* **Wassertransport**
* **Vorratshaltung von Wasser, Öl, Oliven, Getreide, Erbsen, Datteln und anderen Vorräten**
* **Nahrungsgewinnung und Zubereitung**
* **Hitzeerzeugung, Backen und Kochen**
* **Essen und Nahrungstranport**
* **Trinken und Getränketransport (s. Wassertransport)**
* **Körperpflege und Reinigung**
* **Beleuchtung**
* **Zeremonie und Kult**
* **Musik**
* **Dekoration und Repräsentation**.

Hinzu kommen besondere Keramikformen, z.B. Tonbehälter für die **Bienenhaltung**, Räuchergefäße des **Imkers**, Fellbearbeitungsgeräte des **Gerbers**, **Butterkrüge** oder **Butterfässer**, **Tontrommeln** usw., die üblicherweise unter der Bezeichnung »**Sonderformen**« laufen, in der Regel jedoch für einen ganz speziellen Verwendungszweck hergestellt wurden (vgl. Bauer, Endres u.a. 1986:35 f.).

Drei Form- und Funktionskomplexe gehören von der Produktionsmengen her gesehen zu den wichtigsten der ländlichen marrokanischen Töpfereien:

1. Wassertransport
2. Vorratshaltung
3. Erhitzen, Backen und Kochen.

Wassertransport

Wasser ist die wichtigste Lebensbasis, vor allem in trockenen Klimazonen, wo der Wassermangel noch empfindlicher spürbar wird als bei uns. Obwohl Marokko, abgesehen von den östlichen und südlichen Landesteilen, nicht zu den trockensten Gebieten unserer Erde zählt, haben die Abholzung seit der Römerzeit, Ziegenfraß, Erosionserscheinungen, Versalzung, Verkarstung und extensive künstliche Bewässerungsmaßnahmen in vielen Gegenden zum Versiegen lokaler Wasserquellen und Brunnen geführt (vgl. K. Vossen 1983:79 ff.). Die Folge ist: Auf dem Lande, wo in der Regel noch keine Wasserleitungen existieren, werden die Wege zu den noch fließenden Quellen oder Brunnen immer länger. Wichtigste traditionelle Transportmittel von Wasser waren bis vor kurzem **Wasserkrüge aus Ton oder Kupfer**, bevor Plastik- und Gummigefäße sie zu verdrängen begannen (s. Kapitel »Verdrängungsprozesse...«).

Wasserkrüge lassen sich in der Regel an ihrer bauchigen Grundform verbunden mit einem engen, flaschenförmigen Hals erkennen. Soweit, so gut. Man könnte annehmen, daß sich eine »ideale« Wasserkrugform, die einen leichten, sicheren Transport ohne Wasserverluste ermöglicht und außerdem noch gute Gieß- und Kühleigenschaften besitzt, überall durchgesetzt hätte. Weit gefehlt. Ein Blick auf die **Typen- und Verbreitungskarte der Wasserkrüge in Marokko** zeigt im gleichen Zeithorizont von 1980 bis 1987 die große Variationsbreite unterschiedlicher Wasserkrugformen in Marokko. **Es gibt rundbodige, flachbodige, dickbauchige, schlanke, kugel- und flaschenförmige, einhenklige, zweihenklige und henkellose Wasserkrüge.** Zu den die »ideale Wasserkrugform bestimmenden Faktoren müssen also noch einige Faktoren gehören, die wir bisher nur andeutungsweise kennen.

Da die meisten der dekorierten Wasserkrugformen nur eine geringe lokale Verbreitung haben und sich ihre Verbreitung nach bisherigen

Beobachtungen zudem weitgehend mit den ehemaligen Stammesgrenzen deckt, können wir davon ausgehen, daß **unter traditionellen Bedingungen das Zusammengehörigkeits- oder Wir-Gefühl einer Gruppe mit dem lokalen Verbreitungsgebiet einer bestimmten Wasserkrugform weitgehend deckungsgleich ist. Nur in den Gebieten, wo traditionelle Stammesstrukturen nicht mehr bestimmend sind, konnten sich in der Regel rein funktionale, schmucklose Wasserkrugtypen durchsetzen. Diese haben häufig eine weite, überregionale Verbreitung.** Sie werden in großen, überregionalen Zentren hergestellt, die sich auf wenige Form- und Funktionstypen spezialisiert haben. **In den kleinen Töpferorten dagegen werden in der Regel lokal typische Wasserkrugformen hergestellt, mit denen sich die lokalen Anwohner identifizieren können, und die sie gegenüber Formen aus Nachbartöpferorten bevorzugen.**

Diese für den ethnoarchäologischen Vergleich wesentlichen Erkenntnisse finden auch bei Heranziehung des spanischen Vergleichsmaterials ihre Bestätigung. Dort lassen sich zwar keine eindeutigen Stammesgrenzen mehr feststellen, doch gibt es hier typische Wasserkrugformen, die sich eindeutig einem bestimmten lokalen Herstellungszentrum und verbreitungsmäßig einer bestimmten Region zuordnen lassen: **Das lokale Verbreitungsgebiet der Wasserkrüge kleiner Töpferdörfer in Spanien entspricht weitgehend der Verbreitung des Zugehörigkeitsgefühls oder des Lokalstolzes eines bestimmten Dorfes (»mi pueblo«).**

Bei Betrachtung der Verbreitungskarte der Wasserkrugtypen in Marokko kann man neben der Vielzahl der Formen dennoch bestimmte Großregionen unterscheiden, in denen der Grundtypus des Wasserkruges sehr ähnlich ist und sich nur in bestimmten formalen und dekorativen Nuancen von benachbarten Wasserkrugtypen unterscheidet. Es handelt sich um die Großregionen

I. der rundbodigen einhenkligen Wasserkrüge des Südens,

II. der flachbodigen ein- oder zweihenkligen schlanken Wasserkrüge oder -flaschen des atlantischen Küstengebietes und seines Hinterlandes,

III. der flachbodigen, dickbauchigen, zweihenkligen Wasserkrüge des Frauentöpfereigebietes im Norden Marokkos,

IV. der gedrehten, rundbodig gehobelten und ausgebeulten Wasserkrüge des nordöstlichen Rif-Gebietes sowie von Gueddara und Tafza/Ourika.

Diese Großregionen entsprechen weitgehend den Großregionen der unterschiedlichen »**technologischen Dialekte**« (vgl. die Verbreitungskarte der Frauen- und Männertöpfereien in Marokko, s. S. 62).

Wie lassen sich diese Übereinstimmungen erklären? Innerhalb dieser Großregionen haben sich offensichtlich in den Kontaktzonen der Bevölkerung l**okale Anpassungsprozesse** vollzogen, die sich in einer Ähnlichkeit benachbarter Wasserkrugtypen widerspiegeln. Selbst die **Kupferwasserkrüge** des Anti-Atlas **(1)** (s. Verbreitungskarte) entsprechen

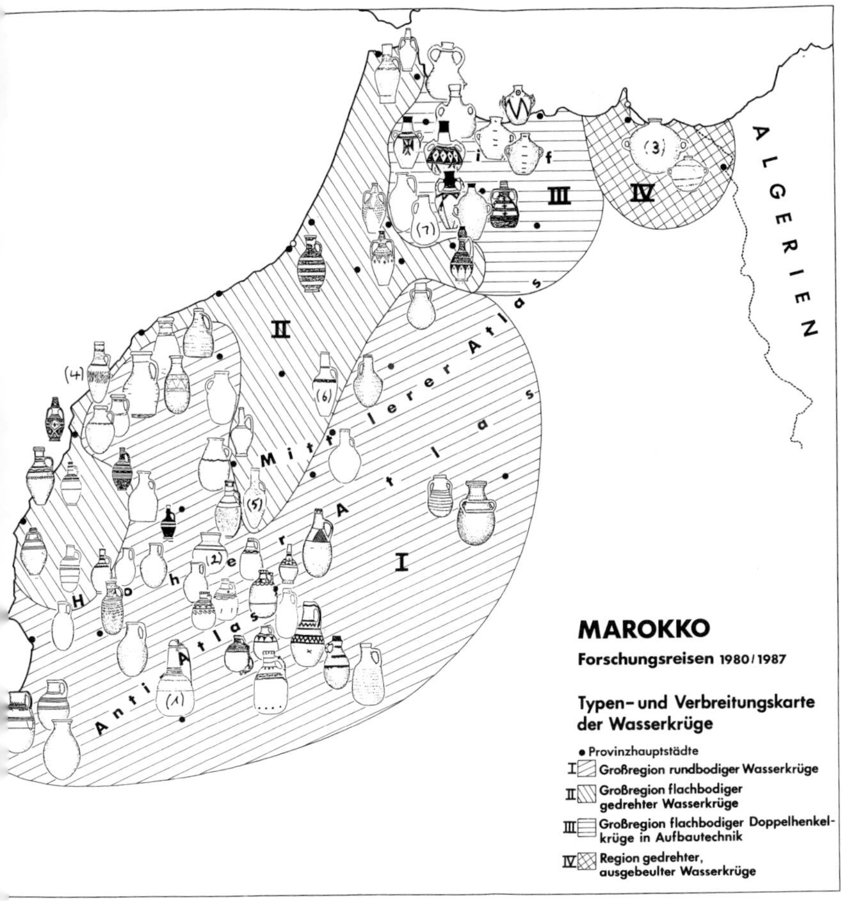

Abb. 1

formal den Keramiktypen der Nachbarschaft. Wasserkrugtypen, die nicht in dieses Bild zu passen scheinen, wirken wie **Fremdkörper** und sind es meistens tatsächlich auch wie die kugelförmigen Wasserkrüge von Tafza **(2)** im Ourikatal (Hoher Atlas), die linsenförmigen Wasserkrüge der Beni Sidal im östlichen Rif **(3)**, die annähernd spitzbodigen Wasserkrugtypen von Machat **(4)**, Boughrart/Demnat **(5)** und Boujad **(6)** oder die tropfenförmigen Wasserkrüge von Gueddara **(7)**. In solchen Fällen bieten die aus der Lokalgeschichte ablesbare Zuwanderung von Töpfern und unterschiedliche Herstellungstechniken Anhaltspunkte für eine Erklärung dieser lokalen Abweichungen.

Die Wasserkrugformen sind meistens auch der lokalen **Trage- oder Transportweise** angepaßt oder umgekehrt die Trageweise der Wasserkrugform. Schlanke Wasserkrüge wie die von Machat werden auf der Schulter getragen, bauchige mit niedrig liegendem Schwerpunkt auf dem Kopf oder auf dem Rücken. Im Rif-Gebiet und im Anti-Atlas nehmen die Frauen zur Verteilung des Gewichtes einen Strick zur Hilfe,

Abb. 2 Frau in Souirat trägt Wasserkrug aus Machat auf der Schulter; Foto K. Vossen, 1980

der über der Brust zusammengehalten oder über die Schulter nach vorn gezogen wird. Im Rif wird die schwere Last zur Entlastung des Rückrats außerdem über einen breiten Stützgürtel auf das Gesäß abgeleitet. Das Seil verläuft dabei unterhalb des Bauchumbruchs, geht durch einen Henkel und wird zur Sicherung der Last außerdem um den Hals des Kruges geschlungen (vg. Abb. S. 348).

Die Lasten, die junge Frauen und unverheiratete Mädchen dabei tragen müssen, sind beträchtlich. Der ca. 50-60 cm hohe Wasserkrug selbst hat etwa 4-7 kg Eigengewicht. Er faßt dabei ca. 16 - 18 Liter Wasser, so daß das Gesamtgewicht bis zu 25 kg beträgt. Nach Untersuchungen von Dorothee Gruner leiden die jungen Frauen häufig an schweren degenerativen Veränderungen der Wirbelsäure. Wir können deshalb die Beobachtung von D. Gruner nur bestätigen,

»...daß der Wasserkrug gern gegen leichtere Industrieprodukte ausgetauscht wurde: Keine Frau hätte das Angebot, ihre Arbeits- und Lebensbedingungen zu erleichtern, für sich abgelehnt.«

(Gruner 1973:122)

Es bedeutet bereits eine wesentliche Erleichterung, wenn für den Wassertransport ein Esel oder Maultier zur Verfügung steht. In einem solchen Fall ist es auch nicht unter der Würde älterer Knaben und unverheirateter junger Männer, mit den Lasttieren Wasser zu holen. Zur Aufnahme der Wasserkrüge dienen dabei Lasttaschen, spezielle Gestelle, oder sie werden mit an Stricken mit den Henkeln am Lastsattel befestigt. Wichtig ist dabei stets, daß die Wasserlast gleich-gewichtig zu beiden Teilen des Sattels verteilt wird.

Vorratshaltung

Eine Verbreitungskarte der Vorratsgefäß-Typen in Marokko existiert bisher noch nicht. Nach bisherigen Erkenntnissen würde sich tendenziell eine ähnliches Bild ergeben wie im Fall der Wasserkrüge: rundbodige, häufig mit Zierleisten versehene Vorratsgefäße im Süden, flachbodige zylindrisch-schlanke Formen in der atlantischen Küstenregion bis in die Umgebung von Marrakech (Tameslought), gedrungene flachbodige Formen vom spanischen *orza*-Typ in der Region von Tetouan, Ksar el Kbir und im westlichen Rif, flachbodige bauchige Formen im zentralen und östlichen Frauentöpfereigebiet des Rif.

Vorratsgefäße haben die größte »Lebensdauer« aller Keramik-

formen, da sie in der Regel standortgebunden sind. Wahrscheinlich werden sie auch in der traditionellen Töpferei noch überleben, wenn die Wasserkrüge längst durch die leichteren Plastik- und Gummigefäße ersetzt worden sind. Denn zumindest für die Aufbewahrung von Wasser gibt es bisher keine bessere Alternative als die wasserdurchlässigen und deshalb Verdunstungskälte erzeugenden Vorratsbehälter aus Ton.

Als ein typisch berberisch-marokkanisches **Vorrats- und Kochgefäß** ist das *tikint* anzusehen, ein rundbodiges, nahezu kugelförmiges Gefäß mit Ausgußschnautze und einem perfekt passenden Knaufdeckel, der beim Aufbauprozeß aus der anfangs geschlossenen Kugel herausgeschnitten und mit etwas Asche versehen wieder eingesetzt wird. Deckel und Topf sind dabei häufig mit Ösen versehen, so daß Vorräte in diesem Gefäß optimal gegen das Eindringen von Schädlingen geschützt werden können. Dieser Gefäßtyp ist nur im Süden, im Hohen Atlas, im Anti-Atlas und in den Oasengebieten verbreitet. Im Norden verhindert man das Eindringen von Schädlingen dadurch, indem man die Öffnung des Vorratsgefäßes mit einer Tonkappe verschmiert.

Erhitzen, Backen und Kochen

Eine marokkanische Besonderheit ist die große Variationsbreite der tragbaren H**erdstellen** oder **Holzkohlebecken**, die in ganz Nordafrika *kanoun*, in Marokko auch *mejmar* genannt werden. Bei der Vorstellung

Abb. 3 Sauermilch- und Vorratsgefäße (tikint) mit aufgeschnittenen Deckeln, Souk el Had Mzouda, Prov. Marrakech; Foto R. Vossen 1980

der Produktionspalette der ausgewählten Frauentöpferorte (s. oben) wurden bereits einige Typen aufgeführt.

Auf den Abbildungen S. 358/58 ist ein Querschnitt der wichtigsten Formen von Norden nach Süden (von oben nach unten) zusammengestellt. Die Variationsbreite reicht dabei von schüsselförmigen einfachen Becken mit drei Topfstützen über Kohlebecken mit Fuß und Aschefach bis zu Gebilden auf einem ca. 1 m hohen Ständer. Kohlebecken sind aus dem täglichen Leben in Marokko nicht wegzudenken. Das Teewasser erhitzt man darauf ebenso wie Schmorgefäße (*touajin*, sg. *tajine,* s. unten) oder Kochtöpfe. Im Winter dienen sie auch als Wärmequelle.

Rustikale einfache Kohlebecken werden gelegentlich von Frauen handmodelliert und ungebrannt angeboten, da sie sich im Gebrauch mit der Beckenglut selbst härten können.

Als eine Variante der Kohlebecken sind längliche Kohlebecken mit Einkerbungen am Rand anzusehen, die zum Auflegen von Fleischspießchen (*brochettes*) dienen. Wahrscheinlich handelt es sich dabei um eine von den Franzosen eingeführte Form.

Da Karla Vossen in diesem Band bereits auf das **Backen** mit Hilfe von Backplatten, tragbaren und standortfesten Backöfen eingegangen ist, kann ich an dieser Stelle auf dieses Kapitel verweisen. Hier möchte ich noch kurz auf die verschiedenen **Koch- und Schmorgefäßtypen** eingehen, bevor wir einige marokkanische Rezepte mit Anregungen zur Nachahmung vorstellen.

Das für Marokko typische Schmorgefäß besteht aus einer flachen, profilierten henkellosen Tonpfanne (*tajine*, pl. *touajin*) mit einem kegelhutförmigen Knaufdeckel (*maqatta*). Die Pfanne und die Außenseite des Deckels sind mit einer transparenten glänzenden Bleiglasur überzogen. Der Deckel enthält gelegentlich noch ein kleines Abzugslochloch für den überschüssigen Wasserdampf (vgl. die Skizze aus E. Rackow 1958). Nach ihrem damals vorherrschenden Herstellungszentrum Salé wurde dieser *tajine*-Typ früher *tajine-slaoui* genannt. Da sich das Töpferzentrum von Salé heute jedoch fast vollkommen auf städtische Dekorkeramik umgestellt hat, nennt man diese *tajin*e-Form jetzt nach ihrem derzeitigen Haupt-Herstellungszentrum Rabat ***- tajine rbati***. Neben den einfachen glasierten Formen werden dort auch Luxusausführungen mit einem Kerbschnitt verzierten Deckel angeboten. Weitere Herstellungszentren im Süden sind Tibergnit im Anti-Atlas (vgl. Vossen/Ebert 1986:406 f.), El Hamri/Mzouda und einige Bleiglasur-Zentren im Mittleren Atlas.

Kohlebecken
aus dem nördlichen Marokko

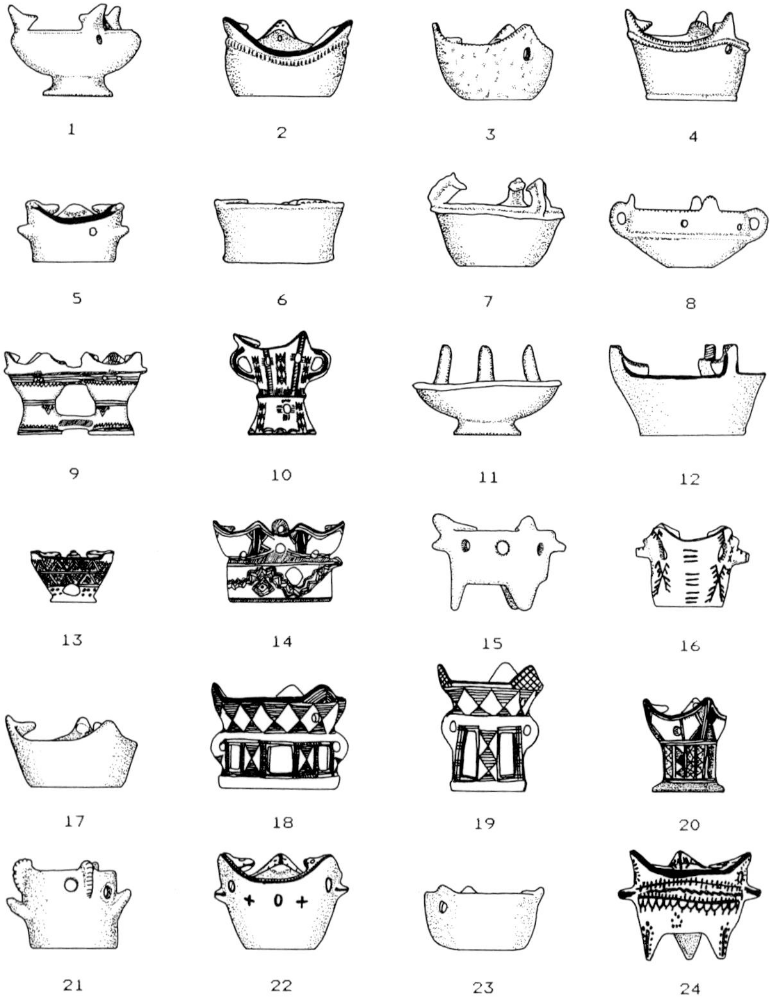

1) Ifrane Ali/Tetouan; 2) Sahra/Tetouan; 3) und 4) Beni Kissane/Tanger; 5) Beni Acem/Kenitra; 6) Bou Hazitat/Kenitra; 7) Iferiouene/Chechaouen; 8) und 9) Gharan/Beni Derkoul; 10) Ain Bouchrik; 11) Tirzha/Al Hoceima; 12) Guezira/Sidi Kacem; 13) Butangasaufsatz, Slit; 14) Beni Amar/Tsoul; 15) Ain Beda/Fès; 16) Bhalil-Aghazdiss/Fès; 17) Saka/Taza; 18) und 19) Zadra/Taza; 20) Beni Amar/Tsoul; 21) Khenadek/Zerhoun, Prov. Meknès; 22) Ain Bziz/Zerhoun; 23) Alouana/ Oujda; 24) Bab Tamra, Prov. Taounate

Kohlebecken
aus Zentral- und Süd-Marokko

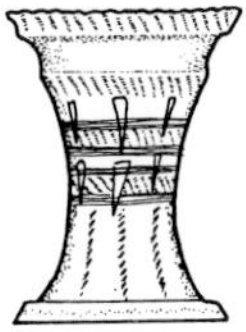

25

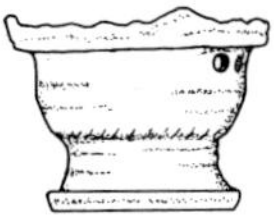

26

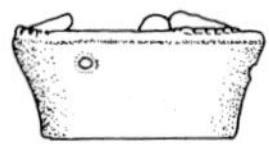

27

28

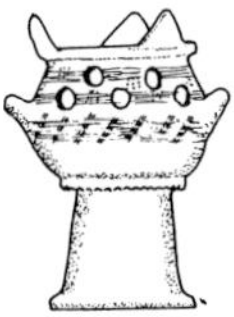

29

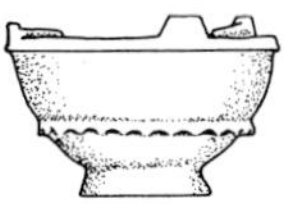

30

31

32

33

34

35

36

37

38

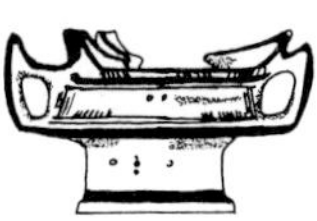

39

40

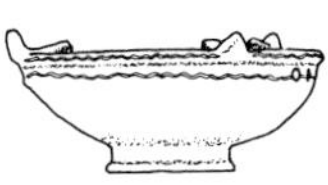

41

42

43

44

25) L'Agagcha, Prov. El Jadida; 26) Beni Slim/El Jadida; 27) Moulay Brahim/Marrakech; 28) Tassougt/Ouirgane; 29) Taourirt-n-Ouzgrouz; 30) Arazane/Taroudant; 31) Ait Mar/Tahala, Tiznit; 32) Ait Ammar/Essaouira; 33) Baygdad/Essaouira; 34) Afa-ou-Zour, Prov. Tiznit; 35) und 36) Id Rais/Tiznit; 37) und 38) Ait Slimane, Prov. Tiznit; 39) Ait Baa Amrane, Prov. Tiznit; 40) Aghgoumi/Ouarzazate; 41) Aguerd n'Oulili/Ouarzazate; 42) Amazraou/Zagora; 43) Tatelt/Tafraout, Prov. Taroudant; 44) Tifrit/Sargho, Ouarzazate

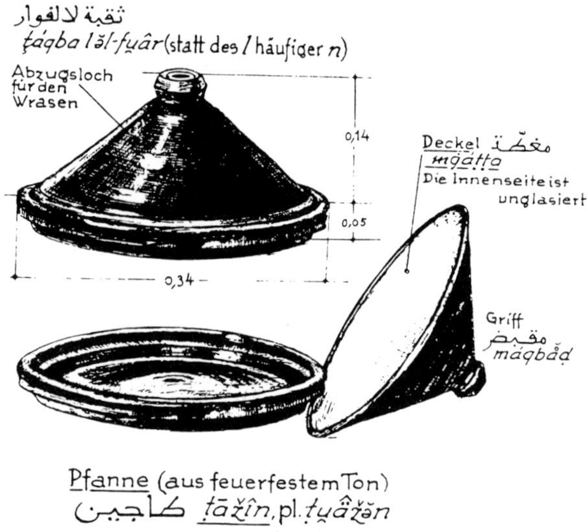

Skizze aus:
E. Rackow, 1958

Auf dem Lande überwiegen dagegen **unglasierte** tiefere *tajin*e-Formen lokaler Produktion, die häufig mit einem gewölbten Deckel versehen werden wie in Afaouzour im Anti-Atlas oder Ifrane Ali im Rif. Die oben beschriebene kegelhutartige Deckelform wird auch unglasiert getöpfert wie in Regraga/Amizmiz oder rot bemalt wie in Agounsane im Ourika-Tal. Die tieferen Formen erinnern teilweise an spanische *cazuela*-Typen bzw. an die französische Kasserole.

Das tönerne Kochgeschirr *tajine* hat dem darin zubereiteten marokkanischen Nationalgericht *tajine* seinen Namen gegeben.

Der englische Koch und Restaurant-Besitzer Robert Carrier, der eine lesenswerte Kulturgeschichte der marokkanischen Küche geschrieben hat, bemerkt dazu treffend:

»Wenn ein Preis ausgesetzt würde für das beste Kochgeschirr der Welt..., dann verdiente das jahrhundertealte marokkanische Tajine eine ganz besondere Auszeichnung.« (Carrier 1988:167)

Carrier fügt aus eigener Beobachtung und Erfahrung hinzu, daß sich darin sehr gut Brot backen, frisch halten und sogar Eis aufbewahren lasse. Neben der Bereitung der unten näher vorgestellten tajine-Rezepte können die Gerichte darin auch serviert werden. Es handelt sich also um ein Vielzweckgeschirr, das praktisch und zugleich auch optisch reizvoll ist.

Abb. 5 Souk Tleta Amizmiz: Tajines und Kohlebecken aus Regraga in der Garküchengasse; Foto R. Vossen, 1987

Neben den *tajine*-Formen sind überall hohe halbkugelförmige, meistens gehenkelte **Kochtöpfe** (*gdour, sg.guedra, gdra, berma, burma*) verbreitet. Lokal gesehen gibt es dafür sehr unterschiedliche Dialekt-Bezeichnungen (vgl. Vossen/Ebert 1986, Glossar, S. 524). Zu den Kochtöpfen werden meistens auch tiefe **Siebeinsätze** (*keskes*) angeboten, in denen auf gleicher Flamme mit dem Wasserdampf des Topfes Hartweizen oder Gries für **Couscous** (*kesksou*) gedünstet wird.

Weitere Keramikformen wurden mit ihrer hauptsächlichen Funktion bereits oben im Rahmen unserer Fallbeispiele der Männer- und Frauentöpfereien vorgestellt, so daß ich hier auf weitere Einzelheiten verzichten möchte. Denn die Leser wird vermutlich jetzt mehr interessieren, auf welche Art in den *tajine*-Formen und Kochtöpfen gekocht wird.

Marokkanische Rezepte

Ein Mitglied unserer Marokko-Arbeitsgruppe, Paul Falkowski, hatte es freundlicherweise übernommen, auf der Basis des lange vergriffenen Buches »*Fès vu par sa cuisine*« von Z. Guinaudeau und aufgrund eigener Koch-Erfahrungen eine Reihe bewährter *tajine*-Rezepte zusammenzustellen. Er schreibt dazu, mit kleinen Ergänzungen von meiner Seite, folgendes:

»Die marokkanische Küche in ihrer Vielfalt der Zutaten, der Gewürze und der aufregend fremden Düfte kennenzulernen, würde bedeuten, längere Zeit durch Marokko zu reisen, um die regionalen Eigenheiten zu entdecken.

Damit Sie sich einen Eindruck dieser Vielfalt verschaffen können, haben wir für Sie ***10 Tajine-Rezepte*** *ausgesucht. Tajine aus dem Grunde, weil sie den Hauptbestandteil der marokkanischen Küche bildet. Das Vor-Kochen der Speisen wird in Marokko normalerweise in einem tiefen Kupfertopf vorgenommen. Man kann dazu aber auch, wenn mehr Zeit zur Verfügung steht, bereits das Tajine-Gefäß benutzen und vor allem das Fleisch und Hülsenfrüchte oder Kartoffeln auf kleiner Glut vorkochen. Gerade das langsame Garen bewirkt, daß die Vitamine und sonstigen Nährstoffe erhalten bleiben und der Wasserdampf, der sich auf der Deckelinnenseite niederschlägt, alle Gerichte sehr saftig werden läßt. Sind Fleisch und Gemüse fast gar, werden sie ggfs. aus dem Topf geholt und auf der tajine-Platte angerichtet. Dann erhalten die Speisen letzte feine Zutaten und werden zum vollständigen Garen noch einmal (mit Deckel) auf mäßige Kohlenglut gesetzt.*

__Die Rezepte sind jeweils für 4 Personen berechnet__. Die Zubereitungszeit auf dem Holzkohlebecken kann 2-3 Stunden dauern (je nach Erfahrung). Wird ein __neues Tajine-Gefäß__ verwendet, muß es vor der ersten Benutzung »eingekocht« oder mit etwas Milch sorgfältig ausgeschwenkt werden. Zum »Einkochen« wird es mit würzigem Inhalt in einen mäßig vorgeheizten Backofen gestellt. Dadurch verliert es den typischen Tongeruch einer neuen tajine. Steht kein Holzkohlebecken zur Verfügung, kann für das Garen auch der Gasherd __bei kleiner Flamme__ oder eine Elektroplatte benutzt werden. Dabei ist es allerdings ratsam, eine hitzebeständige Auflage auf die Flamme bzw. die Elektroplatte zu setzen, um die Hitze besser zu verteilen. Die Verwendung des Backofens ist nur empfehlenswert, wenn man die tajine wie einen Römertopf einsetzen möchte. Doch dabei ist zu bedenken, daß sich der Wasserdampf nur dann so optimal niederschlägt, wenn die Hitze von unten kommt.

Abschließend sei noch gesagt, daß das Tajine-Kochen nur wenige feste Regeln kennt. Zuerst wird das Fleisch gegart, dann nach und nach die immer weniger festen Gemüsesorten. Geben Sie feine Zutaten wie Honig, Orangenwasser oder Nüsse erst kurz vor dem Servieren hinzu. Alles andere bleibt Ihrem Geschmack und Ihrer Phantasie überlassen.«

1. Lamm-tajine mit Backpflaumen oder Datteln

Zutaten: 800 gr. Hammel oder Lamm (in Stücke geschnitten); 800 gr. Backpflaumen/Datteln (gewaschen); reichlich Olivenöl oder Butter oder auch beides; Ingwer nach Geschmack; 1 Teelöffel Pfeffer; Salz; Safran-Fäden; 3 Zwiebeln; Koriander.

Zubereitung: In den Topf werden Öl/Butter, eine Zwiebel (in Stücken), Safran, Salz, Ingwer und das Fleisch gegeben und mit Wasser bedeckt. Ist das Fleisch halbgar, werden 2 kleingehackte Zwiebeln hinzu gegeben. Eine halbe Stunde vor dem Servieren geben Sie die Pflaumen/Datteln dazu. Achten Sie darauf, daß die Früchte nicht zerfallen. Sollte es jedoch länger dauern, nehmen Sie das Fleisch heraus und lassen die Sauce einkochen. Als Variante bietet sich an, die Früchte in der Pfanne in reichlich Butter leicht karamelisieren zu lassen und dann hinzuzufügen.

2. Geflügel-Tajine mit Backpflaumen und Mandeln

Zutaten: 1/2 Tasse Speiseöl; 1 Poularde oder entprechende Menge Pute oder Taube; Pfeffer, Salz, Safran, Ingwer; 2 Knoblauchzehen; 3 große Zwiebeln; 400 gr. entsteinte Backpflaumen; 200 gr. Mandeln 500 gr. Dörrobst oder frische Äpfel, Birnen, Aprikosen etc. 2 - 3 Tassen Wasser

Zubereitung: Das Speiseöl und 1 Tasse Wasser werden in die *tajine* gefüllt, die Zwiebeln zu Ringen geschnitten, gemeinsam mit den klein gehackten Knoblauchzehen hinzu getan und auf kleiner Glut angeschmort. Das mit den Gewürzen zuvor eingeriebene Geflügel bettet man auf die Zwiebeln zum weiteren Schmoren. Inzwischen werden die Mandeln in heißem Wasser enthäutet und in einer Pfanne mit etwas Butter geröstet, das Obst, soweit erforderlich, gesäubert. Nun gibt man das Obst auf das angeschmorte Fleisch und fügt je nach Saftigkeit des Obstes 1 bis 2 Tassen Wasser hinzu. In der letzten halben Stunde werden die Backpflaumen über dem Geflügel verteilt und zuletzt die gerösteten Mandeln hinzu gegeben. .

3. Hammel-Tajine mit Backpflaumen und Honig

Zutaten: 8000 gr. Hammel oder Lamm (in Stücken), 1/2 kg Pflaumen; etwas Olivenöl, 1 Stück Ingwer; Safran-Fäden; 1 ganze Zwiebel; Pfeffer, Salz; 1 Strauß Koriander; 1 Stück Zimtrinde; 1 großen Löffel Honig; 2 Löffel Orangenwasser; 25 gr. Sesam, in Butter geröstet.

Zubereitung: Im Topf werden Öl, Fleisch, Ingwer, Safran, Salz, Pfeffer, Zwiebel, Koriander, Zimtrinde mit Wasser bedeckt und zum Kochen gebracht. Ist das Fleisch fertig, wird es herausgeholt. Die Sauce läßt man einkochen. Dann werden die Zwiebel, die Zimtrinde und der Koriander-Strauß entfernt. Geben Sie die Backpflaumen dazu und lassen Sie sie leicht schmoren. Nach einer 1/4 Stunde geben Sie die Sauce auf die Tajine-Platte, rühren den Honig unter und legen das Fleisch dazu. Das Ganze kommt noch einmal 1/4 Stunde auf ein kleines Feuer. Vor dem Servieren gießen Sie das Orangenwasser darüber. Servieren Sie das Gericht auf der Tajine-Platte und streuen Sie gleichmäßig den goldenen Sesam darüber.

4. Hammel-Tajine mit Bohnen und spanischen Artischocken

Zutaten: 800 gr. Hammel oder Lamm (in Stücke schneiden); 3 große spanische Artischocken; 1 kg frische Bohnen; 2 Zwiebeln; 3 Eßlöffel Olivenöl; in Wasser eingeweichte Safran-Fäden; Pfeffer; 1 Teelöffel Ingwer; 1 Handvoll Salz; 1 Strauß gehackte Petersilie; 1 Strauß gehackter Koriander.

Zubereitung: Geben Sie in den Topf Öl und Salz und verrühren es kräftig. Währenddessen fügen Sie langsam 1/4 l Wasser hinzu. Das Ganze wird zu einer dickflüssigen Sauce verrührt. In einen tiefen Teller gießen Sie die inzwischen gelbe Safran-Lösung, wenden darin das Fleisch und geben es dann zu dem Öl. Streuen Sie darüber Ingwer und Pfeffer und geben sowohl die gehackte Petersilie wie auch den Koriander und die zerkleinerten Zwiebeln dazu. Setzen Sie den Deckel darauf und geben den Topf auf ein scharfes Feuer. Ist das Fleisch halbgar, werden Bohnen und Artischocken dazugegeben.

5. Hühner-Tajine mit Kartoffeln

Zutaten: ca. 800 gr. Hühnerfleisch; 1/2 kg in Stücke geschnittene Kartoffeln; Olivenöl; Cumin; ein Teelöffel zerstoßener Ingwer; scharfe Peperoni; 1 Messerspitze schwarzer Pfeffer; 1/2 Teelöffel süßes rotes Piment; Salz; einige Safran-Fäden; 2 gehackte Knoblauchzehen; 500 gr. Zwiebeln (zur Hälfte gehackt, zur Hälfte in Scheiben; gehackte Petersilie; Koriander.

Zubereitung: Bereiten Sie die Tajine wie gehabt. Geben Sie jedoch die Kartoffeln, die Zwiebelringe, die Petersilie und den Koriander erst dazu, wenn das Fleisch ziemlich gar ist.

6. Tajine mit Steckrüben

Hierfür gilt das Rezept für die Tajine mit Kartoffeln, nur daß statt der Kartoffeln Steckrüben verwendet werden.

7. Tajine mit Tomaten

Zutaten: ca. 800 gr. Hammel- oder Lammfleisch, etwa 1 Kilo abgezogene Tomaten,; 1 Löffel Olivenöl; etwas Cumin; 1 Stück Ingwer; nach Belieben etwas scharfe Peperoni; 1/2 Teelöffel süßes und rotes Piment; schwarzer Pfeffer; Salz; drei gehackte Knoblauchzehen; 2 kleingehackte Zwiebeln für das Fleisch und 500 gr. für die Tomaten; gehackte Petersilie; ein Strauß Koriander.

Zubereitung: Das Fleisch wird mit dem Olivenöl, dem Cumin, Ingwer, Peperoni, Piment, Pfeffer, Salz, Knoblauch und den beiden kleingehackten Zwiebeln halbgar gekocht und auf die Tajine-Platte gegeben. Darüber werden die grobgeschnittenen Zwiebeln, die abgezogenen und in große Scheiben geschnittenen Tomaten und die Petersilie gegeben.

8. Tajine mit Bohnen

Zutaten: 800 gr. Hammel- oder Lammfleisch (in Stücke geschnitten); 1 Löffel Olivenöl; 1 Teelöffel Ingwer; etwas schwarzer Pfeffer; Salz; Safran-Fäden (mit dem Salz zerstoßen); 2 Knoblauchzehen; 2 Zwiebeln; 1 Strauß Koriander.

Zubereitung: Aus dem Öl, Ingwer, Safran, Salz und Pfeffer rührt man unter lngsamen Zugeben von Wasser eine dicke Soße an. Darauf werden Fleisch, Knoblauch und Zwiebeln gelegt. Ist das Fleisch einigermaßen gar, werden die gesäuberten und von Keimen befreiten Bohnen mit dem Koriander darüber gegeben. Es dauert aber sicher noch eine halbe Stunde, bis die Bohnen auf dem »Punkt« sind. Servieren Sie das Gereicht auf der Tajine-Platte und dekorieren es mit Oliven oder eingemachten Zitronen.

9. Tajine OUAMAMA mit Honig

Zutaten: ca. 800 gr. Hammel- oder Lammfleisch, in große Stücke geschnitten. 1 Stück Zimtrinde; 3 gr. zerstoßener Ingwer; ein wenig zerpflückter Safran; ein halbes Kilo Zwiebeln; 200 gr. Honig, ein wenig Salz.

Zubereitung: ein kleiner Teil der Zwiebel wird kleingeschnitten und zusammen mit der Zimtrinde, dem Ingwer, dem Safran, dem Salz, 1/4 des Honigs und Wasser zu einer Boullion verkocht. In diese Boullion wird das Fleisch gegeben. Sobald das Fleisch gar ist, nehmen Sie es heraus und lassen die Flüssigkeit auf 3/4 einkochen. Die restlichen Zwiebeln werden halbiert und mit den Schnittflächen nach unten zusammen mit dem Fleisch auf die Tajine-Platte gesetzt. Darüber gießen Sie die Boullion und setzen den Deckel darauf. Stellen Sie den Tajine-Topf auf das Kohlebecken, in dem nicht zu viel Glut sein sollte und lassen es ca. 1 Stunde köcheln. Nemen Sie dann den Deckel ab, verteilen den restliche Honig über die Speise und lassen das Ganze (mit Deckel)noch 5 Minuten auf dem Feuer.

10. Tajine OUAMAMA mit Zitronen

Zutaten: 800 gr. Hammel- oder Lammfleisch (in Stücke geschnitten); 600 gr. Zwiebeln in Lamellen geschnitten (1 Zwiebel gekocht); 2 gr. gemahlenes Piment; 3 gr. zerstoßenes Cumin; Safran-Fäden; 2 gehackte Knoblauchzehen; einen Strauß Koriander und 3 Zitronen.

Zubereitung: Das Fleisch wird mit der gehackten Zwiebel, den übrigen Zutaten und dem Saft einer Zitrone gekocht. Ist das Fleisch gar, wird es herausgenommen und die in Streifen geschnittenen Zwiebeln an die Bouillon gegeben und gegart. Das Fleisch legen Sie auf die Tajine-Platte und gießen darüber die Bouillon mit den garen Zwiebeln. Das Ganze spritzen Sie mit dem Saft von 2 Zitronen ab und erhitzen das Ganze noch einmal auf dem Feuer.

Zum Abschluß: Guten Appetit! Weitere Rezepte, etwa zur Bereitung von **Couscous**, der marokkanischen Fastenzeit-Suppe **Harira**, der Schicht-Pasteten **B'stilla** usw. können dem genannten Kochbuch von Robert Carrier entnommen werden, das auch im deutschen Buchhandel erhältlich ist.

Kürbis-Kalebasse zum Buttern; aus E. Rackow, 1958 Tf. LI

Verdrängungsprozesse durch traditionelle und moderne Konkurrenzprodukte – Ende der traditionellen Töpferei?

Solange es Keramik gibt, mußte sie sich auf dem Markt gegenüber vergleichbaren Produkten aus anderen Materialien durchsetzen und behaupten. Angebot und Nachfrage bestimmen seit jeher den Absatz. Neuentwicklungen und Verdrängungsprozesse haben dem traditionellen Handwerk immer zu schaffen gemacht. Dabei sind die Preise bzw. der Tauschwert und die Qualität der Produkte stets ausschlaggebende Faktoren. Am Beispiel der Keramik und der »**konkurrierenden Materialien**« (vgl. Bauer 1983:117 ff.; Endres 1988) lassen sich diese Prozesse in einem überschaubaren Bereich lehrbuchhaft verfolgen.

Wenn wir die Frage beantworten wollen, welche Absatzchancen für die traditionelle marokkanische Keramik auch in Zukunft bestehen, müssen wir zwischen den traditionellen Konkurrenzprodukten und neuen »konkurrierenden Materialien« bzw. den daraus gefertigten Erzeugnissen unterscheiden. Außerdem ist zu prüfen, welche der Keramiktypen durch die Konkurrenz welcher Materialien ggfs.heute oder zukünftig bedroht sind bzw. eine Überlebenschance haben.

Traditionelle Konkurrenzprodukte

Zu den traditionellen konkurrierenden Materialien zählen in Marokko **Haut** und **Felle**, **Flechtwaren**, **Kalebassen**, **Kupfer, Messing, Holz** und **Speckstein**. Alle übrigen Konkurrenzprodukte wie Zinkeimer, Aluminiumkochtöpfe, Blech-, Porzellan- und Glasbehälter usw. sind als importierte **Industrieprodukte** erst im Laufe des 20. Jahrhunderts auf dem Markt gekommen. Lediglich die in ihrer Form barocken **Zinn-Teekannen** (s. Abb. 1) wurden wahrscheinlich schon seit dem 18. Jahrhundert zusammen mit dem grünen Tee von englischen Kaufleuten eingeführt (n. Rackow 1958:10). Heute sind sie unter der ärmeren Bevölkerung weitgehend durch kleine emaillierte Metallkannen oder Aluminiumkannen ersetzt worden.

Von den Teekannen abgesehen konnte sich die traditionelle Gebrauchskeramik gegenüber den meisten Industrieerzeugnissen vor al-

Abb. 1 Traditionelle Konkurrenzprodukte - Teezeremonie mit Zinnkanne in Ait Hamed; Foto R. Vossen, 1987

lem auf dem Lande bisher gut behaupten, da sie in der Regel dort sehr viel billiger und leichter zu beschaffen war. Mit der Verbesserung des Verkehrsnetzes, der Transportmöglichkeiten und des Marktsystems durch den Einsatz fliegender Händler, die billige Industrieprodukte auch auf die abgelegensten Märkte verbreiten, hat der Standortvorteil der Töpferorte jedoch zunehmend an Bedeutung eingebüßt.

Früher waren **Kochtöpfe** aus Keramik nahezu konkurrenzlos, wenn wir von den teueren Kupfertöpfen (s. unten) absehen. Heute noch sind sie auf dem Lande verbreitet, da, wo die **Kohlebecken** noch nicht durch **Butangasflaschen** als Energiequelle verdrängt wurden. Allerdings werden **Metalltöpfe** heute vorgezogen, wenn man es sich leisten kann. Sie sind leichter zu reinigen, haben eine größere Lebensdauer und zweifellos auch einen höheren Prestigewert für die Hausfrau. Als höchstes Ziel auf diesem Gebiet gilt der Erwerb eines **Schnellkochtopfs**, der in Ain Bouchrik versuchsweise auch in Ton nachgebildet wurde (vgl. K. Vossen 1990). In städtischen Haushalten ist es heute selbstverständlich, vorwiegend Metallkochtöpfe und zur Couscous-

Bereitung auch einen entsprechenden Siebeinsatz (*keskes*) aus Metall zu benutzen.

Auf dem Souk von Tinejdad, Prov. Er Rachidia in Süd-Marokko, stieß ich 1987 auf **grapenähnliche Kochtöpfe** aus einer **Aluminium-Legierung.** In der Sahel-Zone sind derartige mit Querrippen versehene, im Kastenguß hergestellte Metalltöpfe weit verbreitet. Gisela Völger brachte sie mit ähnlichen Keramikformen der Bambara in Mali in Verbindung (Völger 1979). Gemeinsam mit Heiko Steuer konnte sie kürzlich jedoch europäische Vorbilder in Form der Dreibeintöpfe ausmachen, die seit dem 13. Jahrhundert in Mitteleuropa nachweisbar sind (vgl. Völger/Steuer 1985).

Kohlebecken aus Keramik sind noch weit verbreitet, doch im marokkanischen Süden werden sie auch aus Eisenblech oder in einer Aluminium-Legierung angeboten. Im Souk von Marrakech findet man sie vor allem in der langgestreckten Variante zum Grillen von Fleischspießchen (brochettes). Der noch große Reichtum unterschiedlicher Keramik-Kohlebeckenformen in Marokko (s. Abb. S. 358/359) wird in wachsendem Maß durch den bereits erwähnten Einsatz von **Butangasflaschen** bedroht. Als kuriose Neuentwicklung ist in diesem Zusammenhang lediglich der kleine Butangas-Aufsatz (*mejmar butagas*) aus Keramik zu erwähnen, der den Kochgefäßen auf der Gasflasche einen besseren Halt verleiht.

In den Nomadengebieten des Südens und des Mittleren Atlas wurden für den Wassertransport und die Aufbewahrung von Wasser früher **Schaf- und Ziegenbälge** aus Haut oder Fell verwendet. Heute sieht man sie auf den Märkten nur noch selten. In dem Maße, wie das Nomadentum eingeschränkt und die Berbergruppen seßhafter wurden, gewannen die zerbrechlichen Tonkrüge an Boden. Wandertöpfer aus dem Süden (s. Kapitel »Wandertöpfer...«) versorgten gemeinsam mit Töpfern aus dem Norden den neuen Markt.

Anders im Anti Atlas und im Hohen Atlas. In den Gebirgsregionen sind seit langem **Kupferkrüge** (s. Zeichnung Abb. 2) in Benutzung (s. dazu unten den Exkurs: Kupferschmiede im Anti Atlas). Im Süden sind heute gelegentlich auch den Tonkrügen nachgebildete Wasserkrüge aus **Weißblech** zu sehen.

Holzbehälter dagegen konnten wir in Marokko nur selten beobachten, da zum Drechseln geeignete größere Holzblöcke selten sind. Die Drechselbank ist zwar lange bekannt, doch werden damit in erster Linie Rundstäbe gedrechselt. Im Süden gibt es schön geschnitzte Holzschüs-

Abb. 2 Kupferwasserkrug aus dem Indouzal-Gebiet; Anti-Atlas. Original im Hamburgischen Museum für Völkerkunde

seln, die aus Mauretanien importiert wurden (vgl. Creyaufmüller 1979: Abb.42). Große Couscous-Auftrage-Fußplatten aus Arganbaumholz stammen dagegen aus einheimischer Produktion. Daubengefäße in Eimerform fanden wir nur noch im Antiquitätenhandel in Marrakech. Überraschenderweise stießen Wilhelm und Christiane Ebert in Ait Ala bei den Beni Sadden im Sebou Becken östlich von Fès jedoch auf schlanke Dauben-Holzfäßchen, die quer am Sattel der Lasttiere befestigt werden, um Wasser über sehr weite Entfernungen zu befördern (s. Abb. 5, vgl.Vossen/Ebert 1986:156). Vergleichbare Wasserfäßchen sind uns bisher nur aus Sizilien bekannt.

Zum **Buttern** und zur Herstellung von **Sauermilch** gibt es neben den charakteristischen faßförmigen Butterfäßchen und den im Rif verbreiteten Tüllenkrügen aus Keramik in einigen Orten bauchige, flaschenförmig abgebundene **Kürbis-Kalebassen** (vgl. Rackow 1958, Tf. LI). Ihre geringe Verbreitung ist vermutlich damit zu erklären, daß sie wegen ihrer engen Öffnung schlecht zu reinigen sind. Möglicherweise bildeten sie jedoch formal gesehen das Vorbild für die bauchigen Butterfäßchen aus Keramik, die allerdings mit einer breiteren Öffnung versehen sind. Butterfässer derselben Grundform fanden wir im Gebiet von Settat auch in einer originellen Variante aus Weißblech. Dazu wurde das bereits bedruckte, aber noch nicht weiterverarbeitete Blech von Sardinendosen benutzt (s. Farbtafel XII).

Aus **Blech** sind auch die **Konservendosen**, die vielerorts heute anstelle der Keramik-Trinkgefäße (*ghorraf*) auf oder neben den Wasser-

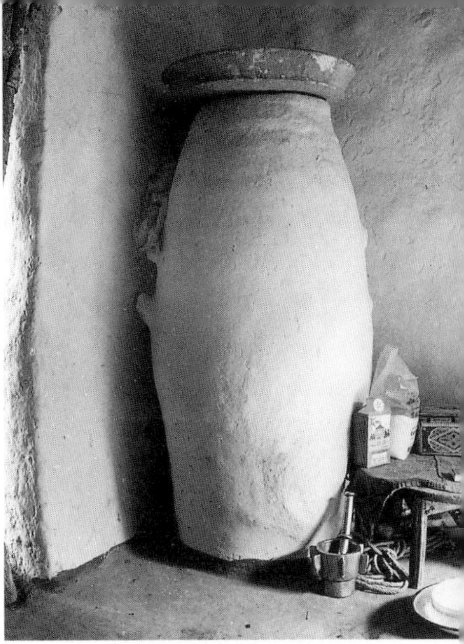

Abb. 3 Transport von Getreidevorratsbehältern vom Souk Beni Ghorfat/Larache; Foto W. Ebert, 1980

Abb. 4 Getreidevorratsbehälter mit Lehmverkleidung in Ain Bouchrik; Foto R. Vossen, 1980

Abb. 5 Ait Ala/Beni Sadden (Rij): Holzfäßchen zum Wassertransport mit Blechstreifen-Flicken; Foto W. Ebert, 1980

vorratsgefäßen stehen. Bei wohlhabenderen Familien findet man an ihrer Stelle auch z.T. emaillierte Henkelbecher aus Metall.

Was die Aufbewahrung von Wasser betrifft, so sind die **Wasservorratsbehälter aus Keramik** überall dort, wo es noch keine Wasserleitungen gibt, nach wie vor konkurrenzlos. Als Vorratsbehälter für Erbsen, Korn oder Oliven sind sie ebenfalls beliebt. Sollen jedoch größere Mengen an Getreide gespeichert werden, werden dazu große **geflochtene Vorratsbehälter** (sulla) verwendet. Meistens bestehen sie aus einem zylinderförmig geflochtenen ca. 1 bis 2 m hohen Bambusgeflecht, das von Korbflechtern auf dem Souk angeboten wird. Der Transport dieser sperrigen Körbe auf einem Lasttier vom Markt zum Bestimmungsort ist stets ein Ereignis (s. Abb. 3) Im Haus werden die späteren Vorratsbehälter im Küchenbereich fest aufgestellt und dort mit einem Mantel aus Lehm, Kuhmist und Häcksel versehen (s. Abb. 4). Zur Entnahme des Kornes treibt man Holzpflock in den unteren Teil des Korbes hinein und verschließt die Öffnung danach wieder mit dem Pflock oder mit Lehm (vgl. Rackow 1958: Tf. LI und LIII).

Specksteinerzeugnisse bildeten in Marokko früher nur in sehr begrenztem Umfang eine Konkurrenz für Keramikerzeugnisse. Anders als in Mittel- und Nordeuropa, wo auch Schüsseln und Becher oder selbst Kochgefäße aus Speckstein (Lavez) gedrechselt wurden (vgl.Czysz/ Endres 1988:216 f; Gjöstein Resi 1979) beschränkten sich die berberischen Specksteinmeister des Hohen Atlas früher auf die Bearbeitung von Öllampen, Pfeifenköpfen, Bechern und Mörsern. Das Drechseln von Speckstein zu Schüsseln oder Kochtöpfen war ihnen nicht bekannt (vgl. Vossen 1988:24 ff.).

Exkurs: Kupferschmiede im Anti Atlas

Bei einem Blick auf die Verbreitungskarte der Töpferorte Marokkos (vgl. Vossen/Ebert 1986 im Anhang sowie unsere Verbreitungskarte der Wasserkrugtypen, Abb. S. 353) fällt auf, daß in den Hochgebirgsregionen des Hohen und des Mittleren Atlas und im Anti-Atlas die Töpferkarte fast leer ist. Gewiß liegt einer der Gründe in der geringeren Bevölkerungsdichte, ein anderer in der Verteilung der Rohstoffvorkommen, die sich mehr auf die Schwemmlandgebiete der Talausgänge konzentrieren (vgl. das Kapitel »Berbertöpfer am Nordabhang des Hohen Atlas«). Doch ein wesentlicher Grund liegt auch in der **Überlegenheit von**

traditionellen Konkurrenzprodukten, vor allem was die Haltbarkeit z.B. von Wasserkrügen angeht. **In einem felsigen gebirgigen Gelände ist die Gefahr des Aneckens und damit die Bruchgefahr von Keramik naturgemäß viel größer als in einer Ebene.** So wird das überwiegende Vorkommen von Holz- und Metallgefäßen gerade in Gebirgsregionen verständlich.

In Marokko gibt es seit langer Zeit ein entwickeltes **Kupferhandwerk** (vgl. Escher 1986:330 ff. für Fès und Meknès). Im ländlichen Bereich ist es vor allem im Umkreis der **Kupferminen** belegt. Nach historischen Berichten gab es Kupferminen vor allem im Westen des Hohen Atlas (Argana) und im Anti Atlas. Kupfer wurde in Barrenform nach Schwarzafrika und nach Europa exportiert, wo man es als Rosettenkupfer besonders schätzte. Doch auch fertige Kupfer- und Messinggeschirre fanden z.B. im Sudan guten Absatz (Brignon et.al. 1986:188).

Kupferschmiede von Indouzal

Bei unserer Landesaufnahme der Töpfereien von 1980 waren uns im Anti Atlas und im Hohen Atlas Kupferwasserkrüge aufgefallen, die in ihrer bauchigen Grundform und ihrem flaschenförmigen Hals formal an Keramikkrüge erinnerten. Im Anti Atlas nannte man uns als Herkunftsgebiet die Region **Souk Sebt Indouzal** im Bezirk von Igherm. Als 1987 auf dem Souk el Had von Taroudant ein Meister aus diesem Gebiet neue Kupferware anbot, entschloß ich mich, mit zwei sprachkundigen Begleitern das Herstellungsgebiet aufzusuchen. Die Fahrt über 40 km z.T. schwieriger Piste wurde zu einer **Entdeckungsreise.**

Kupfer wird heute in vier Ortschaften rund um den Samstagmarkt von **Tataout** (früher Indouzal) verarbeitet: **Anni/Indouzal** mit 17 Kupferschmieden (*maallemi n' has*), **Tadant** und **Azour** mit jeweils 15 und **Ait Ougah** mit 8 Kupferschmieden sowie 15 Eisenschmieden (*maalemi haddad*). Die teilweise dunkelhäutigen, teilweise berberisch-hellhäutigen Schmiede gehören als Schleuh-Berber zur *kabyla* **Indouzal** und zu den Untergruppen Ait Magourt und Ait Ouakarda. Sie sprechen den Taschilhait-Berberdialekt.

Die Existenz dieser Kupferschmiedezentren in so abgelegener Lage geht auf **alte Kupferminen bei Tataout/Indouzal** zurück, die allerdings schon lange vor der Franzosenzeit erschöpft waren. Nach heutiger mündlicher Überlieferung liegt die Aufgabe dieses Bergwerks über 100 Jahre zurück, die meisten Informanten sprachen von der Zeit um 1830.

Abb. 6 Heutige Produktion von Anni/Indouzal: Schmorgefäß, Kohlebecken und Teekanne für Repräsentationszwecke, Wasserkrug

Abb. 7 Ait Ougah: Ausbeulen der Schulter ei Wasserkruges über dem Stabamboß

Abb. 8 In Ait Ougah arbeiten mehrere Meister beim Ausbeulen und Verzinnen alter Wasserkrüge zusammen; Fotos R. Vossen, 1987

Erstaunlich ist deshalb die Tatsache, daß sich dort das Kupferhandwerk ohne Förderungsmaßnahmen bis in die Gegenwart lebendig gehalten hat. Die Schmiede beschränken sich allerdings heute weitgehend auf Reparaturarbeiten und die Verzinnung alter Gefäße, in geringerem Maße auf die Herstellung neuer Gefäße, angeblich unter Verwendung von alten Kupferdrähten der Elektroindustrie.

In **Ait Ougah** hatten wir Gelegenheit, Schmiede bei Reparaturarbeiten von alten **Kupferkrügen** (*agdour*) aus Marrakech und beim Verzinnen zu beobachten (s. Abb. 7/8). Das Blech der alten Krüge aus dem 19. Jh. gilt als dicker und haltbarer. Die Grundform hat sich in 100 Jahren wenig verändert, abgesehen davon, daß sich der schlange Hals der alten Krüge geradlinig zur Mündung hin verjüngt, während der Hals der heutigen Krüge leicht konvex eingebogen ist (s. Abb. 3).

Wie die Tonkrüge dieser Region sind diese Wasserkrüge **rundbodig**. Im Bauchbereich sind die zwei getrennt gehämmerten Hälften des Kruges durch Falzung miteinander verbunden. Am Halsansatz tragen sie ein Punzdekor. Sie werden mit einem kuppelförmig gewölbten Deckel (*tahemascht*, *tasergoult*), der mit einer Kette an dem kupfernen Henkel befestigt ist, verschlossen. In der Regel sind sie im Innern und äußerlich im Halsbereich verzinnt.

Die Meister benutzten noch alte, z.T. selbstgefertigte **Werkzeuge** bis auf ein Drehgebläse, das den früheren Blasebalg abgelöst hat. Interessant ist vor allem ein **Pfahlamboß** (*tagount*) aus Eisen, der in die Erde gerammt wird und damit an den bei osteuropäischen Roma-Zigeunern verwendeten Amboßtyp erinnert (vgl. Vossen 1983, Abb. 4-6). Daneben war ein breiter Amboßtyp (*azrou* = Stein) in Benutzung, der heute allerdings aus Eisen besteht. Erwähnenswert neben den vielen, mit ihren berberischen Bezeichnungen aufgenommenen Werzeugtypen sind ein röhrenförmig sich verjüngendes Gebläseende und eine Kupfer-Schmelzpfanne aus Ton (*azegui l'freir*) die von einem der drei in **Ait Ougah** ansässigen Töpfermeister hergestellt worden war.

Kupfergefäße, die mit Wasser und Speisen in Berührung kommen, müssen im Innern **verzinnt** sein, weil sie sonst gesundheitsschädlich sein können und den Geschmack des Kupfers annehmen. In der Regel muß die Verzinnung nach häufigem Gebrauch jedes Jahr erneuert werden. Das sichert den Kupferschmieden ein bescheidenes Einkommen, solange Kupfergefäße noch in Benutzung sind. Dafür ist die »**Lebensdauer**« der Kupferkrüge fast unbegrenzt, auch wenn sie ganz zerbeult sind.

Die Kupferkrüge, die zwischen 16 und 18 Liter aufnehmen, werden in erster Linie zum Wassertransport genutzt, indem sie an den Lastsattel des Maultieres angehängt werden (s. Abb. 4). Doch wir konnten sie auch auf den Herdstellen (*takat*) beobachten, wo sie zum Erhitzen des Wassers benutzt werden. Daneben stellen die Kupferschmiede in **Anni** Henkelbecher (*ghorraf*) verschiedener Größe, Pfannen (*makla*) mit zwei Henkeln, Kasserolen (*casserount*) mit Griff, Schmorgefäße mit Deckel, Schöpflöffel (*talouscht*) sowie Teekessel und Kohlebecken als Repräsentationsgeschirr für festliche Gelegenheiten her (s. Abb. 5).

Weitere Kupferschmiedezentren in Marokko

Nach Aussage der Kupferschmiede von Indouzal gibt es ein weiteres Kupferschmiedezentrum in **Tahanaout**, Bezirk Mzouda im westlichen Vorland des Hohen Atlas. Dort würden neben den Wasserkrügen vor allem große Vorratsgefäße (*tehebit*) aus Kupfer hergestellt.

Über die Metallhandwerker im ehemaligen Foundouk Moulay el Mamoun in **Marrakech** berichtet der Geograph Anton Escher in seiner Dissertation »Studien zum traditionellen Handwerk der orientalischen Stadt«. Er unterscheidet Messingschmiede (*tbailiya*), Gelbgießer (*farraga*) und Kupferschmiede (*stailiya*) und beschreibt ihre wirtschaftlichen Möglichkeiten und Schwierigkeiten unter dem Anpassungsdruck an die heutigen Bedürfnisse und den Tourismus (vgl. Escher 1986:318 ff.). Zum Vergleich wird die Tätigkeit der Kupferschmiede (*Nhaisiya*) in **Fès** am Platz Seffarin vogestellt, wo in traditioneller Art Kochtöpfe und große Pfannen hergestellt, repariert und verzinnt werden (vgl. Escher 1986:330 ff.).

Zukunft der Kupferschmiede durch Absatzförderung

Die Kupferschmiedemeister von Indouzal klagen heute über Absatzmangel und beklagen sich darüber, daß ihnen das Artisanat-Ministerium in Rabat keinerlei Unterstützung gewähre. Tatsächlich ist die Nachfrage

Abb. 9 Kupfer-Wasserkrüge von Indouzal im Anti Atlas: links alter Krug (19. Jh.), rechts Krug von 1987
Abb. 10 Meine Begleiter lassen sich an einem Brunnen vor Anni Wasser geben
Abb. 11 Heutige Produktion von Anni/Indouzal; Fotos R. Vossen, 1987

nach den formschönen traditionellen Kupferkrügen rückläufig, da auch in den Gebirgsregionen die **Gummiwasserkrüge** und **Plastikgefäße** auf dem Vormarsch sind (s.unten). Andererseits gehören die Kupfergefäße ähnlich wie ein Großteil der marokkanischen Keramik zum **nationalen kulturellen Erbe und zur Identität Marokkos.** Dieses leichtfertig aufs Spiel zu setzen und außerdem den Verlust von vielen Arbeitsplätzen zu riskieren, wäre nicht zu verantworten.

Ein Ausweg könnte durch eine systematische Absatzförderung der traditionellen und angepaßter Kupferschmiederzeugnisse auf dem Touristenmarkt und durch Exportförderung ins europäische Ausland gefunden werden. Die Wasserkrüge ließen sich z.B. in geeigneten Ständern als formschöne Blumenvasen in europäischen Häusern einsetzen, wenn sie gut gearbeitet und verzinnt sind.

Ebenso würde voraussichtlich eine bleibende Nachfrage nach geschmackvollen, verzinnten Blumenübertöpfen aus Kupfer bestehen. Wegen der Unzerbrechlichkeit des Kupfers wäre hier auch die Transportfrage bei Export ins Ausland leichter zu lösen als bei Keramik.

Moderne Konkurrenzprodukte aus Plastik und Gummi

Was die genannten traditionellen Konkurrenzprodukte nicht bewirken konnten, erreichen mit großer Wahrscheinlichkeit die erst in die letzten Jahren verstärkt aufgetauchten **Konkurrenzprodukte aus Plastik und Gummi**: **das teilweise Ende der traditionellen Töpferei**. Insbesondere für den Funktionsbereich des **Wassertransportes** ist in den Plastik- und Gummigefäßen eine übermächtige Konkurrenz erwachsen, die die Herstellung von Wasserkrügen aus Ton im Laufe des kommenden Jahrzehnts voraussichtlich überflüssig machen wird. In vielen Regionen Marokkos ist diese Entwicklung bereits heute eingetreten: Wasserkrüge aus Ton sieht man immer seltener auf den Märkten oder im Gebrauch. In vielen großen Wasserkrug-Zentren stagniert der Absatz oder ist sogar rückläufig.

Die **Plastikflaschen** (*tarro, bido*) dienten ursprünglich als Speiseölbehälter. Sie wurden erstmalig in den 60er bis 70er Jahren zum Vertrieb des Olivenöls auf den Markt gebracht. Auf den Märkten, auf den Wegen zu den Wasserstellen, an den Brunnen selbst und in den Häusern sieht man die bedruckten Plastikflaschen heute jedoch überall in Marokko vorwiegend in ihrer Sekundärverwendung als Wasserbehälter. Sie haben

Abb. 12 Wasserholen mit Plastikflaschen auf Eseln im Rif-Gebiet; Foto R. Vossen

den **Vorteil, sehr billig, leicht und unzerbrechlich** zu sein. Selbst kleine Jungen und Mädchen können sie tragen. Ihr einziger **Nachteil: Das Wasser läßt sich darin nicht lange aufbewahren.** Es wird schnell warm und schal. Diesen Prozeß versucht man z.T. dadurch zu mildern, indem man sie mit Sackleinwand umnäht und anfeuchtet. Die Sackleinwand hält die Feuchtigkeit länger - die Verdunstungskälte kühlt den Inhalt. Dennoch: Als Trinkwasser ist es nur zum baldigen Verbrauch bestimmt. So wird das Wasser im Hause meistens in Vorratsgefäße aus Keramik umgefüllt. Dasgleiche trifft für die **verschraubbaren Plastikbehälter** unterschiedlicher Größe zu, die in den letzten Jahren speziell für den Wassertransport auf den Markt gebracht wurden.

Plastikformen dringen auch in andere Funktionsbereiche ein, z.B. in die Eßkultur. Vor der Zeit des Ramadan, des islamischen Fastenmonats konzentrierte sich bisher ein Großteil der Produktion städtischer Zentren auf die Herstellung tausender kleiner **glasierter Tonschalen** (*zlefa*) für die Fastensuppe Harira. Anstelle dieser Tonschalen werden auf den

Märkten heute Glas-, Porzellan und vor allem unzerbrechliche Plastikschalen in unterschiedlichen Farben angeboten. Der Produktionsanteil der Töpfereien wird deshalb auch in diesem für die städtischen Töpfereien wichtigen Bereich zurückgehen. Dagegen sind die ländlichen Töpfereien von der Konkurrenz von Plastikschüsseln betroffen.

Eine zweite ernst zu nehmende Konkurrenz für die Wasserkrugtöpferei ist seit Ende der 70er Jahre in Form großer **Gummibehälter** auf den Markt gekommen. In einem Recycling-Verfahren werden sie heute von ehemaligen Schustern aus **alten Autoreifen** in großer Variationsbreite in den Bazaren der Städte hergestellt. Bereits 1980 konnten Wilhelm Ebert und ich in der Provinzhauptstadt Settat etwa 10 Gummi-Recycling Werkstätten in einer Bazarstraße feststellen (s. Abb. 13/14). In dieser Zeit haben wir sie in den Küstenebenen und ihrem Hinterland erstmalig auch im Gebrauch beobachtet. In den übrigen Landesteilen kamen sie damals noch nicht vor. Jürgen Grothues erwähnt in seiner Arbeit über »Recycling in der Dritten Welt« 12 Gummi-Verarbeitungsbetriebe in der Rue Riad-ez-Zittoun in Marrakech (Grothues 1988:44). Neben Gummi-Wasserkrügen werden dort Gummieimer, Wassersäcke, Tragebehälter u.a. hergestellt. 1987 waren die großen Gummi-Wasserkrüge bereits überall in Marokko neben Plastik-, Kupfer- und Keramikgefäßen verbreitet.

Gummi-Wasserkrüge (*grouet*, sg. *groua*) haben im Vergleich zur Keramik wie ihre Schwestern aus Plastik den Vorteil, relativ leicht und vor allem unzerbrechlich zu sein. Formal sind sie den Wasserkrügen in auffälliger Weise angepaßt. Da sie 60 bis 80 Liter Wasser fassen, können sie nur für den Transport mit Hilfe von Lasttieren eingesetzt werden. Auf beiden Seiten des Lastsattels wird zur gleichmäßigen Belastung jeweils ein großer Gummikrug an Stricken befestigt. Stolpert das Maultier oder streift es beim Transport eine Hauswand oder einen Baum, gehen diese Gummikrüge anders als die Keramikkrüge nicht gleich kaputt. Hält ein Wasserkrug aus Ton im Schnitt ein bis drei Jahre, so ist die Haltbarkeit der Gummikrüge fast unbegrenzt. Dafür sind sie preislich gesehen wesentlich teurer als vergleichbare Keramikkrüge. Kostete 1987 z.B. ein Keramikkrug aus Slit auf dem Souk Tleta von Ain Dorij ca. 20 Dirham, so mußte man für einen Gummikrug den dreifachen Betrag (ca. 60 Dirham, d.h. ca. 15.- DM) ausgeben.

Abb. 13-15 Gummimachergasse in Settat (ehemalige Schustergasse); Foto R. Vossen, 1980

Doch selbst in dem Wasserkrug-Zentrum Slit sind heute beim Wassertransport nur noch Gummi-Wasserkrüge im Einsatz.

Ihr einziger **Nachteil** besteht darin, daß sie sich wie die Plastikgefäße nur zum **Transport** des Wassers eignen, nicht jedoch zu ihrer Aufbewahrung. Denn das Wasser nimmt schnell den Geschmack des Gummis an und wird außerdem schal und warm. Nach dem Wassertransport werden deshalb die beiden großen Gummikrüge vom Sattel des Lastiers an Seilen heruntergelassen und in Vorratsbehälter aus Keramik umgefüllt. Geschieht dies nicht, so können sich leicht Krankheitskeime im Wasser bilden und an den Wänden der Gummikrüge festsetzen. Dieser Prozeß und die sich daraus ergebenden gesundheitsgefährdenden Folgen sind bisher m.W. noch nicht genügend beachtet und untersucht worden.

Ende der traditionellen Töpferei? Was ist zu tun?

Zusammenfassend läßt sich voraussagen: Die Konkurrenz der Plastik- und Gummigefäße wird die Produktion und den Gebrauch von Wasserkrügen aus Keramik in naher Zukunft zum Erliegen bringen. Dieser Prozess wird regional unterschiedlich früher oder später einsetzen. Wenn zur Verbesserung der Absatzchancen von Wasserkrügen nichts geschieht, wird Marokko sehr bald um einen wesentlichen und, optisch gesehen, um einen reizvollen Aspekt seiner materiellen Kultur und seiner nationalen Identität ärmer sein.

Im Rif-Gebirge ist dieser Prozeß bereits so weit fortgeschritten, daß viele Frauentöpferorte ihre Produktion bereits ganz eingestellt oder auf wenige Gebrauchsformen reduziert haben, obwohl viele Frauen noch in der Lage sind, die alten bemalten Keramiktypen herzustellen. Dort kam allerdings noch ein anderer wirtschaftlicher Faktor hinzu: Wegen des großflächigen Anbaus von **Haschisch** (Cannabis, Kif) gerade im Rif-Gebirge ist die mühevolle Herstellung von Keramik in Aufbautechnik

Abb. 16 Zwei Wasserkrüge aus Ait Hamed, Plastikflasche aus Regraga

Abb. 17 Wasserdepot in Regraga: Wasservorratsgefäß aus Tamslought, Plastikschüsseln, Wasserkanister; Foto R. Vossen, 1980

Abb. 18 Keramikkrüge aus Boughrart und El Marmouta - Gummiwasserkrüge und Brunnen-Schöpfbehälter aus Gummi in El Marmouta/El Kelaa des Sraghna

wirtschaftlich nicht mehr lohnend, denn es gibt viel bessere Verdienstmöglichkeiten. **Damit scheint das Ende der meisten Frauentöpferorte besiegelt zu sein.**

Dagegen werden die Herstellung und die Verwendung von **Wasservorratsgefäßen** aus Keramik auf dem Lande solange bestehen, bis Wasserleitungen auch den fernsten Winkel des Landes erreicht haben. **Zukunftschancen** hat auf absehbare Zeit bis zu einem gewissen Grade auch die Herstellung von **Schmortöpfen für tajine, von Schüsseln und Brotbackplatten sowie der Bereich von Dekorationskeramik, der den heutigen Bedürfnissen der städtischen marokkanischen Gesellschaft und ausländischer Touristen am besten angepaßt ist.**

Lediglich durch eine **bessere Informationspolitik und durch gezielte Förderungsmaßnahmem von Seiten der Handwerks-, Kultur- und Tourismus-Ministerien** ließe sich der rasante Verdrängungsprozeß der traditionellen Handwerksprodukte aufhalten.

Dazu gehören **vergleichende Untersuchungen des traditionellen Handwerks, informative preiswerte Publikationen, attraktive Regionalmuseen in Marokko, die gute lokale Handwerkserzeugnisse der jeweiligen Region vorstellen, Sonderausstellungen im In- und Ausland, Wettbewerbe und gezielte Förderungsmaßnahmen** etwa durch die Gründung von Verkaufsgenossenschaften, Hilfen bei der Beschaffung der Rohmaterialien und weitere Maßnahmen, die oben am Beispiel des vorgeschlagenen Entwicklungsprojektes für Ifrane Ali näher erläutert wurden.

Noch verfügt Marokko im Vergleich zu anderen Ländern über einen großen Reichtum an gewachsenen Handwerkstraditionen, die es unweigerlich in Kürze verliert, wenn nicht Industrie, Landwirtschaft und das Kleingewerbe gleichwertig gefördert werden.

Töpfertraditionen Marokkos im Vergleich zu spanischen, algerischen und schwarz-afrikanischen Traditionen

Nach einer Landesaufnahme heutiger Töpfereitraditionen stellt man sich natürlich die Frage: Welcher kulturhistorische Stellenwert kommt den Töpfereitraditionen zu, die man heute noch in ihrer letzten Entwicklung beobachten kann? Wodurch unterscheiden sie sich von den Traditionen von Nachbarregionen, worin liegen ihre Gemeinsamkeiten? Auf welche historischen Wurzeln lassen sie sich zurückführen? Gibt es typische Eigenentwicklungen oder eindeutige Übertragungen bestimmter Elemente aus anderen Regionen?

Diese Fragen stellten wir uns erstmals nach unserer Landesaufnahme der Töpfereien Spaniens in den Jahren 1971 und 1973 (vgl. Vossen 1972 - 1986) Vor allem nach dem Besuch der Töpfereien der spanischen Levante-Küste und Andalusiens stießen wir auf interessante Einzelheiten, die arabisch-islamischen Ursprungs zu sein schienen. Damit war die wissenschaftliche Neugier soweit entfacht, um bei passender Gelegenheit darauf zu drängen, den möglichen Urspüngen dieser Aspekte nachzugehen. Die Erforschung der Töpfereitraditionen Marokkos in den Jahren 1980 und 1987 jenseits der Straße von Gibraltar war dann ein naheliegender Schritt.

Hier wird nun der **erste Versuch eines überregionalen Vergleichs** geboten. Dabei liegen im wesentlichen unsere eigenen Beobachtungen und Befragungen und einschlägige Arbeiten von Fachkollegen zugrunde. Eine abschließende Auswertung historischer arabischer oder spanischer Quellen und archäologischer Befunde, soweit sie auf diesem Gebiet überhaupt existieren, war dagegen in diesem Aufarbeitungsstadium noch nicht möglich.

Spanische und marokkanische Töpfereitraditionen

Bereits während meiner ersten Forschungsreise in Spanien war mir aufgefallen, daß die Töpfereisituation eines Landes mit bewegter Geschichte keineswegs einheitlich aussieht, sondern **mehrere Töpfereitraditionen gleichzeitig nebeneinander bestehen** (vgl. Vossen 1989/

90,.im Druck) Ja, ich möchte soweit gehen zu behaupten, daß sie technologisch gesehen in den meisten Fällen ohne wechselseitige Beeinflussung nebeneinander bestanden haben und teilweise so noch heute existieren. So gab es 1971 in Spanien, z.B. in der Provinzen Zaragoza und Teruel, **Männertöpfereien**, in denen Wasserkrüge und Vorratsgefäße **ohne Töpferscheibe** auf einer feststehenden Unterlage aufgebaut wurden, obwohl ihre Kollegen in der Nachbarschaft mit der hochentwickelten Fußschub-Töpferscheibe arbeiteten. Auf den Kanarischen Inseln formten **Frauen in Aufbautechnik** die dort übliche Gebrauchskeramik. Und in einiger Entfernung davon arbeiteten **Frauen als Töpferinnen** in den Provinzen Cuenca und Zamora an niedrigen Drehtischen oder Kreuzscheiben, die seit dem Mittelalter auch in Mitteleuropa belegt sind, aber von wenigen Ausnahmen abgesehen (vgl. Rieth 1939, 1960), längst nicht mehr benutzt werden. Und daneben gab es Töpfer, die auf die Herstellung riesiger **Vorratsgefäße (*tinajas*) in Wulsttechnik** spezialisiert waren (vgl. Vossen 1972 b:27 f., Tf. 6), während ihre Kollegen in Nachbarorten gleichzeitig einfache **unglasierte Irdenware**, **bleiglasierte Gebrauchskeramik** oder eine große Variationsbreite **zinnglasierter Keramik** (Fayence) für den verfeinerten Geschmack gehobener Gesellschaftsschichten oder Kitsch für den Touristenmarkt herstellten. Es gibt kleine Töpferorte mit ein oder zwei Töpfern, die in ihrer Produktion nur den lokalen Bedürfnissen genügen, neben großen überregionalen Zentren wie etwa Manises, Talavera de la Reina, Agost, Bailén oder Salvatierrra de los Barros, die mit ihren typischen, qualitativ guten oder besonders preisgünstigen Erzeugnissen fast den gesamten spanischen Markt überschwemmen (zur Spezialisierung, Handels- und Marktsituation vgl. Vossen 1983, 1984 b).

Aus dem Gesagten geht bereits hervor, daß es gleichzeitig im bunten Nebeneinander regional und lokal unterschiedliche technologische und verschiedenartige marktorientierte Entwicklungen gegeben hat und heute noch gibt. Eine ähnliche Situation trafen wir in **Marokko** an. Man könnte sogar soweit gehen zu behaupten, daß die **Unterschiede dort noch krasser** ausfallen als in Spanien. Die verschiedenartigen Fallbeispiele, die ich in den vorausgehenden Kapiteln ausgebreitet habe, scheinen mir dafür eindeutige Beweise zu liefern. Das Spektrum reicht von **Männertöpferei ohne Töpferscheibe** (Machat, Prov. El Jadida) über **Frauentöpferei mit unterschiedlichen Aufbautechniken und berberischen Dekorformen** (z.B. Ifrane Ali, Slit, Ain Bouchrik) des Nordens und über die variationsreich kombinierten **Model-Wulst-**

Drehtechniken des berberischen Südens bis zu der **reich dekorierten Drehscheibenware** islamischer Tradition in einigen Städten (vor allem Fès und Safi). Allein unter den **Drehhilfen und Töpferscheibenformen** konnten wir 7 verschiedene Typen und damit unterschiedliche technologische Traditionen unterscheiden. Ebenso groß ist die Variationsbreite unter den **Brennstellen** von verschiedenen Varianten des offenen Feldbrandes, der Brennmulden und -gruben bis zu den komplexen Formen der aufrechten Zweikammeröfen mit vorgebauter Feuerkammer (s. oben).

Die großen lokalen und regionalen Unterschiede haben mich von der Notwendigkeit überzeugt, »**technologische Lokal- und Regionaldialekte**« herauszuarbeiten, die kulturhistorisch gesehen ebenso aufschlußreich sein können wie sprachliche Dialekte.

Aus dieser Übersicht wird eines klar: **Im Rahmen des überregionalen Vergleichs lassen sich nur gleichartige technologische, stilistische oder form- und funktionsbezogene Traditionen sinnvoll miteinander vergleichen.** Das heißt: Vergleichbar ist etwa der Komplex **Frauentöpferei** in Marokko mit dem auf den Kanarischen Inseln und in Spanien, der Komplex **Männertöpferei ohne Töpferscheibe** und der Komplex **Männertöpferei der Städte** in seiner entwickelten Form. Die kombinierten Model-Wulst-Drehtechniken des marokkanischen Südens dagegen finden in Spanien ebensowenig eine Parallele wie die meisten der archaischen Drehtisch- und Drehscheibenformen. Sie werden weiter unten in den Vergleich einbezogen.

Vergleich der Frauentöpfereien Spaniens und Marokkos

Die engsten Parallelen zur Frauentöpferei des Rif-Gebietes finden wir auf den **Kanarischen Inseln**. Wulf Köpke hat in seiner Monographie über die »Frauentöpferei in Spanien« soviel detailliertes Vergleichsmaterial von heutigen ebenso wie von ehemaligen Frauentöpferorten auf den einzelnen Inseln zusammengestellt, daß bei einer genaueren Analyse (vgl. Köpke 1974:385 ff.) der Schluß berechtigt ist: **Die Frauentöpferei der Kanarischen Inseln gehört zum gleichen Keramikkomplex wie die berberische Frauentöpferei des Rif-Gebietes.** Parallelen zeigen sich insbesondere in der **Aufbautechnik, der Behandlung der Oberfläche und der Brenntechnik** (Aufbau in einer kombinierten Treib-Wulsttechnik »aus dem Vollen« ähnlich wie in Ifrane Ali, Benutzung einer Steinplatte als Formplatte wie in Slit, Auftragen einer Engobe durch Einreiben, Polieren der Oberfläche mit einem Kiesel, Abhobeln und Verdünnung der Bodenzone, Brand in einem Einkammerkuppelofen ähnlich wie in Ifrane Ali oder in einer von einem losen Steinwall umgebenen Feldbrandanlage). Auch **formbezogene Parallelen** lassen sich teilweise nachweisen, z.B. in den bauchigen doppelhenkligen Kochtopfformen, den transportablen Kohlebecken als Herdstelle und als Wärmequelle sowie in der Flachbodigkeit der meisten Gefäße.

Natürlich gibt es auch **Unterschiede**, z.B. in der Erzielung eines annähernden runden Bodens bei Wassergefäßen, indem der Boden wie in den Gueddara-Männertöpferorten und bei den Beni Sidal von innen mit einem Stein ausgewölbt wird (vgl. Köpke 1974:389, 395). Auf den Kanarischen Inseln kommen auch lokale Funktionstypen vor wie Gefäße zum Filtern von Wasser (*bernegales*) oder Röstschalen, die in Marokko nicht verbreitet sind. Auch in der Farbgebung und im sparsamen Dekor der Gefäße gibt es Unterschiede, zumal andere Farbstoffe (Rötel aus rotem vulkanischen Gestein und Saft von zerstoßenen Opuntienläusen, *cochinillas*) vorhanden sind.

Insgesamt überwiegen jedoch die Gemeinsamkeiten, so daß die Annahme der aufgrund bruchstückhafter linguistischer Vergleiche vermuteten berberischen Abstammung der Guanchen, der ausgestorbenen Urbevölkerung der Kanaren, durch den Vergleich mit den Töpfereitraditionen Marokkos erhärtet wird.

Anders verhält es sich mit der Frauentöpferei auf dem spanischen Festland und in Portugal. Die Verwendung des niedrigen Drehtischs (der »Kreuzscheibe«), die Aufbautechniken, die Formgebung, der Dekor, die Formen des Brandes und der Öfen unterscheiden sich wesentlich von dem Frauentöpferei-Komplex in Marokko. Allenfalls im Formenschatz einiger Frauentöpfereien finden sich erst kürzliche Entlehungen aus Spanien oder Portugal etwa in Gestalt der **Hahnenkopf-botijo** in Ifrane Ali (s. Abb. S. 89). Bei den übrigen Bügelhenkelgefäßen, z.B. in Marrakech, scheint es nicht eindeutig zu sein, ob es sich dabei um Entlehnungen von der iberischen Halbinsel oder aus Schwarz-Afrika handelt (vgl. Drost, 1953/54).

Offensichtlich haben im Bereich der europäischen und afrikanischen Frauentöpferei-Komplexe selbst keinerlei Wechselbeziehungen bestanden. Die Tatsache, daß die marokkanischen und kanarischen Töpferinnen keine Töpferscheiben und Drehhilfen verwenden, und in Marokko ebenso wie im benachbarten Algerien die Brennmethoden des »primitiven« offenen Feldbrandes vorherrschen, kann vielmehr als Indiz für eine kulturhistorisch gesehen ältere Tradition des berberischen Töpfereikomplexes gewertet werden (vgl. dazu auch Gruner 1973).

Vergleich der Männertöpfereien ohne Töpferscheibe

1971 konnte ich in Spanien noch vier Töpferdörfer ermitteln (Illueca, Jarque, Séstrica, Prov. Zaragoza und Calanda, Prov. Teruel), in denen männliche Töpfer kleinere und große Gefäße ohne Töpferscheibe aufbauten bzw.bis vor kurzem aufgebaut hatten. Dabei diente ein zylindrischer zwischen 40 und 90 cm hoher runder **Tontisch** (*pie, pila*) als feststehende Unterlage, auf die eine flache oder dreibeinige gebrannte **Tonplatte** (*anidal, molde*) als Formplatte zum Aufbau der Gefäße in Wulsttechnik gelegt wurde (vgl. Vossen 1972 b, Tf. 4). Jedes neue Gefäß hatte eine eigene Formplatte, mit der die frisch getöpferten Gefäße zum Trockenplatz transportiert wurden. Nach dem Ausformen des flachen Bodens fügten die Töpfer drei armdicke Wülste kreisförmig aneinander, indem sie dabei selbst entgegen dem Uhrzeigersinn um den feststehenden Töpferfuß herumgingen (vg. Abb. 1). Unebenheiten wurden mit dem Zeigefingerknöchel durch Aufwärtsbewegung der rechten Hand verstrichen, wodurch die Wandung gleichzeitig verdünnt wurde. Anschließend glätteten die Töpfer die Wandung von außen und innen mit der Paddel- und Amboßtechnik (vgl. Vossen 1972 b:24 ff.). Gebrannt wurden die bauchigen Wasserkrüge und bandverstärkten Vorratsgefäße für Öl und Wein in großen Zweikammeröfen mit Kuppelgewölbe (vgl. Köpke 1985, Abb. 97, 98).

In **Machat**, Prov. El Jadida, nördlich von Safi, konnten wir, wie weiter oben näher ausgeführt wurde, einen ähnlichen Aufbauprozeß beobachten. Allerdings wurde hier als feste Unterlage ein niedriges, eierbecherähnliches Tonelement (*gaad*) benutzt, das gleichzeitig als eine Art Model diente. Doch auch hier ging der Töpfer entgegen dem Uhrzeigersinn um diese Unterlage herum, um Wülste anzulegen und die Oberfläche mit dem Handknöchel oder den Fingerspitzen noch oben hin zu verstreichen und zu verdünnen (vgl. Abb. 2). Die in Spanien anschließend übliche Paddel- und Amboßtechnik kannten die hiesigen Töpfer allerdings nicht. Sie stellten jedoch auch keine bauchigen, sondern sehr schlange Wasserkrüge her, die mich an römische Amphoren erinnerten.

Abb.1 Aufbau eines Wasserkruges ohne Töpferscheibe in Machat, Prov. El Jadida; Foto R. Vossen, 1980

Wie lassen sich diese anscheinend anachronistischen und regelwidrigen Erscheinungsformen archaischer Männertöpferei ohne Töpferscheibe bewerten? Zweifellos gibt es Parallelen zur spanischen **tinaja-Töpferei**, d.h. zum Aufbau großer, bis zu 4 oder 5 m hoher Vorratsgefäße für Öl oder Wein. Auch die tinaja-Töpfer benutzen im Anfangsstadium teilweise feststehende Tonschemel oder Dreifüße, um die sie beim Wulsten und Verstreichen herumgehen. Doch dieser Vorgang ist bei der Größe dieser Vorratsgefäße technisch notwendig, bei der Herstellung kleiner Wasserkrüge und kleinerer Vorratsgefäße dagegen nicht (vgl. Vossen 1976). Und in Marokko ist der Aufbau großer Vorratsgefäße in Wulsttechnik nicht bekannt. Die nächste mir bekannte Parallele stammt aus Südnigeria, wo die Halspartie zerbrochener Töpfe allerdings von Frauen als feste Unterlage zum Aufbau von Keramik in Wulsttechnik benutzt wurde (vgl. Drost 1967:122 f.). Doch gibt es tatsächlich eine Verbindung zu so weit entfernt liegenden schwarzafrikanischen Traditionen? So möchte ich vorerst, ohne diese Behauptung bisher beweisen zu können, die **Männertöpferei ohne Töpferscheibe als eine Reliktform aus römischer oder sogar vor-römisch-punischer, wenn nicht sogar altägyptischer Zeit** ansehen, solange keine widersprechenden Ausgrabungsbefunde vorliegen. Oder kann einer meiner Leser eine überzeugendere Erklärung finden?

Vergleich der spezialisierten städtischen Männertöpferzentren

Bei unserem Besuch der großen städtischen Töpferzentren in Marokko wurde ich immer wieder an ähnliche Zentren vor allem im ehemals maurischen Süden Spaniens erinnert. Insbesondere seien hier die Töpferzentren **Fès, Safi, Rabat, Marrakech, Tetouan** und im ländlichen Bereich **Sidi Kacem** und **Tameslought** genannt. Bereits bei der Aufbereitung des Tones fallen Parallelen auf: Wässern, Vermengen und Schlämmen der Tonerden in speziell dazu angelegten Schlämmbecken, Herausnehmen des abgesetzten Tones und Durchkneten mit den Füßen, Walken des Tones auf der Knetbank neben der Töpferscheibe (vgl. Vossen 1972 b:20 ff.).

Die meist im Boden versenkten Fußschubscheiben entsprechen in Form und Größe den spanischen Varianten. Die Dreher sitzen ebenso wie in Spanien und Italien rechts vom Scheibenkopf. Sie benutzen als Formschiene meistens ein halbiertes Bambusrohr (media caña) wie ihre spanischen Kollegen auch (vgl. Vossen 1972 b:29 ff.). In Safi konnten wir sogar beim Drehen der großen Wandteller bzw. Couscous-Schalen eine gewölbte gebrannte Schüsselhälfte beobachten wie im spanischen Nijar, Prov. Almeria, die hier wie dort zum maßgetreuen Drehen von Schalen und Schüsseln als Formschiene benutzt wird.

Viele Parallelen gibt es auch im Bereich der Glasuren. In Rabat z.B. entsprechen die großen Tonbottiche zum Anrühren der Bleiglasur weitgehend den spanischen Formen. Zum Schmelzen der der Zinnglasurfritte aus Zinn- und Bleioxid (vgl. Vossen 1980:163) gab es in Fès kleine Spezialöfen, die mir in ähnlicher Form in Teruel, Spanien, begegnet waren. Natürlich gibt es auch Übereinstimmungen bei den Metalloxidfarben, ihrer Zubereitung und der Art ihres Auftrages. In den marokka-

Abb. 2 Safi: Formgebung mit runder Formschiene (Schüsselhälfte); Foto K. Vossen, 1980

nischen Bleiglasurzentren findet man stets den Typ der versenkten Fußschubscheibe, der auch in Spanien verbreitet ist.

Auch die Brennofen-Typen, oben offene Schachtöfen mit Lochtenne zur Trennung von Feuer- und Brennkammer oder Zweikammeröfen mit Kuppelansatz und vorgebauter Feuerkammer (vgl. Köpke 1985:140 ff.) sind mit den spanischen Formen eng verwandt. Gemeinsamkeiten zeigen sich auch im Dekor und im Formenschatz einiger Keramiktypen mit frühen spanischen Beispielen, doch fehlt m.W. zu diesem Bereich noch eine spezielle Untersuchung. In den wünschenswerten **spanisch-marokkanischen Vergleich** müßten auch die Fliesen (*azulejos* und *alicatados*) und die Mosaikarbeiten (*zellij*) einbezogen werden. Im Rahmen des vom 18.-21.2.1990 in Hamburg geplanten Symposiums »**Töpferei- und Keramikforschung im Mittelmeergebiet**« hat Pedro Lavado (Madrid) eine derartige Untersuchung angekündigt.

Wie weiter oben ersichtlich ist, hat Ilse Schütz bereits bei ihrem Vergleich des Keramikdekors von Slit anhand eines im Berberstil dekorierten Wasserkruges aus Paterna, 13. Jahrhundert, auf mögliche Parallelen hingewiesen. Auffällig ist jedoch, daß Berbertöpfer in Spanien, von den wenigen bisher bekannten frühen Beispielen abgesehen, gegenwärtig keine erkennbaren Spuren hinterlassen haben. Ob wohl alle Berbertöpfer oder Töpferinnen (?) mit der Flüchtlingswelle nach der Rückeroberung aus Spanien abgewandert sind?

Naturgemäß gibt es auch viele Unterschiede und lokale Sonderentwicklungen. Auffällig ist z.B., daß es in Marokko im Vergleich zu Spanien viel weniger Töpferzentren gibt, die sich auf bleiglasierte Keramik spezialisiert haben. Mir ist auch kein Fall von Unterglasur-Schlickermalerei in Marokko bekannt, die in Spanien recht häufig vorkommt. Auch reduzierend gebrannte Schwarzkeramik, die im Norden Spaniens und in Portugal in einigen Zentren noch weiterlebt (vgl. Vossen/Köpke/Seseña 1980:44 f.,124 f.,164, für Portugal s. Sempere 1982, Tobias 1986;), sucht man in ganz Nordafrika vergeblich.

Alte spanische Fayencen aus Granada, Manises, Teruel oder Talavera kann man auf den ersten Blick von Fès-Fayencen unterscheiden. Der islamisch geprägte Arabesken-Blauweiß-Dekor von Fès und von Safi ist unverwechselbar marokkanisch. Doch bei Einbeziehung der oben kurz aufgezählten technologischen Aspekte überwiegen eindeutig die Gemeinsamkeiten.

Mit gewisser Berechtigung könnte man von einem **gemeinsamen technologischen Keramikkomplex** sprechen, der sich punktuell von den ehemals maurisch geprägten Zinnglasur-Zentren und einigen Bleiglasur-Zentren Spaniens bis in die genannten marokkanischen städtischen Zentren erstreckt hat. Dabei ist es nach bisherigem Forschungsstand kaum zu klären, ob die Übertragungen von Süden nach Norden oder umgekehrt erfolgt sind, oder ob die Tatsache eines über Jahrhunderte gemeinsamen Herrschafts- und Kulturkreises zur Zeit der Almoraviden und Almohaden (11.-13. Jh.) bereits damals schon diesen gemeinsamen Keramikkomplex geprägt hat.

Wahrscheinlich wurden diese Gemeinsamkeiten in der städtischen Töpferei durch die **andalusischen Rückwanderer und Flüchtlinge** verstärkt. Wir kennen bisher noch zu wenig Einzelheiten über diesen Rückwanderungprozeß und die mögliche Rolle, die Töpferhandwerker, Ziegler und Mosaikkünstler dabei gespielt haben.

Zu denken gibt uns, daß in der mündlich überlieferten Lokalgeschichte von Ifrane Ali, Slit und Ain Bouchrik die Bedeutung andalusischer Rückwanderer stets hervorgehoben wurde (s. oben).

Bekannt ist lediglich, daß sich nach einer Meuterei in einem Vorort von Córdoba 817/18 die **ersten andalusischen Flüchtlinge** in der gerade erst von IDRIS I. gegründeten Stadt **Fès** niederließen und später dem »andalusischen Viertel« dieser Stadt ihr Gepräge gaben (vgl. Brignon et.al. 1967:64). Spätestens seit dem 12. Jahrhundert ist in Fès eine Fayence-Tradition nachzuweisen (s. oben). Rückwanderer und Flüchtlinge gab es dann in größerer Zahl in der Zeit nach der entscheidenden Niederlage des Almohaden-Sultans Mohammed ben Nacer **1212 bei Las Navas de Tolosa.** Der hauptsächliche Flüchtlingsstrom von Mauren und sefardischen Juden erfolgte jedoch nach der Eroberung Granadas 1492 durch die Katholischen Könige, in weiteren Schüben nach den Ausweiseedikten von 1501 und 1614. Allein 1614 ist von etwa 600 000 Mauren (*moriscos. mudéjares*) die Rede, die das Land verlassen mußten.

Doch auch nach der Vertreibung der »Andalusier« blieben noch viele zum christlichen Glauben übergetretene »moriscos« als Handwerker in Spanien und beeinflußten auch weiterhin die Entwicklung der spanischen Töpferei. In der spanischen Umgangs- und der Töpfersprache leben bis heute viele arabische Ausdrücke fort; mit den Eigen- und Ortsnamen sollen es ca. 3000 sein. Die spanische Bezeichnung für Töpferei - *alfareria* - ist arabischen Ursprungs, abgeleitet von arab.

fahhara (Rackow 1958:5). Doch auch viele andere Begriffe der Töpfersprache, die meistens mit dem arabischen Artikel *-al* - beginnen, gehen auf arabische Wurzeln zurück (vgl. Vossen 1980:172 ff.). In einem gemeinsamen spanisch-marokkanisch- deutschen Forschungsprogramm könnten weitere Aspekte des Töpfereikomplexes im westlichen Mittelmeer herausgearbeitet werden und damit zu einer Erhellung kulturhistorischer wichtiger Fragen ebenso beitragen wie zu einer Zusammenarbeit europäischer und nordafrikanischer Forschung.

Vergleich marokkanischer, algerischer und prähistorischer Töpfereitraditionen

Beschränken sich die Gemeinsamkeiten zwischen Marokko und der iberischen Halbinsel in erster Linie auf die städtischen Traditionen, so ist es bei einem Vergleich der Töpfereitraditionen Marokkos und Algeriens umgekehrt: **Gerade im ländlichen Bereich zeichnen sich eine Fülle von Gemeinsamkeiten ab.**

In Algerien sind wir am besten über die Frauentöpferei des Tell-Atlas unterrichtet, eines Gebirgszuges, der sich in Verlängerung der marokkanischen Atlasgebirge parallel zur Mittelmeerküste entlang zieht. Dorothee Gruner hat am Beispiel der Frauentöpferorte Afir (westliche Große Kabylei), Merkalla (Djurdjura-Massiv), Taher (Küsten-Kabylei), Tiberguent (Kleine Kabylei) und Roknia (Region von Guelma, Ost-Algerien) einen **Berber-Keramikkomplex** herausgearbeitet, den sie folgendermaßen kennzeichnete:

»- autochthone, - handmodellierte, -ländliche und nicht kommerzialisierte Töpferei, die - allein von der Frau hergestellt wird.«

Dieser Komplex zeichne sich durch folgende Gemeinsamkeiten aus:

»- Details des Herstellungsverfahrens (Wulsttechnik, offener Feldbrand), - Verzierungstechniken (Politur, Bemalung mit Erdfarben, Pflanzensäften oder Harzen, Hochreliefdekor bestimmter Gefäßtypen), - Formtypen oder Formelelemente wie gerader Boden, Brückenhenkel und Ausgußhenkel. Schließlich ein - Dekor, das von einem abstrakten geometrisch- geradlinigen Ornament beherrscht wird und überall nach ähnlichen Kompositionsprinzipien konstruiert wird.« (Gruner 1973:10)

In Algerien selbst und im benachbarten Tunesien sieht Gruner Berber-Keramik dieses Typs inselartig noch im Küstengebiet Djidjelli-Taher, in den tunesischen Mogod Bergen und der Khroumerie, im Sahel um El

Djem, im Sahara-Atlas (Aurès, Dj. Amour und Ksell) und in den nördlichen Oasen Tunesiens (Gafsa und Foum Tataouine, s.Gruner 1973:11; Gruner 1986:34). In Marokko rechnete sie - nach damaligem Forschungsstand - handmodellierte Frauenkeramik der Tsoul und Slès im Rif-Gebirge und südlich angrenzend der Bhalil und Ghiata sowie der aus dem Rif stammenden Gruppen im Zerhoun-Gebirge ebenfalls zu diesem Keramikkomplex.

Tatsächlich sind nach heutiger Kenntnis die Übereinstimmungen zwischen der algerischen und marokkanischen Frauenkeramik im zentralen und südlichen Rif-Gebirge am größten. Weitgehende Gemeinsamkeiten zeigen sich vor allem in technologischer Hinsicht (Aufbaukeramik, offener Feldbrand) und im flächenfüllenden linearen Dekor auf weißer Engobe, (z.B. bei den Beni Ouriaghel, den Beni Guemil, den Tsoul und bis zu einem gewissen Grade bei den Beni Derkoul, den Beni Mesguilda und den Slès, vgl. C. Ebert 1988). Aufgrund von Vergleichen der algerischen Frauenkeramik mit archäologischen Befunden von Bestattungsbeigaben in prähistorischen Felskammergräbern und Dolmen Ostalgeriens und Tunesiens kommt D. Gruner zu dem Schluß, daß

1. technologisch und typologisch gesehen sehr enge Beziehungen zwischen der Megalithkeramik des 1. Jahrtausends vor Christus mit der heutigen Berberkeramik bestehen und

2. die Anfänge der »berberischen« Gefäßbemalung auf die sizilianische Castelluccio-Kultur zurückgehen, die wiederum enge Beziehungen zu ägäischer Keramik aufweise (Gruner 1986:30).

In formaler Hinsicht gibt es neben vielen Gemeinsamkeiten allerdings auch markante **Unterschiede zwischen marokkanischen und algerischen Traditionen.** So haben wir bereits im Bereich der marokkanischen Frauentöpferei festgestellt, daß selbst bei den »primitiven« Aufbautechniken von Region zu Region wesentliche Unterschiede bestehen. Das Spektrum reicht von der mit Wulsttechnik kombinierten Treibtechnik »aus dem Vollen« (Ifrane Ali) über Ringwulst-Treibtechnik (Slit) bis zu Lappen-Treibtechnik (Ain Bouchrik und Zerhoun-Gebiet). Ferner fehlen in Marokko die für Algerien typischen Trinkgefäße (*tabuqalin*), aus deren Henkelausguß getrunken wird. Es fehlen die zeremoniellen, menschengestaltigen hohen Öllampen und die schlanken spitzbodigen Wasserkrüge mit den flügelförmigen Henkeln. Dagegen kommt z.B. das für die Beni Ouriaghel typische Trinkgefäß in Schiffchen-Form in Algerien nicht vor. Bezieht man weitere Unterschiede zwischen marokkanischer und algerischer Frauenkeramik ein (z.B. die mit großflächigem Dekor flüchtig bemalten Wasserkrüge und Vorratsgefäße aus dem südlichen und westlichen Rif oder die z.T. mit Ritzdekor oder Stempelmustern verzierte Keramik aus Ifrane Ali/Beni Said , die in Einkammeröfen vom Brotofentyp gebrannt wird (s. oben), so fragt man sich, ob die von Dorothee Gruner entwickelte enge Definition von Berberkeramik (s. oben) glücklich gewählt ist. Ist es tatsächlich gerechtfertigt, die mit typischen linearen **»Berbermustern«** bemalte Oasenkeramik des Südens (z.B. Taourirt/Ouarzazate, Aghgoumi oder Tatelt/Tafraout, vgl. C. Ebert 1988:235; Vossen/Ebert 1986) **nicht** zur »Berberkeramik« zu rechnen, obwohl sie von berberisch sprechenden Töpfern hergestellt wird?.

D. Gruner macht eine scharfe Trennungslinie zwischen der flachbodigen berberischen Frauenkeramik des Nordens und der in Abform-(Model)-Technik von Männern hergestellten rundbodigen Keramik des Südens (vgl. Gruner 1973, Karte II a,b). Wie wir oben (s. S.) ausgeführt haben, gibt es auch von Frauen in Model- und Aufbautechnik hergestellte, mechanisch verzierte rundbodige Keramik bei El Kelaa des Sraghna (s. Kapitel »Frauentöpferei-Inseln...«). Im Süden Algeriens gab es offensichtlich vergleichbare archaische Frauentöpfereien, in denen noch 1969 rundbodige Wasserkrüge und Kochtöpfe mit Ritzdekor geformt wurden (Tamenit und Timimoun, südlich bzw. nördlich von Adrar und Touggourt im tunesischen Grenzbereich, vgl. A la rencontre de la poterie modelée en Algérie, 1982:47, 53). Möglicherweise ist dieser archaische Komplex auf neolithische Keramik-Traditionen (»Neolithikum der Grotten«) zurückzuführen, die sich durch rundbodige Gefäße mit Impressions- oder Ritzdekor auszeichnen (vgl. Gruner 1973:126).

Sind nun die Model-Wulsttechnik-Keramik der Frauen und die im gesamten Süden verbreitete Model-Wulst-Drehtechnik der Männer der Berber-Keramik zuzurechnen oder nicht? Wir kommen, meine ich, der Wirklichkeit näher, wenn wir die Grunersche Definition von Berber-Keramik erweitern und **innerhalb eines umfassenden Berber-Keramikkomplexes verschiedene Traditionen oder »lokale und regionale technologische Dialekte und Sprachen« unterscheiden.**

Ebenso wie regional unterschiedliche Berberdialekte existieren, so gibt es unterschiedliche berberische Töpfereitraditionen bzw. »technologische Lokal- und Regionaldialekte« zeitgleich nebeneinander: berberische Frauenkeramik des Nordens mit den von D.

Gruner oben aufgeführten Merkmalen neben berberischer Frauenkeramik des Südens mit runden Böden, Zierleisten, Ritzdekor und archaischen Henkel- und Knaufformen sowie berberische Männerkeramik des Südens mit runden Böden, geometrischem »Berber«-Dekor oder kurvilinearen Motiven.

Diese in Model-Wulst-Drehtechnik hergestellte rundbodige Berberkeramik war z.B. auch in der Figig-Oase im Südosten Marokkos (vgl. Drost 1967:92) und im benachbarten südlichen Algerien verbreitet (z.B. in Kerzaz und Igli, Oued Saoura, vgl. »A la rencontre de la poterie modelée en Algérie«, 1982:50 f.).

Zusammenfassend läßt sich sagen:
Die ländlichen Töpfereitraditionen Algeriens, Tunesiens und Marokkos weisen so viele Gemeinsamkeiten auf, daß man von einem umfassenden Berber-Töpfereikomplex sprechen kann, der sich in unterschiedliche von Frauen oder Männern getragene regionale Traditionen bzw. »technologische Dialekte« aufspalten läßt. Sie repräsentieren die heutigen Ausläufer alter Töpfereitraditionen, die sich in ihren Wurzeln vermutlich bis in die Zeit der Megalithkeramik bzw. des Neolithikums des 1. bzw. 2. Jahrtausends vor Christus zurück verfolgen lassen.

Es fehlt hier der Raum, um auf weitere Parallelen zu den Frauentöpferei-Traditionen Tunesiens, Libyens und Ägyptens einzugehen. Nur soviel sei angedeutet, daß es vor allem bei den älteren, von Frauen aufgebauten Kochgefäßtypen in den Oasen Siwa und der westlichen Wüste Ägyptens punktuelle Übereinstimmungen zur Berberkeramik des Nordwestens gibt (vgl. Bliss 1982:24 ff.; 1989:322 ff.).

Marokkanische, prähistorische und schwarz-afrikanische Töpfereitraditionen

Inwieweit lassen sich schwarz-afrikanische Elemente in den heutigen Töpfereitraditionen Marokkos nachweisen? Welche möglichen Beziehungen zu prähistorischen Kulturen kann man erkennen?

Zur schlüssigen Beantwortung dieser Fragen ist der bisherige Forschungsstand noch zu lückenhaft. Es lassen sich jedoch einige Indizien anführen.

Prähistorische Parallelen

Möglicherweise ist fast der gesamte Komplex der in Model-Wulst-Technik hergestellten rundbodigen Wasserkrüge und Vorratsgefäße auf schwarzafrikanische Einflüsse zurückzuführen, es sei denn, es läßt sich archäologisch nachweisen, daß diese Aufbautechnik direkt auf regionale jungsteinzeitliche Traditionen zurückgeht. Da die Berber als die älteste bekannte Bevölkerungsschicht Nordafrikas früher zum überwiegenden Teil zu den Nomadenvölkern gehörten, ist nicht auszuschließen, daß ihre Vorfahren in grauer Vorzeit noch zu jenen Jäger-, Fischer- und Hirtenvölkern Kontakt gehabt hatten, die die älteste Keramik Nordafrikas herstellten.

Neuere Grabungsergebnisse im Saharagebiet haben nämlich zu der überraschenden Erkenntnis geführt, daß in einer »**neolitischen Feuchtphase**« im Zeitraum etwa vom 10.-5.Jahrtausend v. Chr. vor allem der Umkreis der Gebirgsregionen (Hoggar, Tibesti, Tassili, Acacus) Schauplatz einer frühen »**neolithischen Revolution**« gewesen sein muß. In diesem »**Sahara-Sudan-Neolithikum**« jagten negroide Menschengruppen heute teilweise ausgestorbene Großwildarten und betätigten sich außerdem intensiv als **Sammler und Fischer**, wie neben den Ausgrabungsbefunden auch vorzüglich erhaltene Felsbilder beweisen. Neben Mahlsteinen und Reibsteinen wurden bereits für die Zeit um 6000 v.Chr. Anzeichen für einen frühen **Ackerbau** mit Gerste und Dattelpalmen, für die **Zähmung** von Rindern, Schafen und Ziegen und für die **erste Töpferei** entdeckt. Es handelt sich um Scherben einer **mit Wellenlinien in Wiegebandtechnik und Abdruckmustern verzierten Keramik**.

Aufgrund von C 14 Daten lassen sich die **frühesten Keramikfunde sogar in die Zeit um 7000 v.Chr.** datieren. Es handelt sich um rundbodige und spitzbodige, kumpfartige mit Kammstich verzierte Gefäße. Mit der zunehmenden Austrocknung der Sahara im 4. und 3. Jahrtausend zogen die negroiden Rinderhirten mit ihren Herden nach Süden ab. An ihre Stelle traten hellhäutige Ziegen- und Schafhirten, die als »**Protoberber** (?)« bzw. Vorfahren der späteren **Garamanten** und der heutigen berberischen **Tuareg** angesehen werden können (nach Kuper 1978:60 ff., 1989; Gabriel 1978:189 ff.).

Schwarzafrikanische und marokkanische Parallelen

Natürlich läßt sich bisher keine lückenlose Verbindung zwischen den frühesten Keramikfunden und der heutigen rundbodigen Berberkeramik des Südens herstellen. Es ist jedoch auffällig, daß sowohl im Süden Marokkos als auch in Westafrika, in Mali, im Sahel-Gebiet, im westlichen Sudan und im Zentralsudan **rundbodige** Gefäße überwiegen, die in Schwarzafrika auch häufig mit Impressionsdekor (Druck- oder Ritzverzierung) geschmückt sind (vgl. Drost 1967; Stößel 1984; Soeffing 1988; Gruner 1988).

Von rezenten und frühgeschichtlichen schwarzafrikanischen Beispielen ließe sich, natürlich mit großen zeitlichen Lücken, m.E. eine typologische Reihe zu den ersten Keramikfunden im Sahara-Gebiet aufstellen (vgl. Smolla 1984:13 ff.). Bei der Herstellung des Rundbodens überwiegen die beiden Varianten: **Treiben in einer konkaven Form** (ausgelegte Erdlöcher, konvexe Kalebassen, Tonscherben, Ton- oder Holzschalen) oder **Abformen über einem konvexen Model** (umgestülpter rundbodiger Topf, Kalebasse, ortsfestes Lehm- oder Steinmodel etc.). Die runden Tonkalotten werden dann in Wulst-Treib-Technik häufig unter Zurhilfenahme eines Schlegels weiter aufgebaut. Dietrich Drost hält die erste Variante für das kulturgeschichtlich ältere Verfahren, das in Schwarzafrika auch am weitesten verbreitet sei. Die zweite Variante ist im westlichen Sudan vor allem im Gebiet zwischen dem oberen Senegal und dem Niger verbreitet, d.h. in den Regionen, die über die alten Sahara-Handelswege die engsten Kontgakte mit Marokko unterhielten (vgl. Drost 1967:95 ff., Bedaux u.a. 1978, Gruner 1988).

Im Süden Marokkos ist, wie wir gesehen haben, vor allem die zweite Variante »Abformen über einem Model« vorherrschend (vgl. Ait Hamed), doch kommt bei Brotbackplatten gelegentlich auch die Variante »Eindrücken in ein Model« oder bei abgerundeten Koch- und Vorratsgefäßen »Eindrehen in einen schalenförmigen Scheibenkopf« (vgl. Regraga) vor. **Der wesentliche Unterschied zu den schwarzafrikanischen Beispielen besteht in der zusätzlichen Verwendung einer Töpferscheibe mit schüsselförmigem Scheibenkopf oder einer niedrigen Drehschüssel** (vgl. oben das Kapitel »Töpferscheibentypen...«).

Allerdings ist vom Arbeitsablauf her der Unterschied zwischen einer zentrierten Drehschüssel, wie sie vor allem in der Oasenregion Marokkos verbreitet ist, und einer nicht zentrierten, aber ebenfalls drehbaren schüssel- oder schalenförmigen Unterlage (»Scherbendrehe«) nicht sehr groß, zumal wenn die konvexe Drehschüssel auf der Unterseite mit etwas Öl geschmiert wird (vgl. Drost 1967:121 ff., Bedaux u.a. 1978:140). Es ist sogar anzunehmen, daß die niedrige zentrierte Drehschüssel (tournette) sich in Südmarokko lokal aus der bereits vorhandenen oder mit afrikanischen Sklaven importierten schalenförmigen Dreh-Unterlage entwickelt hat, indem einfach ein Zapfen im Boden oder in einer transportablen festen Basis befestigt und in ein zentriertes Loch (Spurpfanne) auf der Unterseite der Formschüssel geführt wurde. Wenn eine derartige Drehschüssel auf eine ca. 1 m hohe Achse gesetzt wird, die unten durch eine Scheibe geführt wird, könnte auch die Entstehung der in Südmarokko ebenfalls verbreiteten rudimentären oder Mahlstein-Spindelscheibe mit schüsselförmigem Kopf erklärt werden.

Über den möglichen Zeitpunkt der Entwicklung der südmarokkanischen Töpferscheibentypen können wir mit den Mitteln einer ethnographischen Landesaufnahme keine Angaben machen. Vergleiche mit ähnlichen archaisch anmutenden Scheibentypen im Mittelmeergebiet lassen jedoch ein hohes Alter vermuten.

Abb. 3 Zawiat Sidi Lahsen, abgehobene Drehschüssel, Zapfen im Boden versenkt; Foto K. Vossen, 1980

Jedenfalls ist die Verbreitung der Töpferscheibe in Marokko auf mittelmeerische Einflüsse zurückzuführen, die Entstehung der oben beschriebenen Töpferscheibentypen jedoch mit großer Wahrscheinlichkeit in Anpassung an die vorherrschenden schwarzafrikanisch geprägten Töpferereitraditionen. So halte ich den Schluß für gerechtfertigt, daß sich die berberische Model-Wulst-Drehtechnik als Kontaktergebnis zwischen mittelmeerischen und schwarzafrikanischen Töpfereitraditionen entwickelt hat.

Ist sie dekoriert, so zeichnet sich die rundbodige Berberkeramik des Südens zum Teil durch schraffierte Dreieck- und Rauten-Dekormotive aus, die eine Verbindung mit dem Dekorstil der berberischen Frauentöpferei des Nordens erkennen läßt. Schwarzafrikanische Keramik dagegen ist überwiegend in Ritz-, Abdruck- und Abrolltechnik verziert oder mit plastischen Auflagen versehen (vgl. Stößel 1984:58 f., Schneider 1988).

Ritztechnik und plastische Keramikauflagen sind in Marokko nur punktuell verbreitet. Sie kommen vor allem auf Vorratsgefäßen vor (vgl. z.B. Oued Zem/Phosphat Plateau, Anou Amrane/Anti Atlas, Tikirt/Ouarzazate, s. Vossen/Ebert 1986:198, 404, 471). In einem Fall gaben plastische Auflagen auf Vorratsgefäßen, die nur für den Eigenbedarf hergestellt wurden, einen Anhaltspunkt für die unmittelbare Entlehnung dieses Dekorelementes aus Mali (Gueddara el Oued, s. oben S. 274). Im gleichen Ort wurde auch ein **sichelartiges Schabegerät** beobachtet, das zum Abhobeln und Verdünnen der gerundeten Bodenzone von Wasserkrügen dient. Es kommt in dieser Funktion außerdem in Tafza und Anrar im Ourika-Tal (s, oben S. 252, 268) und ebenfalls in Mali vor (vgl. Gruner 1988).

In einem einzigen Fall konnten wir beobachten, daß das runde Bodenelement nach dem Umdrehen der bereits fertigen Bauch- und Randzone nachträglich in Wulsttechnik eingefügt wurde (Sidi Bark, Prov. El Jadida, vgl. Vossen/Ebert 1986:226 f.). Dazu gibt es einige west- und ostafrikanische Parallelen (vgl. Drost 1967:96).

Formal gesehen erinnern die tropfenförmigen Wasserkrüge von Gueddara an frühgeschichtliche Formen aus dem inneren Deltagebiet des Niger (vgl. Bedaux u.a. 1978:129, 6 b), die kugelförmigen Wasserkrüge und Kochtöpfe von Tafza und Anrar in frappanter Weise an ähnliche Formen in Westafrika. Formale und funktionale Parallelen mit diesem Gebiet gibt es auch bei den schüsselförmigen Gueddara-Kohlebecken mit dornartig eingesetzten Topfhaltern (vgl. Bedaux u.a. 1978:Fig. 26;) sowie mit Reibschalen.

Eine typische südmarokkanische Eigenentwicklung scheinen dagegen die kugelförmigen Koch- und Vorratsgefäße mit Schnabelausguß und herausgeschnittenem Deckel zu sein. Auch in vielen anderen Aspekten des Formeninventars gibt es **Unterschiede zwischen schwarzafrikanischen und marokkanischen Töpfereitraditionen.**

Besonders markant sind die Unterschiede zwischen der Frauentöpferei Nordafrikas und Schwarzafrikas und der städtisch-islamisch-andalusischen Töpfereitradition Marokkos, die in Schwarzafrika keinerlei Parallelen hat. Auf die technologischen Unterschiede zwischen nordafrikanischer und westafrikanischer Aufbaukeramik hat Dorothee Gruner in einem bemerkenswerten Aufsatz aufmerksam gemacht (Gruner 1988 b). Doch auch in formaler und ornamentaler Hinsicht überwiegen die Unterschiede zwischen den zuletzt genannten Aspekten.

Zusammenfassung

Zusammenfassend können wir feststellen:

Seiner geographischen Lage entsprechend spiegeln die heutigen Töpfereitraditionen Marokkos seine kulturhistorische Brückenfunktion zwischen Europa und Schwarzafrika, zwischen berberischen und islamisch-arabisch-andalusischen Traditionen, zwischen prähistorischen und gegenwärtigen Kulturströmungen. In diesem Zusammenhang wurden viele Fragen aufgeworfen und beantwortet, Gemeinsamkeiten und Unterschiede nach derzeitigem Forschungsstand herausgearbeitet und Fragen für die weitere Forschung entwickelt.

Wird die künftige vergleichende Töpfereiforschung breit angelegt und möglichst interdiszipinär betrieben - »zwischen Archäologie und Entwicklungspolitik« (vgl.Vossen 1988b) - könnte sie zur weiteren Erhellung kulturhistorischer Fragen ebenso beitragen wie zur Lösung lokaler und überregionaler entwicklungspolitischer Probleme eines der ältesten Handwerke der Menschheit.

Literaturverzeichnis

Almagro Basch, M./Llubiá Munné, L.L.:
1962 La cerámica de Teruel. Instituto de Estudios Turolenses. Teruel
Artbauer, Otto C.:
1925 Kreuz und quer durch Marokko. Das Ende des letzten Sultanats. Stuttgart
Balfet, Hélène:
1965 Ethnographical observations in North Africa and archaeological interpretations: the pottery of the Maghreb. In: F. Matson (ed.): Ceramics and Man. New York/London 1965:161-77
1973 A propos du tour de potier. L'outil et le geste technique. In: L'Homme hier et aujourd'hui. Hommage André Leroi-Gourhan. Paris
1979 Pour la normalisation de la description des poteries. Essai de nomenclature des formes. Musée de l'Homme. Paris
1984 Methods of Formation and the Shape of the Pottery. In: S. van der Leeuw/A.C. Pritchard (eds.): The Many Dimensions of Pottery. Amsterdam 1984:172-201
Bauer, Ingolf:
1980 Hafnergeschirr. Bayerisches Nationalmuseum. Bildführer 6. München 1980
1983 Handbuch und Führer zum Keramikmuseum Schloß Obernzell. Bayrisches Nationalmuseum. 2.erw. Aufl. München
1983/84 Keramik als kultureller Wert. In: Bayerisches Jahrbuch für Volkskunde 1983/84:46-52
Bauer, I./Endres, W./Kerkhoff-Hader, B./Koch, R./Stephan, H.G.:
1986 Leitfaden zur Keramikbeschreibung (Mittelalter - Neuzeit) Terminologie - Typologie - Technologie. Kallmünz/Opf.
Bauer, I./Kriss-Rettenbeck, L.:
1976 Einleitung zu: Volkstümliche Keramik aus Europa. Zum Gedenken an Paul Stieber. München
Basset, Henri:
1925 Les troglodytes de Taza (Notes sur les poteries des Ghiata). In: Hespéris 5, 1925:427-442
Becker, Gerd:
1989 Das Pentagramm - Symbol in Marokko. Religion, Politik und Magie im maghrebinischen Königreich. Wayasbah Hamburg
Beckett, T.H.:
1958 Two pottery techniques in Morocco. In: Man. Dec.1958:185-188
Bedaux, R.M.A./Constandse-Westermann, T.S./Hacquebord, L./Lange,
1978 **A.G./van der Waals, J.D.:** Recherches archéologiques dans le Delta intérieur du Niger. Paleohistoria XX. Utrecht
Bel, Alfred:
1918 Les industries de la céramique à Fès. Alger/Paris

van Berchem, Horace:
1968 Réhabilitation de la poterie populaire traditionelle.Musée d'Ethnographie de Genève
Bernes, J.P.:
1974 Arts et objets du Maroc. La Céramique. ABC Collections Paris
Bliss, Frank:
1982 Das Kunsthandwerk in der Oase Siwa (Ägypten). In: Baessler Archiv, N.F. 30:1-68
1989 Wirtschaftlicher und sozialer Wandel im 'Neuen Tal' Ägyptens. Über die Auswirkungen ägyptischer Regionalentwicklungspolitik in den Oasen der Westlichen Wüste. (Pol. Arbeitskreis Schulen e.V.). Bonn
Boukobza, André:
1974 Poteries et céramiques marocaines. Casablanca (spekulativ !)
Brignon, Jean/Amine, A.A./Boutaleb, B./Martinet/G./Rosenberger, B.
1967 avec la collaboration de Michel Terasse: Histoire du Maroc. Hatier Paris/Casablanca
Brockhaus Völkerkunde:
1974 Bd. 5, Wiesbaden
Brunot, L.:
1921 Les noms des récipients à Rabat. In: Hespéris 1:111-140
Carrier, Robert:
1988 Die Kultur der marokkanischen Küche. DuMont Verlag Köln
Caselitz, P./Michl, R.B.:
1988 Zur formalen Klassifikation von Gefäßen. Zeitschrift für Archäologie 22, 1988:37-63
Centlivres-Demont, Micheline:
1969/70 Les poteries nord-africaines du Musée d'Histoire de Berne. In: Jahrbuch d. Berner Histor. Museums, 59:321-338
Coissac de Chavrebière:
1931 Histoire du Maroc. Bibliothèque Historique. Payot, Paris
Creyaufmüller, Wolfgang:
1979 Völker der Sahara - Mauren und Twareg. Ausstellungskatalog Linden-Museum Stuttgart
Czysz, Wolfgang/Endres, Werner:
1988 Archäologie und Geschichte der Keramik in Schwaben.Neusäßer Schriften Bd. 6. Kulturkreis Neusäß e.V. (Hg.)
Delpy, Alexandre:
1974 Poteries rustiques modelées par les femmes du Nord Marocain. In: Cahiers des Arts et Techniques d'Afrique du Nord. 7 :23-36
Drost, Dietrich:
1958 Transportable Herde in Afrika. In: Jahrbuch des Museums für Völkerkunde zu Leipzig. 17:140-157
1967 Töpferei in Afrika. Technologie. Veröffentlichungen des Museums für Völkerkunde zu Leipzig. Heft 15. Leipzig

Duda, Dorothea:
1970 Spanisch-islamische Keramik aus Almeria vom 12. bis 15. Jahrhundert. Heidelberg
Ebert, Christiane:
Unglasierte Irdenware. In: Hakenjos 1988:194-241
Ebert, Wilhelm:
1976 Keramik aus dem Mittelmeerraum. Gebrauchsgut, Bauerntöpferei, Volkskunst. Sammlung Ebert. Katalog des Hetjens-Museums. Düsseldorf
1979 Gebrauchskeramik der westlichen Mittelmeerländer. Anmerkungen zum Wissensstand und zu Forschungsdesideraten. Vortragsmanuskript. Wuppertal/Düsseldorf
1983 a Frauenarbeit und Frauenhandwerk in Marokko. In:
1983 b Zeitschrift für Kunstpädagogik. 2, 1983 sowie in: Töpfern wie in Afrika. Materialien 22. Deutscher Volkshochschulverband (Hrsg.). Bonn 1983:65-76
Escher, Anton:
1986 Studien zum traditionellen Handwerk der orientalischen Stadt. Erlanger Geographische Arbeiten 46. Erlangen
Fischer-Weltalmanach '89.:
1988 Frankfurt
Foster, G.M.:
1959 The potter's wheel: an analysis of idea and artifact in invention. In: Southwestern Journal of Anthropology 15:99-119
Gabriel, Baldur:
1978 Gabrong - Achttausendjährige Keramik im Tibesti-Gebirge.In: Sahara. 10.000 Jahre zwischen Weide und Wüste. Ausstellungskatalog Köln 1978:189-196
Gandelin, J.M./Labat: Etude sur les poteries des Sless. Exemple du 1947-50 travail d'artisans dans les tribus marocains. In: L'Ethnographie N.S. 45:171-177
Gellner, E.A./Micaud, C.:
1972 Arabs and Berbers. London
van Gennep, A.:
1918 Recherches sur les poteries peintes de l'Afrique du Nord. (Tunesie, Algérie, Maroc). In: Harvard Africain Studies. 2:235-297
Gjöstein Resi, Heid:
1979 Die Specksteinfunde aus Haithabu. Berichte über die Ausgrabungen in Haithabu. Bericht 14. Schleswig
Gorys, Erhard:
1988 Marokko. Kunst- und Reiseführer. München
Grohmann-Kerouach, Brigitte:
1971 Der Siedlungsraum der Ait Ouriaghel im östlichen Rif. Heidelberger Geographische Arbeiten, 35. Heidelberg

Grothues, Jürgen:
1988 Aladins neue Lampe. Recycling in der Dritten Welt. Trickster Verlag München
Gruner, Dorothee:
1973 Die Berber-Keramik am Beispiel der Orte Afir, Merkalla, Taher, Tiberguent und Roknia. Studien zur Kulturkunde 33 Wiesbaden
1986 Berber-Keramik. Austellungskatalog Jahrhunderthalle Hoechst, Rautenstrauch-Joest Museum Köln
1988 a Unterschiedliche Wulsttechniken in Nord- und Westafrika.In: R.Vossen (Hg.) Bd.1:73-80, Bonn
1988 b Töpferei bei den Baule (Elfenbeinküste). In: Paideuma 34.1988:185-210
Guinaudeau, Z.:
1966 Fès vu par sa cuisine. 7. édition. Rabat
Haberland, Wolfgang:
1988 Rezension von Vossen/Ebert 1986. In: Anthropos 83:652-653
Hakenjos, Bernd:
1988 Marokkanische Keramik. Unter Mitarbeit von Christiane Ebert und Johannes Kalter. Stuttgart/London
Hampe, Roland/Winter, Adam:
1962 Bei Töpfern und Töpferinnen in Kreta, Messenien und Zypern. Mainz
Hellwig, Alex:
1963 Rif-Berber - Nordafrika (Marokko). Töpferei in Treibtechnik. Begleittext zu Film E 142/1957. IWF Göttingen
Herber, J.:
1922 Techniques des poteries rifaines du Zerhoun. In: Hespéris 2:241-254
1928 Techniques des poteries Beni Mtir et Beni Mguild. In:Memorial Henri Basset 1928:313-330
1931 Contribution à l'étude des poteries Zaër. In: Hespéris 13:1-34
1932 Notes sur les poteries de Karia (Cheraga). In: Hespéris15:157-164
1933 Les potiers de Mazagan. In: Hespéris 27:49-57
1946 Les poteries de Bhalil. In: Hespéris 33:83-92
Herbich, Ingrid:
1987 Learning patterns, potter interaction and ceramic style among the Luo of Kenya. In: The African Archaeological Review, 5:193-204
Hoffmann, Bernard G.:
1967 The structure of traditional Moroccan rural society. The Hague/Paris
Ihm, P.:
1980 Seriation mittels des Goldmann-Verfahrens. Naturwiss. Beiträge zur Archäologie.
1983 Korrespondenzanalyse und Seriation. Archäologische Informationen, 6, 1983:8-22

Jansen, Michael:
1986 Die Indus-Zivilisation. Wiederentdeckung einer frühen Hochkultur. Köln

Jenkins, Marilyn:
1978 Medieval Maghribi Ceramics: reappraisal of the pottery production of the western regions of the muslim world. 2 vols. Diss. New York Univ.

Jeune Afrique:
1986 Tourisme: L'Afrique au fond des yeux. J.A. No. 1975. 12.4.1986

Joly, A.:
1906 L'industrie à Tetouan. In: Archives Marocaines, varia Keramik, 8:265-290

Kalter, Johannes:
1977 Aus marokkanischen Bürgerhäusern. Linden-Museum Stuttgart

Kerkhoff-Hader, Bärbel:
1985 Das Töpferhandwerk als Paradigma in der Handwerksforschung. In: Kieler Blätter für Volkskunde. Kiel

Khayyam, Omar:
1048-1131 Die Sprüche der Weisheit. Deutsch von Hektor G. Preconi. München o.J.

Köhler, Michael:
1986 Marokko. DuMont Verlag Köln

Köpke, Wulf:
1974 Frauentöpferei in Spanien. In: Baessler Archiv 22:335-441Berlin
1985 Töpferöfen. Die Brennanlagen der traditionellen Töpfereien Spaniens. Habelt Verlag Bonn

Köpke, Wulf/Graf, Walter:
1988 Zur Typologie der keramischen Brennanlagen im westlichen Mittelmeergebiet. In: Vossen (Hg.) 1988 a:111-127

Kuper, Rudolph:
1978 Vom Jäger zum Hirten - Was ist das Sahara-Neolithikum? In: Sahara. 10.000 Jahre zwischen Weide und Wüste. Austellungskatalog Köln 1978:60-69
1989 Afrika - Geschichte zwischen Weide und Wüste. Die Kölner Forschungen zur prähistorischen Archäologie Afrikas. In: Archäologie in Deutschland. Heft 2, 1989:2-9

Laoust, E.:
1920 Mots et choses Berbères. Notes de linguistique et d'ethnographie. Paris

Legoux, R.:
1980 Le recours à l'informatique: La chronologie relative par permutation matricielle automatique. In: P. Perin: La datation des tombes Mérowingiennes. Historique - methodes - application. 1980:138-155

Lévi-Provencal, E. (Hg.):
1935 Maroc. Atlas historique, géographique et économique. Paris
Llubiá, Luis M.:
1967 Cerámica médieval española. Nueva Colección Labor. Barcelona
Löbert, Horst W.:
Types of potter's wheels and the spread of the spindlewheel in Germany. In: van der Leeuw/Pritchard (eds): The many dimensions of pottery. Amsterdam 1984:203-230
Longacre, W.:
1970 Archaeology as Anthropology: a Case Study. Anthropological Papers of the University of Arizona, 17, Tucson
Lucke, Arne:
1988 Brennversuche im Sinne experimenteller Archäologie. In:Vossen (Hg.) 1988 a:128-141
1989/80 Vergleichende ethno-archäologische Untersuchungen zu Brenntechniken in vier nordmarokkanischen Töpferorten. In: Töpferei- und Keramikforschung. Bd. 2 (im Druck)
Lüdtke, H./Vossen, R. (Hg.):
1989/90 Töpferei- und Keramikforschung. Bd. 2. (im Druck) Schleswig/ Bonn
Martinez, Nicole:
1965 Notes sur la poterie et les potiers d'Azemmour. In: Journal de la Soc. des Africanistes 35, 1965 (2) (spekulativ!)
Masemann, Ullrich:
1989 Horizontalstratigraphische und kombinationsstatistische Untersuchungen am fränkischen Gräberfeld von Köln-Junkersdorf. Magisterarbeit Hamburg
Le Ministère de l'Agriculture et de la Révolution agraire (éd.):
1982 A la rencontre de poterie modelée en Algérie.
Mylius, N. sen./Mylius N. jun.:
1974 a Ait Haddidou (Nordafrika, Hoher Atlas) - Töpfern: Treib- und Wulsttechnik, Töpferscheibe. Film E 1762/1974. IWF Göttingen
1974 b Ait Haddidou (Nordafrika, Hoher Atlas) - Brennen von Töpferware im Schachtofen. Film E 1771/1974. IWF Göttingen
Neumann, Wolfgang:
1983 Die Berber. Vielfalt und Einheit einer alten nordafrikanischen Kultur. Du Mont Köln
Périn, H./Theune, C.:
1988 Zur Chronologie merowingischer Frauengräber in Südwest-Deutschland. In: Archäologische Informationen aus Baden-Württemberg, 6:1988:7-37
Popp, Herbert:
1989 Die Berber im Maghreb. In: Klaus Rother (Hg.): Minderhei-ten im Mittelmeerraum. Passau 1989:115-142

Quedenfeld, Max:
1888/89 Eintheilung und Verbreitung der Berberbevölkerung in Marokko. In: Zeitschrift für Ethnologie, 20, 1888:98-130,146-160, 184-210; 21, 1889:81-108, 157-201

Rackow, Ernst:
1958 Beiträge zur Kenntnis der materiellen Kultur Nordwest-Marokkos. Wohnraum, Hausrat, Kostüm. Wiesbaden

Rieth, Adolf:
1939 Die Entwicklung der Töpferscheibe. (In Zusammenarbeit mit Günter Groschopf) Leipzig
1960 5000 Jahre Töpferscheibe. Jan Thorbecke Verlag Konstanz

Ricard, Adda:
1935 Contribution à l'étude des potiers communes du Maroc 1935. Manuskript Musée de l'Homme, Dépt. Afrique Blanche

Ricard, Prosper:
1921 Poteries berbères à décors de personnages. In: Hespéris1:421-433
1924 Les métiers manuels à Fès. In: Hespéris 4, 1924:205-224
1927/28 Céramique marocaine. Ausst. Kat. Manufacture Nationale de Sèvres
1950 Maroc. Les Guides Bleus. 7e édition, Paris

Ricard, P./Delpy, A.:
1931 Note sur la découverte de spécimens de céramique du Moyen-Age. In: Hespéris 13:227-32

Sempere, Emili:
1982 Rutas a los alfares. España - Portugal. Barcelona

Sijelmassi, Mohammed:
1974 Les arts traditionels au Maroc. Paris

Smolla, Günter:
1984 Anfänge und Struktur prähistorischer Keramikgruppen in Afrika. In: Stößel: Afrikanische Keramik. 1984:13-21

Soeffing, Helmut:
1988 Die Töpferei bei den For im Jebel Marra - ein bedrohtes Handwerk? In: Vossen (Hg.) 1988 a:57-72

Statistisches Bundesamt Wiesbaden (Hg.):
1986 Statistik des Auslandes. Länderbericht Marokko. Kohlhammer Stuttart und Mainz

Stieber, Paul:
1970/71 Formung und Form. Versuch über das Zustandekommen der keramischen Form. 2. erw. Fassung. In: Bayerisches Jahrbuch für Volkskunde 1970/71:7-73
1973 Über Sammeln, Erforschen und museale Darbietung von Hafnergeschirr. In: Jahrbuch d. Staatl. Kunstsammlungen in Baden-Württemberg, 10:135-160

Stößel, Arnulf:
1984 Afrikanische Keramik. Traditionelle Handwerkskunst südlich der Sahara. Hirmer Verlag München
Terrasse, Henri:
1931 Persian influence on the ceramic arts of North Africa and Spain. Proceedings of the 2. Int. Congress of Persian Art. London 1931:20
Terrasse, Henri/Hainaut, Jean:
1925 Les arts décoratifs au Maroc. La céramique urbaine. Paris
Tobias, Werner:
1986 Schwarze Keramik aus Nordportugal. Ein Bericht über die Arbeit der Töpfer in Bisalhães - Vila Real. Ausstellungskatalog Bramsche
Troins, J.F.:
1975 Les Souks Marocains. Marchés rureaux et organisation de l'espace dans la moitié nord du Maroc. 2 vols. Aix-en-Provence
Völger, Gisela:
1979 Markt in der Sahel. Ausstellungskatalog Offenbach/Main
Völger, Gisela/Steuer, Heiko:
1985 Mitteleuropäische Dreibeintöpfe als Vorbild für afrikanische Keramik. In: Zeitschrift für Archäologie des Mittelalters. Jg. 13, 1985:193-198
Vossen, Karla:
1983 a Frauentöpferei in Marokko. In: Töpfern wie in Afrika. Deutscher Volkshochschulverband (Hg.) Materialien 22:77-79. Bonn
1983 b Wasser und Wasserkrüge in Marokko. In: op. cit.:79-85
1983 c Küche und Kochgefäße in Marokko. In: op. cit.:86-94
1989/90 Formtypen und Verwendungszwecke - Ein Beispiel aus Marokko. In: H. Lüdtke/R. Vossen (Hg.): Töpferei- und Keramikforschung Bd. 2, Bonn (im Druck)
Vossen, Rüdiger:
1968 Lebendige Archäologie. In: Verhandlungen des 38. Int. Amerikanisten-Kongresses. Stuttgart/München. Bd. I:73-77
1969 Archäologische Interpretation und ethnographischer Befund. Eine Analyse anhand rezenter Keramik des westlichen Amazonasbekkens. Hamburger Reihe zur Kultur-u. Sprachwissenschaft. Bd.1 u.2. Diss. Hamburg
1970 Klassifikationsprobleme und Klassifikationssysteme in der amerikanischen Archäologie. In: Acta Praehistorica et Archaelogica, Bd.1: 29-79. Berlin
1971 Probleme der Keramikklassifikation: Analyse von Material und Techniken. In: Archäographie, Bd.2: 107-122. Berlin
1972 a Systematische Bestandaufnahme der Töpfereitraditionen in Spanien. In: Mitteilungen aus dem Museum für Völkerkunde Hamburg. N.F.. Bd.2: 51-79. Hamburg
1972 b Töpferei in Spanien. Wegweiser zur Völkerkunde. Heft 12. 2. Aufl. Hamburg

1974 Prinzipien der Benennung sowie Bewertungssysteme spanischer Gebrauchskeramik. In: Mitteilungen aus dem Museum für Völkerkunde Hamburg. N.F. Bd.4: 119-168. Hamburg

1976 a Spanische Töpferordnungen. In: Volkstümliche Keramik aus Europa. München. 1976:194-215

1976 b Gigantische Vorratsgefäße aus Ton. Herstellung und Verbreitung im Mittelmeeraum. In: 9. Internationales Hafnerei-Symposion. Frechen 1976:175-179

1980 Orientalische Einflüsse auf die europäische Töpferei. In: Hans Brög (Hrsg.): Kunstpädagogik heute. Bd.2:162-178 (Festschrift Wilhelm Ebert. Düsseldorf

1982 Influencias orientales en la alfareria española. In: Revista de Dialectologia y Traditiones Populares. Tomo XXXVII: 141-159. Madrid

1983 a Traditioneller Keramikhandel in Spanien und Marokko - Ansätze zur Bildung von Modellen. II. Int. Handwerksgeschichtliches Symposium. Veszprém

1983 b Zigeuner. Roma, Sinti, Gitanos, Gypsies - Zwischen Verfolgung und Romantisierung. Ullstein Sachbuch Nr. 34135, Berlin

1984 a Bestandsaufnahme der Töpfereien Marokkos. In: Klaus Beitl (Hg.) Vergleichende Keramikforschung in Mittel-Osteuropa. Ethnographisches Museum Schloß Kittsee. 1984:255-271

1984 b Towards Building Models of Traditional Trade in Ceramics: Case Studies from Spain and Morocco. In: van der Leeuw/Pritchard (Eds.): The Many Dimensions of Pottery. Amsterdam 1984:341-406

1988 Entwicklungsgeschichte der Specksteinkunst im Hohen Atlas. (Vorläufiger Bericht). In: Mittelungen aus dem Museum für Völkerkunde Hamburg. N.F. Bd. 18:21-39

Vossen, Rüdiger (Hg.):

1988 a Töpferei- und Keramikforschung. Bd. 1. Habelt Verlag Bonn

1988 b Töpfereiforschung zwischen Archäologie und Entwicklungspolitik (Eine Einführung). In: Vossen 1988 a:3-12

1988 c Landesaufnahmen von Töpfereien in Spanien und Marokko. In: Vossen 1988 a:142-146

1989/90 Ethnoarchäologische Analogien - Möglichkeiten und Gefahren. In: H. Lüdtke/R. Vossen (Hg.): Töpferei- und Keramikforschung. Bd. 2, Bonn (im Druck)

Vossen, R./Köpke, W./Seseña, N.:

1974/80 Guia de los alfares de España. Editora Nacional. Madrid, 1.Aufl. 1974, 2.u.3. Aufl. 1980

Vossen, Rüdiger/Ebert, Wilhelm:

1986 Marokkanische Töpferei. Töpferorte und -zentren. Eine Landesaufnahme (1980). Poterie Marocaine. Localités de potiers et centres de poterie. Un inventaire sur tout le pays (1980). Habelt Verlag Bonn

Willms, Alfred:
1980 Die dialektale Differenzierung des Berberischen. In: Afrika und Übersee. Beiheft 31. Berlin

Wrage, Werner:
o.J. Die Straße der Kasbahs. Unter den Berbern Südmarokkos. Neumann Verlag. 2. Aufl. Radebeul
1971 Jenseits des Atlas. Neumann Verlag. 2. Aufl. Radebeul.